本书为国家社会科学基金项目
"齐美尔与后现代思想家的家族相似性研究"
（18BSH012）的阶段性成果

华中科技大学社会学文库

齐美尔
与后现代社会理论

SIMMEL AND
POSTMODERN SOCIAL THEORY

张小山 著

社会科学文献出版社
SOCIAL SCIENCES ACADEMIC PRESS (CHINA)

华中科技大学社会学文库总序

在中国恢复、重建社会学学科的历程中，华中科技大学是最早参与的高校之一，也是当年的理工科高校中唯一参与恢复、重建社会学学科的高校。如今，华中科技大学（原为华中工学院，曾更名为华中理工大学，现为华中科技大学）社会学学科已逐步走向成熟，走在了中国高校社会学院系发展的前列。

30多年前，能在一个理工科的高校建立社会学学科，源于教育学家、华中工学院老院长朱九思先生的远见卓识。

20世纪八九十年代是华中科技大学社会学学科的初建时期。1980年，在费孝通先生的领导下，中国社会学研究会在北京举办第一届社会学讲习班，朱九思院长决定选派余荣珮、刘洪安等10位同志去北京参加讲习班学习，并接见了这10位同志，明确学校将建立社会学学科，勉励大家在讲习班好好学习，回来后担起建立社会学学科的重任。这是华中科技大学恢复、重建社会学的开端。这一年，在老前辈社会学者刘绪贻先生、艾玮生先生的指导和领导下，在朱九思院长的大力支持下，湖北省社会学学会成立。余荣珮带领华中工学院的教师参与了湖北省社会学学会的筹备工作，参加了湖北地区社会学界的许多会议和活动。华中工学院是湖北省社会学学会的重要成员单位。

参加北京社会学讲习班的10位同志学习结束之后，朱九思院长听取了他们汇报学习情况，对开展社会学学科建设工作做出了重要指示。1981年，华中工学院成立了社会学研究室，归属当时的马列课部。我大学毕业后分配到华中工学院，1982年元旦之后我去学校报到，被分配到社会学研究室。1983年，在朱九思院长的支持下，在王康先生的筹划下，学校决定在社会学研究室的基础上成立社会学研究所，聘请王康先生为所长、刘中庸任副所长。1985年，华中工学院决定在社会学研究所的基础上成立社会学系，聘请王康先生为系主任、刘中庸任副系主任；并在当年招收第一届社会学专业硕士研究生，同时招收了专科学生。1986年，华中工学院经申报获社会学硕士学位授予权，成为最早拥有社会学学科硕士点的十所高校之一。1988年，华中理工大学获教育部批准招收社会学专业本科生，当年招收了第一届社会学专业本科生。至此，社会学有了基本的人才培养体系，有规模的科学研究也开展起来。1997年，华中理工大学成立了社会调查研究中心；同年，社会学系成为独立的系（学校二级单位）建制；2016年5月，社会学系更名为社会学院。

在20世纪八九十年代的20年里，华中科技大学不仅确立了社会学学科的地位，而且为中国社会学学科的恢复、重建做出了重要贡献。1981年，朱九思先生批准和筹备了两件事：一是在学校举办全国社会学讲习班；二是由学校承办中国社会学会成立大会。

由朱九思先生、王康先生亲自领导和组织，中国社会学研究会、华中工学院、湖北省社会学学会联合举办的全国社会学高级讲习班在1982年3月15日开学（讲习班至6月15日结束），上课地点是华中工学院西五楼一层的阶梯教室，授课专家有林南先生、刘融先生等6位美籍华裔教授，还有丁克全先生等，学员来自全国十几个省、自治区、直辖市，共131人。数年间，这些学员中的许多人成为各省（自治区、直辖市）、市社科院社会学研究所、高校社会学系的负责人和学术骨干，有些还成为国内外的知名学者。在讲习班结束之后，华中工学院社会学研究室的教师依据授课专家提供的大纲和学员的笔记，整理、印刷了讲习班的全套讲义，共7本，近200万字，并寄至每一位讲习班的学员手中。在社会学恢复、重建的初期，社会学的资料极端匮乏，这套讲义是国内最早印刷的社会学资料之一，更是内容最丰富、印刷量最大的社会学资料。之后，由朱九思院长批准，华中工学院出版社（以书代刊）出版了两期《社会学研究资料》，这也是中国社会学最早的正式出版物之一。

1982年4月，中国社会学会成立暨第一届全国学术年会在华中工学院召开，开幕式在学校西边运动场举行。费孝通先生、雷洁琼先生亲临会议，来自全国的近200位学者出席会议，其中主要是中国社会学研究会的老一辈学者、各高校社会学专业负责人、各省（自治区、直辖市）社科院负责人、各省（自治区、直辖市）社会学会筹备负责人，全国社会学高级讲习班的全体学员列席了会议。会议期间，费孝通先生到高级讲习班为学员授课。

1999年，华中理工大学承办了中国社会学恢复、重建20周年纪念暨1999年学术年会，全国各高校社会学系的负责人、各省（自治区、直辖市）社科院社会学所的负责人、各省（自治区、直辖市）社会学会的负责人大多参加了会议，特别是20年前参与社会学恢复、重建的许多前辈参加了会议，到会学者近200人。会议期间，周济校长在学校招待所二号楼会见了王康先生，对王康先生应朱九思老院长之邀请来校兼职、数年领导学校社会学学科建设表示感谢。

21世纪以来，华中科技大学社会学学科进入了更为快速发展时期。2000年，增设了社会工作本科专业并招生；2001年，获社会保障硕士点授予权并招生；2002年，成立社会保障研究所、人口研究所；2003年，建立应用心理学二级学科硕士点并招生；2005年，成立华中科技大学乡村治理研究中心；2006年，获社会学一级学科硕士点授予权、社会学二级学科博士点授予权、社会保障二级学科博士点授予权；2008年，社会学学科成为湖北省重点学科；2009年，获社会工作专业硕士点授予权；2010年，招收第一届社会工作专业硕士学生；2011年，获社会学一级学科博士点授予权；2013年，获民政部批准为国家社会工作专业人才培训基地；2014年，成立城乡文化研究中心。教师队伍由保持多年的十几人逐渐增加，至今专任教师已有30多人。

华中科技大学社会学学科的发展，历经了两三代人的努力奋斗，曾经在社会学室、所、系工作的同志近60位，老一辈的有刘中庸教授、余荣珮教授，次年长的有张碧辉教授、郭碧坚教授、王平教授，还有李少文、李振文、孟二玲、童铁山、吴中宇、陈恢忠、雷洪、范洪、朱玲怡等，他们是华中科技大学社会学学科的创建者、引路人，是华中科技大学社会学的重大贡献者。我们没有忘记曾在社会学系工作、后调离的一些教师，有徐玮、黎民、王传友、朱新秤、刘欣、赵孟营、风笑天、周长城、陈志霞等，他们在社会学系工作期间，都为社会学学科发展做出了贡献。

华中科技大学社会学学科的发展，也有其所培养的学生们的贡献。在 2005 年社会学博士点的申报表中，有一栏要填写 20 项在校学生（第一作者）发表的代表性成果，当年填在此栏的 20 篇已发表论文，不仅全部都是现在的 CSSCI 期刊源的论文，还有 4 篇被《新华文摘》全文转载、7 篇被《人大复印资料》全文转载，更有发表在《中国人口科学》等学界公认的权威期刊上的论文。这个栏目的材料使许多评审专家对我系的学生培养打了满分，为获得博士点授予权做出了直接贡献。

华中科技大学社会学学科发展的 30 多年，受惠、受恩于全国社会学界的鼎力支持和帮助。费孝通先生、雷洁琼先生亲临学校指导、授课；王康先生亲自领导组建社会学研究所、社会学系，领导学科建设数年；郑杭生先生、陆学艺先生多次到学校讲学、指导学科建设；美籍华人林南教授等一大批国外学者及宋林飞教授、李强教授等，都曾多次来讲学、访问；还有近百位国内外社会学专家曾来讲学、交流。特别是在华中科技大学社会学学科创建的初期、幼年时期、艰难时期，老一辈社会学家、国内外社会学界的同人给予了我们学科建设的巨大帮助，华中科技大学的社会学后辈永远心存感谢！永远不会忘怀！

华中科技大学社会学学科在 30 多年中形成了优良的传统，这个传统的核心是低调奋进、不懈努力，即为了中国的社会学事业，无论条件、环境如何，无论自己的能力如何，都始终孜孜不倦、勇往直前。在一个理工科高校建立社会学学科，其"先天不足"是可想而知的，正是这种优良传统的支撑，使社会学学科逐步走向成熟、逐步壮大。"华中科技大学社会学文库"，包括目前年龄大些的教师对自己以往研究成果的汇集，但更多是教师们近年的研究成果。这套文库的编辑出版，既是对以往学科建设的回顾和总结，更是目前学科建设的新开端，不仅体现了华中科技大学社会学的优良传统和成就，也预示着学科发挥优良传统将有更大的发展。

雷　洪

2016 年 5 月

序

　　知悉小山兄在潜心研读齐美尔，是七年之前的事情，当时他已下数年工夫了。如今，借由刘成斌教授的居间联系，终于看到了小山兄的《齐美尔与后现代社会理论》书稿。这可真是十年磨一剑，甚至可能还不止十年！

　　展读之下，佩服小山兄用功之勤、收集之广及识见之深。本人虽写过一本关于齐美尔的小册子《格奥尔格·齐美尔：现代性的诊断》，但无意也无力于成为齐美尔研究的专家。当年的阅读，是为强化自己经典理论方面的基础，于是在经典大师中选择了国内学界不太有人问津的齐美尔。犹记当年涵泳其间的乐趣，后因其他机缘，就乘兴整理了一下阅读心得。对于这本小册子，我起初拟定的题目是"游戏现代性：齐美尔社会学导论"，责编则建议了后来的书名。当时年轻，未能坚持自己的看法。其实想来，当年的学术和现实情境，大概还是很难接受后现代的游戏风格。

　　当下，我们或许可谓已然进入"后现代"之后了。曾经风靡一时的诸种后现代思潮，也都纷纷退潮，或陷入沉寂，或沦为常谈。但我们欠缺的，恰恰是对后现代思潮所发起的挑战的反思。我们本当总结后现代思潮的得失，特别是检视后现代大潮打过之后，留下了哪些坚实不移的里程碑式的认识标绘可以作为我们再出发的新起点。潮起潮落中，我们容易看到独立潮头的弄潮儿，但鲜有人注意到可能还有人在勘探激荡起浪潮的基石。小山兄大概就属于这种甘于寂寞的勘探者，不赶时髦，沉潜下去，摸清后现代主义到底在哪些方面超越了既有的范式，并由此来定位和理解齐美尔的学术贡献。

　　小山兄将社会理论的范式分为实证主义、解释主义、批评主义和后现代主义，学界对此可能会有不同看法。但这并不重要，重要的是，如今的社会学似乎太迷恋于技术流了，而对于社会学的根本旨趣，对于本体论、认识论、方法论层面的问题，对于表述风格的问题，都一概不论了。我们都置身于"要么出版要么出局"（publish or perish）的境地，在埋头应付各种考核指标的过程中，确实也不是每个人都有精力和心情回望来路和展望去向，但我们必须尊重这种努力。小山兄的这份努力，正是我们需要尊重的。而从上述几个根本问题来探讨齐美尔学术遗产的价值和意义，在我看来，也最为恰切。

期待小山兄这本书的出版在社会学界再掀起一波探讨齐美尔的热潮！当然，这可能是奢望，但哪怕激起一点涟漪，也是好的。我想，小山兄撰写此书，本不为凑热闹，所以，我相信如果获得了应有的反响，或许于他是意外的惊喜？

当今中国，已有更多的后现代元素和体验，可以说是出现了前所未有的适合阅读齐美尔的氛围。任何进入了齐美尔精神世界的人，必不会空手而回。

成伯清
2020 年 5 月 4 日
谨识于南京栖霞灵山麓院

前　言

　　德国社会学家齐美尔是最被忽略的现代社会学的奠基者，也是最富争议的著名学者之一，其充满智慧的思想遗产亟待深入挖掘。本书通过对齐美尔大量著述的认真解读和系统梳理，同时借鉴国内外学者关于齐美尔研究的重要成果，从中总结出齐美尔社会理论与方法论中与后现代主义密切相关的特征，进而阐明可以将齐美尔视为社会研究四大范式之一的后现代主义范式的早期代表或初始的探索者。本书首先从异常杂乱的后现代主义社会研究的主张及实践中，归纳出它们在研究旨趣、本体论、认识论、方法论、表述方式等方面的主要特征；其次，着重从另类独特的研究旨趣、建构主义的本体论、怀疑主义的认识论、多元主义的方法论、自由随意的表述风格五个方面阐述齐美尔带有浓厚后现代主义色彩的社会理论及研究的特征；最后，通过比较齐美尔与后现代主义几个代表人物的相似性，进一步论证齐美尔思想中的后现代主义特征，并总结齐美尔在社会理论及方法论上的贡献。通过研究，笔者得到如下一些主要发现。

　　第一，后现代主义具有如下一些基本特征：①认识旨趣上的另类性，谴责现代性的逻辑及后果，强调解构、审美的取向，注重另类、边缘的议题，提倡尊重差异及另类思维。②本体论上的建构主义，主张社会世界是人们利用符号系统建构出来的。③认识论上的怀疑主义，否认客观真理、批判科技理性，反对宏大叙事与整体观。④方法论上的多元主义，倡导多元主义的视角及方法。⑤表述方式上的随意性，鼓吹不拘一格、开放多样的表述风格，强调话语分析的重要性。

　　第二，齐美尔的研究旨趣相当另类独特，他开启了一条从内心体验来探讨现代性的社会研究思路，关注个体在现代社会挣扎的命运，探索生命感觉萎缩的出路。在社会研究的选题上，齐美尔非常有特色的地方就是有意回避与"元叙事"相关的重大问题，致力于探索主流社会学不屑一顾的、琐碎的、边缘的小问题。齐美尔的社会研究议题极其宽广和庞杂，大都涉及日常生活的微观互动，提供了富有洞识的"微观叙述"或"局部知识"。他着力从个体的内心体验来考察现代性，创造性地分析消费文化的诸多面向，虽然这些现在已成为社会研究的热门，但在当时却是非主流的、遭排斥的。齐美尔在研究选题上的取舍深得后现代主义者的青睐。

第三，齐美尔的本体论具有浓厚的建构主义色彩。他试图超越社会唯实论与社会唯名论，提出社会不是定型的或已完成的实体，而是由个人之间相互作用不断复制、重塑和改造的持续生成的关系网络，强调社会的二重性和过程性。他认为社会世界具有多维性，它是社会成员内心世界及其相互作用建构出来的；社会事实并不是给定的、完全客观的，而是极大地依赖人们对待它的态度，具有很强的社会建构的成分。这些观点在后现代主义那里得到进一步发展。

第四，齐美尔的认识论比较接近于怀疑主义的主张。他认为：真理都是相对的，衡量真理的标准也是变化的；科学知识并不是对外部事物的客观反映或真实再现，而是人们借助一定的符号系统建构出来的，是一种心智活动的创造物。他对具有明显反映论色彩的历史实在论提出了严肃批评，进而据理驳斥决定论的思维模式，并大力倡导多因素交互作用的解释原则。齐美尔的认识论带有较多主观主义和怀疑主义的成分，而这些和后现代主义的主张十分吻合。

第五，齐美尔的方法论持鲜明的多元主义的立场。他提倡跨学科的视角，反对唯我独尊的单一方法，将关系作为重要的分析单位，强调多因素交互分析的实践潜力，并积极探索审美观察与解释在社会研究中的运用。在他看来，并不存在某种万能的方法，只需照搬借用，就可以获得社会研究的丰硕成果。他也无意像他的同龄人涂尔干那样,提出一套系统的社会研究方法论的具体规则。在这点上,齐美尔与鼓吹"怎么都行""反对方法"的后现代主义者费耶阿本德有较多的相似之处。

第六,齐美尔主要运用不拘一格的学术散文的形式展示他的社会研究的发现,即在表述方式上齐美尔倾向于自由主义。他的写作突出了景观角度和"碎片化"的风格,具有较强的去总体化、反系统化的特征。齐美尔运用了类似解构主义的文本策略,其文本具有未完成性、模糊性和不确定性等特征,凸显了差异、裂缝和冲突等方面,着力于将熟悉的事物陌生化,揭示习以为常、理所当然的隐蔽点,采取打破常规、迂回进攻的表现手法,关注表面上次要及边缘性部分。总之,齐美尔的文本与后现代主义的表述风格非常接近。

第七,齐美尔的思想在欧洲社会学界的传承比较曲折,存在较大分歧,而美国社会学界对齐美尔思想的吸纳在很长时间内仅限于某些特定的方面,忽视了齐美尔丰富多彩的其他学术遗产。齐美尔与后现代主义的几位大家德里达、福柯、利奥塔、布希亚等具有比较明显的家族相似性,他的很多思想及主张以一种放大、夸张的方式在后现代主义那里复活了。后现代主义的一些比较重要的特征在齐美尔身上都有较明显的体现,其思想中蕴含着较丰富的后现代元素,因而有理由将他视为社会研究中后现代主义范式的先驱或早期探索者。

最后,本书认为齐美尔看似散乱的方法论思想存在某种内在的逻辑一致性,他的社会理论与方法论对当今的社会研究仍有很强的启发价值。

目　录

第一章　导论 ································ 001
　第一节　研究的问题及意义 ···················· 001
　第二节　文献回顾 ···························· 005
　第三节　相关概念辨析 ························ 024

第二章　齐美尔的复兴与后现代主义范式 ········ 043
　第一节　坎坷的学术道路 ······················ 043
　第二节　社会学奠基者身份的确立 ·············· 049
　第三节　社会研究的四大范式 ·················· 056
　第四节　后现代主义的主要特征 ················ 069

第三章　另类独特的研究旨趣 ·················· 095
　第一节　探索现代人的内心体验 ················ 095
　第二节　研究日常生活的琐碎现象 ·············· 109
　第三节　分析复杂的微观互动 ·················· 118
　第四节　考察消费文化的诸多面向 ·············· 126

第四章　建构主义的本体论 ···················· 136
　第一节　社会唯实论与社会唯名论 ·············· 136
　第二节　超越唯实论与唯名论 ·················· 140
　第三节　社会事实的建构 ······················ 150

第五章　怀疑主义的认识论 ···················· 159
　第一节　挑战传统真理观 ······················ 159
　第二节　质疑科学知识的性质 ·················· 164

第三节　批判历史实在论 …………………………………… 172

第六章　多元主义的方法论 ………………………………… 182
第一节　主张跨学科的视角 …………………………………… 182
第二节　反对唯我独尊的方法 ………………………………… 190
第三节　重视关系主义的取向 ………………………………… 198
第四节　提倡审美观察与解释 ………………………………… 207

第七章　自由随意的表述风格 ……………………………… 217
第一节　不拘一格的学术散文 ………………………………… 217
第二节　景观角度与碎片化风格 ……………………………… 224
第三节　解构主义的文本策略 ………………………………… 231

第八章　思想传承与后现代重现 …………………………… 241
第一节　欧洲学术界的曲折接纳 ……………………………… 241
第二节　美国社会学界的片面继承 …………………………… 259
第三节　在后现代主义中的体现 ……………………………… 268

第九章　结论与讨论 ………………………………………… 286
第一节　基本结论 ……………………………………………… 286
第二节　齐美尔社会研究方法的内在逻辑 …………………… 290
第三节　齐美尔社会理论及方法论的贡献与启示 ………… 292

参考文献 …………………………………………………………… 299

后　　记 …………………………………………………………… 338

第一章 导论

第一节 研究的问题及意义

一 问题的提出

一般认为，德国社会学家、哲学家齐美尔（Georg Simmel，1858－1918，又译为西美尔、西梅尔或席美尔）是最被忽略的现代社会学的奠基者。虽然，19 世纪末和 20 世纪初他在社会科学领域曾有过较为广泛的影响，但其后很长一段时间却遭到冷落，甚至被遗忘了。有一个事实可以作为佐证：美国学者斯皮克曼（N. Spykman）于 1925 年出版世界上第一部研究齐美尔社会理论的专著之后，一直到 1981 年才由英国学者弗里斯比（D. Frisby）撰写出第二部关于齐美尔社会理论的专著。此外，齐美尔最重要的著作《货币哲学》的英译本晚至 1978 年才推出［译者是弗里斯比和波托莫尔（T. Bottomore）］，而另一本关于认识论的名著《历史哲学的问题》的英文版也仅仅早一年发行。虽然齐美尔独特的社会学视角与观点很长时间不是社会学界的主流，但还是吸引了不少社会学家，它们以比较隐蔽和曲折的方式在社会学界传播，并产生了一定的影响。不过，从 20 世纪 70～80 年代开始，学术界又重新燃起对齐美尔的兴趣，他的作品广为流传，他独特的理论观点和研究方式不断受到肯定与好评，其学术声望也随之水涨船高，齐美尔进而被封为古典社会学的四大家之一，与社会学界久负盛名的"三大圣人"——马克思（K. Marx）、涂尔干（E. Durkheim，又译为迪尔凯姆或杜尔克姆等）和韦伯（M. Weber）相提并论。齐美尔的思想极其庞杂，关注的议题也特别繁多，很难将他归入某一具体的社会学流派，但他对社会学中的众多流派，如符号互动论、结构功能论、社会冲突论、社会交换论、批判理论，以及当代的文化理论和后现代理论等都直接或间接地产生了影响。齐美尔是个多面体，他恐怕是社会学家中获得各种不同标签最多的一个，这些形形色色的标签包括："形式社会学家""微观社会学家""互动论者""唯美主义者""印象主义者""社会学的漫游者""社会学的游手好闲者""时代的诊断家""第一位研究现代性的社会学家""早熟的解构主义者"和"后现代主义的早期代表"，等等。有人说"并不存在本质上的齐美尔，只有站在当代话语形态中的不同立场上解读出来的不同齐美尔"①。总之，齐美尔的思想中蕴藏着丰富的理论资源，值得格外珍惜和深入挖掘。

美国著名社会学家尼斯比特（Robert A. Nisbet）指出："社会学家永远可以通过重读韦伯、齐美尔等人的著作而获益。"② 人文社会科学不同于自然科学：今日物理学研究者可以不用阅读伽利略、牛顿等人的原著，就能从事本学科前沿领域的严肃探索；而今日的人文社会科学研究者没有认真阅读过本学科经典大家的作品则是无法想象的，至少他一定是个羸弱的营养不良者，因为缺乏重要的智慧源泉的持续补给。某种意义上，重读齐美尔、挖掘其思想的潜力以获得智慧的启迪是防止精神贫乏、思想缺钙的一剂良方。值得注意的是，齐美尔思想中蕴含着不少后现代因素，但并未得到足够的重视与开发。在笔者看来，齐美尔的精神气质和研究旨趣与后现代主义（postmodernism）③ 相当契合，将他视为

---

① Deena Weinstein and Michael A. Weinstein, *Postmodern（ized）Simmel*, London: Routledge, 1993, p. 55.
② Robert A. Nisbet, *The Sociological Tradition*, New York: Basic Books, Inc., 1966, p. 20.
③ 由于后现代主义具有较强的反宏大叙事、反理论化、反系统化倾向，并且它是由非常松散、内部差异很大的相关话语合成的，严格说来，将其视为统一的范式是有问题的。一些学者主张该词更好的中文翻译是"后现代思潮"，而不是似乎带有较强统一意味的"后现代主义"。参见张一兵《反鲍德里亚：一个后现代学术神话的祛序》，北京：商务印书馆，2009 年，序 3，脚注 2。不过，本书为行文的方便，还是沿用国内学术界的习惯，保留后现代主义的称呼。

"早熟的解构主义者"和"后现代主义的早期代表",或者看成"第一位后现代性社会学家"[1] 还是有比较充分的依据的。正如加拿大学者大卫·莱昂(David Lyon)指出的:齐美尔现在不仅被公认为社会学的开山鼻祖之一,而且还是他们当中"惟一的后现代思想家"[2]。本书将重点探讨齐美尔社会理论及研究中所呈现的后现代主义特征,希望对迟到的"齐美尔复兴"做出一点贡献,同时对当今的社会理论及研究提供有价值的借鉴。

二 研究的目的与意义

(一) 研究的目的

齐美尔的学术遗产极其丰富,现有研究还存在诸多不足,他的思想资源有待进一步挖掘和开发。尤其是20世纪90年代国外一度兴起从后现代主义视角解读齐美尔,探讨其思想中的后现代特征,但其后这方面的深入研究并没有延续。本书的主要目的就是,通过认真梳理齐美尔社会研究上的主张及实践,总结其社会理论的特征,重点提炼出与后现代主义关系密切的特征,以尽可能充实的资料和比较严密的逻辑,论证齐美尔确实是后现代主义的先驱,是当之无愧的后现代主义社会研究范式的早期代表和探索者。

(二) 研究的意义

第一,弥补现有研究的不足。国内关于齐美尔的深入分析不多,关于他的社会理论的系统研究就更罕见了。国外从后现代视角探讨齐美尔社会理论尤其是方法论的文献也很稀少,本书试图在这方面有所贡献。

第二,一般认为,后现代主义是晚近的产物,而且与主流社会学大相径庭,在社会学的传统中没有根基。本书试图表明,社

---

[1] Deena Weinstein and Michael A. Weinstein, *Postmodern（ized）Simmel*, London: Routledge, 1993, p. 132.
[2] 〔加〕大卫·莱昂:《后现代性》,郭为桂译,长春:吉林人民出版社,2004年,第20页。

会学创始之初，就暗藏着后现代主义的因素，潜伏着一条社会研究的另类路径。齐美尔既是现代社会学的重要奠基者，也是后现代主义社会研究范式的先驱。

第三，在社会研究的一些核心问题上，比如社会的基本假定、人与社会的关系、社会研究的宗旨及核心议题、社会研究者的角色、理论建构的策略及标准、价值介入的程度、具体方法的运用、研究成果的表述等，齐美尔做出了深邃的思考，时至今日仍有很大的启发价值。

第四，齐美尔在社会研究方法上的贡献值得充分肯定，他在社会研究中的一些大胆探索和实践，具有重要的借鉴价值，可以用来指导当下的社会研究。

第五，齐美尔的思想是一个智慧的宝库，是社会研究者获得启迪的重要源泉。很大程度上本书只是抛砖引玉，希望能激起有识之士深入研究齐美尔的热情，让齐美尔的思想资源得到更加充分的挖掘与应用。

三　研究的主要思路

本书试图通过对齐美尔大量著述的认真解读和系统梳理，同时借鉴国内外学者关于齐美尔研究的重要成果，从中总结出齐美尔社会理论及研究中与后现代主义密切相关的特征，进而阐明可以将齐美尔视为社会研究四大范式之一的后现代主义范式的早期代表或初始的探索者。总的思路是：首先，从异常杂乱的后现代主义社会研究的主张及实践中，归纳出它们在研究旨趣、本体论、认识论、方法论、表述方式等方面的主要特征；其次，相对应地，着重从另类独特的研究旨趣、建构主义的本体论、怀疑主义的认识论、多元主义的方法论、自由随意的表述风格等五个方面阐述齐美尔带有浓厚后现代主义色彩的社会理论及研究的特征；最后，通过比较齐美尔与后现代主义几个代表人物的相似性，进一步论证齐美尔思想中的后现代主义特征，并总结齐美尔在社会理论及研究方法上的贡献。之所以选择从上述几个方面展开分析与阐述，是因为它们基本涵盖了一项完整的社会研究最主要的面向（同时也关涉齐美尔社会理论比较核心的内容）：首先是依据一定研究旨趣选择确定合适的研究选题，其次在相关本体论、认识论及方法论的指导下设计研究方案，进而运用有效的方法收集和分析相关资料，最后是通过某种表述方式将研究发现展示出来。通过上述几个部分的讨论，可以发现齐美尔的社会理论及研究方法中蕴藏着丰富的后现代主义因素，再将齐美尔与后现代主义几个主要代表人物进行一番比较与分析，进一步表明齐美尔与后现代主义者之间具有很强的家族相似性。齐美尔的很多重要思想及主张虽然不为同时代及后来许多学者所理解和接受，但却在后现代主义那里复活了，并以某种极端形式重现出来。因此，有比较充分的理由将齐美尔视为后现代主义的早期代表或初始的探索者。

  本书属于理论研究，通过对大量文献资料的收集、整理、解读、分析、总结来回答所提出的问题，得出研究的结论。研究中，综合运用了概念辨析、抽象思考、归纳、比较、类推等方法。

第二节　文献回顾

一　国内研究现状

  早在20世纪20年代，我国就有学者通过翻译国外学者的著作介绍了齐美尔的一些社会学思想，稍后，部分老一辈社会学家在自己的相关著述中陆续对齐美尔的社会学思想进行了初步评述[①]。不过，更多系统与深入的探讨还是要到20世纪80年代之后。自《哲学译丛》于1987年第6期刊登了狄塞的《齐美尔的艺术哲学》以来，齐美尔逐渐受到国内学界的关注。特别是1990年以后，国内社会学理论方面的教材已经不能绕开齐美尔，一批关于齐美尔著作的翻译作品和研究著述开始出现。翻译过来的齐美尔作品主要有：《桥与门——齐美尔随笔集》（1991）、《金钱、性别、现

---

① 参见王园波《国内齐美尔研究九十年》，《西南石油大学学报》（社会科学版）2013年第6期。

代生活风格》(2000)、《时尚的哲学》(2001)、《社会是如何可能的——齐美尔社会学文选》(2002)、《社会学——关于社会化形式的研究》(2002)、《货币哲学》(2002)、《宗教社会学》(2003)、《现代人与宗教》(第二版)(2003)、《生命直观》(2003)、《历史哲学问题——认识论随笔》(2006)、《叔本华与尼采——一组演讲》(2006)、《哲学的主要问题》(2006)等。国内关于齐美尔的著作中,刘小枫的《现代性社会理论绪论》(1998)有多处讨论了齐美尔的现代性社会理论,并将齐美尔的审美主义与中国传统的审美情趣做了对比。成伯清撰写的《格奥尔格·齐美尔:现代性的诊断》(1999)是国内学者出版的第一部研究齐美尔的专著,涉及齐美尔的生平、研究方法、主要的研究领域及其影响,具有较强的启迪作用。陈戎女的《西美尔与现代性》(2006)除了论及齐美尔的货币文化论和审美艺术观,重点突出了齐美尔的女权主义与宗教思想。杨向荣的《现代性和距离——文化社会学视域中的齐美尔美学》(2009)着重探讨了齐美尔的现代性美学思想,强调了距离这一关键因素。赵岚的《西美尔审美现代性思想研究》(2015)通过现代日常生活的相关议题展示了齐美尔丰富的审美现代性思想。杨向荣的《文化、现代性与审美救赎——齐美尔与法兰克福学派》(2017)深入分析了齐美尔的现代性思想对法兰克福学派的影响。张丹的《齐美尔艺术思想的多重面貌:从艺术哲学到艺术社会学》(2019)从多个层面考察了齐美尔的艺术思想。另外还有一些关于齐美尔研究的学位论文,高水平的研究主要集中在美学方面。目前,国内还没有关于齐美尔社会研究方法论方面的专著,有关此议题的探讨散见于各种著作、论文和演讲中,概括起来主要有如下几个方面。

(一) 齐美尔的社会观

国内关于齐美尔的社会观的研究主要体现在各种社会学理论方面的教材中,比如贾春增主编的《外国社会学史》、侯钧生主编的《西方社会学理论教程》、周晓虹的《西方社会学历史与体系 第一卷》等。社会学史上关于"社会学研究对象"的争论比比皆是，主要体现为社会唯名论和唯实论的争论。对象之争的逻辑基础或"本体论预设"乃是社会观，它涉及对社会的基本性质的看法和认定。周晓虹认为，唯实论的代表有孔德（A. Comte）、涂尔干，唯名论的代表则是塔德（G. Tarde）和韦伯，而齐美尔是斯宾塞（H. Spencer）之后社会唯名论和社会唯实论的又一调和者。"在齐美尔眼中，无论社会还是个人，都既是现实的又不是现实的。社会是现实的，但这种现实性脱离不了个人间的互动；个人也是现实的，但现实的个人又总是经过社会化的。一句话，社会与个人及它们的现实性，就存在于两者间的相互依赖和互动之中。"[1] 国内学者关于齐美尔社会观的讨论中，周晓虹的观点非常具有代表性。也有学者从社会是如何可能的，从社会互动如何形成社会这一点进一步论证了上述观点[2]。姚德薇认为齐美尔的社会观不是一种对唯名论与唯实论的简单调和，在齐美尔那里，"个人和社会不再是权重的两极，而是被赋予参与理解和过程性互动的品质"[3]。成伯清指出，齐美尔的观点带有一定社会建构主义的成分，因为他分别强调了科学研究是一种对社会的重构，以及社会生活也是一个不断建构的过程[4]。郑作彧以相互作用和形式之间的关联为主题，指出齐美尔将社会视为一种通过元素的相互作用，而突现成具有自身特质的形式。相互作用与形式之间的环节即是突现。"齐美尔不认为人是构成社会的元素，不将社会视作由底层的人突现出高层的社会的垂直层次，而是将人与社会都视作是一种突现出来的形式。"因此齐美尔的突现论可以称为"水平型的突现论"。[5]

---

[1] 周晓虹：《西方社会学历史与体系 第一卷》，上海：上海人民出版社，2002年，第314~315页。
[2] 芮必峰、陈燕：《你我交往使社会成为可能——齐美尔人际传播思想札记》，《西南民族大学学报》（人文社科版）2006年第11期，第140~143页。
[3] 姚德薇：《试论齐美尔社会学的研究对象》，《安徽大学学报》（哲学社会科学版）2007年第4期，第40~43页。
[4] 成伯清：《格奥尔格·齐美尔现代性的诊断》，杭州：杭州大学出版社，1999年，第36页。
[5] 郑作彧：《齐美尔社会学理论中的突现论意涵》，《广东社会科学》2019年第6期，第173~184页。

张巍卓认为，齐美尔不是要把社会视为一个本质或实体，而是意图打造一个棱镜，交给在社会之中的观察者，让他直观社会之中存在的一切现象。"社会化"对于社会而言既不是社会的原因，也不是社会的结果，而是社会的存在本身。社会学就是研究人的社会存在的学问。齐美尔的社会观实质上是他注重生命个体价值的文化伦理观的反映，这与滕尼斯（F. Tonnies）强调共同体意义的社会伦理观截然不同。①

（二）齐美尔现代性研究的切入点

刘小枫、成伯清、王小章、陈戎女和杨向荣等都吸收了弗里斯比的观点，认为齐美尔是研究"现代性"的社会学家。比如王小章认为齐美尔关注的是现代社会和文化机体中作为现代生活之最直接的承载者的个体的生命体验、心性结构②。杨向荣与刘永利认为，在齐美尔那里，现代社会的生活已经裂变成了一个个细小的碎片，而齐美尔感兴趣的也正是这些浸染着现代个体生存图景的生活碎片③。吉砚茹指出，齐美尔将社会学确立为对社会化形式的研究，探究现代个体如何与周遭世界产生联系并由此构建自我。面对现代世界外在化和碎片化的生活感受，齐美尔提出一种介于康德与歌德之间的生命学说，使个体能从自身生命的根基生长出与世界的深刻关联，在生命直观之中达成自我与外在世界的和解。④ 对于齐美尔实现其研究目标的切入点，刘小枫的看法是"齐美尔以一种审美（感觉）方式来确定现代经济制度与现代社会文化制度的心性品质之内在关联，以便更切近地把握现代人的生活感觉。描述现代社会的质态，可以有不同的切入点和论述方式，

---

① 张巍卓：《滕尼斯与齐美尔：社会伦理同文化伦理的分流》，《社会》2019年第2期，第214~241页。
② 王小章：《齐美尔论现代性体验》，《社会》2003年第4期，第6~14页。
③ 杨向荣、刘永利：《文化社会学视域中的齐美尔与西方马克思主义》，《马克思主义美学研究》2009年第7期，第255~270页。
④ 吉砚茹：《现代生命的"社会化"图景》，《社会》2018年第5期，第41~67页。

这取决于作为个体的社会学家的观察点和设问。齐美尔的文化社会学方法及其概念,是心理主义的,即从感觉层面来分析社会形态"①。杨向荣也持有类似的观点:对于齐美尔,"现代性分析的入口就不能是那些宏观的社会系统或者社会制度,而在于社会现实的内在细微处,在于那些被看作是永恒的现代社会生活的形形色色的瞬间景观,或者说是快照"②。成伯清则指出,齐美尔将人类活动视为"微观 - 分子过程",这些过程持续地将人们联系起来,也只有通过"心理显微技术"(psychological microscopy)才能够透视。学者们还比较强调齐美尔从碎片到总体的研究路径,这种路径的可行性来源于齐美尔对碎片和总体之间关系的确认:一方面碎片是总体的一部分,另一方面每一个碎片能够折射出社会的总体性意义。

(三) 齐美尔的研究选题

国内学者对齐美尔涉及的选题做了一些探讨和介绍。苗春凤、张亮对齐美尔的《货币哲学》及个人生存的原子化和碎片化、客观文化、个人生存的悲剧感做了分析。于明晖与孙沛东分别对齐美尔关于时尚的研究进行了探讨,涉及时尚的概念、发生、社会功能、群体的心理特征和"阶级分野论"等③④。郑炘通过齐美尔1896年发表的《柏林贸易博览会》一文,介绍了齐美尔对建筑暂时性、持久性(permanence)、持存性(durableness)、纪念性风格等方面的研究⑤。张应祥探讨了齐美尔对城市社会人际关系的影响及其所表现出来的特征方面的研究⑥。叶涯剑对齐美尔有关空间方

---

① 刘小枫:《现代性社会理论绪论》,上海:上海三联书店,1998年,第338页。
② 杨向荣:《审美印象主义与现代性碎片——齐美尔论现代性体验》,《湘潭大学学报》(哲学社会科学版)2009年第1期,第114~118页。
③ 于明晖:《自由与美的游戏追逐》,《大理学院学报》2008年第9期,第25~29页。
④ 孙沛东:《着装时尚的社会学研究述评》,《西北师大学报》(社会科学版)2007年第4期,第26~32页。
⑤ 郑炘:《暂时性与纪念性——齐美尔关于1896年柏林贸易博览会建筑的现代性分析》,《建筑与文化》2011年第4期,第6~9页。
⑥ 张应祥:《社区、城市性、网络——城市社会人际关系研究》,《广东社会科学》2006年第5期,第183~188页。

面的研究做了介绍:齐美尔将空间与社会分化结合起来,认为空间的社会属性要高于其自然属性[1]。司武林与陈巧云分别就齐美尔将宗教和宗教性区别开来和现代社会应该挖掘人内心的宗教虔敬做出了分析[2][3]。余建华与张登国就齐美尔从社会距离来分析外来人的社会属性进行了探讨[4]。王利平、陈嘉涛比较深入地分析了齐美尔关于个性问题的论述。[5] 成伯清介绍过齐美尔关于情感和秘密方面的研究内容,陈戎女和刘小枫则探讨了齐美尔著作中的女性方面的思想。事实上,国内翻译出版的《桥与门——齐美尔随笔集》《时尚的哲学》《社会是如何可能的——齐美尔社会学文选》《社会学——关于社会化形式的研究》《宗教社会学》《生命直观》《货币哲学》《金钱、性别、现代生活风格》等齐美尔的专著或论文选编,基本上涵盖了齐美尔主要的研究论题。

(四) 齐美尔的方法论与审美取向

成伯清的《格奥尔格·齐美尔:现代性的诊断》一书是国内齐美尔研究的拓荒之作,其中有一章专门探讨齐美尔社会学的研究纲领,涉及"社会学作为一种视角","社会学的问题领域","社会学的分析范式"。他认为,齐美尔强调使社会学与其他社会历史科学区别开来的不是研究主题,而是研究方法,即特定的抽象方式。"社会学是一种新方法,一种研究手段,一种研究探索所有这些学科主题的新途径。"[6] 成伯清还专门著文讨论了齐美尔方法论的特征,指出齐美尔的方法是通过一种不同于实证主义原则

---

[1] 叶涯剑:《空间社会学的缘起及其发展——社会学研究的一种新视角》,《河南社会科学》2005 年第 5 期。
[2] 司武林:《社会学视野中的宗教》,《人文杂志》2005 年第 3 期,第 150~152 页。
[3] 陈巧云:《古典社会学家的宗教问题研究与启示》,《郑州大学学报》(哲学社会科学版) 2009 年第 5 期,第 43~46 页。
[4] 余建华、张登国:《国外"边缘人"研究略论》,《哈尔滨工业大学学报》(社会科学版) 2006 年第 5 期,第 54~57 页。
[5] 王利平、陈嘉涛:《齐美尔论个性》,《社会》2018 年第 6 期,第 91~124 页。
[6] 成伯清:《格奥尔格·齐美尔:现代性的诊断》,杭州:杭州大学出版社,1999 年第 1 版,第 24~57 页。

的本质直观，从而获得另外一种社会研究的"精确性"，而这样一种方法却长期不被学术界主流所理解与接受[①]。李凌静认为，齐美尔的价值论提供了理解其社会研究的认识论及方法论的基础。和价值的客观性一样，真理的客观性也体现为主体之间的关系。齐美尔强调认知活动不是对"客观实在"的"世界"的复制，而是主体对作为世界之表象的认知对象的"直觉再创造"。在关系主义的世界图景中，"世界"是体现特定关系形态的统一体，认知即意味着对不同关系形态的把握，由此，"关系"（relation）和"形式"（form）成为齐美尔社会学研究的核心概念。[②]

国内外很多学者都注意到审美主义或者说艺术在齐美尔社会研究中的重要作用。

刘小枫1998年出版的《现代性社会理论绪论》一书的第四章论述了审美主义与现代性，在对凡俗化（所有意趣、思想和诉求之此岸性的超常高涨）、主体感性论述的基础上，指出"审美性是为了个体生命失去彼岸支撑后得到的此岸的支撑"，刘小枫进而认为齐美尔的"审美性是一种可称之为心理主义、个体主义或内在性的心性品质，审美主义、心理主义或主体感性论是同一个东西"。"西美尔把现代人的精神生活喻为一件艺术品。"[③] 刘小枫将齐美尔的方法称为社会感觉学（社会审美学）的方法。刘小枫的分析凸显了齐美尔社会研究方法的特殊性，以及其形成的凡俗化与个人主体性高涨的背景，但却没有就齐美尔这种方法的应用模式做进一步的深究。

杨向荣认为，在宗教的、形而上学的、道德的、美学的诸多思维方式中，齐美尔最感兴趣的是美学的维度。另外，齐美尔的现代性理论关注人的生命感觉碎片化的根本原因在于：无论这些

---

① 成伯清：《另一种精确——齐美尔社会学方法论札记》，载张一兵、周晓虹、周宪主编《社会理论论丛》（第一辑），南京：南京大学出版社，2001年。
② 李凌静：《齐美尔〈货币哲学〉的价值论基础》，《学术交流》2016年第12期，第151~157页。
③ 刘小枫：《现代性社会理论绪论》，上海：上海三联书店，1998年，第301~302页。

碎片如何具有现代性,如何是社会化的碎片,都与个体的形而上学意义上的生命感觉相关,而这种生命感觉意义上的总体性似乎只有通过审美的方式才能从生活碎片中整合出来。在杨向荣看来,齐美尔的现代性理论不是采取历史分析的方式,而是一种对现代性社会现实的体验方式的解说,齐美尔将社会视为一件艺术品,比喻成几何学的对象,这就突出了齐美尔对于社会形式研究的美学起源。除此之外,杨向荣还认为齐美尔钟爱生活碎片,认为生活的碎片能够再现生活的内在意义的总体性[1]。而齐美尔的论述在某种程度上可以说是康德思想的一种转述[2]。杨向荣的论述道出了齐美尔美学研究方法的基本特征,但是却并没有明确地用研究方法的视角对之加以深入分析。

刘悦笛认为,探讨齐美尔的现代性理论离不开"审美的视角"。他强调齐美尔除了把社会问题看作"伦理学问题",还将其看作"美学问题",而从美的动机出发有利于探索"完全不同的社会理想"[3]。王小章分析了齐美尔提出的"社会学美学"(sociological aesthetics)的概念,认为在现代生活中,审美已不再是一种专门的活动,而已经成为个体内在生活的基本要素[4]。樊宝英认为齐美尔的文化美学受惠于康德的美学,以及他对于现代性独特的观察视角和把握策略[5]。于明晖在其博士论文《现代性视域中的齐美尔文化美学》也将美学视为齐美尔诊断现代性的主要策略,重点分析的是齐美尔的文化美学[6]。袁敦卫在其博士论文《社交形式的变迁——论齐美尔的社会美学及其当代意义》中区分了齐美尔的社

---

[1] 杨向荣:《审美印象主义与现代性碎片——齐美尔论现代性体验》,《湘潭大学学报》(哲学社会科学版)2009年第1期,第114~118页。
[2] 杨向荣、余颖:《形式与审美表现主义——齐美尔艺术形式的审美现代性》,《湖南科技大学学报》(社会科学版)2008年第6期,第104~108页。
[3] 刘悦笛:《在"批判启蒙"与"审美批判"之间——构建"全面的现代性"》,《学术月刊》2006年第9期,第35~41页。
[4] 王小章:《齐美尔论现代性体验》,《社会》2003年第4期,第6~14页。
[5] 樊宝英:《论齐美尔的审美文化思想》,《西北师大学报》(社会科学版)2007年第5期,第6~11页。
[6] 于明晖:《现代性视域中的齐美尔文化美学》,江西师范大学博士论文,2007年,第1页。

会美学（social aesthetics）和审美社会学（sociology of aesthetics），分析了社会美学的问题意识及其现代意义链。

（五）齐美尔的文本展现方式

齐美尔的写作方式，也可以说其研究成果（文本）呈现的方式非常有特色，国内学者对此也有一些研究。刘小枫在《金钱、性别、现代生活风格》一书的序言中，指出本雅明（W. Benjamin）和齐美尔都受到了波德莱尔（L. Baudelaire）的影响，本雅明的语言显得夸张、繁复、兜圈子，而齐美尔的语言则典雅、节制、有质感[①]。吴勇立、冯潇认为齐美尔采用的是"形式大于内容"的论说文（essay，又译散文、随笔或小品文）写作方式，而齐美尔的《大都会与精神生活》《陌生人》等名篇就是论说文的典范[②]。李政亮认为在随笔式的谱系当中，齐美尔堪称第一人，其后则有布洛赫（E. Bloch）、本雅明、阿多诺（T. Adorno）等人[③]。袁敦卫在其博士论文中以一节（"齐美尔式风格：一种另类写作"）的篇幅来介绍齐美尔的写作风格，主要涉及齐美尔"不拘格套"的特性，指出其理论兴趣和讨论议题过于庞杂，如货币、时尚、冒险、首饰等是他的保留议题，有时卖淫、爱欲、调情等又会惊世骇俗地出现在关键性的论述之中；齐美尔的大部分作品都是以小品文形式出现，他不喜欢运用注释，并且大量运用类比论证。袁敦卫博士还就齐美尔写作风格的定位问题进行了探讨，认为齐美尔事实上在把自己的写作方式当作一种反抗"大多数"、反抗"团体"、反抗"稳定"的冒险表态[④]。

[①] 刘小枫：《金钱、性别、生活感受——纪念西美尔〈货币哲学〉问世100年》，载西美尔《金钱、性别、现代生活风格》，上海：学林出版社，2000年，第17~18页。

[②] 吴勇立、冯潇：《阿多诺"论说文主义"的思想来源与风格特征》，《马克思主义美学研究》2008年第1期，第303~312页。

[③] 李政亮：《柏林文化状况中的克拉考尔——从生命经历到电影观念》，《文艺研究》2011年第6期，第85~94页。

[④] 袁敦卫：《社交形式的变迁——论齐美尔的社会美学及其当代意义》，中山大学博士论文，2009年，第36页。

齐美尔对于后世的影响非常广泛与深刻，时至今日齐美尔还是社会学界讨论的热点。尚方健与林之源认为齐美尔的影响首先体现在西方马克思主义：卢卡奇（G. Lukacs）从齐美尔的《货币哲学》里吸收了物化的思想和从碎片看待社会整体性（与齐美尔看到的整体性不同）以及社会审美的理路，卢卡奇的《艺术哲学》《历史与阶级意识》中都有齐美尔的痕迹[①]。而卢卡奇对法兰克福学派产生了非常深远的影响，针对齐美尔与法兰克福学派之间的关系，杨向荣做了比较系统的梳理。[②] 成伯清在其《格奥尔格·齐美尔：现代性的诊断》一书最后一章的最后一节中讨论了齐美尔的影响和回应，将齐美尔与涂尔干和韦伯的研究方法做了对比，并对齐美尔对西方马克思主义和美国社会学的发展与影响做了一定介绍。陈戎女在《西美尔与现代性》一书的第一章，也介绍了西方学术界对齐美尔思想的传承与批判的概况。

二 国外研究现状

与齐美尔同时代的社会学巨擘涂尔干和韦伯虽然对齐美尔的才华与洞见给予了充分肯定，但对他的社会研究方法做出了负面评价。索罗金在其1928年出版的《当代社会学理论》中，指责齐美尔的社会学"缺乏科学的方法，缺乏实验取向、定量调查"，是"一种纯粹的思辨、一种形而上学、一种科学方法的阙如"[③]。弗里斯比是当今英语世界齐美尔研究极其重要的代表人物，他早在20世纪70年代，就与另一名重要学者波托莫尔合作将齐美尔的《货币哲学》翻译成英文。其后，他连续发表了一系列重要著作及论文，包括《社会学的印象主义》《现代性的碎片》《齐美尔及其后》等，对齐美尔的学术遗产进行了重新整理和挖掘，将齐美尔

---

① 尚方健、林之源：《辩证法：从早年卢卡奇、本雅明到阿多诺》，《学术界》2009年第6期，第154~157页。
② 杨向荣：《文化、现代性与审美救赎——齐美尔与法兰克福学派》，北京：中国社会科学出版社，2017年。
③ P. Sorokin, *Contemporary Sociological Theories*, New York: Harper & Brothers, 1928, p. 502 or notes 20.

视为社会学界"现代性研究的第一人",描绘出一幅"社会学的游手好闲者"的形象,并且深入探讨了齐美尔社会研究中的审美维度,挖掘作为"社会学的印象主义者"的齐美尔的意蕴。[1] 弗里斯比还于1994年主编了三卷本的《格奥尔格·齐美尔:批判性评价》(Georg Simmel: Critical Assesment),其中收录了齐美尔本人两篇文章和不同时期研究齐美尔的重要文献88篇。另外一个需要特别提及的成果是,由德国社会学家哈姆施泰特(Otthein Rammstedt)[2]主编的《齐美尔著作全集》共24册,耗时26年,已于2015年完成全部编纂和出版发行工作。这套全集不仅提供了齐美尔生前已发表的全部专著、论文和评论性文章,还包含了他的遗稿、信件、曾发表的匿名文章以及由他的学生所记录的课堂笔记,等等。以下分几个方面就国外关于齐美尔方法论的研究做一概述。

(一) 齐美尔社会研究方法的称谓

国外的研究中,卢卡奇将齐美尔解读为"社会学的印象主义"(sociological impressionism),以此来形容齐美尔的主观性和抽象性,认为齐美尔是个"真正的印象主义哲学家",具有多元论-非系统的倾向(pluralistic-unsystematic tendency),同时还有从每一个简单的假定中获得绝对性的倾向。卢卡奇将印象主义视为一个过渡现象,类似于新古典主义尝试解读生活的永恒的意义[3]。卢卡奇将齐美尔社会研究方法类比为艺术,或者说是一种风格(style),这样一种解读被弗里斯比采纳,从而在某种意义上,齐美尔走出了学术的、理智的和科学的共同体,成为一名美学思想家(aesthetic thinker)[4]。蒂娜·魏施泰因和麦克·魏施泰因(Deena Wein-

---

[1] 弗里斯比于2010年12月去世,他认为齐美尔的思想是缺乏一贯性的碎片,这样的主张曾经形成主流,但晚近不少学者对此提出质疑,指责这是对齐美尔的误读。越来越多的学者认为,生命哲学乃是贯穿齐美尔所有研究的主轴。

[2] 他是齐美尔学生的学生。

[3] Georg Lukacs, Georg Simmel, Theory, Culture and Society 8 (3), August 1991, pp. 145–150.

[4] David Frisby, Sociological Impressionism: A Reassessment of George Simmel's Theory, London: Heinemann, 1981, p. ix.

stein and Michael A. Weinstein) 于 1993 年出版的《后现代（化）的齐美尔》[*Postmodern（ized）Simmel*] 一书中，直接用方法/风格（method/style）来称谓齐美尔的社会研究方法①。

戴维斯（Murray Davis）用艺术和美学这个隐喻，将齐美尔的社会研究方法凸显为一种"美学的欣赏（aesthetic comprehension）"，这种欣赏要运用"通过具体化来实现普遍化（universalization through particularization）"的程序，这种程序不像归纳逻辑通过中间的步骤（intermediate steps）由特殊上升到一般，美学的欣赏通过顿悟（sudden leap）来跨越这一鸿沟（bridge this gap）②。这里戴维斯将齐美尔的研究方法称为"美学的欣赏"，和艺术的类比有一些相似。

弗里斯比在《社会学的基础》（*The Foundation of Sociology*）一文中，认为针对齐美尔的研究方法，用"观察模式"（mode of observation）、"观点"（viewpoint）、"立场"（standpoint）、"研究倾向"（research tendency）这些词语表示是合适的，并认为严格意义上的（method）一词用在齐美尔身上是个错误。可以看出，即便是弗里斯比在齐美尔研究方法的称谓上也存在困惑。

社会学印象主义、风格/艺术、美学的欣赏这些指代齐美尔社会研究方法的称谓，都与那种强调规范化、程序化、操作化的社会研究方法的主张有些格格不入。这是否意味着齐美尔研究方法的后现代特征使得其无法纳入主流的社会研究方法的分析框架？

（二）齐美尔的研究视角

齐美尔的建构主义、多元主义和关系主义研究视角受到一些学者的关注，并在相关著述中有所涉及。

雷文（Donald N. Levine，又译莱文或列文）在《齐美尔作为社会学元理论的来源》（*Simmel as a Resource for Sociological Metathe-*

---

① Deena Weinstein and Michael A. Weinstein, *Postmodern（ized）Simmel*, London and New York: Routledge, 1983, pp. 9 – 13.
② Murray S. Davis, Georg Simmel and the Aesthetics of Social Reality, *Social Forces*, 1968, Vol. 51, pp. 320 – 332.

ory）一文中提到齐美尔用历史建构主义思想，反对历史实在论（historical realism）[1]。雷文指出齐美尔学术著作中有建构主义思想，并将之视为其社会研究方法的一部分，但是却没有进行深入的挖掘。雷文还探讨了齐美尔方法论的多元主义（methodological pluralism），并将之作为齐美尔对于社会学元理论的一个重要贡献。在《齐美尔作为社会学元理论的来源》这篇论文中，雷文从历史研究中的认识论、哲学与实证的社会科学之间的关系以及哲学的本质三个方面分析了齐美尔的方法论的多元主义，并将齐美尔与韦伯做了对比[2]。雷文的这篇论文非常简短，没有就齐美尔的具体作品进行剖析阐释，更多的是理论上的探讨。Roidt Joseph Michael 认为通过将社会现实（social reality）分析性地划分为不可再分解的半自主的（semi-autonomous）个人、社会结构和文化，齐美尔提供了一个动态的多维度的分析秩序的架构（formulation），这个架构给齐美尔带来了挑战，使他不得不在三个领域创造出不计其数的分析框架[3]。Roidt Joseph Michael 的论述实际上也说明了齐美尔的研究是多维度的，这三个维度分别是个人、社会结构和文化。Gregor Fitzi 指出，通过与涂尔干的学术对话，齐美尔的社会学方法论并没有陷于一种集体表征的心理学，而是发展出一种文化社会学的方法来考察意识的内容，以确定其对社会关系的形成和维持的意义。[4] Barry Schwartz 则认为，当代文化历史学、神经科学和心理学的最新发展表明，齐美尔的历史认识论和理解方法论确有较强的合理基础。[5]

---

[1] Donald N. Levine, Simmel as a Resource for Sociological Metatheory, *Social Theory*, 1989, Vol. 7, pp. 161 – 174.

[2] Donald N. Levine, Simmel as a Resource for Sociological Metatheory, *Social Theory*, 1989, Vol. 7, pp. 161 – 174.

[3] Roidt Joseph Michael, *Reading Simmel as a Multidimensional Theorist: A Exercise in Theoretical logic*, University of Pittsburgh.

[4] Gregor Fitzi, Dialogue. Divergence. Veiled Reception. Criticism: Georg Simmel's relationship with Émile Durkheim. *Journal of Classical Sociology*, Vol. 17, No. 4 (2017) pp. 293 – 308.

[5] Barry Schwartz, How is History Possible? Georg Simmel on Empathy and Realism, *Journal of Classical Sociology*, Vol. 17, No. 3 (2017) pp. 213 – 237.

齐美尔认为"人在其整个的本质和一切表现里，都是由于他生活在与其他人的相互作用下这一事实决定的"，这一观点也将使人文科学产生"一种新的观察方式"，这就是关系主义的研究方法论[1]。弗里斯比曾经指出齐美尔的理论始于一个重要的原则——每一个事物都以某种方式与其他的事物相互联系，这使齐美尔的社会研究中所有的重要概念都是关系性的概念（relational concept），比如互动（interaction）和社会交往（sociation，又译社会化），即使形式也是从其与内容的关系上来讲的[2]。可以说齐美尔的很多研究都要从关系的角度来加以理解。Olli Pyyhtinen 在《齐美尔和"社会性"》（Simmel and "the Social"）一书中也论及齐美尔的关系主义，强调交互效应（reciprocal effect）是齐美尔社会学的重要基础，并将关系主义（relationism）作为现代思想的重要特征[3]。

齐美尔的建构主义、多元主义和关系主义研究视角都是非常值得挖掘的，但是这方面的研究还比较零碎，缺乏从社会研究方法层次上的系统与深入的讨论。

（三）齐美尔的研究选题

国外对于齐美尔的选题方面有代表性的研究在弗里斯比主编的《格奥尔格·齐美尔：批判性评价》三卷本中的第二卷和第三卷中有所体现，主要有科塞（Lewis A. Coser）和 Suzanne Vromen 对于齐美尔女权主义思想的研究，Heinz-Jurgen Dahme 对于齐美尔性社会学（sociology of sex）的研究，Toonies 和 Weber Klaus Lichtblau 对于齐美尔性别思想的研究，M. Kenneth Brody 对于齐美尔有关都市文化（metropolitan culture）的研究，Frank J. Lechner 对于齐美尔有关社会空间（social space）的研究，Theodore 对于齐美尔有关小群体（small group）的研究，Jurgen Gerhards 对于齐美尔的

---

[1] 〔德〕齐美尔：《社会是如何可能的》，林荣远译，桂林：广西师范大学出版社，2002年，第5页。
[2] David Frisby, The Foundation of Sociology, Georg Simmel, Chichester: Ellis Horwood Ltd., 1984, pp. 45–67.
[3] Olli Pyyhtinen, Simmel and "the Social", Palgrave Macmilan, 2010, pp. 39–49.

情感理论（theory of emotion）的研究，以及科塞对于齐美尔权力社会学（sociology of power）的研究。另外，相关的研究还包括：John Casparis 和 A. G. Higgins 对于齐美尔社会医学（social medicine）的研究，雷文对于齐美尔陌生人的历史和系统化的研究，Lawrence E. Hazelrigg 对于齐美尔秘密（secret）和秘密社会（secret society）的研究。Birgitta Nedelmann 重新审视了齐美尔对于秘密的研究，将之视为一个宏观的社会学现象（macrosociological phenomenon）[1]，而 Andrea Glauser 深入分析了齐美尔对于空间的理解，并对其对后来学者带来的相互矛盾的影响做了富有启发的考察[2]。也有学者致力于挖掘齐美尔关于生命、死亡、时间、毁灭等主题的洞见。[3] 总体来说，国外关于齐美尔选题的研究挖掘要更加深入一些。

综合国内外关于齐美尔的选题的研究，可以看出齐美尔的这些选题都比较新颖、琐碎，有些还非常边缘，较少关注宏大的社会制度、社会机制，而是聚焦于各种社会的碎片。在对这些选题的讨论中齐美尔一般没有形成完整的概念框架，而是仰仗其天才与灵感创造出了很多极具启发性的"敏感化概念"，这些概念被后来的学者所借用发展，并用实证资料加以验证，使齐美尔成了社会理论的"资本家"。

（四）齐美尔的美学方法

国外的学者中，卢卡奇很早就注意到了齐美尔的美学方法，将齐美尔的研究风格称为"印象主义"。但是真正凸显这种原则的是弗里斯比的论述，他将审美主义视为齐美尔认识现代性的一种

---

[1] David Frisby, *Georg Simmel: Critical Assessment*, Vol. Ⅱ. Ⅲ., London: Routledge, 1994.
[2] Andrea Glauser, Pionierarbeit mit Paradoxen Folgen? Zur Neueren Rezeption der Raumsoziologie. Zeitschrift für Soziologie, August 2006, 35, 4; ABI/INFORM Globalpg. p. 250.
[3] Black Hawk Hancock and Roberta Garner, Reflections on the Ruins of Athens and Rome: Derrida and Simmel on Temporality, Life and Death, *History of the Human Sciences*, V. 27, No. 4 (2014), pp. 77 - 97.

方法,将之与齐美尔对于印象主义的表述联系起来。《现代性的碎片》是弗里斯比的重要著作,该著作分析了齐美尔、本雅明和克拉考尔(S. Kracauer)的比较另类的现代性观点。弗里斯比将齐美尔描述为第一个现代性社会学家,齐美尔具备与他同时代的人无法匹敌的捕捉现代性基本体验的能力。他的社会理论的目的在于分析现在。齐美尔发展的是非正统的社会学路线,通过分析看似最表面的、最不实在的东西来获得每一个生活细节的总体性意义,而经验科学的局限性却无法获得这一总体性意义。齐美尔将审美视角当作获得社会现实洞见的一个合法途径。然而齐美尔的美学和社会学印象主义方法缺乏历史分析的维度,碎片之间也没有优先性的区别[1]。因为弗里斯比在英语学界的齐美尔研究领域拥有较强的影响力,上述观点成了比较流行的一种观点。

奥斯汀·哈灵顿(A. Harrington)则认为齐美尔事实上仍然致力于系统的社会学解释的可能性。他的"社会学印象主义"表现在他的著作形式上而不是他对解释的抱负上[2]。也就是说,哈灵顿认为齐美尔的社会学研究在于追求某种总体性,而非仅仅是关注毫无关系的碎片。

许布内尔-冯克(Hübner-Funk)认为齐美尔把艺术的特定结构性特征转化到社会现象上面,从审美主义的立场看待人类活动的结构及其结果。审美的价值成为其社交原则、文化发展原则、认识原则、社会学抽象原则、政治判断原则的作用因素[3]。戴维斯在《格奥尔格·齐美尔和社会实在的美学》中,比较有代表性地分析了齐美尔的美学方法,戴维斯认为齐美尔的美学方法体现在三个方面:第一,视觉的艺术形式(the artistic modality visual),主要讲的是齐美尔采用了类似于几何学(geometry)的方式;第二,一个新的区别于生活的艺术产物,主要讲的是齐美尔研究的

---

[1] 〔英〕戴维·弗里斯比:《现代性的碎片》,卢晖林、周怡、李林艳译,北京:商务印书馆,2003年,第51~142页。
[2] 〔英〕奥斯汀·哈灵顿:《现代性与现代主义》,周计武译,《江西社会科学》2010年第8期,第246~254页。
[3] 参见陈戎女《西美尔与现代性》,上海:上海书店出版社,2006年,第39页。

是社会形式；第三，通过具体化来实现普遍化的艺术方法，这里讲的是美学的顿悟的方法[1]。Eduardo de la Fuente 将齐美尔的美学与社会学的连接划分为三个部分：齐美尔对于艺术与社会形式（social forms）的对应的陈述，即社会形式的艺术（art of social form）；齐美尔对艺术品和美学对象的社会学秩序化（sociological ordering）的陈述，即艺术的社会形式（social forms of art）；美和社会因素共同起作用的分析性的部分[2]。

可以说，上述研究基本上认定美学的方法是齐美尔社会研究方法的一大特色，都强调齐美尔将美学作为研究现代性的重要策略。

（五）齐美尔的写作风格

国外也有学者探究齐美尔的写作风格问题。其中，最具代表性的成果可能是美国社会学家布莱恩·格林（Bryan S. Green）的专著《文学方法与社会学理论》。该书用 35 个形容词来展示齐美尔的写作风格，这些形容词包括微妙（subtle）、多才多艺（multifaceted）、都市感（urban）、怀疑论（sceptical）、艺术化（artistic）、随笔式（essayistic）、边缘意识（marginal）、似非而是（paradoxical）等[3]。格林的论述很大程度上生成了一个术语——"齐美尔式风格"（Simmelian Style），他发现了齐美尔笔下有意无意流露出来的"文学方法"。格林的研究尽管比较深入，甚至讨论了这种写作风格给齐美尔带来的好处，但是并没有从研究方法的角度进行更具针对性的探讨，即没有将之上升到研究结论的表述方式这样一种层面来探讨其有效性与合法性。

---

[1] Murray S. Davis, Georg Simmel and the Aesthetics of Social Reality, *Social Forces*, 1968, Vol. 51, pp. 320-329.

[2] Eduardo de la Fuente, The Art of Social Forms and the Social Forms of Art: The Sociology-Aesthetics, *Sociological Theory*, Dec 2008, 26, 4; ProQuest Science Journal spg, p. 344.

[3] Bryan S. Green, *Literature Methods and Sociological Theory*, *Case Studies of Simmel and Weber*, Chicago and London: The University of Chicago Press, 1988, p. 83.

蒂娜·魏施泰因和麦克·魏施泰因在《后现代（化）的齐美尔》一书中，试图从后现代主义的视角对齐美尔进行重新解读，并提出了不少另类的观点。他们发现齐美尔的著述与后现代主义的话语非常相似。在后现代视野中，齐美尔是一名"差异的欣赏者"，反对把差异化约为同一，他的思考具有碎片性，热衷于"去总体化"的尝试，他的表述具有解构主义的风格，是一个利用现成工具将各种生活碎片在不同语境下重新组合的"修补者"①。

（六）齐美尔的影响

国外的很多学者都很关注这个议题。雷文、E. B. Carter 和 E. Miller Gorman 就曾经探讨过齐美尔对于美国社会学的影响，主要分析了齐美尔对 Frederick A. Bushee、帕克（Robert E. Park）等参加过齐美尔讲座的学生的影响；1930~1955 年代重新发掘欧洲经典时代，以及 1955~1975 年底重新编纂审视经典时代，齐美尔对于美国的影响；其中也涉及了齐美尔的学说，比如冲突理论、陌生人理论对于美国学术界的影响②。Gary Jaworski 探讨了美国社会学家对于齐美尔的作品的接受过程③。雷文还分析了齐美尔和帕森斯（T. Parsons）的理论之间的关系，即齐美尔对于帕森斯的影响④。戴维斯指出戈夫曼（E. Goffman）的人类经验维度和齐美尔有很多相似之处⑤，而戈夫曼自己则毫不隐讳地承认齐美尔对于自

---

① Deena Weinstein and Michael A. Weinstein, *Postmodern (ized) Simmel*, London: Routledge, 1993.
② D. N. Levine, E. B. Carter, E. Miller Gorman, Simmel's Influence on American Sociology, *American Joural of Sociology*, Vol. 81, 1976, pp. 813–845.
③ Jennifer Platt, A Promising Agenda: Simmel in American Sociological Thought, *International Journal of Politics, Culture and Society*, Vol. 11, No. 3, 1998, pp. 475–483.
④ Donld. N. Levine, Parsons's Structure (and Simmel) Revisited, *Sociological Theory*, Vol. 7, 1989, pp. 129–136.
⑤ Murray S. Davis, Georg Simmel and Erving Goffman: Legitimators of the Sociological Investigation of Human Experience1, *Qualitative Sociology*, Vol. 20, No. 3, 1997, pp. 369–388.

己的影响。雷克（Ralph M. Leck）分析了齐美尔对于德国的表现主义、激进的女权主义和西方马克思主义的影响，包括齐美尔与 Kurt Hiller（文学表现主义之父）、Helene Stocker（同性恋权利的大力倡导者）之间的关系[1]。也有学者指出雷克忽视了齐美尔与 Karen Horney（女性主义心理分析学说之母）之间的关系[2]。Jacqueline Low 分析了布鲁默符号互动论的核心——社会实在的本质（the nature of social reality），个人和社会关系的本质，以及社会行动的本质如何受到齐美尔风格的影响[3]。John E. Jalbert 分析了死亡、时间、历史议题上齐美尔对于海德格尔的影响[4]。

三 小结

综上所述，国内外关于齐美尔社会理论及方法论方面的研究，虽然已取得不菲成就，但仍存在以下几点不足。

第一，缺乏系统的、深入的关于齐美尔社会理论与方法论方面的专题研究。无论是国内还是国外都没见到关于齐美尔社会研究方法方面的专著，相关的论文也很少，只是有一些零星的研究散布于各类著作及论文之中。

第二，缺乏从后现代角度对齐美尔社会理论及方法论进行的探讨。齐美尔社会理论及方法论与后现代主义具有很多契合之处；齐美尔碎片化的理论取向和不成体系的研究方法在现代主义的思维下显得另类出格，但在后现代主义的视野下，他的理论取向及

---

[1] Ralph M. Leck, *Georg Simmel and Avant-Garde Sociology: The Birth of Modernity, 1880 to 1920*, New York: Humanity Books, 2000.

[2] Commentary on Georg Simmel and Avant-Garde Sociology: The Birth of Modernity, 1880 to 1920, *Contemporary Sociology*, Mar 2003, 32, 2; Academic Research Library, p. 257.

[3] Jacqueline Low, Structure, Agency, and Social Reality in Blumerian Symbolic Interactionism: The Influence of Georg Simmel, *Symbolic Interaction*, Vol. 31, Issue 3, pp. 325 – 343, ISSN 0195 – 6086, electronic ISSN 1533 – 8665.

[4] John E. Jalbert, Time, Death, and History in Simmel and Heidegger, *Human Studies* 26: 259 – 283, 2003.

研究方法的合法性就不成问题。

第三，缺乏对于齐美尔社会理论及方法论生成原因的研究。齐美尔独特的理论取向和研究方法的生成，除了齐美尔自己的人生经历、学术边缘位置、犹太人的族群归属、多个学科的训练背景之外，也与当时的社会状况、时代思潮、哲学争论、艺术探索、报纸传媒的发展等有关联。

第四，缺乏对于齐美尔在中国的传播历程和影响的研究。国内的学术界吸收了很多古典的社会学家的思想。关于齐美尔的学术思想在中国的传播历程及其对中国学术界的影响，还存在许多空白。

本书的研究在很大程度上旨在为弥补前面两点的不足而做出一些努力与尝试，至于弥补后面两点不足的相关工作则留待他人去完成。

第三节 相关概念辨析

这一节将对本书涉及的一些基本概念做一些梳理和辨析工作。主要包含两大类概念家族：一是关于社会理论及方法的，一是关于"后现代"的。

一 社会理论及方法的概念家族

（一）社会研究

所谓研究，简单地说就是一个认真提出问题，并以系统的方法寻求问题答案的过程。广义的社会研究（social research）泛指任何一种系统地再现社会生活的方法，它试图将某些观念（或理论）与社会现象的有关证据联系起来，换言之，就是运用比较科学的方法来搜集和分析社会事实，以理解社会现象之间的关系，它包括社会科学家探求社会（tell about society）的一切努力。按照英国学者迪姆·梅（D. May）的说法，社会研究的任务是理解和阐释社会现象，密切关注那些特殊的问题，并质疑那些关于社会世界和自然世界被我们习惯性地抱守着的信仰[1]。以下是关于社会研究较严格的定义：它是一种以经验的方式，对社会世界中人们的行为、态度、关系，以及由此所形成的各种社会现象、社会产物所进行的科学的探究活动[2]。上述定义针对的是社会科学的经验研究，它不同于对已有理论进行批判性分析的纯理论研究[3]。一般而言，社会研究与小说、纪录片和新闻报道等虽然都反映社会现象、社会事物，但却存在很大的差异。这种差异主要体现在，社会研究是一种社会科学的再现：探讨的现象有一定的社会意义；直接或间接地与社会理论相关；基于大量合适的、有目的地收集的证据；结论来自对证据的系统分析。简言之，社会研究通过有计划、有目的地收集资料，并用抽象和概括的方式再现社会现象。需要指出的是，在后现代主义那里，社会研究与文学批评之间的差别已经非常模糊了，而且，某些后现代主义的一项重要工作就是试图消除这种差异。

（二）社会理论

社会研究离不开一定的理论做指导，事实并不会为自己说话，任何观察都渗透着理论。社会研究者关于社会世界的发现，只有置于某一理论框架时，才会有意义。理论既是研究的成果精华，

---

[1] 〔英〕迪姆·梅：《社会研究：问题、方法与过程》（第3版），李祖德译，北京：北京大学出版社，2009年，第8页。
[2] 风笑天：《社会学研究方法》，北京：中国人民大学出版社，2001年，第2页。
[3] 比如，元社会学（metasociology）的研究就不同于一般意义的经验研究，它是关于社会学的前提的研究，涉及社会学的学科性质、认识论、方法论的特征，社会学理论的结构等。换言之，元社会学研究不对社会学问题做实质性的探讨，它的作用只是提供进行社会学研究、构建社会学体系和在这些研究与体系完成之后对之进行批判的方法论预设（参见苏国勋、刘小枫主编《二十世纪西方社会理论文选Ⅰ——社会学理论的开端和终结》，上海：上海三联书店，2005年，第656页）。需要指出的是，帕森斯坚持认为，他最重要的理论研究成果《社会行动的结构》在双重意义上乃是经验性的研究：首先，它关注西方人所共见的发展所面临的问题；其次，它在社会思想的分析方面是一项经验性研究（参见〔美〕T.帕森斯《社会行动的结构》，张明德、夏遇南、彭刚译，南京：译林出版社，2003年，平装本序言第15页）。

也是学科知识系统化的产物。理论可以激发研究对其进行检验（证实或证伪），而研究则能帮助人们接受、拒绝或修正理论，进而构造新的更好的理论。正统的社会学理论（sociological theory）概念通常是指：由一些在逻辑上相互关联的概念和陈述所组成的系统，用以解释说明一种或一系列的社会现象。当今的学者更喜欢使用超越了学科局限的"社会理论"（social theory）这个概念，它主要指"对社会世界的作用的相对系统的、抽象的、一般的反思"[1]。或者说，社会理论是指系统、历史地形成的具有经验导向的理论，旨在寻求解释"社会"的性质。社会理论一般宣称，各种哲学分析、对具体历史经验的反思以及对社会条件系统的经验观察，综合起来可以解释社会的性质[2]。当代著名社会学家吉登斯（A. Giddens）曾经指出："我们并不把社会理论视为任何一门学科的专有领地，因为关于社会生活和人类行动之文化产物的问题是跨越社会科学和人文学科的。"[3] 在他看来，"社会学知识体系与社会理论并不是一致的，后者比前者要宽泛得多，它涉及人类行为、社会制度及其相互联系的所有领域。但是社会学的主要研究领域是现代性出现以来所产生的社会世界（the social world），其与社会理论有着特殊的关系"[4]。有学者指出，定性研究（或质的研究、质性研究）中的理论不同于正统的理论概念，它不是对社会现实所进行的概念化和形式化，而是特定研究者从特定的角度通过特定的研究手段针对特定的社会现象所做出的一种解释。这种理论具有一定的时间性和地域性，必须根据具体情况的变化而加以修正。"此外，非常重要的一点是，对质的研究者来说，'理论'这

---

[1] 〔英〕帕特里克·贝尔特：《二十世纪的社会理论》，上海：上海译文出版社，2002年，第1页。
[2] 〔美〕奥斯汀·萨拉特编《布莱克维尔法律与社会指南》，高鸿钧等译，北京：北京大学出版社，2011年，第17页。
[3] 参见杨善华、谢立中主编《西方社会学理论》（上卷），北京：北京大学出版社，2005年，前言。
[4] 〔英〕安东尼·吉登斯：《社会理论与现代社会学》，文军、赵勇译，北京：社会科学文献出版社，2003年，前言，第2页。

个词应该总是复数，而不是单数。"① 后现代主义者的理论概念与质性研究的理论概念比较接近，某些后现代主义者甚至拒斥理论这个概念，认为它带有太多系统、统一、固定、完成等含义②。需要注意的是，理论与研究是相辅相成的，在社会科学的实践中很难截然分开，它们之间是相互依赖的。美国著名社会学家默顿（R. K. Morton）就社会学理论与经验研究之间的关系做过相当深入的考察和分析，并强调："只有当经验研究是理论导向的并且当理论是由经验证实的，才能获得连贯性而不是分散。"③ 法国当代著名社会学家布迪厄（P. Bourdieu）也表达了类似的看法："我可以将康德的一段名言稍加变通并指出：没有理论的具体研究是盲目的，而没有具体研究的理论则是空洞的。"④ 社会理论包含了本体论（ontology）、认识论（epistemology）、方法论（methodology）等方面的重要内容。

（三）本体论与认识论

哲学从产生那天起，就试图为人类提供某种关于自身存在和发展的终极性的根据、尺度和标准，也就是为人类提供某种安身立命之本，此乃哲学的终极关怀，也是哲学的本体论追求。简言之，本体论主要是探索世界的本原或基质，研究一切实在的最终本性。认识论又称知识论，主要探讨人类认识的前提和基础，认识发生、发展的过程及其规律，认识的真理标准等问题。本书讨论的本体论主要指社会研究者对人与社会及其相关关系的根本看

---

① 参见陈向明《质的研究方法与社会科学研究》，北京：教育科学出版社，2000年，第320页。
② 某些并非后现代主义者的理论大家也会排斥理论这个概念。如沃勒斯坦就对理论一词所隐含的封闭、完成的意味非常警惕，他反对将自己的研究称为"世界－体系理论"，而更愿意称其为"世界－体系分析"。参见〔美〕伊曼纽尔·沃勒斯坦《知识的不确定性》，王昺等译，济南：山东大学出版社，2006年，第50页。
③ 〔美〕罗伯特·K. 默顿：《社会理论与社会结构》，唐少杰、齐心等译，南京：译林出版社，2006年，第219~220页。
④ 〔法〕皮埃尔·布迪厄、〔美〕华康德：《实践与反思——反思社会学导引》，李猛、李康译，北京：中央编译出版社，1998年，第214页。

法或理论预设；而认识论则指如何认识人与社会及其相互关系的学问。在很大程度上本体论决定了认识论，而认识论决定了方法论，也就是说，有什么样的本体论，就会有什么样的认识论以及相应的方法论。说到底，社会学调查研究最终是以研究者对人和社会性质的假设为基础的。这些假设指引着他的整个研究工作，从调查课题的选择到资料的分析和结果的解释。并且，这些假设影响着研究者所采用的研究方法及其所获得资料的类型。

（四）研究方法及方法论

社会研究的方法与理论是任何社会科学的两大支柱。一般来说，人们习惯于把方法看成达到和实现一定目的而采用的途径、工具和手段。所谓研究方法（research method），指从事研究的计划、策略、手段、工具、步骤以及过程的总和，是研究的思维方式、行为方式以及程序和准则的集合[1]。研究方法的核心涉及两项密切相关的工作：资料的收集和资料的分析。事实上，社会研究的方法体系包括三大部分：处于上层的方法论，处于中层的研究方式，处于底层的具体方法与技术。①方法论：涉及社会研究的逻辑和研究的哲学基础。通常指对一门学科内普遍运用的研究技术所做的较具哲学性的评价（对研究方法的科学性、客观性、有效性等的讨论与论证），是对各种研究成果进行批判、审查的活动[2]。②研究方式：研究所采取的具体形式或研究的具体类型，主要包括调查研究、实验研究、文献研究和实地研究这四种基本方式。③具体方法和技术：指在研究过程中所使用的各种资料收集方法、资料分析方法，以及各种特定的操作程序，如自填问卷法、电话访问法、随机抽样法、量表制作法、数据清理技术、统计分

---

[1] 陈向明：《质的研究方法与社会科学研究》，北京：教育科学出版社，2000年，第5页。
[2] 方法论（methodology）有时用来指称研究策略（research strategy），即指导一项具体的研究应该如何开展，选择怎样的具体技术与方法以实现研究的目标。参见 Michael Crotty, *The Foudations of Social Research: Meaning and Perspective in the Research Process*, London: Sage Publication Ltd., 1998, p. 3。

析技术、软件应用技术等。它们属于社会研究方法体系的最具体的层面,具有专门性、技术性、操作性等特点。

需要指出的是,尽管上述四种研究方式(调查法、实验法、文献法和实地法)广泛地运用于社会科学的各个学科与领域,但从各个学科的传统上看,似乎都有自己偏爱的研究方式,如社会学使用最多的是调查法,心理学使用最多的是实验法,而历史学主要使用文献法,人类学则主要使用实地法。其实,各种研究方式都有自己的长处与短处,而且,它们不一定是相互排斥的。如果一项研究能够使用多种研究方式,研究结果能够互相印证,那我们对某个社会现象的认识可能就更深入、更全面。这也就是社会研究所提倡的三角测量(triangulation)①。一般来说,调查法和实验法都属于定量的研究,需要运用统计分析的技术。而文献法中的内容分析、二次分析等主要使用的也是统计分析技术,即便是以定性研究为主的实地研究,也要利用一些数据资料作为论证的辅助工具。近年来,社会科学研究中兴起一种将定量分析与定性分析结合起来的"混合式"研究设计。而后现代主义者通常对定量研究抱有敌意,更倾向于形式多样的定性研究。

(五)社会研究的范式

"范式"(paradigm)② 这个概念来自自然科学史家托马斯·库恩(T. Kuhn)的著作,指我们对世界本质(本体论)以及我们如何理解这种本质(认识论)的一种普遍的哲学假设,这些假设往

---

① 指利用不同的或多重的资料来源、方法、调查者、理论等对同一主题或内容进行研究,可以起到相互印证、增强可信性、可靠性的作用。

② 库恩在《科学革命的结构》一书中提出的范式概念影响极大,但有学者指出库恩并没有给出范式的严格界定,而且他在书中多达 20 多处以不完全相同的意义使用该概念。后来,库恩用"学科基质"(disciplinary matrix)这个概念代替范式,它包括:①符号概括,如 x、y、z;②共同承诺的信念,如热是物质构成部分的动能;③价值,如预言应该是精确的,定量预言比定性预言更受欢迎;④范例,提供具体的问题解答,如自由落体运动、相似性、意会知识等。参见〔美〕托马斯·库恩《科学革命的结构》,金吾伦、胡新和译,北京:北京大学出版社,2003 年。

往为特定领域或传统中的研究者所共有①。简言之,范式主要指各门学科的研究者共有的研究模式和理论框架,它提供了考察所要研究的问题与现象的视角,包括基本假设、专业术语、理论范畴、研究方式、解题模式等。虽然学界关于范式的定义仍有分歧,不过,本书认为范式这个概念还是有很大的借鉴价值,并在比较宽泛的意义上使用这个概念,大致指一群研究者所拥有的相同或相似的信念、价值、视角等。一般认为社会研究存在三大范式:实证主义(positivism)、解释主义(interpretivism)和批判主义(criticism),而对后现代主义(postmodernism)是否称得上是一种与之并列的范式,则存在较大争议,因为它主要由非常松散、内部差异很大的相关话语混合而成,而且其发展存在诸多不确定性。不过,本书还是将后现代主义视为一种有潜力的并在不断形成的社会研究范式或准范式。这么做主要是基于以下三点考虑:其一,本书是在较宽泛意义上使用范式一词,而且,很大程度上把它当作一个比较方便的称呼;其二,本书认为,尽管存在诸多混乱和分歧,但各式各样的后现代主义还是存在一定的共识,并表现出某些共同的旨趣和相似的特征;其三,后现代主义确实在社会研究方面展示出一些不同于其他三大范式的特征,蕴含着值得挖掘的潜力,并可能发展出一种社会分析的新路径。

二 "后现代"的概念家族

作为当代西方一种重要的社会文化思潮,后现代主义的影响范围已经超出西方世界,波及全球。随着后现代思潮在社会各个领域的扩散,产生了一系列的"后学":后现代文学、后现代艺术、后现代文化、后现代哲学、后现代经济、后现代政治、后现代教育、后现代宗教、后现代科学,等等。虽然后现代话语已成为晚近的时尚,并且一度传播甚广,但有关后现代的大量词汇却没有固定的含义,人们众说纷纭,莫衷一是,以至于"后现代"

---

① 〔美〕约瑟夫·A.马克斯威尔:《质的研究设计:一种互动的取向》,朱光明译,重庆:重庆大学出版社,2007年,第27页。

一词被学者们视作当代最被滥用和最具混乱性的理论术语之一①。事实上,后现代主义者欢迎混乱和无序,并将其当成自身的重要特征,而这显然加剧了问题的严重性和复杂性。尽管后现代思想家大都反对运用现代理论方法对他们的思想进行系统的阐述、对相关的概念做明晰的界定和分析,他们甚至拒绝任何理论,也不希望自己的话语被提升为规范的理论或宏大的叙事,但是,为了对后现代话语有个比较清晰的把握,本书还是依据现代学术研究的基本逻辑,通过总结前人的研究成果,尝试对某些经常被混乱(或交叉)使用的、与后现代主义社会研究密切相关的核心概念做一个梳理和辨析工作。

(一) 现代和后现代

1. 现代

英语"现代"(modern)一词源于兼做名词和形容词的拉丁语"modernus",后者是在公元5世纪根据"modo"(意思是"最近、刚才")一词创造出来的,指的是"在我们时代的,新的,当前的……",它的主要反义词是"古的,老的,旧的……"②。当代社会理论大师哈贝马斯(J. Habermas)说过,现代这个概念乃是被用来表达"一种要与过去相连的时代意识……视其自身为新旧过渡期的产物"③。事实上,英语"现代"(modern)一词主要演变出两种用法,一种用法意味着"当代、当今",另一种用法则添加了这样的含义——在现代时期,世界已经不同于古典的和中世纪的世界,对古典的盲目崇拜不再流行,以"现代性的教养"为标志的新的生活方式受到普遍欢迎④。而且,后一用法逐渐凸显社

---

① 〔美〕道格拉斯·凯尔纳:《媒体文化——介于现代与后现代之间的文化研究、认同性与政治》,丁宁译,北京:商务印书馆,2004年,第74页。
② 〔美〕马泰·卡林内斯库:《现代性的五副面孔》,顾爱彬、李瑞华译,北京:商务印书馆,2002年,第18~19页。
③ Barry Smart:《后现代性》,李衣云、林文凯、郭玉群译,台北:巨流出版社,1997年,第10页。
④ B. Smart, "Modernity, Postmodernity and the Present", in B. Turner (ed.), *Theories of Modernity and Postmodernity*, London: Sage, 1990, p.4.

会的根本转型以及与传统的生活方式更为精致的对立①，强调新颖性尤其是"求新意志"——基于对传统的彻底批判来进行革新和提高的计划②。相应的，西方现代社会科学，主要考察的是区别于传统封建时期的，以城市工业社会的兴起为标志的"现代"西方社会③。

2. 后现代

关于"后现代"（postmodern）④ 的提法也早已有之。比如1870年前后，英国画家约翰·瓦特金斯·查普曼（J. W. Chapman）曾使用"后现代绘画"一词，用来指称那些据说比法国印象主义绘画还要现代和前卫的绘画作品。1917年德国学者鲁道夫·潘诺维兹（R. Pannowitz）在《欧洲文化的危机》一书中，用"后现代"一词来描绘当时欧洲文化的虚无主义和价值崩溃的状况⑤。1954年英国著名历史学家汤因比（A. Toynbee）在新版的《历史研究》中，用"后现代时期"表示西方文明发展的第四个阶段，即从

---

① 〔美〕大卫·库尔珀：《纯粹现代性批判——黑格尔、海德格尔及其以后》，臧佩洪译，北京：商务印书馆，2004年，第21~22页。
② 〔美〕马泰·卡林内斯库：《现代性的五副面孔》，顾爱彬、李瑞华译，北京：商务印书馆，2002年，中译本序言。
③ "现代"究竟从什么时候开始存在很大的争议。有的历史学家认为，现代世界是从1789年的法国大革命开始的，另外的历史学家则指出，现代欧洲开始于文艺复兴和宗教改革，还有的历史学家表示，所谓的"现代"是在20世纪才出现的。在15世纪末期，很多日子被认为是"现代"的开始。对"现代"的另外一种解读是，其实从14世纪而非16世纪起，欧洲就出现了具有"现代"思维方式和理解世界方式的某些特征。参见〔英〕玛丽·伊万丝《社会简史：现代世界的诞生》，曹德骏、张荣建、徐永安译，上海：复旦大学出版社，2010年，第3页。
④ 有学者指出，书写方式的不同——"后现代"（postmodern）还是"后-现代"（post-modern）——也表明了某个立场、某种偏见。前者含有对后现代主义抱着一定同情或承认其合理性的意思，而后者则表示一种批判的态度。当然这种划分也不是绝对的（参见〔美〕波林·罗斯诺《后现代主义与社会科学》，张国清译，上海：上海译文出版社，1998年，第24页）。一般来说，加上连字符强调了特殊、具体、断裂和怪异，去掉了连字符则表示广泛性、综合性、同时性和一致性（参见〔英〕史蒂文·康纳《后现代主义文化——当代理论导引》，严忠志译，北京：商务印书馆，2002年，第二版前言）。
⑤ 参见〔美〕道格拉斯·凯尔纳、斯蒂文·贝斯特《后现代理论——批判性的质疑》，张志斌译，北京：中央编译出版社，1999年，第7页。

1875 年开始的、以理性主义和启蒙精神之崩溃为特征的"动乱时代"[1]。1959 年美国著名社会学家米尔斯（C. W. Mills）在《社会学的想象力》一书中宣称："我们正处于所谓的现代时期的终结点上。……如今，现代时期正在被一个后现代时期所取代。"他认为许多过去的期待和想象，以及思想和情感的运用范畴已不再适用[2]。

尽管在 20 世纪 40~50 年代，后现代一词曾被偶尔用来描述新的建筑或诗歌形式，但是一直到 60~70 年代，它才被广泛地引入文化理论领域，并逐渐扩散到政治、经济、社会等其他学术领域。到了 80 年代，关于后现代的话语急剧增加，爆发了同现代性、现代主义和现代理论决裂的激烈论战。

一般来说，现代和后现代主要涉及一种时间概念，但确切的边界在哪里并不是一清二楚的，还存在很大的争议。"后现代"通常指的是继"现代"而来，或是与现代的断裂，它更多是强调对现代的否定，消解了"现代"的一些确凿无疑的特征[3]。不少学者用它来指称西方"二战"以后出现的后工业社会或信息社会。也有学者反对将现代与后现代对立起来的做法，主张将两者结合起来[4]。需要指出的是，"现代"常常被用来作为与它相关的一系列概念（所谓"现代"概念家族），如现代性、现代主义、现代理论等的通称；相应的，"后现代"则被用来作为与它相关的一系列概念，如后现代性、后现代主义、后现代理论等的通称。

（二）现代性和后现代性

1. 现代性

现代性（modernity）通常指现代时期所展现出来的特质，它

---

[1] 〔英〕阿诺德·汤因比：《历史研究》（上下卷），郭小凌等译，上海：上海人民出版社，2010 年。
[2] C. Wright Mills, *The Sociological Imagination*, New York: Oxford University Press, 1959, pp. 165 – 166.
[3] 〔美〕迈克·费瑟斯通：《消费文化与后现代主义》，刘精明译，南京：译林出版社，2000 年，第 4 页。
[4] 〔德〕沃尔夫冈·韦尔施：《我们的后现代的现代》，洪天富译，北京：商务印书馆，2004 年。

强调的是现代社会的组织原则、社会秩序和知识话语。根据凯尔纳、贝斯特的观点，现代性是一个历史断代的术语，指接踵中世纪或封建制度而来的新纪元，涉及各种经济的、政治的、社会的以及文化的转型[①]。其实，现代性可能包括四层不同的含义：历史分期，社会性质，价值理念和个人体验[②]，但在社会理论中，现代性更多的是指社会组织方式和社会状态，强调从社会和文化的意义上来把握现时代人类文明中较为定型的实质性因素，诚如阿多诺所言，"现代性是质的范畴，而不是年代学的范畴"[③]。哈贝马斯（J. Habermas）则将现代性视作18世纪启蒙运动以来的一个尚未完成的宏大规划，它追求客观的科学、普遍的道德（与法律）、自主的艺术，并以此为基础来影响和控制社会变迁，合理地安排人们的日常生活[④]。确实，自启蒙时代以来，关于现代性的话语大都奉理性为最高的权威，视其为知识、真理和社会进步的根源和基础。

当代著名社会理论家吉登斯明确指出，现代性是社会学关注的核心问题，它可粗略地定义为17世纪前后出现在欧洲并逐步向全世界蔓延的那种社会生活方式和社会组织方式[⑤]。通过现代艺术、消费社会的产品、新技术以及新的交通运输和通信方式的传播，现代性进入了人们的日常生活当中。现代性的实现过程可称为"现代化"（modernization），它标志着个体化、世俗化、工业化、文化分化、商品化、城市化、科层化和理性化等过程[⑥]。在某种特殊意义上，现代化被视作经济学家所说的"发展"在社会学上的对等物，而且往往成为非西方或反西方国家趋向西方式工业

---

① 〔美〕道格拉斯·凯尔纳、斯蒂文·贝斯特：《后现代理论——批判性的质疑》，张志斌译，北京：中央编译出版社，1999年，第2~3页。
② 参见张小山《论现代性的四层含义》，《理论探讨》2005年第6期。
③ 参见〔英〕彼得·奥斯本《时间的政治——现代性与先锋》，王志宏译，北京：商务印书馆，2004年，第23页。
④ Juren Habermas, "Modernity—An Incomplete Project", in Wook-Dong Kim (ed.), Postmodernism: An International Anthology, Seoul: Hanshin, 1991, p.262.
⑤ 〔英〕安东尼·吉登斯：《现代性的后果》，田禾译，南京：译林出版社，2000年，第11页。
⑥ 〔美〕道格拉斯·凯尔纳、斯蒂文·贝斯特：《后现代理论——批判性的质疑》，张志斌译，北京：中央编译出版社，1999年，第3页。

化的一种委婉措辞①。

需要指出的是，虽然我们可以将现代性比较明确地界定为：17世纪左右依照启蒙运动的精神与原则而首先在西方产生和建构起来然后逐渐扩散到世界其他地方的一种社会文化模式。但实际上，现代性这个概念非常复杂多义，存在着模糊、矛盾甚至尴尬的成分，充斥着对立与冲突的内容。"现代性的含义不是唯一的，因为现代性本身是对含义的寻求。"② 鲍曼（Z. Bauman）指出了现代性的变异性和流动性，强调现代性的文化与社会现实之间的紧张③；艾森斯塔特（S. N. Eisenstadt）论证了现代性在具体制度和文化模式上的多元性④；柯拉柯夫斯基（L. Kolakowski）声称现代性处于永无止境的试验之中⑤，维尔默（A. Wellmer）阐述了启蒙现代性和浪漫现代性的不同与对立⑥；卡林内斯库（M. Calinescu）则区分出现代性的五副面孔：现代主义、先锋派、颓废、媚俗艺术、后现代主义⑦。此外，有些学者认为现代性包括现代化和现代主义两个基本部分⑧，另有学者则将现代性界定为"现代主义"、"现代"和"现代化"的总和⑨。

---

① 〔美〕马泰·卡林内斯库：《现代性的五副面孔》，顾爱彬、李瑞华译，北京：商务印书馆，2002年，第252~253页。
② 参见〔希腊〕米歇尔·瓦卡卢斯《后现代资本主义：社会学批判纲要》，贺慧玲、马胜利译，北京：社会科学文献出版社，2012年，第4页。
③ 参见〔英〕齐格蒙特·鲍曼《流动的现代性》，欧阳景根译，上海：上海三联书店，2002年。
④ 参见〔以〕S. N. 艾森斯塔特《反思现代性》，旷新年、王爱松译，北京：生活·读书·新知三联书店，2006年。
⑤ 参见 L. Kolakowski, *Modernity on Endless Trial*, Chicago: University of Chicago Press, 1990。
⑥ 参见〔德〕阿尔布莱希特·维尔默《论现代和后现代的辩证法——遵循阿多诺的理性批判》，钦文译，北京：商务印书馆，2003年。
⑦ 参见〔美〕马泰·卡林内斯库《现代性的五副面孔》，顾爱彬、李瑞华译，北京：商务印书馆，2002年。
⑧ 夏光：《后结构主义思潮与后现代社会理论》，北京：社会科学文献出版社，2003年，第5页。
⑨ 〔英〕玛格丽特·A. 罗斯：《后现代与后工业——评论性分析》，张月译，沈阳：辽宁教育出版社，2002年，第1页。

2. 后现代性

后现代性（postmodernity）指现代以后的一个历史时期所展现出来的特质，它强调的是后现代新的组织原则以及社会秩序与知识话语的转型，尤指不同于现代性的独特的思维方式，运用不同于现代性的话语。后现代性代表了一个超越了现代性的新阶段，在这个所谓的后现代时期（postmodern era），社会发生了重大改变——转向以文化、文化消费、媒体与信息技术为核心的后工业经济[1]。斯马特（B. Smart）指出："后现代性这个概念指的是我们和现代思维、现代情境和现代生活形式（或一言以蔽之，现代性）的关系和经验的修正和改变。"[2]

在20世纪80年代以前的西方相关文献中，后现代性一词主要指的是一种其内在精神与传统的现代文化十分不同的"后现代文化"[3]。然而从20世纪90年代开始，越来越多的学者用后现代性一词指称不同于现代社会的新的社会状态，几乎成为"后现代社会"（postmodern society）的同义词。德兰蒂（G. Delanty）认为，现代性与后现代性之分模糊了现代本身的激进性，后现代并非通常所认为的那样是与现代的彻底断裂。后现代性深深植根于现代性文化之中，正如现代性本身也是植根于前现代世界观之中[4]。也有学者使用"后现代化"（post-modernization）这一概念，意指与现代化相对的一个动态过程，即推动现代性向后现代性转向的社会变化过程，它强调的是"现代"之后的新的社会秩序正在实现的过程及其程度。另外，20世纪80年代以后，关于后现代性的话语显示有一定衰落的趋势，以至于有人开始附和后-后现代性（post-postmodernity）的提法，认为后现代是一个已经过去的时代，

---

[1] 〔英〕菲利普·史密斯：《文化理论——导论》，张鲲译，北京：商务印书馆，2008年，第325页。

[2] Barry Smart：《后现代性》，李衣云、林文凯、郭玉群译，台北：巨流出版社，1997年，第46页。

[3] 谢立中、阮新邦主编《现代性、后现代性社会理论：诠释与评论》，北京：北京大学出版社，2004年，第14页。

[4] 〔英〕杰拉德·德兰蒂：《现代性与后现代性：知识，权力与自我》，李瑞华译，北京：商务印书馆，2012年，第5页。

后现代不再新奇、不再风行,而仅仅只是一项每个人都在做的无聊东西。

(三)现代主义和后现代主义

1. 现代主义

现代主义(modernism)可以看作主要是对现代性做辩护并不断张扬它的文化思潮。有学者指出,可将培根、笛卡儿和洛克看作现代规划的设计师,他们大力倡导对自然的支配(掠夺性的现实主义)、方法的首要性(方法论的普遍主义)和个人的独立自主性(意义含混的个人主义),主张摧毁枯朽的中世纪社会结构,重建新的社会秩序,从而奠定了现代主义的理论基础[1]。从19世纪开始,现代主义作为艺术(包括绘画、诗歌、文学、音乐、建筑等)中各种革新和反传统的新趋势逐渐形成并引起很大反响,以至于狭义的现代主义专指19世纪末期至20世纪50年代西方社会中追求新奇的艺术运动。艺术中的现代主义紧跟着现代性的基本过程——这个过程包括对陈旧形式的否定和对新形式的创造,这在生活的所有领域生产出持续的创造力以及"创造性的解构"。在某种意义上,现代主义对永不止歇的变化和发展的需求中包含着对资本主义气质的信奉[2]。

可以说,现代主义是现代性的文化产物,它通过各种方式和手段直接或间接地反映了现代社会的基本价值、特征与问题。一方面,它以宣传现代性的理念、彰显现代性的成就为己任,竭力为现代性做辩护;另一方面,它也会对现代性的消极后果提出批评和质疑,有时可能还是非常激烈的批评和相当尖锐的质疑。因此,现代主义本身蕴含着一定后现代的成分,孕育着后现代主义的产生。但总体上,现代主义还是以肯定、捍卫和维护现代性为主,更注重传播理性、真理、控制、秩序、进步和解放等现代性

---

[1] 〔美〕艾尔伯特·鲍尔格曼:《跨越后现代的分界线》,孟庆时译,北京:商务印书馆,2003年,第6、27~28页。
[2] 〔美〕道格拉斯·科尔纳、斯蒂芬·贝斯特:《后现代转向》,陈刚等译,南京:南京大学出版社,2002年,第159~162页。

话语，在不确定中追求确定性。

2. 后现代主义

后现代主义（postmodernism）主要是指以拒斥现代性、张扬后现代性为基本特征的、不同于现代主义的文化产物，体现在文学、美术、建筑、电影、哲学和其他社会科学等领域。它既指一种拒绝接受现代主义符码的美学艺术风格，也指源自后结构主义的、摈弃现代主义思想教条的哲学与理论立场。虽然，根据美国后现代理论家哈桑（Ihab Hassan）的考证，奥尼斯（F. Onis）于1934年编辑出版的一部诗选中，率先采用了后现代主义一词。但作为一场消解性、批判性的文化运动，它真正崛起于20世纪60年代的欧洲大陆（主要是在法国），在政治上是对西方60年代激进政治运动失败的反映。70年代末80年代初它开始风行西方世界，80年代末90年代初其影响开始波及第三世界国家。后现代主义首先意味着对现代性的摒弃。它从各个角度揭示了现代性自身存在的内在矛盾和缺陷，抨击现代性造就的一切，断定现代性已经不再是一种解放的力量，相反地变成了奴役、压迫和压制的根源。后现代主义的兴起表明了一部分人对现代性的失望甚至绝望，它似乎要从根本上改变人们对于周围世界的原有经验和解释，不再相信任何宏大叙事或理论，放弃了对确定性的追求。

美国著名理论家詹明信（F. Jameson）认为，后现代主义乃是当今处于晚期阶段的资本主义所衍生出来的文化逻辑。在他看来，资本主义发展依次经历了三个基本阶段：市场资本主义，垄断资本主义或帝国主义，以及当前这个时代的资本主义——跨国资本主义；与此相应的文化变迁也呈现三种基本形式：现实主义，现代主义和后现代主义[1]。也有学者认为后现代主义无非是后期现代主义的另一个称谓而已[2]。美国著名社会学家丹尼尔·贝尔（D. Bell）就将后现代主义看作现代主义的极端形式，"它把现代

---

[1] 〔美〕詹明信：《晚期资本主义的文化逻辑》，张旭东编，陈清侨等译，北京：生活·读书·新知三联书店，1997年，第484~485页。

[2] 〔美〕金·莱文：《后现代的转型——西方当代艺术批评》，常宁生、邢莉、李宏编译，南京：江苏教育出版社，2006年，第30页。

主义逻辑推到了极端"①。美国另一位理论家查尔斯·詹克斯（C. Jencks）也将后现代主义视为"一种处于自我批判阶段的现代主义"，并且会和现代主义一起持续存在下去。② 不过，笔者认为，尽管后现代主义与现代主义存在一定连续性，但也出现了明显的断裂。虽然后现代思想家的观点并不统一，甚至相互间存在着异常激烈的争论，而且不同领域的后现代主义的差异也非常显著，但概括起来，后现代主义还是具有如下几个比较一致的特征：谴责现代性的逻辑及后果，用建构论取代实在论，否认客观真理、批判科技理性，反对整体化、元叙事的倾向，注重另类、边缘的议题，鼓吹多元主义的视角及方法，强调话语分析的重要性，提倡表述上的开放性，等等③。

（四）后现代理论和后现代社会学

1. 后现代社会理论

后现代社会理论（postmodern social theory）可以说是解释后现代性的理论尝试，是用后现代主义的观点解释后现代社会的理论成果，同时它也包括那些以后现代主义的立场和视角考察、质疑现代性的理论探讨，其重心集中在对现代理论的批判和对理论上的后现代转向的论证。现代理论——从笛卡儿的哲学设计，经由启蒙运动，一直到孔德、涂尔干及其他人的社会理论——因为试图找出知识的基础，傲慢地宣称能够提供绝对真理，致力于对普遍化和总体化的追求，同时因为它所拥有的被认为是虚妄骗人的理性主义的特征，从而受到激烈批评④。后现代理论家宣称，当代计算机和媒体技术、新知识形式以及社会经济制度的变化等，正

---

① 〔美〕丹尼尔·贝尔：《资本主义文化矛盾》，赵一凡、蒲隆、任晓晋译，北京：生活·读书·新知三联书店，1989年，第98页。
② 〔美〕查尔斯·詹克斯：《现代主义的临界点：后现代主义向何处去?》，丁宁、许春阳、章华等译，北京：北京大学出版社，2011年，第22~23页。
③ 关于后现代主义的特征，在本书第二章第四节会有更详细的讨论。
④ 〔美〕道格拉斯·凯尔纳、斯蒂文·贝斯特：《后现代理论——批判性的质疑》，张志斌译，北京：中央编译出版社，1999年，第5页。

在产生着一个新的、后现代社会。面对崭新的社会文化形式，以往的概念和理论已经完全不能适用，必须运用新的概念和理论去阐述。后现代社会理论的诞生正适应了这样的理论需要，并跻身于当代理论探索的前沿。

不过，目前人们往往是在更加宽泛的意义上使用后现代社会理论这一概念，它除了主要指上面提到的从后现代的角度来反思与探讨现代性和后现代性的理论外，有时还指那些从现代的角度反思、批判后现代性的相关理论。

2. 后现代社会学

后现代理论基本上是在社会学和社会学理论之外发展起来的。但随着后现代话语在社会各个领域的迅速扩散，以关注现代性为核心的社会学也做出了一定的回应，并产生了许多分歧很大的观点。如美国社会学家塞德曼（S. Seidman）就坚决拥护后现代主义的主张，并宣告现代"社会学理论的终结"[1]，英国社会学家鲍曼也对后现代性的提法抱以同情的态度，倡导一种"后现代性的社会学"[2]；但当代社会理论大师哈贝马斯、吉登斯、贝克（U. Beck）等则反对后现代主义的基本主张，认为现代性还没有过时，还有挖掘的潜力，否认后现代社会已经降临或后现代性转向已经形成，判定目前的西方发达国家不过是处于"晚期现代性""高度现代性"或"第二现代性""反身现代性""激进现代性"等阶段，而不是后现代主义宣称的与现代性彻底断裂的后现代性阶段。我国著名学者郑杭生、杨敏区分出两种不同类型的现代性：一种以西方发达国家为代表的建立在自然和社会的双重代价基础之上的旧式现代性；另一种是以晚近中国为代表的追求以人为本、人和自然共存、人和社会双赢，并将自然代价和社会代价减少到最

---

[1] 〔美〕史蒂文·塞德曼：《后现代转向》，吴世雄等译，沈阳：辽宁教育出版社，2001年，第159页。

[2] Zygmunt Bauman, *Intimations of Postmodernity*, London and New York: Routledg, 1992, p. 23.

低限度的新型现代性①。为了能够更清晰地把握各式各样的有关后现代的社会学的讨论,下面尝试区分三个容易弄混的基本概念。

后现代主义社会学(postmodernist sociology):用后现代主义的观点研究社会现象,其对象可以是现代社会也可以是后现代社会。汉语"后现代主义社会学"这个概念(sociology of postmodernism)又指从社会学的角度来研究后现代主义。

后现代性社会学(sociology of postmodernity):研究对象是后现代社会,其观点可以是现代主义的也可以是后现代主义的。不过该概念常常指从现代社会学的角度研究后现代社会。

后现代社会学(postmodern sociology):用后现代主义的观点研究后现代社会。有时该概念也泛指从社会学的角度研究关于后现代的议题。

为了进一步区分不同理论家的研究取向,下面用一个 2×2 的交互分类图来定位四类相关的理论家。两个维度分别是研究的对象和研究的视角,而吉登斯、鲍曼、福柯(M. Foucault)、布希亚(J. Baudrillard,又译为鲍德里亚、波德里亚)可看作四类理论家的典型代表。即是说,吉登斯和鲍曼主要依据的是现代主义的视角或观点,不过,前者的研究对象主要是现代社会,而后者的研究对象则主要是后现代社会;福柯和布希亚主要依据的是后现代主义的视角或观点,不过,前者的研究对象主要是现代社会,而后者的研究对象则主要是后现代社会。严格意义上的后现代理论家,应该专指"后现代主义理论家",即那些认同后现代主义基本观点、运用后现代主义视角或思维的理论家(如福柯与布希亚)。换言之,"后现代理论家"无非是"后现代主义理论家"的简称而已。若稍加留意就可以发现,现实中往往存在两种误用"后现代理论家"标签的情况。一种是将后现代当作一个纯粹的时间概念,因而把那些活跃于晚近的理论家统统被视为后现代理论家(如吉登斯),其实,他们当中很多人并不是真正的后现代理论家,称呼

---

① 郑杭生、杨敏:《社会互构论的提出——对社会学学术传统的审视和快速转型期经验现实的反思》,《中国人民大学学报》2003 年第 4 期。

他们为"后现代时期"理论家（如果承认目前世界已经进入后现代时期）会更加准确，不易产生歧义；另一种是把那些对后现代议题感兴趣、关注后现代社会、参与相关争论的理论家，也一概看作后现代理论家，而他们当中许多人对后现代主义是持否定态度的，严格地说，称呼他们为关注后现代议题的理论家或"后现代性理论家"可能更合适一些（如鲍曼）。

	现代主义	后现代主义
现代性	吉登斯	福柯
后现代性	鲍曼	布希亚

图1-1 按不同研究取向归类的理论家

以上对异常混乱和复杂的与后现代主义相关的概念进行了简要的梳理和辨析，当然这类工作是不受后现代主义者欢迎的。尽管后现代主义有些走极端，包含不少消极因素，但它告诫人们不要盲目相信现代性，必须深刻反思现代性的逻辑和后果，提醒人们关注当今社会与文化出现的新变化、新特点、新问题，努力运用新思维、新视角、新方法，而这些还是非常有价值、有意义的。

第二章　齐美尔的复兴与后现代主义范式

本章的工作是基础性的，简介齐美尔坎坷的学术道路和主要的思想渊源，交代社会理论与研究的四大范式及其主要特征，并提出本书的一个基本观点：可将齐美尔视为后现代主义社会理论及研究范式的奠基者或早期代表。

第一节　坎坷的学术道路

一　生平简介及著作

格奥尔格·齐美尔（又译"西美尔"或"西梅尔"）是一位非常独特的社会学家，有社会研究中的弗洛伊德（S. Freud）之称。尽管学术生涯很不顺利，但他以广博的知识、深刻的洞察力和对现代社会问题充满智慧的诊断，赢得了广泛的声誉，而且晚近以来，其声誉有越来越高的趋势，以至于有人将他与马克思、韦伯、涂尔干并列为古典社会学四大家。

齐美尔1858年出生于柏林市中心一个犹太富商家庭，他是7个孩子中的老幺，但与"专横跋扈的母亲"的关系并不亲密。16岁那年，经商的父亲不幸去世，家中一个在音乐出版社工作的好友成为齐美尔的监护人。1876年齐美尔进入柏林大学，在一些名师的指导下学习历史、心理学和哲学。开始，他拜著名史学家蒙森（T. Mommsen）为师，以后又转投著名民俗心理学家拉扎鲁斯（M. Lazarus）门下，接着师从民族学家巴施蒂安（A. Bastian），最后在哲学家泽勒（E. Zeller）和哈姆斯（F. Harms）的指导下攻读哲学。从年轻时候起,齐美尔就表现出对众多领域抱有浓厚的学术兴趣。1880年,齐美尔提交了一篇申请博士学位的论文,标题是《关于音乐起源的心理学和民族志研究》。不过,这篇不乏创意的独特论文未获通过,原因据说主要有两个:一是论文选题有点另类,研究对象不同寻常;二是研究方法不太严谨,没有深入引证资料,同时还存在不少拼写和格式错误。一年后,齐美尔提交了另外一篇得过学术奖的论文,这次终于顺利过关,如愿以偿地拿到了哲学博士学位。齐美尔第二次提交的论文题目是《从康德物质单子论看物质的本质》,显然这与第一次的题目有天壤之别。在学术生涯早期,齐美尔就显示出在不同学科和视角之间迅速转换的非凡能力。

从1885年开始,齐美尔成为柏林大学的一名校方不付工资、全凭选课学生缴费而获取收入的编外讲师。这个职位处于大学等级制度的底层,令人惊讶的是齐美尔在这个位置上干了15年,直到1901年他43岁时才被勉强聘为副教授,恐怕这还主要得益于他在上一年出版了引起很大反响的著作《货币哲学》。其实,齐美尔是一位非常优秀的教师和杰出的学者。他的课非常受欢迎,不仅对校内学生而且对校外各界人士都具有很强的吸引力,以至于成为柏林文化界一道亮丽的风景线。他的学术研究也成绩斐然,出版了有影响的著作和大量论文,其中不少被译为多种文字广为传播,并常常受到韦伯这样的大学者的褒扬。早在1890年,齐美尔就出版了自己第一部社会理论的专著《论社会分化》,1892年又出版了涉及诸多社会科学方法论的专著《历史哲学问题》,同年及下一年他还出版了两卷本的《伦理学导论》。在1900年之前,齐美尔已出版六部著作并发表了70多篇文章,这些文章包括《货币心理学浅论》(1889年)、《社会学的问题》(1894年)、《时尚心理学——社会学研究》(1895年)、《社会学美学》(1896年)、《现代文化中的货币》(1896年)和《关于宗教社会学》(1898年)等名篇。这样一位才华横溢的知名学者,之所以在学术阶梯上晋升缓慢、长期受到排挤,主要原因可能有以下三条:其一,他是一位犹太人,而当时德国的反犹太主义已比较盛行,严重地影响并损害了社会公正和学术公正；其二，齐美尔广博的知识和兴趣，独特的风格和才智，使他在众多领域纵横捭阖，不受学界陈规陋习的限制，这引起同行和上司的嫉恨和不满，他们认为只有对具体问题进行持续不断的探讨才能称为学术研究；其三，齐美尔在为社会学争取学术地位而努力的那个年代，社会学在德国还没有获得正式承认，搞社会学甚至有点犯忌，容易被人误解为鼓吹社会主义，因此，齐美尔以社会学家的身份申请大学教席很难成功[1]。要知道大名鼎鼎的马克斯·韦伯开始获得的是国民经济学的教授职位，只是在1900年之后，他才逐步转向社会学的研究。可能是因为社会学的研究让齐美尔在学术职位的晋升上屡遭不幸，他后来从事社会学研究的热情逐步降温，并将他旺盛的精力转向其他领域，尤其是对生命哲学的探索[2]。

幸运的是齐美尔的监护人给他留下了一大笔财产，使他不必为生活而四处奔波。他于1890年结婚，妻子也是一位有才华的哲学家（她原先是位小有名气的年轻画家，婚后放弃绘画改行当了作家）。他们的家成为当时著名的学术沙龙之地，文化界的名人雅士经常到此聚会。齐美尔与当时文艺界最活跃的探索者们保持着密切的联系，结交了大量才华横溢、思想开放的朋友，著名诗人里克尔（R. M. Rilke）、格奥尔格（S. George）就是他的至交。齐美尔周围还有一批非常优秀的学生，日后他们都成为思想界和文化界的精英，比如知识社会学的奠基者舍勒（M. Scheler）、曼海姆（K. Mannheim），西方马克思主义的开拓者卢卡奇（G. Lukacs）、布洛赫（E. Bloch），文学表现主义的创始人希勒（K. Hiller），以及激进女权主义的重要代表施托克尔（H. Stocker），等等。齐美尔

---

[1] 其实，在自我认同上，齐美尔更多地把自己看成哲学家而不是社会学家，他将社会学研究看作自己的副业。他曾向朋友抱怨，在国外人们往往把他当作社会学家而不是哲学家。他之所以那么看重自己的哲学家身份，可能与社会学在当时的德国学术界没有地位有关。

[2] 按照Tenbruck的说法，《货币哲学》的出版标志着齐美尔对社会学的兴趣达到鼎盛时期，其后热情减弱，1908年《社会学》的出版只是一个更加明确的"了清欠债"的标志。该书可被看作齐美尔对之前所做的社会学探索的一个总结，它主要由作者在过去已经发表的文章的基础上通过增补、编辑而成。

是 20 世纪之交德国思想文化界最重要的知识分子之一，至少有 10 年之久，他被普遍视为当时柏林大学最具批判精神的社会理论家①，成为理解德国现代主义思想文化勃兴的关键人物，并对激进女权主义、争取同性恋合法权益运动、文学表现主义、政治激进主义、西方马克思主义等产生了不容忽视的影响。齐美尔是德国最早在大学讲授社会学的学者之一，也是德国学界第一位将社会学作为书名的作者，他还和韦伯、滕尼斯（F. Tonnies）一起于 1910 年共同创建了德国社会学学会。鉴于他对社会学所做出的杰出贡献，不少朋友推荐他担任德国社会学学会第一任主席，但遭到他的婉言拒绝。那时，他的学术探索兴趣已经不再聚焦于社会学了。德国社会学会的会长一职最后由著名社会学家滕尼斯担任，而且他一直担任此职直到 1933 年受到纳粹政府迫害而被解职。为了获得与自己相称的学术荣誉，齐美尔多次向名牌大学空缺的教授席位提出申请，同时还得到韦伯等著名学者的大力举荐，但每次都以失败而告终。直到 1914 年，齐美尔才在远离柏林的斯特拉斯堡大学谋到一个正教授职位，这是一所省立大学，位于德法交界处。不久，一战的爆发使大学的运转陷入瘫痪。1918 年战争结束前，齐美尔因肝癌去世，享年 60 岁。

齐美尔著述等身，一共出版了 31 部著作和文集，发表了 300 多篇文章，内容涉及哲学、历史、美学、艺术、社会学、政治学等众多领域，其中，既有对于特别深奥的康德认识论的专题研究，又有关于气味社会学、食品社会学以及时装社会学等方面的学术小品文，真可谓包罗万象，无所不及。有人形象地将他比作一个哲学松鼠，从一个坚果跳到另一个坚果，并不抱住一个坚果啃个没完。他是一个有着无穷创新思想的人，对哲学和社会学等领域的影响是广泛而深远的。他反对泛社会学化，认为社会学不应该是一门包揽一切的社会科学或成为社会科学之王，它只是一门具体的社会科学，运用了一种全新的思维方式和独特的视角，强调

---

① 参见 Ralph M. Leck, *Georg Simmel and Avant-Garde Sociology: The Birth of Modernity, 1880 to 1920*, New York: Humanity Books, 2000, p. 210。

对人们社会交往形式进行深入的考察。齐美尔的社会观是对社会唯实论和社会唯名论的批判性超越,具有较浓建构主义的色彩。齐美尔对社会冲突的含义、类型和功能等做了相当系统、卓有成效的研究,并成为现代社会学冲突论的一个重要的来源。他对现代文化和个人心理的细腻考察,也使无数的学者受益匪浅;他对时尚、贫穷、卖淫、陌生人等众多主题的独特、睿智的分析,给予人们丰富与深刻的启迪。在齐美尔撰写的大量学术著作中,涉及社会学的主要有:《论社会分化》《历史哲学问题》《货币哲学》《社会学:关于社会交往形式的研究》《社会学基本问题》《哲学文化》等。

二 主要思想渊源

齐美尔的思想渊源非常复杂,一般认为,他一生所受的学术影响大体上可划分为三个相互重叠的时期:早期深受法国和英国实证主义思想以及达尔文(C. Darwin)和斯宾塞的进化论的影响;中期当他撰写自己最重要的社会学著作时,则转向康德(I. Kant)和新康德学派,并从马克思那里获得启发;晚期他又想借助尼采(F. Nietzche)、叔本华(A. Schopenhauer)和柏格森(H. Bergson)的思想建立一门生命哲学。

在齐美尔学术生涯的早期,当时流行的达尔文和斯宾塞的思想对他有比较明显的影响。这从齐美尔19世纪90年代的著作,尤其是《论社会分化》和《伦理学导论》中有比较清楚的体现。比如,他相信人类是从原始的群体生活逐渐演变到现代社会的个人自主发展的,并认为分化具有进化的优越性,可以在有机体与环境两者的关系之间起调节作用。起初,他相信犯罪意向是遗传的,甚至反对保留弱者,认为这些人会把他们低劣的性格遗传给后代。不过即使在那时,齐美尔也没有全盘接受进化论。他在自己的著作中指出,生存竞争的观点不能解释为个人之间或种族之间进行长期不断的战争是为了达到统治的目的,而且他还反对当时流行的用达尔文学说支持具体的政治主张的做法。总的来讲,齐美尔强调社会学研究要重点分析相互作用、相互依赖、功能关系等，而这样的主张很可能是通过阅读达尔文、斯宾塞以及他们的德国门徒和传播者的著作所获得的①。另外，齐美尔也基本认可孔德提出的"三阶段论"，认为人的认识大体上经历了三个阶段：神学阶段、形而上学阶段和实证阶段，并指出："任何一个知识部门的发展都经由这些阶段，因此可以说，对此进行观察会令我们拨开迷雾，豁然开朗，清楚洞察各种深入分布到一切可能的领域里的社会的现象。"②

在齐美尔学术生涯的中期，他日益受到康德的学说尤其是其认识论的影响，而达尔文和斯宾塞的影响已大为减弱。从《历史哲学问题》一书开始，齐美尔主要采纳了新康德主义的立场来分析社会和文化形式，逐步抛弃了曾经拥护的实证主义的残余。受到康德的影响，齐美尔认为历史的认识是一种选择的、范畴化的和创造性的思考的产物，它绝不是对历史事件的简单复制或反映。受康德将形式与内容相区分的启发，齐美尔认为社会学研究也应该区分社会形式与内容，并且社会学应该重点探究社会交往的纯粹形式，通过对相对稳定的形式的分析，去把握和确定复杂多样、变动不居的内容。齐美尔还仿照康德的话"自然是如何可能的"，撰写了一篇题为《社会是如何可能的》的著名论文。齐美尔的美学观也受到康德思想的很大启发。在康德那里，美总是与事物的形式有关。齐美尔接受了康德的基本观点，并做了进一步的发挥。既然社会学旨在研究社会交往的纯粹形式，而形式又与美感有关，所以社会研究必然包含着审美的维度，审美观察与解释可以运用于社会研究之中。在这一时期，齐美尔受到马克思的影响也非常显著，这从他最重要的著作《货币哲学》一书可以看得很清楚，该书显然受到了《资本论》的启发，有人甚至认为该书的某些段落不过是将马克思的经济学讨论转化成心理学语言。当然，齐美尔这部著作是极富创造性的，他的研究视野是全新的，他的主要

---

① 〔美〕刘易斯·A. 科瑟：《社会学思想名家》，石人译，北京：中国社会科学出版社，1990年，第221~222页。
② 〔德〕齐美尔：《社会是如何可能的：齐美尔社会学文选》，林荣远编译，桂林：广西师范大学出版社，2002年，第11页。

视角不是政治经济学的,而是文化社会学的。可以说,在齐美尔之前,还没有人对货币这一经济与社会现象做过如此透彻、精辟的文化现代性解说。

在齐美尔学术生涯的晚期,他主要受到柏格森、尼采和叔本华等人思想的影响,并致力于构造一种生命哲学。在这一时期,对齐美尔来说,形式与内容的区分仍然是重要的,但研究的重心却发生了转移:先前在康德的影响下,他的注意力主要放在对那些相对稳定的形式,即那些引导个人在社会生活中的目的和活动的形式进行分析;现在,他开始赞美不断更新的生命力,并认为正是这种生命力支撑着一切形式。尤其是在他的最后一部著作《生命直观》里,齐美尔完全沉浸于对生命和生命力的抒情诗一般的赞美之中。他相信,生命最终将冲破形式的束缚,创造出"更多的生命和比生命更为重要的东西"[①]。

需要指出的是,上述齐美尔思想发展的三个时期的划分,只是一个粗略的划分,而且三个时期存在交叉重叠的部分。比如,即便过了早期,斯宾塞对齐美尔的影响仍然存在,而生命哲学、活力论的观点也早在《生命直观》之前的一些著作中就已经出现过了。也就是说,齐美尔一生的思想虽有明显的发展变化,但也存在一定的连续性。

第二节　社会学奠基者身份的确立

一　三大家的确立

了解一门学科(尤指人文社会科学)的一条重要途径是看它的奠基者们都说了什么,这些奠基者对本学科的发展有着举足轻重的影响。然而,学科的奠基者身份有时并不是那么理所当然、毋庸置疑的。随着社会的变迁及学科的发展,研究问题的更替和

[①] 参见〔美〕刘易斯·A. 科瑟《社会学思想名家》,石人译,北京:中国社会科学出版社,1990年,第224页。〔德〕格奥尔格·西美尔:《生命直观》,刁承俊译,北京:生活·读书·新知三联书店,2003年。

学术兴趣的转移，人们可能会重新评价那些学科创始阶段的代表人物，根据后者对学科建设的贡献、对学科前沿领域的推动以及对当代学者启迪作用的大小，将他们进行再定位：过去被忽略的可能被挖掘出来，戴上学科奠基者的桂冠；而过去被誉为主要奠基者的可能会遭遇降级，不再像以往那样被"顶礼膜拜"。在社会学中，一般将美国著名社会学家帕森斯（T. Parsons）看作承上启下的重要人物，他的一项引人注目的成就是对之前的古典社会理论家的思想进行了系统的梳理，进而确立了几位社会学这门学科最重要的奠基者。在1937年出版的名著《社会行动的结构》中，他推出了四位古典社会理论的大家：马歇尔（A. Marshall）、帕累托（V. Pareto）、涂尔干和韦伯。他认为这四位理论家为社会学的统一理论——"唯意愿的行动理论"做出了突出贡献，而"唯意愿的行动理论"乃是社会学的基础理论，也是最有发展前景的理论，因此，上述四大家应该被视为社会学的真正奠基者。帕森斯的工作具有里程碑的意义，其推动了社会学史上第一次理论大综合，展示了在社会学研究中理论建构的重要价值，进而促成理论社会学作为社会学专业分支学科的诞生。正是在总结他所确立的社会学主要奠基者们的杰出思想的基础之上，帕森斯创立了长期被当作社会学正统的结构功能论。社会学的历史分期也往往以帕森斯为界：在他之前的为古典时期，在他之后的为当代时期，而帕森斯本人则被视为古典社会学的最后一位理论大师和当代社会学的第一位理论大师。在美国，帕森斯的影响更是巨大，他甚至享有美国社会学界教皇的美誉，而社会学的分期也可依据帕森斯的名字划分为：前帕森斯时代、帕森斯时代、反帕森斯时代和后帕森斯时代。法国著名社会学家雷蒙·阿隆（R. Aron）在其代表作《社会学主要思潮》（1965年）中，着重讨论了七位奠基者：孟德斯鸠（C. Montesquieu）、孔德、马克思、托克维尔（A. Tocqueville）、涂尔干、帕累托和韦伯。显然，阿隆认可了帕森斯列出的四大家中的三位：涂尔干、帕累托和韦伯，同时补充了四位：孟德斯鸠、孔德、马克思和托克维尔。美国著名社会学家罗伯特·尼斯比特在其影响甚大的重要著作《社会学传统》（1967年）中，大力推介的5

位创始人是：托克维尔、马克思、涂尔干、韦伯和齐美尔。而美国另一位著名社会学家刘易斯·科塞在《社会学思想名家》（1977年）这本传播甚广的著作中，介绍了15位重要的社会学家：孔德、马克思、斯宾塞、涂尔干、齐美尔、韦伯、凡勃伦（T. Veblen）、库利（C. Cooley）、米德（G. Mead）、帕克、帕累托、曼海姆、索罗金、托马斯（W. Thomas）、兹纳涅茨基（F. Znaniecki）。这份名单里包含了7位美国社会学家，显然是受到科塞自己的美国国籍的影响。

英国当代著名社会学家吉登斯在其早期力作《资本主义与现代社会理论》（1971年）中，重点考察了与现代资本主义密切相关的三大理论家：马克思、涂尔干与韦伯，他认为这三位学者分别阐述了现代性的三个重要维度：资本主义、工业主义和理性化。之后，越来越多的社会学家认同马克思、涂尔干和韦伯是现代社会学的真正奠基者，称他们为古典社会学的"三大圣人"[①]。一般认为，上述三大家提出了各具特色的社会学理论与方法论，从而奠定了西方社会学这门学科的大体框架与基本走向，形成了三个具有相当号召力的社会学传统或范式：以涂尔干为代表的实证主义，以韦伯为代表的解释主义，以马克思为代表的批判主义。而且，有些学者将涂尔干、韦伯和马克思视为三种主要政治观点的代表：保守主义、自由主义和激进主义[②]。尽管按美国社会学家瑞泽尔（G. Ritzer）的说法，社会学是一门多重范式的学科，阿隆曾开玩笑道，"社会学家只在社会学难以下定义这点上意见一致"[③]，

[①] 当代著名社会理论家亚历山大在其四卷本的巨著《社会学理论的逻辑》（Jeffrey C. Alexander, *Theoretical Logic in Sociology*, 4 Vols, Berkeley: University of California Press, 1982 – 1983.）中，重点讨论了四大理论家的思想，除了古典三大家外，另一个是更具综合性色彩的理论大师帕森斯。

[②] Craig R. Humphrey, Tammy L. Lewis and Frederick H. Buttel, *Environment, Energy and Society: A New Synthesis*, Belmont: Wadsworth, 2002. 不过这样的归类有点简单化了，并引起了较大争议。如尼斯比就指出，将涂尔干视作保守主义的代表并不妥当，在他所处的那个时代，涂尔干区别于政治与经济上的保守主义，将他视为自由主义者更合适。参见 Robert Nisbet, *The Sociological Tradition*, New York: Basic Books, 1967, p. 17。

[③] Raymond Boudon, *The Logic of Social Action*, translated by David Silverman with the assistance of Gillian Silverman, London: Routledge & Kegan Paul, 1981, p. 1.

吉登斯也认为，"社会学的性质是什么，这本身就是一个众说纷纭的问题"[①]。但是，古典三大家的确立则意味着社会学家还是存在某些基本共识的。古典三大家的确立意义重大，它强化了社会学研究中的三大传统，使社会学家拥有获取学科资源的重要途径，奠定了学科同行进行学术探讨和对话的基础，一定程度上确保了学术研究不至于蜕化为自说自话的个人秀，进而推动了学科的健康发展及学科知识的不断积累。事实上，当代社会理论的发展很大程度上就是对三大家所开创理论的不断批判与重建的过程。三大家的确立与当代社会理论大家哈贝马斯关于合法性知识划分的理论也是吻合的。哈贝马斯从认识旨趣的角度将合法的知识划分为三类：经验-分析型、历史-解释型和批判型，对应的三种旨趣分别是控制、实践与解放[②]。不难发现，上述三种知识类型正好对应着社会学中以古典三大家为代表的三大取向：实证主义、解释主义和批判主义。由于获得了学理上的有力支持，古典三大家的地位更显坚固。

二 齐美尔的复兴

不过，随着20世纪五六十年代西方社会的转型，各种社会思潮尤其是后现代思潮的相继涌现，另一位古典理论大家齐美尔受到越来越多的关注。许多学者认为，齐美尔是最被忽略的现代社会学的主要奠基者。之所以一直未获得应有的声誉，可能与他独特的学术旨趣、另类的研究选题、多元的分析策略、自由的表述风格以及坎坷的人生道路等有一定关系。对于自己的学术贡献，齐美尔在去世那一年的日记中写得很清楚："我知道我将在没有学术继承人的情况下死去，也该如此。我的遗产就像是现金，分给许多继承人，每个都按自己的天性将所得到的一份派上用场，而

---

① 〔英〕安东尼·吉登斯：《社会的构成》，李康、李猛译，北京：生活·读书·新知三联书店，1998年，第31页。
② 参见〔德〕哈贝马斯《认识与兴趣》，郭官义、李黎译，上海：学林出版社，1999年。

从中将不再能够看出是继承自这一遗产。"① 实际情况是，齐美尔的思想确实以一种比较隐蔽的方式对社会学以及社会理论产生了广泛而深远的影响，可以说，社会学中的众多流派如符号互动论、结构功能论、社会冲突论、社会交换论、批判理论，以及当代的文化理论和后现代理论等都直接或间接地受惠于齐美尔。诚如齐美尔的学生皮兹瓦拉（E. Przywara）指出的，齐美尔学说"飘到四方，消散于他人思想之中"②，并成为"今天人们可以不冒泉眼被人发现之危险而悄悄从中汲水的井泉"③。从某种意义上讲，齐美尔是研究现代性的第一位社会学家，他强调文化社会学的视野，开启了从内心体验来探究现代性这样一条重要思路，推动了感官和情感社会理论的发展。他以广博的知识、深刻的洞察力和对现代社会问题及文化现象的充满智慧的诊断，赢得了广泛的声誉。齐美尔拥有众多五花八门的称号："形式社会学家""符号互动论者""社会研究的弗洛伊德""印象主义哲学家""生命哲学家""眼睛社会学家""现代性诊断家""唯美主义社会学家""社会学的游手好闲者""早熟的解构主义者"等。鉴于齐美尔独特的研究旨趣和分析视角，带有悲剧意识和"碎片化"倾向的审美立场，某些学者视其为后现代主义的先驱。晚近以来，齐美尔的学术声誉有不断上升的趋势，以至于人们将他与马克思、韦伯、涂尔干并列为古典社会学四大家。

确实，齐美尔是当之无愧的现代社会学的主要奠基者，他对现代社会的精准诊断、对现代性的创造性研究、对社会研究方法的独特探索，都给后人留下宝贵的遗产，而且，他的许多观点和论断具有惊人的前瞻性和预见性，即使是在100年后的当今社会，它们仍然不显得过时，并体现出很强的针对性和有效性，还能给

---

① 参见成伯清《格奥尔格·齐美尔：现代性的诊断》，杭州：杭州大学出版社，1999年，第21页。
② 〔德〕皮兹瓦拉：《齐美尔、胡塞尔、舍勒散论》，宋健飞译，载王岳川等编《东西方文化评论》（第4辑），北京：北京大学出版社，1992年，第256页。
③ 〔德〕皮兹瓦拉：《齐美尔、胡塞尔、舍勒散论》，宋健飞译，载王岳川等编《东西方文化评论》（第4辑），北京：北京大学出版社，1992年，第255页。

研究者以巨大的启迪。某种意义上，齐美尔是四大家中与当今社会最接近的一位。如果说马克思、涂尔干、韦伯可以分别视为社会理论与研究中批判主义、实证主义和解释主义的主要奠基者，那么，齐美尔则可以被看作后现代主义的早期代表或奠基者。本书认为，可以在哈贝马斯的三大认识旨趣的基础上，补充一种认识旨趣：解构与审美，即解构现有知识的霸权、获取独特的审美体验。而这正是后现代主义的基本旨趣，同时，在很大程度上它也是齐美尔的主要旨趣所在。上述四大家各具特色，除了将他们视为社会学中四大传统或范式的重要奠基者外，还可以用以下方法给他们进行定位，从而更加直观地展示他们的某些相同和不同之处。如果我们按照对待现代性的态度是乐观还是悲观，以及是否为学术体制的局内人这两项标准进行交互分类，可以将四大家进行一个大体的归类，见图 2-1（当然这么做有将复杂的人物脸谱化的嫌疑）。

	局内人	局外人
乐观者	涂尔干	马克思
悲观者	韦 伯	齐美尔

图 2-1 对古典四大家的大体归类

涂尔干和马克思都属于乐观者，虽然他们都认识到现代社会存在诸多弊端和问题，并提出严厉的批评，但他们对现代性的前景还是充满希望，相信运用理性的科学方法，可以不断地改进或改造现代社会，使其协调、有序地发展，人们的道德水平和生活质量也有望得到有效提高。但两人也存在很大不同：涂尔干是学术体制内的学者，以著名大学的教授身份活跃于学术舞台上，其著书立说的主要对象是其他的学术同行；而马克思则是学术体制外的知识分子，以著名社会活动家或革命家的身份活跃于社会这个大舞台上，其著书立说的主要对象是广大的有知识的社会公众。相比较而言，韦伯和齐美尔都属于悲观主义者，对未来不抱太大希望。韦伯认为现代社会的理性化、科层制化难以避免，将形成一个非常牢固的"铁笼"（iron cage），扼制人们的创造性和想象力，束缚人们的自由。韦伯认为，当现代社会为了追求效率而将科层制推进到人类的一切活动领域时，实际上就给自己建造了一个无处不在而又无法逃逸的"铁笼"，人们都成为工具理性化的牺牲品、科层制这部机器上的可悲零件。恐怖的是，人类似乎没法摆脱这种厄运，科层制一旦充分实行，"就属于最难摧毁的社会实体"[1]，无论它出现在资本主义社会还是社会主义社会都将如此。寄希望于拥有专业知识、善于解决问题的专家也于事无补，因为专家本身就是科层制的产物，对他们的依赖只会加重社会的理性化和科层制化。齐美尔也认为现代社会的文化悲剧不可避免：客观文化的自主发展超越了主观文化的承受能力。在齐美尔看来，文化产品如同经济产品一样，越来越陷入悖论之中，尽管它们是由个体且为个体创造的，但它们却根据自己内在的逻辑而发展，远离它们的起源和目的[2]。齐美尔将这种状况称为文化的悲剧：人们自己创造出的"客观文化"按自身逻辑快速发展，远远超出人们吸收掌控其产品的"主观文化"的承受能力，即主客文化的发展出现严重失调，造成灾难性的分裂危机。面对客观文化的霸权，现代人的选择能力趋于麻木失灵，刻骨铭心的无能感和无助感油然而生。结果现代人不是成为优雅的有教养的绅士，而是变为丧失能力、惨遭异化的怪物。不过，韦伯与齐美尔也存在较大差异：韦伯和涂尔干一样，都是学术体制内的学者，都是著名的大学教授，在学术界拥有极高的声望，其主要阅听者都是同行的专家学者。齐美尔虽然不像马克思那样完全游离于学术体制之外，而是一直在大学担任教职，但却始终处于边缘状态，很长时间都得不到体制内的正式承认，不能指导博士生进而有效地培养自己的学术接班人，因此不妨称他为"学院内的局外人"。齐美尔的主要阅听者也不是学术界的同行，而是社会公众，他撰写的文章中有三分之二以上是在非学术期刊上发表的，而且，后期这个特点更加

---

[1] 〔德〕马克斯·韦伯：《经济与社会》（下卷），林荣远译，北京：商务印书馆，1997年，第309页。
[2] 〔德〕西美尔：《货币哲学》，陈戎女等译，北京：华夏出版社，2002年，第268~269页。

明显①。

总之，本书认为，涂尔干、韦伯、马克思和齐美尔乃是古典社会学最重要的理论大家②，并且，可以将他们分别视为社会理论与研究中的四大范式——实证主义、解释主义、批判主义和后现代主义的早期代表或奠基者。后面两节将重点讨论四大范式的主要特征。

第三节　社会研究的四大范式

上一节指出，从大的框架和取向上看，社会研究主要有四大范式：实证主义、解释主义、批判主义和后现代主义，而古典社会学的四大家涂尔干、韦伯、马克思和齐美尔可分别视为这四大范式的奠基者或早期代表。这四大范式在研究旨趣、本体论、认识论、方法论等方面存在较大差异，进而导致在研究方式、具体方法的选择上也存在很大的不同。因此，在实际的社会研究中需注意选择相匹配的研究范式与具体方法，否则容易导致研究活动的失败。诚如美国学者马克斯威尔指出的："要在不适合自己假设的范式（或理论）中做研究就像穿着不合身的衣服做体力活一样——好一点的话你只是感到不舒服，糟糕的话就会无法工作。"③下面将扼要讨论四大范式的主要特征。

---

① 〔美〕刘易斯·A.科瑟：《社会学思想名家》，石人译，北京：中国社会科学出版社，1990年，第236页。

② 有趣的是，上述四大家中，除了韦伯以外，其他三人都是犹太人，这当然不仅仅是巧合。事实上，许多一流的思想家都是犹太人，以著名社会学家为例，主要有：曼海姆、默顿、拉扎斯菲尔德、科塞、布劳、舒茨、沃斯、埃尼奥茨、里斯曼、戈夫曼、加芬克尔、伯格、勒克曼、埃利亚斯、阿隆、贝尔、贝克尔、鲍曼等，另外，与法兰克福学派（批判理论）有关的第一代人物都是犹太人：卢卡奇、本雅明、霍克海默、阿多诺、弗洛姆、马尔库塞、波洛克等，如果将广义的社会理论家都算进来，那么这份名单将长得难以数尽。

③ 〔美〕约瑟夫·A.马克斯威尔：《质的研究设计：一种互动的取向》，朱光明译，重庆：重庆大学出版社，2007年，第28页。

一 实证主义

该范式以自然科学为楷模,旨在发现社会世界的客观规律,解释与预测社会现象,为控制和管理社会、指导人类的理性行动提供技术支持,它具有较强的工具主义取向[1]。在本体论上,实证主义属于"朴素的实在论",认定社会现实是真实存在的,它独立于研究者的主观意识及所使用的符号系统。坚信自然和社会并不存在根本上的差异,社会现象应该被当作客观事物来看待。在认识论上,实证主义采取的是客观主义的立场,相信研究者可以运用一套符号系统(或概念系统)客观地再现社会世界的真实情况,通过一定的手段可以有效地发现社会现象的基本规律,断定只有在观察基础上产生的理论和说明,或可以被观察验证的理论和说明才是可靠的[2]。在方法论上,实证主义倾向于科学主义,坚信社会科学与自然科学研究的基本逻辑是一致的,主张运用统一的科学方法,强调社会研究应尽可能使用严格的实验、精确的测量以及客观的程序,提倡通过系统地收集经验资料对理论假设进行有效检验。实践中,主要运用调查法和实验法两种研究方式,利用标准化问卷收集量化资料,注重统计分析,信奉"不能被测量的东西不能成为科学的对象"[3],恪守研究的规范程序和逻辑推理。在价值论上[4],实证主义强调价值中立的原则,严格区分事实与价值,声称只做事实判断而不做价值判断,坚持社会研究应该消除主观偏见并接受经验事实的检验,诸如价值、意见、态度、信仰

---

[1] 由于实证主义范式在某些问题上过于刻板、强硬,受到的批评也很多。如今该范式常常以相对弱化的形态——后实证主义范式表现出来,后者对前者进行了一定的扬弃,但仍保留前者的一些基本假定、研究原则和检验标准。
[2] 〔英〕马丁·丹斯考姆:《做好社会研究的10个关键》,杨子江译,北京:北京大学出版社,2007年,第15页。
[3] 〔法〕彭加勒:《最后的沉思》,李醒民译,北京:商务印书馆,1996年,第22页。
[4] 价值论通常指关于价值的性质、构成、标准和评价的哲学学说。在本书该词主要指研究者应持有怎样的价值立场,关于价值在研究中的地位与作用的看法等。

等都可能损害研究的客观性，因而必须努力杜绝。在表述方式上，实证主义追求的是完全标准化、规范化的形式，坚决反对个性化的表达方式，其理想是运用类似数学这样精确、严格的语言；大部分的研究报告都包含因果模型或因果解释，并试图对事实做出准确预测。在追求科学化的实践中，实证主义社会学表现出如下的一些具体特征：积极尝试与抽象概念相联系的一般性规律似的陈述；提出可以接受经验检验的研究假设；从事明确的操作化定义；重视逻辑或数学这样的形式语言；致力于发现变量之间的相关；广泛运用统计分析技术等[1]。

涂尔干可以被看作社会研究中实证主义范式的主要奠基者。他坚信社会学应该成为一门类似自然科学的学科。他十分强调社会学的科学特征，指出社会学必须将其研究对象——社会事实作为客观的"物"来看待，运用科学方法从事社会研究，以获得客观精确的结果。他说，"社会学方法要求人们对于意识不作形而上学的理解，要求社会学者像物理学者、化学家、生理学者从事新领域研究时的态度那样，去从事社会学领域的科学研究"[2]。在涂尔干看来，作为社会学研究对象的社会事实，具有独立于研究者的客观实在性，会产生不以人们的意志为转移的必然联系。正像物理学研究的是自然界客观事物的规律，而不是人们关于这些事物的观念和看法一样，社会学研究的是社会事实的性质与规律，以及不同社会事实之间的关系和演变情况，而不是人们关于社会事实的观念和看法。涂尔干批评道，以往社会研究的一个很大的缺点，就是不将社会事实作为客观事物并认真探讨其本身的特性和规律，而是致力于考察人们对社会事实的态度和想法，这无疑是本末倒置。一句话，把社会事实看作客观事物就是提倡社会研究应运用客观法而不是主观法，注重对"物"的探究而不是沉浸

---

[1] C. David Gartrell, John W. Gartrell, Positivism in Sociology Research: USA and UK (1966 – 1990), *British Journal of Sociology*, Vol. 53, No. 4 (December 2002), pp. 639 – 654.

[2] 〔法〕迪尔凯姆：《社会学研究方法论》，胡伟译，北京：华夏出版社，1988年，法文第二版序言。

于对"概念"的分析。涂尔干坚决反对心理还原论，主张一种社会事实只能用另一种社会事实来解释，应该努力探寻社会事实之间的因果关系。他还身体力行，运用统计学的方法来研究自杀现象，撰写出《自杀论》这部名著，树立了社会学经验研究的一个典范。

实证主义范式在社会学乃至整个社会科学的研究中一向处于主流地位，因为现代社会科学诞生的一个重要动力，就是受到现代自然科学成就的刺激，希望采用类似自然科学的方法来研究社会现象并取得相应的成功。作为社会学的奠基者，孔德和斯宾塞均具有强烈的实证主义的倾向（孔德本人还是实证主义哲学的创始人），呼吁用类似自然科学的方法来研究人类社会，坚信社会学不同于空想虚幻的宗教神学以及抽象臆测的思辨哲学，它可以成为一门类似自然科学的实证科学。古典社会学家帕累托也持有相近的观点，他将社会学看作类似于化学、物理学这样的实验科学，提倡运用客观的科学方法从事社会研究[1]。实际上，社会学中占据重要地位的一些理论流派，如结构功能论、社会冲突论、社会交换论、理性选择论等，都具有很浓的实证主义色彩，而许多当代著名社会学家，如默顿、霍曼斯（G. Homans）、科塞（L. Coser）、柯林斯（R. Collins）、布劳（P. Blau）、科尔曼（J. Coleman）、特纳（J. Turner）等，总体上都支持实证主义的基本原则。

二　解释主义

该范式旨在理解社会行动的意义，阐释社会生活的独特性和复杂性，从局内人的角度去把握社会世界是如何建构的，了解人们对日常生活的体验以及人与人之间沟通交流的具体情况，它具有较强的实践取向。在本体论上，解释主义持有某种建构论的观点，相信社会现实并不是客观存在的事物，而是在人际互动过程中不断定义和建构的产物。社会世界并不外在于人们的意识及认

---

[1] 〔意〕V. 帕累托：《普通社会学纲要》，田时纲译，北京：生活·读书·新知三联书店，2001年，第2页。

知,而是一种存在于人们的信念、生活和解释中的现实,它是一个社会作品,同时也是人们感知到的形象。社会生活存在是因为人们经验到它并且赋予其某种意义。社会生活总是流动的、短暂的。通过与他人不断交流与商谈的过程中持续互动,人们得以建构起社会生活[1]。在认识论上,解释主义认为,可以通过一定的手段和方式,去理解人们在日常生活中的互动以及如何创造和维持有意义的社会世界的过程,阐明社会世界有意义的秩序,发现其产生及延续的机制。理解总是解释性的理解,是研究者对被研究者建构的再度建构。这是一种交往(互动)的认识论,研究者与研究对象互为主体,设身处地、感同身受、将心比心地产生共情。在方法论上,解释主义者从行动者的视角界定及解释人类的行动,通过"本质直观"发掘一般人前反思的自然态度,在特定情境中揭示常识理性[2]。他们将研究的焦点集中到人们认知世界的方式,以及人们创造社会的行为和解释社会的方法上。强调移情理解方法、诠释学方法、历史研究方法以及各种质性研究方法,主张采用持续不断的阐释循环,通过主体间性达到视域的融合。在价值论上,解释主义持有价值关联的观点,认为事实与价值很难严格区分,社会现象都牵涉到价值,研究者的价值取向不可避免地会影响研究发现,研究者应公开而不是隐藏自己的价值观。不少解释主义者(尤其是早期的倡导者)相信可以用比较客观的方式去把握非常主观的内容,主张应尽可能客观地反映研究对象的真实世界、还原社会事件的真相,他们强调研究者需警惕和控制个人价值观对研究过程的介入,防止它们对研究结果的歪曲。在表述方式上,解释主义并不追求完全标准化、规范化的形式,而是采纳有一定个性色彩的表达方式,主要使用丰富生动的文字语言而不是严格精确的变量语言,大部分的研究报告都突出细节描绘和情境分析,充分反映参与者的声音。

---

[1] 参见〔美〕劳伦斯·纽曼《社会研究方法:定性和定量的取向》(第五版),郝大海译,北京:中国人民大学出版社,2007年,第99页。
[2] 参见陈向明《质性研究的理论范式与功能地位》,载陈向明主编《质性研究:反思与评论》(第一卷),重庆:重庆大学出版社,2008年,第4~5页。

韦伯被看作社会研究中解释主义范式的主要奠基者。在批判地吸收德国历史主义和新康德主义的主要观点的基础之上，韦伯提出了他的理解社会学的著名主张。他认为，社会学是一门致力于解释性地理解社会行动并通过理解对社会行动的过程和影响做出因果说明的科学[①]。换言之，解释性理解和因果说明是社会学的两大任务，其中前者是基础。显然，韦伯在实证主义主张和德国学术传统之间做了一定程度的调和。在韦伯看来，社会学的研究对象就是人们的社会行动，而人们的社会行动都是有主观意向和动机的，这是与自然科学对象很大的不同，因此社会学研究首先要设法理解人们的社会行动，即把握行动者赋予行动的意义。韦伯的理解社会学另一个显著的特征是方法论的个人主义，即将个人及其行动作为社会学研究的基本单位和分析层次，这和涂尔干的方法论的整体主义形成鲜明的对照。韦伯认为，只有个人才是拥有目标的社会行动的承担者，才能将主观意义赋予行动并成为社会行动的主体，任何社会现象都应被视为个人社会行动的集合或结果，人们只能在个人及其社会行动这一层次上谈论理解。为了更加有效地从事社会研究，韦伯还提出理想类型作为重要的分析工具。所谓理想类型（ideal type），乃是一种理论抽象，即研究者选择和强调对象的某些重要的典型特性，舍弃或忽略另一些次要的非典型特征而组合、构建的概念形式，它的建立必须有逻辑的一致性，不能违反经验的因果关系。例如，在考察具体的行动时，可通过将它与理想类型进行比较来认识它，进而把握相应行动过程的意义脉络。令某些解释主义者不能接受的是，韦伯坚持认为社会学和自然科学一样属于经验科学的范畴，因而必须遵守价值中立（value-free）的原则。有感于当时的社会科学界不少学者在研究中用基于伦理道德的价值判断代替严肃的逻辑分析，韦伯在经验科学和价值判断之间划清了界限。他指出，知识有两种类型：一种是"即存知识"，即关于实然的知识，回答"是什么"

[①]〔德〕马克斯·韦伯：《社会学的基本概念》，胡景北译，上海：上海人民出版社，2000年，第1页。

的问题，属于事实判断；另一种是规范的知识，即关于应然的知识，回答"该怎么做"的问题，属于价值判断。"一门经验科学不能告诉任何人应该做什么——但能告诉他能够做什么——以及在特定条件下——他想做什么"[①]。人们并不能从事实判断逻辑地推出价值判断。因此社会学作为一门经验科学，应致力于事实判断，尽力排除价值判断。当然，社会学研究难免会涉及有关价值方面的内容，研究者也不可能完全排除自己的价值观。对此韦伯强调，研究者的价值观可以影响研究的选题和目的，但研究者在研究过程中和做出结论时不应掺入自己的价值观，而应该遵循客观公正的程序，坚持逻辑分析的原则[②]。后来的一些解释主义者批评韦伯对实证主义做了过多的让步。

解释主义范式在社会研究中一向是实证主义范式的主要竞争者，得到许多社会科学家的拥护与支持。而且该范式的渊源也很久远。早在19世纪中叶，德国著名历史学家德罗伊森（J. G. Droysen）就指出历史学的任务是应用理解范畴去把握历史事件内部或背后的"意义"与"本质"，而不是运用自然科学的说明方法，试图根据先前的事件去推导后来的事件。其后，对社会学方法论影响很大的德国哲学家狄尔泰（W. Dilthey），他继承并发扬了其先辈施耐尔马赫（F. Schleiermacher）有关解释学的主要观点，坚持认为自然科学和社会科学（他称之为精神科学或人文科学，包括社会学）存在本质的不同，并指出理解才是一切社会科学研究方法的真谛。狄尔泰的名言是：自然需要说明，人则必须理解。社会科学本质上是一种自我认识、自我理解的学问，它必须回答有关生活的意义问题。因此，自然科学的因果关系的解释说明方法并不适合社会科学，而理解艺术的运用才是社会科学独特的方

[①] 〔德〕马克斯·韦伯：《社会科学方法论》，杨富斌译，北京：华夏出版社，1999年，第151页。
[②] 〔德〕马克斯·韦伯：《社会科学方法论》，杨富斌译，北京：华夏出版社，1999年，第100~145页。

法论基础①。按照德国学术界的习惯，科学往往被分作两大类：自然科学和精神科学（或文化科学或人类科学），而后者与前者在性质上被认为是根本不同的。新康德主义的主要代表人物李凯尔特（V. H. Rickert）就将科学划分为自然科学和文化科学两类，并认为两者无论在"质料"（研究对象）还是在"形式"（方法）上都存在着根本的对立。从质料上看，自然科学的对象是"自生自长"的，可以不从价值的观点加以考察；而一切文化产物都必然依附着价值，都必须从价值的观点加以考察。从形式上看，自然科学的兴趣在于发现对于"无价值"事物和现象都有效的普遍联系和规律，并因此必须用"普遍化的方法"；而文化科学则必须从对象的特殊性和个别性方面叙述对象的一次性发展，并因此必须使用个别化的"历史方法"②。继韦伯之后，社会学中的一些重要理论流派，如符号互动论、拟剧论、现象学社会学、常人方法学等都可以归属于解释主义范式，而一大批著名社会学家米德（G. Mead）、布鲁默（H. Blumer）、戈夫曼（E. Goffman）、舒茨（A. Schutz）、加芬克尔（H. Garfinkel）、伯格（P. Berger）、吉登斯等原则上都支持解释主义范式。

三　批判主义

该范式旨在揭示社会问题，致力于批判和改造不合理的社会关系和制度，希望将人们从各种受压迫、被压抑的状态下解放出来，它具有很强的行动主义取向。在本体论上，批判主义持有"历史实在论"的观点，相信社会世界是由历史性的权力结构组成的，这些结构对个人的生活机会有实际的影响。真实的现实是由社会、政治、经济、种族、性别等因素及相关的价值观念塑造而成，而社会系统又是在内部矛盾和冲突中不断发展和转型的。在认识论上，批判主义认为知识具有某种主观和政治色彩，研究结

---

① 参见〔德〕韦尔海姆·狄尔泰《人文科学导论》，赵稀方译，北京：华夏出版社，2004年。
② 〔德〕李凯尔特：《文化科学和自然科学》，涂纪亮译，北京：商务印书馆，1986年，第20页。

果会受到价值观的过滤。相信通过一定的途径和手段，可以揭露社会现实中隐藏着的真相，从而唤醒受压迫者的自觉意识，去除"虚假意识"，让他们明白自己受压迫、遭奴役乃是与阶级、种族、性别等不平等的历史结构有关。在方法论上，批判主义强调辩证的、历史哲学和实践哲学的方法论，提倡平等对话、批判反思、揭露和摆脱各种意识形态和潜意识所造成的困扰。在价值论上，批判主义主张知识总是价值介入的，研究者的价值观不可避免地会影响到研究本身；提倡研究中的价值介入与政治关怀，号召以先进的价值观批判取代落后的价值观，坚持正确的政治立场，通过戳穿社会现实的各种神话，唤醒受压迫者并赋予其行动的力量，帮助人们改造不合理的世界，推动社会的激进变革。在表述方式上，批判主义也不追求标准化、规范化、学院式的形式，而是采用政治立场鲜明、价值倾向显著的表达方式，使用的语言富有激情，充满启发性和挑战性，大部分研究报告都突出对现实的深刻批判和对受压迫者的高度同情。

马克思可被看作社会研究中批判主义范式的主要奠基者。马克思认为并不存在什么一般的、抽象意义上的"社会"，存在的只是各种特定类型的"社会形态"①，而每种社会形态都有特定的运行规律，通过社会研究可以发现这些客观的基本规律。社会研究应该追求科学性及客观真实性，提倡"不偏不倚的研究""公正无私的科学探讨"②。为了科学地从事社会研究，落实以下两点是很重要的。其一，重视人们的实践活动，由于人类在历史的实践活动中不断地改变着一切对象和自身，所以也只有在人的实践中才能真正认识、理解、把握现实世界。其二，必须揭露意识形态的欺骗性和虚伪性，彻底摆脱和废除统治阶级及其思想霸权的压抑，因为意识形态是统治阶级为了维护其自身利益而制造出来的对于现实世界的颠倒的、扭曲的、虚假的反映，它会阻碍人们了解真

---

① 特定类型的生产力状况以及与该生产力状况相适应的经济结构及在其基础上建立起来的全部法律的、政治的上层建筑和社会意识形态的有机统一，就构成了特定类型的社会形态。
② 《马克思恩格斯选集》（第2卷），北京：人民出版社，1995年，第107页。

相、获得客观认识①。对马克思来说，学术就是政治，科学研究和政治参与是统一的，正确的价值立场是社会研究非常关键的部分。马克思的分析极富挑战性，他提供了一种批判思考方法来理解社会，指出社会不平等是理解社会的关键所在，而且，社会研究就是要通过揭露社会不平等的根源，唤醒受压迫者的革命意识，进而实现改造社会的目的。马克思有句人们耳熟能详的名言："哲学家们只是用不同的方式解释世界，问题在于改变世界。"② 马克思还提出了一系列的社会研究的基本途径和方法，涉及辩证法、整体观、发展观、矛盾观、抽象观等内容，其中辩证法是最基本的，具有统摄的作用。借助上述研究方法，马克思提出了用以理解和说明社会形态的性质和状况的三项基本命题：①社会存在决定社会意识；②生产关系的性质一定要和生产力状况相适应；③上层建筑的性质一定要和经济基础的状况相适应。在马克思看来，阶级结构是最基本的社会结构。而在资本主义社会，阶级结构的特点是趋于简单化，整个社会日益分裂为两大相互直接对立的阶级：资产阶级和无产阶级。社会变迁的基本动力来自生产关系与生产力之间以及上层建筑和经济基础之间出现了不相适应的情况。在阶级社会，阶级斗争成为社会变迁的直接动力。马克思将经济关系或财产关系理解为全部社会关系当中最核心、最本质或最基础的部分，始终将自己的注意力集中在现代社会的财产关系及其经济、政治与社会后果上。生产资料归资本家私人占有，是现代社会里一切矛盾和危机的最终根源；要消除现代社会中的各种内在矛盾和危机，就必须消灭以生产资料的资本家私人占有制度为核心的资本主义制度，建立一种以生产资料公共所有制为基础的新型社会制度③。总之，马克思对资本主义所做的批判主要有两大依据：一是期盼人类解放的人道主义诉求，二是对客观历史规律的揭示与把握，即对资本主义作为一种社会生产方式缺乏效力的科

---

① 《马克思恩格斯选集》（第1卷），北京：人民出版社，1995年，第72页。
② 《马克思恩格斯选集》（第1卷），北京：人民出版社，1995年，第57页。
③ 参见杨善华、谢立中主编《西方社会学理论》（上卷），北京：北京大学出版社，2005年，第70页。

学判断。马克思社会研究的文本,既充满战斗的激情,又贯穿严密的逻辑;既富有道德关怀,又饱含科学论证。马克思给后人留下了丰富的理论资源。

批判主义是社会研究中的一种重要范式,在社会科学家中也有不少坚定的支持者,而且,兴起于西方的各种新社会运动,诸如女性主义、生态主义、反种族主义、同性恋运动、反全球化运动等,都从批判主义范式中获得启发和支持。一般认为,法兰克福学派是批判主义范式的最主要代表,该派从20世纪30年代创立[1],迄今大致经历了四代:第一代的主要成员包括霍克海默(Max Horkheimer)、阿多诺(Theodor W. Adorno)、马尔库塞(Herbert Marcuse)、弗洛姆(Evich Fromn)等人,而第二代中最著名的是哈贝马斯,第三代代表人物是霍耐特(Axel Honneth),第四代则以罗萨(Hartmut Rosa)、耶基(Rahe Jaeggi)、佛斯特(Rainer Forster)、尼森(Peter Niesen)等为代表。霍克海默等人当初旗帜鲜明地提出批判理论就是要与以实证主义为代表的传统理论相抗衡。批判理论以对当代资本主义进行多层次、全方位(突出文化和意识形态)批判为己任,以否定主义为特征,对即定社会状况和社会原则采取毫不妥协的批判态度,目的是揭露资本主义社会对人的全面压抑,争取人性的解放。批判理论主张"推翻既定事实""批判当下普遍流行的东西",将超越现实作为自己的基本目标。[2] 哈贝马斯指出,"哲学在科学中只能作为批判而存在,除了批判,留给哲学的并没有别的权利。但一种后形而上学的社会理论,仅有批判的立场是不够的,它还必须表明自身的哲学规范性基础,并在理性的关照下,审视当今的社会状况,发现

---

[1] 法兰克福社会研究所成立于1923年,第一任所长是德国马克思主义研究者格律恩堡(C. Grünberg)。1930年霍克海默接任所长,对研究所进行重大改革,网罗了一批人才,确立了发展方向并开创了新局面,还创办了《社会研究杂志》,法兰克福学派随之正式诞生。

[2] 〔德〕霍克海默:《批判理论》,李小兵等译,重庆:重庆出版社,1989年。

它的缺陷与弊病,并提出一种消除这些缺陷与弊病的方案"①。法国著名社会学家布迪厄也具有很强的批判主义取向,他在《遏止野火》一书中声明:"我全力捍卫的是批判型知识分子的可能和必要性,首先要批判舆论术士们散布的智性'论调'。如果没有真正反权力的批判,就没有真正的民主。知识分子就是一种反权力的批判,而且是最重要的。"② 他认为学术研究应该面向公共领域,知识分子必须承担社会责任,介入公共生活。他坚决主张将学术成果置于公共辩论之中(而目前悲剧性地缺乏这些成果),并提醒人们要小心那些长期占据报纸、电台和电视的"啰唆而无能的文论作家",解放囿闭于学术城墙内的批判能量③。

四 后现代主义

该范式旨在解构社会秩序和知识霸权,发展自我认知及审美取向。在本体论上,后现代主义属于建构主义,根本否认存在着独立于人的意识和认知的社会现实。在认识论上,后现代主义属于怀疑主义,否认知识可以客观地再现社会现实,断定一切知识不过是按照一定标准完成的话语建构,真理无非是得到特定群体认同的看法。在方法论上,后现代主义属于多元主义,否认存在普遍有效的方法,主张"怎么都行"。在价值论上,后现代主义属于相对主义,认为研究者的价值观渗透于社会研究的整个过程,并且主张不同的价值观是平等的,没有哪一种拥有特权。在表述方式上,后现代主义属于自由主义,反对标准化、程序化的形式,鼓励个性化、多样化的探索④。

以上对社会研究的四大范式做了一定介绍,为了对它们之间

---

① 〔德〕尤尔根·哈贝马斯、米夏埃尔·哈勒:《作为未来的过去——与著名哲学家哈贝马斯对话》,章国锋译,杭州:浙江人民出版社,2001年,第131页。
② 〔法〕皮埃尔·布迪厄:《遏止野火》,河清译,桂林:广西师范大学出版社,2007年,第12页。
③ 〔法〕皮埃尔·布迪厄:《遏止野火》,河清译,桂林:广西师范大学出版社,2007年,第118页。
④ 下一节将对后现代主义的主要特征做更详细的讨论。

的关系及特征有更直观和简明的把握,可以用交互分类方式来给四大范式定位,两个维度分别是对待社会现实的基本立场以及针对研究伦理的态度取向(见图 2-2)。① 无论是实证主义还是批判主义都假定存在一个独立于认知者的真实世界,不过批判主义更强调一种可改变的压迫性结构的真实存在;而解释主义和后现代主义则认为社会现实是人们建构出来的,不过,尽管解释主义认为社会世界充满主观意义,研究者必须去理解行动者的意图与动机,但这些具有主观色彩的内容却独立于研究者的主观意识与符号系统之外,与此不同的是,后现代主义否认任何独立于研究者的主观意识与符号系统的外部实在。实证主义和解释主义一般都强调在研究过程中要尽可能遵守价值中立的原则(部分解释主义者认为这很难做到,甚至也没必要这么做),避免研究者的价值观歪曲研究结果;而批判主义和后现代主义则认为价值介入是任何研究所固有的,并且应该鼓励这种介入,只不过批判主义坚信存在着某种更加正确可取的价值立场,而后现代主义则断定所有价值立场都是等价的。

	价值中立	价值介入
实在论	实证主义	批判主义
建构论	解释主义	后现代主义

图 2-2 社会研究四大范式的定位

总的来说,一个时期的学科范式受到整个大的时代背景、社会文化、学术思潮的很大影响,实证主义成为社会学及社会研究的主流范式就与此密切相关。逻辑实证主义、分析哲学在西方学术界的广泛流行,极大地影响了社会学研究范式的偏好与选择。当然,反过来,社会学中实证主义范式的中心地位的确立,又进

---

① 显然,上述划分只是粗略的,或者只是一种韦伯意义上的理想类型,它是一种理论上的抽象,从逻辑的角度推演出来的,现实中的取向只是与之近似或接近,不会那么纯粹或完全吻合。实际上,建构论成分在四大范式中都有体现,只是程度上有很大差异:实证主义最弱,批判主义次之,解释主义较强,后现代主义最强。同样,主张价值介入的程度也呈现明显差异:实证主义最弱,解释主义次之,后现代主义较强,批判主义最强。

一步壮大、强化了整个社会科学界的主导思潮。从一开始,能够向实证主义范式提出有力挑战或竞争的只有解释主义范式,批判主义则只能在局部范围内传承和发展,影响相对有限。而后现代主义更是一直遭忽视、受排斥,很难发出有力的声音,只能偶尔闪现一点火花,或以一种非常曲折的形式零星地表现出来,其部分精华可能散落到其他范式或理论当中。很长一段时间,实证主义处于社会理论及社会研究的中心位置,解释主义和批判主义处于半边缘地位,而后现代主义则处于完全边缘化状态。自20世纪60年代以来,实证主义的中心地位受到挑战和动摇,多中心、诸侯割据的局面出现了,不同范式相互竞争,各有所长。尤其是,后现代主义范式逐渐从完全的边缘状态中摆脱出来,引起了越来越多的关注。可以说,后现代主义范式具有很强的颠覆性和挑战性,它的兴起一定程度上反映了当代西方社会研究中认识论和方法论的危机,同时,它确实又提出了许多极具启迪、发人深思、值得严肃探究的观点与问题。下面一节将重点讨论后现代主义的主要特征。

第四节 后现代主义的主要特征

关于后现代的话语极其复杂、混乱,充满着晦涩的术语和矛盾的陈述,根本就不存在统一的后现代理论。或者说,后现代主义本身并不是信仰或假设完全统一的体系,而是各种不断发展的可能性,"一系列处于不断变化的碎片"[1],后现代主义者在许多共同的主题上,都表现出巨大的差异和分歧。甚至可以说,有多少个后现代主义者,就可能有多少种后现代主义的形式。斯马特(B. Smart)区分出后现代理论家的三种不同的基本立场:极端的、温和的和共存的[2]。罗斯诺(P. Rosenau)则从各种各样后现代声

---

[1] Adele E. Clarke, *Situational Analysis: Grounded Theory After the Postmodern Turn*, Sage: Publications, Inc., 2005, Prologue, p. XXIV.

[2] Barry Smart, *Postmodernity*, London: Routledge, 1993.

明中,勾画出两种主要的一般性倾向:怀疑论的后现代主义和肯定论的后现代主义。类似地,有学者提出要划分出建设性后现代主义(支持以意识形态为目的的哲学)和极端的批判性后现代主义两大类;也有学者提出"冷漠的"后现代主义和"热情的"后现代主义两类;还有学者提出"解构的或消亡的"后现代主义和"建构的或修正的"后现代主义,等等[①]。毫无疑问,本书将后现代主义看作一种社会理论及研究的范式肯定是有争议的。需要强调的是,本书是在比较宽泛的意义上使用范式一词,而且,很大程度上只是将它作为一个方便的称呼;另外,本书认为,尽管存在诸多混乱和分歧,但各式各样的后现代主义还是存在一定的共识,并表现出某些共同的旨趣和相似的特征。下面主要从后现代主义所反对的东西入手,尝试对其主要特征做一简要概括。

一 认识旨趣上的另类性

后现代主义旨在质疑、诘难社会秩序和知识霸权,挑战一切正统观念和宏大叙事,发展自我认知及审美趣味,提倡另类思维及地方性知识,鼓吹局部斗争和个体反抗,它具有较强的解构主义的取向。拒斥现代性、谴责现代性的消极后果是后现代主义的一个重要特征,也是其从事社会研究的基本立场。它断定现代性已不再是解放的力量,而是奴役、压迫和压制的根源。极端的后现代主义者甚至从根本上拒绝接受存在一个科学的社会世界的可能性。他们从事的社会研究不再以发现永恒不变的客观规律或事物的终极本质为目标,其富有特色的研究旨趣集中在:揭露霸权、提出异议;彰显差别、激发好奇;注重体验、享受美感;启迪他人、引起回应。

(一)拒斥现代性、谴责现代性的消极后果

拒斥现代性、谴责现代性的后果是后现代主义的一个重要特

[①] 〔美〕波林·罗斯诺:《后现代主义与社会科学》,张国清译,上海:上海译文出版社,1998年,第21页。

征,也是其社会研究的基本立场。后现代主义将20世纪的各种悲剧:世界大战、纳粹兴起、集中营、种族灭绝、广岛原子弹、各类现代战争、生态环境的破坏以及世界范围的经济萧条和日益扩大的贫富差距等,均归罪为现代性的恶果,虽然其中有些并不是出于现代性规划的本意。人类行动存在大量非预期的结果,社会计划往往导致事与愿违的后果。追求进步、憧憬未来实际上是十分可疑的事情;现在未必优于过去,现代未必胜过前现代。后现代主义倾向于批评与现代相关联的一切:西方文明已积累的经验、工业化、都市化、高技术、民族国家、生活在"快节奏"之中;并对现代的诸种优越性提出了诘难:职业、办公室、个人责任、科层制、自由民主、人道主义、平等主义、独立实验、评价标准、中性程序、客观法则以及理性化[①]。所有这些未必给人类带来真正的幸福和最优的生活,而且这类追求本身就是成问题的,排斥了丰富多彩的其他选择,拒绝了"另类"生活的可能性。后现代主义者断定,有理由怀疑有关现代性的道德主张、传统规范和"深刻阐释"。他们把以往所有的社会理论以及与之相关的各种理论模式、逻辑推论规则、语言论述策略、真理标准和善恶判断依据,都看作他们所要颠覆的传统社会所制造的文化产物。他们认为,自18世纪开始的启蒙运动从未兑现它所许诺的东西,并在20世纪以失败告终。现代性是一个不可挽救的错误,必须用"后现代"取而代之。

一般认为,社会学(其他社会科学也类似)作为一种独特的研究形式是与现代性紧密相关的。现代社会学研究领域的形成、研究主题的选择以及适用方法论的发展,乃是以分析社会现象并赋予秩序,提供管理生活与理性控制社会发展所需的社会技术为其目标,并将实证主义作为社会研究的基本原则。社会学正是靠着这些广泛的概念和预设,而在现代事物秩序中,也即"现代性规划"中,占有一席之地,拥有"合法性"。而后现代思想家对现代性的猛烈抨击,无疑危及社会学的合法根基。正如后现代主义

[①] 〔美〕波林·罗斯诺:《后现代主义与社会科学》,张国清译,上海:上海译文出版社,1998年,第5页。

的重要代表人物布希亚所指出的,社会学只能描绘社会性的扩展及变化,它的生存维系于积极而确定的社会性假设上。而和后现代情景的出现紧密相连的现代事物的失序、各种界限的崩溃以及整个社会的内爆,造成了"社会性的终结"(the end of social),进而使社会学成为多余的[1]。

的确,现代社会学是在民族－国家的框架内提出问题并展开研究的,但随着经济、政治、科技、文化等方面的全球化过程的出现和加剧,许多原有社会学的理论、视角和方法都面临改造和转换的巨大压力。早在20世纪70年代,美国社会学家古尔德纳(A. Gouldner)就做出诊断:西方社会学面临严重的危机[2],其后社会学的发展在一定程度上验证了这一点[3]。后现代主义者攻击社会学是保守的、男性主导的、西方中心的以及种族主义的,指责社会学长期以来成为向国家献媚的阿谀奉承者[4]。美国社会学家塞德曼(S. Seidman)认为社会学已经走向歧途,并失去了大部分社会和知识的重要性,进而宣告"社会学理论的终结"[5]。社会学家勒梅特(C. Lemert)持有类似的观点,他说社会学从一开始就一直是"最为造作的学科和最为笨拙的科学",并呼吁社会学应摆脱作为一个学科、一门社会科学、一种类型的知识的历史角色,而朝着一种在政治上更为自觉的实践方向发展[6]。就连鲍曼这样的非

---

[1] Jean Baudrillard, *In the Shadow of Silent Majorities*, New York: Semiotext (e), 1983, p. 4.
[2] Alvin W. Gouldner, *The Coming Crisis of Western Sociology*, New York: Basic Books, Inc. 1970, pp. 194–216.
[3] 参见 Joan Huber, "Institutional Perspectives On Sociology", *AJS Volume 101 Number 1 (July 1995)*; Anthony Giddens, *In Defence of Sociology*, Cambrige: Polity Press, 1996, pp. 1–8。
[4] 参见〔英〕齐格蒙·鲍曼《后现代性及其缺憾》,郇建立、李静韬译,上海:学林出版社,2002年,第95页。
[5] 〔美〕史蒂文·塞德曼:《社会学理论的终结》,载〔美〕史蒂文·塞德曼编《后现代转向》,吴世雄等译,沈阳:辽宁教育出版社,2001年,第159页。
[6] 〔美〕查尔斯·C. 勒梅特:《后结构主义与社会学》,载〔美〕史蒂文·塞德曼编《后现代转向》,吴世雄等译,沈阳:辽宁教育出版社,2001年,第360~361页。

后现代主义理论家也明确指出，社会学不能继续"照常"下去了，必须建立"后现代性的社会学"[①]。事实上，极端的后现代主义者根本拒绝接受有一个关于社会世界的科学存在的可能性。他们从事社会研究也不同于以往的学者，不再将发现永恒不变的客观规律或事物的本质作为自己研究的目标，而是另有所图。他们质疑一切宏大叙事，只致力于提供局部的地方性知识。简言之，解构与审美是后现代主义社会研究的基本旨趣。

（二）注重边缘、另类议题

与现代主义者将关注的焦点集中于现代社会的核心部分不同，后现代主义者将他们的注意力转向社会的边缘地带。强大、必然、中心、全局、系统、连续等都处于现代理论话语的核心部分，而作为其反面的弱小、偶然、边缘、局部、碎片、断裂等则处于受排斥、被忽略的边缘地带。后现代主义者则反其道而行之：一方面，攻击被现代理论奉为话语中心的事物，揭露它们的种种局限性；另一方面，关注为现代理论所不屑的事物，努力为它们争取同等的话语权。他们乐于把以下事物重新确定为焦点：被视为理所当然的事物，被忽视的事物，被遗忘的事物，无意义的事物，有阻力的领域，非理性的东西，被压抑的东西，两可之间的东西，经典之物，神圣之物，传统之物，怪诞之物，崇高之物，受鄙视之物，被遗弃之物，无足轻重之物，意外之物，被驱散之物，被取消资格之物，被延误之物，被分离瓦解之物——所有那些"现代人从不愿去深入了解和特别关注的事物"[②]。

在后现代主义看来，没有什么事物是先验高贵的，也没有什么事物是必然卑贱的，事物的意义都是人们赋予的，并非一成不变的。中心和边缘的关系也是一种历史性的建构，而不是绝对的、固定的。后现代主义旨在张扬被现代理论边缘化的事物的重要性，

[①] Zygmunt Bauman, *Intimations of Postmodernity*, London and New York: Routledg, 1992.

[②] 〔美〕波林·罗斯诺：《后现代主义与社会科学》，张国清译，上海：上海译文出版社，1998年，第8页。

激发人们"另类"的思维方式，但如果将边缘奉为新的中心，那也违背了后现代主义的初衷。实际上，后现代主义主张的是去中心化，消解单一的中心，尊重差异或倡导多中心化。为此，不少后现代主义者有意改变了他们分析研究的策略。把一切事物都界定为某个文本的后现代主义者，与其说是想要"发现"意义，不如说是想要"设置"意义。他们回避判断，他们中最通世故的人从不"拥护"或"反对"什么，而只是说"关心"某个话题或对某件事情"感兴趣"。提供"读物"而非"观察"，提供"阐释"而非"判决"；他们"思虑"此事物或彼事物。他们从不进行检验，因为检验需要"证据"，这是一个后现代参照系内无意义的概念[①]。在价值论上，后现代主义持相对主义的立场，断定知识渗透着权力，研究中不可能排除价值的介入，反对特权立场，坚信不同的价值观是平等的、并存的。

二 本体论上的建构主义

以实证主义为代表的传统社会科学在本体论上的一个重要特征，就是假定存在着一个独立于研究者的主观意识及所使用的符号系统、有待研究者去研究发现的社会世界。与之相应的认识论观点认为，研究者的任务无非是运用一套符号系统（概念体系或理论）去再现这个客观的"实在"。而后现代主义者则持有完全不同的观点，他们根本否认不以人们的意识为转移、独立于研究者的符号系统的客观现实的存在，起码独立存在的客观实在是我们的知识和语言所不能企及的。已知的世界部分是由我们施加概念于其上来建立的。由于这些概念在各类人群之间都不相同（语言的、社会的、科学的，等等），因此，各类人群的世界也不相同。每一个世界仅只相对于所施加的概念而言才存在。在后现代主义看来，作为人们感觉、意识和言说对象的那些"事物"并非纯粹"自然"的或"给定"的，相反，所有作为人们感觉、意识和言说

---

① 〔美〕波林·罗斯诺：《后现代主义与社会科学》，张国清译，上海：上海译文出版社，1998年，第8页。

之对象的东西以及人们的感觉、意识和言说本身都只是一种符号（话语或文本）的"实在"，都是由人们所使用的语言符号建构起来的①。换言之，语言符号并非只是人们用来对某个实在进行认知和表达的工具或媒介，语言符号参与了"实在"的建构，社会世界是通过语言制造出来的。按照德里达（J. Derrida）的说法，"文本之外无他物"②。依据他的见解，"我们只在符号中思考"，而且在表达之外没有本义传播。在这种观念中，文本之外无物或除文本外无物（据此并不意味不存在独立的物质世界），强调文本的意义由实践构成。归根结底，意义不过是一种通过符号之间的关系组织起来的社会约定③。换言之，我们不能通过语言去认识现实，因为语言就是我们所见到的现实。正如米歇尔·福柯曾经指出的，"现实并不存在……语言是一切，我们正在谈论的是语言，我们是在语言中说话"。后现代主义者显然都同意索绪尔（F. Saussure）和维特根斯坦（L. Wittgenstein）的观点，前者相信我们只有给事物创造了名称才拥有了事物；而后者在《逻辑哲学论》中也表达了相关的观点："我的语言的局限，便是我的世界的局限。"④ 蒯因（W. Quine）也说过，逻辑上的一种变化就是现实世界的一种变化。⑤

后现代主义认为语言构成了现实，每一种语言都有其建构现实的方式。在后现代主义的这种建构论看来，实在依赖于人们所使用的话语，不同的话语系统构建了不同的实在。因此，实在具有多元性、不确定性、模糊性、复杂性、偶然性等，而且，关于实在的任何观念本身都是主观的、因文化而异的。所谓独立存在

---

① 参见谢立中《走向多元话语分析：后现代思潮的社会学意涵》，北京：中国人民大学出版社，2009年，第12页。
② 〔法〕德里达：《论文字学》，汪堂家译，上海：上海译文出版社，1999年，第230页。
③ 〔英〕克里斯·巴克：《文化研究：理论与实践》，孔敏译，北京：北京大学出版社，2013年，第16页。
④ 〔美〕迈克尔·莱文森编《现代主义》，田智译，沈阳：辽宁教育出版社，2002年，第21页。
⑤ 参见〔英〕艾莉森·利·布朗《福柯》，聂保平译，北京：中华书局，2014年，第49页。

的客观实在是人们的知识和语言所不能企及的,已知的世界都是由人们借助概念或话语建构起来的。由于这些概念在不同人群之间存在很大差异,因此,不同人群的世界也大不相同。总之,社会世界是多重的,实在是多元的,每一个世界仅只相对于特定的概念而言才存在。后现代的解释是内省的和反客观主义的,是一种个体化的理解形式。它是想象而不是材料的观察。它消解了现代实体,消解了自我和他人、事实和价值之间的任何清晰区分。实在地被写就的东西并没有如此重要,因为一个文本(任何一个事件)限制不了解释;相反,解释塑造了文本[1]。

著名科学史家和科学哲学家库恩指出,作为科学家研究对象的世界其实并不是一种纯粹"自然的""给定的"世界,或是一种"客观实在",而是由许多科学家采用的理论"范式"建构出来的。在不同范式之下从事研究工作的科学家,实际上所面对的是完全不同的世界[2]。不同的范式是不可通约的或不可比较的,它们可能没有共同的话语,夸张点说,某个范式中的一只"羊",到了另一个范式里可能就变为一头"牛"了。在后现代主义者看来,知识是通过符号建构起来的,而非客观的,对世界的理解建立在各种习俗的基础之上,而所谓真实或事实不过是人们所同意的东西[3]。后现代主义赞同尼采的如下说法:"不!没有事实,只有解释!我们不能确定任何'自在的'事实"。[4] 也就是说,并不存在事物的本质,一切事物的本质不过是关于"此物"的见解而已,"事物"的产生完全是设想者、思维者、愿望者、感觉者的事业。正如罗蒂(R. Rorty)指出的,所谓事物的本质,并非某种内在于事物本

---

[1] 〔美〕波林·罗斯诺:《后现代主义与社会科学》,张国清译,上海:上海译文出版社,1998年,第175~177页。

[2] 〔美〕托马斯·库恩:《科学革命的结构》,金吾伦、胡新和译,北京:北京大学出版社,2003年。

[3] 参见〔美〕J. Amos Hatch《如何做质的研究》,朱光明等译,北京:中国轻工业出版社,2007年,第15页。

[4] 〔德〕弗里德里希·尼采:《权力意志:重估一切价值的尝试》,张念东、凌素心译,北京:中央编译出版社,2000年,第507页。

身的东西，而是人们从一定实用立场出发进行的某种建构。① 严格地说，数据不是收集而来，而是制造出来的。事实并不能独立于用以阐释它们的那些媒介而存在，不管这种媒介是某种外在的理论模式、系列假设，还是各种兴趣。罗蒂宣称，不可能有任何科学的"硬事实"，只有"一个共同体内部达成的硬约定"②。后现代主义者倾向于遵循这样一种模式，即把"社会"还原成"文化"，将"文化"还原成"语言"。而且，他们的社会观大致经历了如下几个阶段：从尼采宣告"上帝之死"并解构作为"权力意志"的真理，到福柯的"人之死"，并将实在化约为体现特定政治利益的相互竞争的话语，再到布希亚提出的"社会之死"，将实在消解为"超真实"的"拟象"。在这一谱系中，尤为引人注目的是其呈现的社会建构的历时形态：从借由社会力量建构的上帝和人，到最终揭示社会本身也是某种建构物③。布希亚反复重申的是一种关于符号的社会建构主义言论。也就是说，如果现象属于社会建构，那么它们就是模拟，在它们之外并不存在"真实"④。

布希亚宣称：后现代"世界的特点就是不再有其他可能的定义……所有能够做的事情都已被做过了。这些可能性已达到了极限。世界已经毁掉了自身。它解构了它所有的一切，剩下的全都是一些支离破碎的东西。人们所能做的只是玩弄这些碎片。玩弄碎片，这就是后现代"⑤。同样事件的无休止的重复，这就是西方的后现代命运。在后现代时代，现实和非现实、真实和不真实、正确和错误之间的区别已经崩塌了：当一切都不过是人工雕琢时，

---

① 〔美〕理查德·罗蒂：《后哲学文化》，黄勇编译，上海：上海译文出版社，1992年，第245~250页。
② 〔美〕罗宾逊：《尼采与后现代主义》，程炼译，北京：北京大学出版社，2005年，第106页。
③ 〔英〕菲利普·梅勒：《理解社会》，赵亮员等译，北京：北京大学出版社，2009年，第33页。
④ 〔英〕弗兰克·韦伯斯特：《信息社会理论》（第三版），曹晋、梁静、李哲、曹茂译，北京：北京大学出版社，2011年，第321页。
⑤ 〔美〕道格拉斯·凯尔纳、斯蒂文·贝斯特：《后现代理论》，张志斌译，北京：中央编译出版社，1999年，第165页。

这种确定性便不复存在。布希亚指出，社会学只能描绘社会性的扩展及变化，它的生存维系于积极而确定的社会性假设上。而和后现代情景的出现紧密相连的现代事物的失序、各种界限的崩溃以及整个社会的内爆，造成了"社会性的终结"（the end of social），进而使社会学成为多余的①。鲍曼则指出，现代性正在从"固体"阶段向"流动"阶段过渡。这意味着，社会形态（那些限制个体选择的结构，护卫社会规范的机构以及那些可为社会所接受的行为模式）都不再能够（人们亦不希望其能够）长久保持不变，因为这些形态腐朽的速度比之人们塑造它们的速度要快许多，而且它们在被塑造出来的那一刻便开始凝固成型发挥作用了。这些形态，不论是现在存在的，抑或是模糊勾勒出的，均不太可能会有足够的时间来变得更加坚固，也不会成为人类行为和长期生活策略的参照框架，因为这些形态的预期寿命太短，短到人们来不及发展出一个有条理的、一贯的策略，更遑论实现个体的"生活计划"。"社会"已经被越来越多地视为一种"网络"而非"结构"（更不用说一个稳定的"整体"）：社会被人们认识为包含各种随意性的联结和分离的矩阵，一个可能出现无数种排列组合方式的矩阵。②

总之，后现代主义在本体论上持有一种建构主义的观点，并带有多元主义和相对主义的色彩。在后现代现实里，世界不是一个单一事物，所以我们不能仅以一种特殊的方式看待这个世界，也不能以单一的方式做出回应。在从现代向后现代的发展中，我们从一种以经验为基础的现实转变到了以图像为基础的现实。如果地图先于领土，并且我们建构了地图，那么我们就建构了现实。从积极的方面看，后现代的视角开拓了我们的思维，让我们以一种新的、富有创造性的方式去思考和行动。但是它也对我们所依

---

① Jean Baudrillard, *In the Shadow of Silent Majorities*, New York: Semiotext(e), 1983, p. 4
② 〔英〕齐格蒙特·鲍曼：《流动的时代》，谷蕾、武媛媛译，南京：江苏人民出版社，2012年，第1~3页。

赖的、能提供给我们确定性和目标的文化提出了质疑[1]。

三 认识论上的怀疑主义

(一) 批判科学理性、否定客观真理

后现代主义否认事物存在固定不变的本质,同时拒斥那些号称能够客观再现这些本质的真理观。它怀疑、挑战现代权威公认的知识体系,强调知识会话性的、叙事性的、语言性的、情境的以及相关的特征。后现代主义在认识论上持有一种怀疑主义的立场,断定一切知识都不可能是对"客观实在"的单纯再现,而只能是人们在特定的语言符号系统的约束和指引下所完成的一种话语建构。在后现代主义认识论中,知识的确定性更多地被看作人际交流的产物,而不是排除人的现实之间相互作用的结果。认知的客体并不是独立的孤岛,而应该是一个"关系的结构体"[2]。后现代主义拒斥任何领域的普遍知识。它主张,人类的所有知识都是在社会情境中得到发展、传递和维持的,任何知识都是当地性的(local)或是"情境化的"(situated),它是某一社会阶级内部相互作用的产物,并受到其利益和偏见的严格限制。所谓理论也不过是依据一定的标准或兴趣解释事物的框架,它并非对事物的客观反映。根本没有永恒的真理,真理是在生成中被规定的,它不可避免地具有建构性、多元性、地方性、主体性和流动性等特征。罗蒂认为所有真理都受到文化的约束,而且针对时间和地点具有特殊性。说到底,关于真理和意义的传统概念只不过是对人们自己的共同体认为理所当然的标准所表现出来的部落忠诚而已,其实没有任何话语拥有超越其他话语的特权。后现代主义反对真理的存在,认为存在的只是"真理"的不同版本,追寻"真理"毫无意义。而且,更为严重的是,对"真理"的定义很容易转变

---

[1] 〔美〕乔恩·威特:《社会学的邀请》,林聚任等译,北京:北京大学出版社,2008年,第148页。
[2] 〔丹麦〕斯丹纳·苛费尔、斯文·布林克曼:《质性研究访谈》,范丽恒译,北京:世界图书出版公司,2013年,第57页。

成专制的诡计①，也就是说，对真理的追求有可能导致政治上极权与专制的风险。值得注意的是，后现代文化放弃了对"本真性"（authenticity）的追求②。

基于此，后现代主义对科学的权威展开了颠覆性的攻击。将自然科学模式运用于社会研究的做法遭到严厉批评，因为它被看作源于西方而扩散到全球的、更大的科技没落文化规则的组成部分，所谓普遍性无非是西方貌似有理地将其局部的价值观和信仰投射到全球的阴谋③。后现代主义的重要代表利奥塔（J. Lyotard）指出：我们最好接受如下事实，即我们所谓的种种科学不过是一些花样百出的"语言游戏"，和其他语言游戏相比并无绝对优势可言④。按照后现代主义的观点，真理不过是猜测，社会研究不可能发现什么有价值的科学规律，它根本不该追求表面上客观的、普适的而实际上问题丛生的科学形象，而应该将自己定位于一种相当主观和谦卑的事业。福柯认为科学发展与其说来自对关于世界的绝对真理无私的追求，不如说是偶然邂逅、机构政策以及赞助和偏袒行为的结果⑤。所有知识（包括自然科学、社会科学和人文学科，以及各种非专业的日常知识）都不过是社会的和文化的产物，因此需要关注的核心问题是知识生态学的问题，它涉及知识与产生和运用这些知识的场所之间的关系。

后现代主义对理性的权威提出了有力的挑战。现代主义者大多尊奉理性，坚信人是理性的动物，理性是人的本质，它具有至

---

① 〔英〕弗兰克·韦伯斯特：《信息社会理论》（第三版），曹晋、梁静、李哲、曹茂译，北京：北京大学出版社，2011年，第302页。
② 〔英〕弗兰克·韦伯斯特：《信息社会理论》（第三版），曹晋、梁静、李哲、曹茂译，北京：北京大学出版社，2011年，第303页。
③ 参见〔英〕特里·伊格尔顿《理论之后》，商正译，北京：商务印书馆，2009年，第154页。
④ 参见〔英〕安东尼·伍迪维斯《社会理论中的视觉》，魏典译，北京：北京大学出版社，2009年，第100页。顺便指出，原译文中多处将德里达当成了利奥塔，显系有误。
⑤ 〔澳〕J. 丹纳赫、T. 斯奇拉托、J. 韦伯：《理解福柯》，刘瑾译，天津：百花文艺出版社，2002年，第44页。

高无上的权威地位,所有的事物都必须接受理性这位大法官的裁决。事实上,理性是现代性的核心特征之一,它遍布现代社会的各个领域,现代社会科学便是建立在理性基础之上的。后现代主义者则延续了以思想家克尔凯郭尔(S. Kierkegaard)、尼采、海德格尔等为代表的非理性主义者对理性的批判,不仅从认识论的角度颠覆理性的权威性,而且还进一步从政治上揭露理性的极权性和压迫性,从一个新的角度对理性展开猛烈的攻击。在那些最著名的后现代主义者看来,理性与权力是同一个东西,在知识、真理伪装下面的是禁止和监狱。福柯认为知识和权力是在一系列社会实践中建构起来的,知识与权力紧密相关。如果说绝对的权力导致绝对的腐败,那么,绝对的真理也会导致绝对的权力。西方理性实际上是与一种压迫性的、极权性的生活方式和种族中心论的文化帝国主义相统一的。一部现代史就是一部理性权力运作的历史,它反映的是理性驱逐非理性的过程。理性不仅征服了非理性,而且利用自己的权威掩盖了这一征服,仿佛理性与非理性的关系一开始就是这样,理性天生就是统治者。而那些缺乏理性的人则被贴上耻辱的标签,被打成另类,遭到排斥和放逐,完全彻底地被边缘化了。相反,后现代主义者试图为已经被边缘化的非理性恢复话语权,他们重新评估了传统、神圣、个别和非理性。被现代性所摒弃的一切,包括情感、直觉、反应、沉思、亲身经历、形而上学、传统、风俗、魔术、神话、宗教情愫和神秘体验,等等,都重新焕发出它们的重要性[1]。对后现代主义而言,在理性与情感,或是客观知识与个人经验之间做出根本性区分的做法值得怀疑。它坚信知识是身份认同与社会位置的产物,科学是居于支配地位的白人男性的话语,而后现代主义的任务之一就是要恢复从属者(如那些由种族、性别或性取向决定的群体)的声音。[2]

---

[1] 〔美〕波林·罗斯诺:《后现代主义与社会科学》,张国清译,上海:上海译文出版社,1998年,第6页。
[2] 〔英〕菲利普·史密斯:《文化理论——导论》,张鲲译,北京:商务印书馆,2008年,第356页。

（二）反对宏大叙事与整体观

后现代主义旨在否定启蒙运动以来依次占据统治地位的自以为是真理的各种宏观话语，代之以多元的、局部性的知识，否定了建立任何宏观社会理论的可能性。后现代主义坚决反对囊括一切、面面俱到的世界观、元叙事、宏大理论、整体性和一元论等一类的东西。它几乎一视同仁地对待基督教、法西斯主义、斯大林主义、资本主义、自由民主、世俗人道主义、女权运动、伊斯兰教和现代科学，将它们统统作为预设了所有的问题并提供了先定答案的、基础主义的[①]、逻各斯中心的[②]、超验地包罗万象的元叙事而予以消解。在后现代主义看来，所有诸如此类的思想体系都与巫术、炼金术或原始崇拜相差无几，即都是建立在不确定的假设之上的。后现代主义的目标不在于提出一组替代性假说，而在于表明建立任何一种诸如此类的知识基础的不可能性，在于消解所有占统治地位的法典的合法性。最极端的后现代主义者要求人们满足于确定性的缺乏，学会无须解释地生活，接受新的哲学相对主义[③]。利奥塔明确指出，"简化到极点，我们可以把对元叙事的怀疑看作是'后现代'"[④]，它意味着发展一种适应新的知识状况的新认识论。在他看来，作为现代性标志的总体化理论，其特征便是元叙事或大叙事，它在某种程度上是还原主义的、简化论的，甚至是"恐怖主义"的大叙事，因为它们为极权主义恐怖

---

① 基础主义（foundationalism），使研究或思想以预先给定的原则为基础的一种企图，那些原则超越"纯粹的信念或未检验的实践"而被断定为真的，相信普遍化或概括化程度越高的知识在整个知识体系中越处于基础的地位。后现代主义者是反基础主义的，他们认为关于事实、真理、正确性、有效性、明晰性的问题既无法提出，也无法回答。
② 逻各斯中心的（logocentric），一个用来描述某种思想体系的修饰语，这些思想体系依照外在的、普遍真的命题来断定合法性。后现代主义者反对这样的思想，在他们看来，不存在为之辩护的外在有效性或实体性的根据。
③ 〔美〕波林·罗斯诺：《后现代主义与社会科学》，张国清译，上海：上海译文出版社，1998年，第5页。
④ 〔法〕让-弗朗索瓦·利奥塔：《后现代状况》，车槿山译，北京：生活·读书·新知三联书店，1997年，引言第2页。

行径提供了合法性,并且以一元化图式压制了差异。利奥塔提倡微观叙事,让被剥夺了话语权的少数人也有发言的机会,说出与多数话语相反的原则或观点。他主张要努力寻求并容忍差异,倾听各种不同的声音,用多元理性代替一元理性。后现代主义者拒绝对社会进行任何总体的和单一的描述,因为在他们看来,总体化的或统一的"社会"(society)根本就不存在,存在的只是一些模糊的、不可靠的、昙花一现的"社会性"(social)形态[①]。

根据后现代主义者的分析,人类不过是他们自身的历史,人们不可能获得关于外部世界的一幅完整的、客观的和独立的画面。不存在等待人们去发现的客观规律,也不存在某种永恒不变的知识基础和指导人生的、超历史的中立的基本原则和普遍理论。对深层、终极和统一的追求应该受到彻底的质疑。由于事物没有本质,再也没有坚定的基础作为解释的支点,确定无疑的解释已经死亡,作为一切学科基础的、寻求终极知识的所谓"科学之科学"的哲学也已经寿终正寝[②]。后现代主义认为,真理是在会话过程中形成的。当团体成员探讨和争论着不同的解释及行动的可能性时,有效的知识就随之产生。对于某些后现代主义者来说,意见一致就是专横独断,思想统一意味着政治上极权残暴。关于进步与真理的宏大叙事,这些最具有现代性色彩的话语,都不过是一些神话而已,固执于这些宏大叙事不仅愚蠢而且危险。所有知识与价值反映了特定的利益、经验、立场与身份认同。通过采取相对主义原则,通过支持对世界进行多元的描述,通过坚称"真实"并不存在,存在的只是不同版本的"真实",后现代主义有力地否决了总体性理论。如同福柯所指出的,后现代主义者认为"每个社会都有它自身的关于真实的体制,它的关于真实的'一般政治学',即它接受并使之如同真实存在一样运行的话语(discourse)

---

① 参见〔希腊〕米歇尔·瓦卡卢利斯《后现代资本主义:社会学批判纲要》,贺慧玲、马胜利译,北京:社会科学文献出版社,2012年,第25~26页。
② 参见王治河《扑朔迷离的游戏——后现代哲学思潮研究》,北京:社会科学文献出版社,1998年,第38~39页。

类型。在这样的环境中,后现代思想家们认为他们自己要脱掉追寻'真实'的启蒙紧身衣,反之要强调分析(analysis)、说明和解释的差异的解放性内涵"。① 在此,解放性的言论充斥后现代,因为后现代主义的核心就是反对任何形式的"专制"(tyranny),这些专制力量试图为人们的生活制定一种"正确"的标准;后现代文化反对此类"专制",它是通过多样性、狂欢(carnivalesque)以及无限的差异性而繁荣昌盛。②

总之,后现代主义反对一切决定论、独断论,试图颠覆任何权威,解构各种文化霸权,其核心是质疑一切被普遍认为"正确"或拥有特权的东西(不管是知识、话语,还是理论与方法等)。可以说,后现代主义涉及一种极具批判性的认识论,对任何支配一切的哲学、政治原理都持敌对的态度,强烈反对那些有助于维持现状的"占统治地位的意识形态"③。而后现代主义的任务之一就是要恢复从属者(例如那些由种族、性别或性取向决定的群体)的声音。后现代主义者都显示出了同样的倾向,坚信并不存在什么普遍的标准,科学可以借此宣称它自身的标准合法化。客观性对相对主义的让步导致了不仅仅是科学而且还有真理、善举、正义、合理性等,都成为相对于时间和空间的概念:"既然在某种特殊的视野中每一种认知行为都必然发生,相对主义就宣称并不存在什么理性的根基以判断一种观点比其他任何一种观点会更好。"④通过抨击中心观念和占统治地位的意识形态,后现代主义思想促进了差异政治影响的扩大。在后现代状况下,界限分明的阶级政治让位于更为散播、多元化的身份政治,而身份政治通常有意识

---

① 〔英〕弗兰克·韦伯斯特:《信息社会理论》(第三版),曹晋、梁静、李哲、曹茂译,北京:北京大学出版社,2011年,第300页。
② 〔英〕弗兰克·韦伯斯特:《信息社会理论》(第三版),曹晋、梁静、李哲、曹茂译,北京:北京大学出版社,2011年,第302页。
③ 〔英〕巴特勒:《解读后现代主义》,朱刚、秦海花译,北京:外语教学与研究出版社,2010年,第176页。
④ 〔英〕迪姆·梅:《社会研究:问题、方法与过程》(第3版),李祖德译,北京:北京大学出版社,2009年,第16页。

地彰显边缘化身份，对抗占统治地位的话语[1]。需要指出的是，后现代主义者常常并不是言行一致的，某些后现代主义者制造出他们自己的宏大叙事。在后现代主义看来，最初被孔德和涂尔干设想为"社会的科学"的社会学已经死亡。后现代社会学必须关注行动、建构和选择。它必须使答案能够为人解释，为什么在当下、历史的背景下，我们会有自己的行动和思维方式，并充分认识到那些把我们跟远处的人相联系的网络。它必须让人们能为自己说话。它不去关心提供最终的答案和普遍的社会规律，而是更关注提供实用的智慧。[2]

四　方法论上的多元主义

与前面提到的反对整体化、元叙事及一元论的立场一致，后现代主义主张彻底的多元化和多视角主义。后现代主义者指出，存在着多种可供选择和互不等同的概念体系或假设体系，它们都可以有效地解释世界，并不存在权威性的客观的选择方法。对现实世界的解释不能是一元的、单向度的，坚持某种固定不变的观点和思维方式；而应该是多元性的、多维度的和多视角的，对各种可能性保持开放性[3]。由于没有一种绝对正确的视角，也没有一种绝对权威的解释，因此必须容忍多种视角、多种解释的存在。后现代主义主张从各种不同的视角出发来探索事物的性质以及事物之间的相互关系，揭示不同视角之间的差异，试图从各种视角的特殊性或与其他视角的差异当中来理解事物。不同于传统思想从一个概念的中心出发，运用固定的概念进行分析从而再现现实，后现代主义者在他们自己的分析中，特别注意避免视角的僵化。他们强调在多样性的层面上进行分析，经常有意变动概念的层面，

---

[1] 〔英〕巴特勒：《解读后现代主义》，朱刚、秦海花译，北京：外语教学与研究出版社，2010年，第206～207页。
[2] 〔美〕乔恩·威特：《社会学的邀请》，林聚任等译，北京：北京大学出版社，2008年，第160页。
[3] 参见王治河《扑朔迷离的游戏——后现代哲学思潮研究》，北京：社会科学文献出版社，1998年，第179页。

转换研究的视角，努力摆脱终极化的体系。他们毫不吝啬引进新的框架和概念，扩展分析的角度和某些细节，甚至不惜改变写作的风格[①]。后现代主义主张跨越知识领域、打破专业划分、将话语复杂化，反对错误的分界，提倡跨学科的多元视角与方法。后现代主义还拒斥效仿自然科学的因果分析方法，认为社会生活异常复杂多样，照搬自然科学方法从事社会研究不仅难以成功，还会阻碍真正有价值的探索。

后现代主义具有浓厚的相对主义色彩，倡导一种多元主义方法论。它强调任何一种视角，任何一种思维方式和研究方法都有局限性，都只是认识事物的一种途径，所得到的认识也仅仅是对事物某一方面、某一层面、某一部分、某一片段的认识，而不是一种包罗万象的绝对真理。因此没有必要，也无权压制、排斥其他的认识和解释[②]。各种不同的知识形态、生活设计、思维和行为方式都具有不可剥夺的权利，任何统一化的企图都是难以接受的。诚如美国哲学家 R. H. 麦金尼总结出的看法，现代主义和后现代主义争论的根本问题是"一与多的关系问题"。根据他的说法，"现代主义是乐观主义者，他期望找到同一性、秩序、一致性、成体系的总体性、客观真理、意义及永恒性。后现代主义者是悲观主义者，他们期望发现多样性、无序、非一致性、不完满性、多元论和变化"[③]。总之，后现代主义者倡导多样性，颂扬差异，否认人们之间在思想观念上的相同性。如果强求一致，就是压迫，就是专制，就是实行恐怖主义。并不存在唯我独尊的方法，任何方法都有局限性，知识探索必须保持方法上的开放性，遵循"怎么都行"的原则。考古学、谱系学、民族志、文本解构、话语分析、文学评论、情境考察、叙事探究等，都可以成为社会研究的重要

---

① 参见王治河《扑朔迷离的游戏——后现代哲学思潮研究》，北京：社会科学文献出版社，1998年，第196页。
② 参见王治河《扑朔迷离的游戏——后现代哲学思潮研究》，北京：社会科学文献出版社，1998年，第198页。
③ 参见王治河《扑朔迷离的游戏——后现代哲学思潮研究》，北京：社会科学文献出版社，1998年，第10页。

方法。另外,作为严格"科学方法"的替代品,亲身经历、主观判断、审美观察、移情、感悟、直觉、联想等也都可以作为社会研究的具体方法。其实,后现代主义并不一概排斥传统的方法,它反对的是固守某种单一的方法,倡导尝试各种新方法、新途径,同时又对所有方法保留批判质疑的态度。需要指出的是,某些激进的后现代主义者根本否认方法的存在,他们不喜欢也不习惯使用方法这个词。在他们看来,并不存在研究中必须严格遵守的程序规则,有的只是反规则和怀疑一切的后现代主义风格,如费耶阿本德(Paul Feyerabend,又译为法耶阿本德、法伊尔阿本德等)所号召的"反对方法",唯一的方法原理就是"怎么都行"[1]。

在某种意义上,后现代主义是超现实主义思潮忠实的继承者,它们都试图颠覆、瓦解所谓认识事物的"正常"方式[2]。后现代主义质疑社会科学中所有试图建立某个固定基础的意图,反对针对社会现象提出的一切旨在追求普适性的宏大理论。因为社会形式和实践的变迁是如此快速和不可预期,各种社会现象相互缠绕、错综复杂,使得我们对于自己的所知是非常不确定的,盲目相信和推崇某种统一的理论和普适的方法只能是自欺欺人,难以奏效。后现代主义指出,随着基要主义哲学(Fundamentalism)的终结,让哲学扮演社会批判的基本话语这一角色的观点也走进了死胡同。"现代"的概念不得不让位给"后现代"的概念,后者的批判业已摆脱了任何放之四海而皆准的理论框架。社会批判不再由哲学来定位,因此其形态和性质处于不断的变化之中;它变得更加实用,更加独特,更加注重背景和环境,也更具局部性。随着这一变化而来的是知识分子社会角色和政治作用的相应改变。[3] 后现代主义是混杂的,它的方法是综合的,而不是分析的。后现代主义即风

---

[1] 〔美〕保罗·法伊尔阿本德:《反对方法——无政府主义知识论纲要》,周昌忠译,上海:上海译文出版社,1992年,第6页。
[2] 〔英〕巴特勒:《解读后现代主义》,朱刚、秦海花译,北京:外语教学与研究出版社,2010年,第155页。
[3] 李银河主编《妇女:最漫长的革命:当代西方女权主义理论精选》,北京:生活·读书·新知三联书店,1997年,第129页。

格自由（style-free）和自由风格（free-style）。它风趣而充满怀疑，因不排斥模糊性、矛盾性、复杂性和不一致性而丰富多彩。它模仿生活，承认笨拙和粗糙这一事实，并采取一种业余爱好者的态度。由于根据时间而非形式进行结构，关心情境而非风格，它采取讽刺、幻想和怀疑的态度来运用记忆、研究、忏悔和虚构。由于其主观性和内在性，它模糊了世界与自我之间的界限。[1]

后现代主义提倡不同于以往社会研究的话语分析方法。它把所有的对象都当作文本和修辞进行分析，由此将当时依旧具有自主性的知识学科向文学的方向又推进了一步——历史不过是另一种叙事，它的范式结构只不过是一种虚构，受缚于它自己（通常无意识运用的）没有实现的神话、隐喻和陈式。话语分析的目的在于，确定事实上言说出来、继而结晶为稳定陈述模式（这些模式经过一段时间后又分崩离析）是什么。不管原始史料表面看来多么客观、多么有事实依据，最终不过是一系列相互关联、可以进行多种阐释的文本，甚至连历史的因果解释也可以归结为源自众所周知的虚构情节，因而也是对这些虚构情节的重复[2]。当然，后现代主义也并不意味着可以随心所欲，断言纪实小说、虚构小说和历史完全没区别。事实上它真正想要传达的意思是，所有的历史学家，不管他们把自己看作经验主义者、解构主义者还是后现代"新历史主义者"，都有一套理论假设来支撑他们所撰写的叙事，而我们必须非常清楚这些理论假设的存在，对其持怀疑态度和相对观点，以批判的眼光审视它们。[3] 后现代主义认识到我们需要具备一种能力，去质疑那些划分我们社会角色的界限，质疑这些界限所预设的概念框架的有效性和主导性。而后现代解构主义思想在以这种方式抵制限制性意识形态方面尤其有效。他们经常

---

[1] 〔美〕金·莱文：《后现代的转型——西方当代艺术批评》，常宁生、邢莉、李宏编译，南京：江苏教育出版社，2006年，第9页。
[2] 〔英〕巴特勒：《解读后现代主义》，朱刚、秦海花译，北京：外语教学与研究出版社，2010年，第179页。
[3] 〔英〕巴特勒：《解读后现代主义》，朱刚、秦海花译，北京：外语教学与研究出版社，2010年，第183页。

试图用越界-解构的手法，在性别、人种、性取向及种族等方面松开概念对我们思维的束缚，要求我们采用本质上属于自由主义的立场，认识差异，接受社群中的"他者"。在这样一个多元的（话语）世界里，不可能有哪一个概念框架能获得一致的认可。既然没有哪一种认识论可以占据主导地位，各种概念框架之间的竞争便成为一个政治问题，成为权力争夺的一部分。需要指出的是，后现代主义自我与处于自由人义主义思想中心的自我是两个完全不同的概念，后者被看作自主的、理性的、核心的，出于某种原因而不具备任何特定文化、种族或性别特征。后现代主义分析则摈弃了这种乐观的、普适性的康德式概念，认为自我由语言体系构建，尽管从表面来看这些语言体系明显支配的是无产阶级、女性、黑人和被殖民者，但事实上我们所有人都或多或少处在这些语言体系的控制之中[1]。

后现代思想家巴特（R. Barthes）把后现代研究路径应用于解释当代世界中极为多样的现象，从政客、摔跤运动员、电影、时尚、烹饪、广播、摄影到杂志文章，他一直是把他的讨论对象当作某种语言类型来讨论的。沿着巴特的思路，我们会发现，如果现实是一种语言/话语的问题，那么我们所经历、遭遇和了解到的任何事物都是信息化的。没有什么是透明的或清晰的，因为任何事物都是在语言中建构的，必须在语言之中才能被理解。总之，我们不是生活在这样一个世界中，我们只不过拥有关于这个世界的信息。反之，我们栖居在信息化的世界中，这就是后现代主义与对信息的思考之间的一种相关性认识[2]。巴特指出：在言语中，我们的表达只与能指链（符号的物质方面）相关，而不与所指链相关。因此，也许只有通过一系列揭示最初不可见结构的解码过程，才能将所指链发掘出来，特定的所指链包含也超越了字典所

---

[1] 〔英〕巴特勒：《解读后现代主义》，朱刚、秦海花译，北京：外语教学与研究出版社，2010年，第208页。
[2] 〔英〕弗兰克·韦伯斯特：《信息社会理论》（第三版），曹晋、梁静、李哲、曹茂译，北京：北京大学出版社，2011年，第314~315页。

提供的内涵意义①。后现代的知识概念强调意义的情境性,以及意义与形式的内在联系,并且聚集于交流的断裂以及意义的中断。这细微的差别和差异、意义的转换与不连贯成为知识中的空洞。后现代获取知识的方式无法解决转录中存在的许多技术问题和理论问题。不过,要强调语言的现实结构、意义的情境性以及转换和中断中知识的产生,就涉及要对访谈研究中常被忽略的转录阶段的敏感与聚焦②。后现代主义范式将社会研究与日常生活实践紧密结合起来,尤其关注话语实践的重要意义。某种意义上,福柯所依据的并不是一种认识论上的相对主义,而是自曼海姆以来知识社会学孜孜以求的方法,即一种以更加精细的方式去把握知识的社会生成的方法,亦是一种使我们在构建理论或实际参与任何具体社会科学劳动时,能够意识到自身所从事工作的复杂性与局限性的方法。③

大体上讲,后现代主义注重探索以下三类社会研究方式:(1)那些德里达的追随者将解构主义视为一种方法论工具,用它来探究世界的文本表征,寻找文本的内在逻辑所展现的难题、矛盾与裂缝;(2)追随福柯的谱系学学者,他们用福柯所发展出来的方法,揭示"某一实践用来将自己历史的合法化的方法以及用以提供合法化论证的话语,隐藏在表述形式底下、作为诸种实践的一部分的各种前提假设",从而将具体的实践问题化;(3)以资料为基础从事研究的后结构主义者,试图找到从事社会科学研究的新方法,他们将资料视为文本,这些文本所反映的只不过是所能讲述的许多故事之一。他们认识到,生存的生活、体验的生活、讲述的生活,三者之间是有区别的。他们相信,当他们在倾听被讲述的生活时,他们在创造生活,他们用自己的视角来加工这些

---

① 〔英〕安东尼·伍迪维斯:《社会理论中的视觉》,魏典译,北京:北京大学出版社,2009年,第116页。
② 〔丹麦〕斯丹纳·苛费尔、斯文·布林克曼:《质性研究访谈》,范丽恒译,北京:世界图书出版公司,2013年,第199~200页。
③ 〔英〕安东尼·伍迪维斯:《社会理论中的视觉》,魏典译,北京:北京大学出版社,2009年,第119页。

生活，然后写成文本，将之转化为被书写的生活[1]。

五 表述方式上的随意性

后现代主义反对程序化的研究方法，也拒斥标准化、程序化的表述方式。在后现代主义者看来，既然社会现实是建构出来的，所谓实在具有多元、不确定、模糊、复杂、偶然、断裂等特性，知识或真理不过是获得某个群体普遍认可的语言游戏，研究中充满着各种情感、价值、伦理、政治等因素，亲身经历、主观判断、审美观察、移情、感悟、直觉、联想等都是研究得以实现的重要手段，因此，展示研究发现的表述方式就不能是封闭的、僵化固定的，而应该是开放的、灵活多样的，以个性化的方式反映研究的独特性。于是，文学批评、诗歌、小说、散文、传记、自我民族志等都可以成为社会研究的表述形式。后现代主义者不断地寻找并尝试各种可以反映人类经验中不同理解、声音以及故事的差异的叙述，追求不拘一格、新颖独特的文本形式。在他们看来，"研究者不仅仅是社会科学家，还应该同时是说书人、诗人和剧作家，他们应该去尝试着进行叙说、第一人称记录、反思性审问，以及对嵌入于再现实践中的各种暴政形式的解构。"[2] 后现代主义不认为艺术或人文科学与社会科学之间存在明显的区分，很多时候后现代主义的研究报告更像是一件艺术作品。后现代主义者的再现实践不仅以大量的新形式涌现出来，而且他们还不断争取尽可能多的听众，当然，这些听众大部分可能不是学术圈内的人士。事实上，某些形式的研究甚至根本不会在学术世界中露面，因为它们的目标只是应用于即时的语境之中，服务于当地听众的消费、反思和实用目的。而那些为学术圈内的听众而产生出来的形式则将继续表现出探索、实验的特点，驱使它们的将会是与至今为止

---

[1] 〔美〕J. Amos Hatch：《如何做质的研究》，朱光明等译，北京：中国轻工业出版社，2007年，第18～19页。
[2] 〔美〕诺曼·K. 邓津、伊冯娜·S. 林肯主编《定性研究：方法论基础》（第1卷），风笑天主译，重庆：重庆大学出版社，2007年，第199页。

仍保持私密性和"非科学性"的社会世界沟通的需求①。

在后现代主义看来,与采取伪客观姿态的主流社会科学写作方式相比,那些非正统的写作风格反而更为真诚,更加可取。后现代主义者认为没有任何研究(即便是实验科学家的研究)能够真正做到与价值无关,或是完全摆脱权力关系。因此,知识分子与研究者就有责任公开自己的立场,明确指出自己的价值与身份认同,充分认识到自己的研究中所固有的政治性,不断反思自己的价值取向对研究过程及结论的深刻影响,进而通过文本将它们如实呈现给读者或听众。后现代主义坚持认为知识分子负有进入公共领域、与其他人进行争论的责任。由于要极力避免现代主义者与实证主义者的错误,后现代主义者对语言的权力效应始终非常关注,他们在反思中意识到语言会干预知识的建构,因此在著述中采取了非常复杂的文本形式。他们希望通过凸显语言在学术活动中所起的扭曲与建构作用,来防止逻各斯中心主义②。一些后现代主义者在自己的作品中揭示了话语的内在矛盾,展现了那些假设这些话语为真的行为的后果。另一些后现代主义者从事谱系学的研究,借助自己的写作揭露了权力的运作和历史中的裂痕,进而挑战了现代结构、制度与话语的基础。还有一些后现代主义者的研究报告则试图容纳多元的声音,尽可能突出被讲述的故事的具体性、地方性、情境性、局部性与短暂性③。某种意义上可以说,后现代主义的研究报告就好像是一件艺术作品,它的目的在于启发他人,提供娱乐,引起回应或挑起好奇心④。

后现代主义通过对现代理论的"再现知识观"的驳斥,彰显了话语分析的重要性。按照再现知识观,主体与一个独立的客体

---

① 参见〔美〕诺曼·K. 邓津、伊冯娜·S. 林肯主编《定性研究:方法论基础》(第1卷),风笑天主译,重庆:重庆大学出版社,2007年,第199页。
② 〔英〕菲利普·史密斯:《文化理论——导论》,张鲲译,北京:商务印书馆,2008年,第360页。
③ 〔美〕J. Amos Hatch:《如何做质的研究》,朱光明等译,北京:中国轻工业出版社,2007年,第19页。
④ 〔美〕劳伦斯·纽曼:《社会研究方法:定性和定量的取向》(第五版),郝大海译,北京:中国人民大学出版社,2007年,第114页。

世界相对立，前者可以或多或少准确地再现后者。后现代主义认为，不能用这种方式将主体与客体彼此分开。因为一种等待被解释的纯粹的、赤裸裸的"给定"是没有意义的。同样，一种等待被整合到不同范畴中的不变的"内容"也是没有意义的。知识的对象永远是已经被阐释了的，永远是业已处在一种范畴中的，而知识的主体也永远从属于他希望阐释的那个世界①。换言之，语言不可能"客观地""真实地"再现世界，它也不是被动地再现事物的工具，语言参与了世界的建构，任何一件已知事物都完全离不开语言的中介作用②。在某种意义上，知识不过是一堆语言游戏而已。在后现代主义者看来，社会与文本之间的区分，和真理与叙事之间的区分一样，都是应该被质疑的③。

后现代主义者大都强调语言的重要性，推崇话语分析。既然知识被视为文本策略与书写方式的产物，那么人们自然对知识主张借以建构的文本和表述方法产生了兴趣，进而修辞与话语都成为分析的重点对象。因此，后现代主义者热衷于探讨语言是如何参与定义、分类和控制过程的。与早期的意识形态研究不同，后现代主义的研究并不特别强调要证明某种世界观的"错误"本质。相反，这类研究的目的在于探讨话语以及话语的后果④。话语分析着重于知识和真理是如何从话语中产生的，以及话语中的权力关系及其相关运作。利奥塔指出，社会的联结之网是语言的，但不是由一根单一的线编织而成，而是由多种（或无限种）遵守不同规则的语言游戏交织而成。拉康（J. Lacan）甚至认为，"真理来自语言，而不是来自现实"，因为事实既不是真实的，也不是虚假的，而是语言上的。语言不仅仅"指向""表明"或"反映"自

---

① 王治河：《扑朔迷离的游戏——后现代哲学思潮研究》，北京：社会科学文献出版社，1998，第12页。
② 〔英〕弗兰克·韦伯斯特：《信息社会理论》（第三版），曹晋、梁静、李哲、曹茂译，北京：北京大学出版社，2011年，第313页。
③ Charles Lemert, *Postmodernism is Not What you Think*, Oxford: Blackwell, 1997, p. 101.
④ 〔英〕菲利普·史密斯：《文化理论——导论》，张鲲译，北京：商务印书馆，2008年，第360页。

身以外的某种事物,而且是它"本身的表达",很大程度上是自我指涉的。知识也不是在语言之外,在某种与历史无关的领域里找到的,而是在语言的细微差别中产生出来的。语言不是透明的,而是错综复杂的和晦涩费解的,因此只能提供通向"真理"的间接途径。此外,语言也是不稳定的,其意义具有开放性而不是封闭的,永远存在改变的可能性。由于每一种说法都充满着各式各样的含义,所以语言总是不能恰到好处,并提供了一大堆现实。后现代主义的语言观对于后现代思维方式的形成起到了非常重要的作用①。

---

① 王治河:《扑朔迷离的游戏——后现代哲学思潮研究》,北京:社会科学文献出版社,1998年,第14页。

第三章　另类独特的研究旨趣

研究旨趣与研究范式密切相关，它会影响研究者对事物及其关系的本体论预设，可能直接影响甚至决定了研究选题。选题是社会研究的首要环节，拥有良好的问题意识，也是保障研究具备创新性的关键因素之一。齐美尔的选题富有特色，问题意识敏锐独到，其非主流的选题具有很强的创新性和预见性，其选题在当时显得另类、边缘，但以后不少成为社会研究的热门议题。他的这种另类、边缘的选题倾向，受到后现代主义的青睐。

第一节　探索现代人的内心体验

一　作为现代性重要维度的内心体验

对现代性的考察是现代社会学乃至整个现代社会科学的一个核心问题。古典社会学的三大家（马克思、涂尔干、韦伯）的名气很大程度上来自他们对现代性的三个重要维度——资本主义、工业主义和理性化进行了卓有成效的研究。与三大家不同，齐美尔开启了一条从内心体验来探讨现代性的社会研究思路，即通过对现代城市生活各个片段、瞬间、细节以及现代人丰富的内心体验的考察，来描绘、揭示现代社会的特性。法国著名作家、诗人波德莱尔（C. Baudelaire）曾将现代社会刻画为"过渡的、短暂的、偶然的"[①]，而齐美尔对现代性的考察与诊断正反映了这样的

---

① 〔法〕波德莱尔：《波德莱尔美学论文选》，郭宏安译，北京：人民出版社，2008年，第439~440页。

特征。从这个意义上讲,齐美尔也许是第一位研究现代性的社会学家①。他尤其关注人们感受和体验现代社会剧变所产生的社会和历史存在的新的方式,通过考察社会现实的"偶然性碎片"来揭示现代性的特征。以内心体验的独特性、易变性、多样性,来揭示现代社会的流动性、复杂性、不确定性。齐美尔指出:"现代性的本质是心理主义,是根据我们内在生活的反应(甚至当作一个内心世界)来体验和解释世界,是固定内容在易变的心灵成分中的消解,一切实质性的东西都被心灵过滤掉,而心灵形式只不过是变动的形式而已。"② 正是因为齐美尔将现代性看作经验世界向内心世界的转化,所以他不仅去追寻现代互动形式的"纤细、无形的丝线",而且还专注于感官和情感社会理论的发展。这样,内心体验本身变成了社会研究的主题③。而这样的思路也反映了齐美尔极其关注的一个关键问题:个体在现代社会抗争的命运以及生命感觉萎缩的出路。

确实,内心体验应该成为现代性的一个重要维度,现代性应该包含与现代社会生活相应的个人的心智素质或独特体验。现代社会的变迁给人的身心带来巨大的冲击,它完全改造了日常生活的实质,影响了人们经历中最为个人化的那些方面,个人的生活方式、价值理想、自我认同、亲密关系、行动模式等都发生了重要的转变。福柯认为现代性不是历史时段,而是人的气质、品格和态度,它是"一些人所作的自愿选择,一种思考和感觉的方式,一种行动、行为的方式,它既标志着属性也表现为一种使命,当然,它也有一点像希腊人叫作气质的东西"④。在福柯眼里,现代性就是现代人主动的自我创造和发明的品格。哈贝马斯指出,现

---

① 〔英〕戴维·弗里斯比:《现代性的碎片》,卢晖临等译,北京:商务印书馆,2003年,第6页。
② 转引自〔英〕戴维·弗里斯比《现代性的碎片》,卢晖临等译,北京:商务印书馆,2003年,第51页。
③ 〔英〕戴维·弗里斯比:《现代性的碎片》,卢晖临等译,北京:商务印书馆,2003年,第360页。
④ 〔法〕米歇尔·福柯:《福柯集》,杜小真编选,上海:上海远东出版社,2003年,第534页。

代性首先是一种挑战，置身于现代社会的人们努力去发现属于自己的模式或标准。"从实证的观点看，这一时代深深地打上了个人自由的烙印，这表现在三个方面：作为科学的自由，作为自我决定的自由——任何观点如果不能被看作是他自己的话，其标准断难获得认同接受——还有作为自我实现的自由。"[1] 伯曼（M. Berman）将现代性定义为全世界的人们都共享的一种关于时间和空间、自我和他人、生活的各种可能和危险的经验，人们试图掌握现代世界并把它改造为自己的家园，这使他们同时成为现代化的主体和客体，即在改变世界的同时也改变了自身。"所谓现代性，就是发现我们自己身处一种环境之中，这种环境允许我们去历险，去获得权力、快乐和成长，去改变我们自己和世界，但与此同时它又威胁要摧毁我们拥有的一切，摧毁我们所知的一切，摧毁我们表现的一切。"[2] 所有的人都被卷入一个不断崩溃与更新、斗争与冲突、模棱两可与痛苦的巨大漩涡之中，成为现代的，就是成为这样一个世界的一部分，而这个世界用马克思和恩格斯的话来说，"一切等级和固定的东西都烟消云散了，一切神圣的东西都被亵渎了"[3]。个人的现代性的感受就产生于"焦虑和骚动，心理的眩晕和昏乱，各种经验可能性的扩展及道德界限与个人约束的破坏，自我放大和自我混乱，大街上及灵魂中的幻象等等"[4]。总之，现代人的生命感觉被彻底碎片化了。

齐美尔自己就亲身感受到大都市所带来的现代性的冲击。他的一生绝大部分时间都是在柏林这个德国的大都市度过的，见证了该城市在 19 世纪末和 20 世纪初所发生的巨变，以及给人们的生活和心理所带来的重大影响。到 1900 年，柏林已经是一个拥有

---

[1] 参见包亚明主编《现代性的地平线——哈贝马斯访谈录》，李安东、段怀清译，上海：上海人民出版社，1997 年，第 122 页。
[2] 〔美〕马歇尔·伯曼：《一切坚固的东西都烟消云散了——现代性体验》，徐大建、张辑译，北京：商务印书馆，2003 年，第 15 页。
[3] 〔德〕马克思、恩格斯：《共产党宣言》，中共中央马克思、恩格斯、列宁、斯大林著作编译局译，北京：人民出版社，1997 年，第 30～31 页。
[4] 〔美〕马歇尔·伯曼：《一切坚固的东西都烟消云散了——现代性体验》，徐大建、张辑译，北京：商务印书馆，2003 年，第 19 页。

200万人口的大都市了，而到第一次世界大战前夕，其人口数量更是惊人地膨胀到400万，这意味着在短短的50年间，该城市的人口在原来的50万基础之上翻了三番①。齐美尔认为，人类的最高任务之一是在恰当的时间用新的理念、希冀和情感需求来替换那些陈旧的事物。而"我们的时代正接近一个转折点，即那些满足过早期时代的生活的价值、心灵的利益、激励与斗争这时已经消退"②。伴随着现代社会的迅速变迁，人们的内心世界也发生了很大改变。现代大都市生活的不确定性、流动性，齐美尔是深有体会的。他的住所在那一时期就经常变换，在19世纪最后10年，他至少搬了5次家。对现实生活的真实感受，以及对现代性的强烈美学兴趣，加之超出常人的细腻与敏感，这些恐怕是促使齐美尔强调从内心体验来探讨现代性的重要因素。对他来说，现代性的社会经验，在日益扩张的都市中、在一种由成熟的货币经济造就的疏离感之中，尤其可以被强烈地体会到。他相信理解这些体验的最佳方式或途径就是深入个人内心生活中去，由此，齐美尔提出了一种分析诊断现代性的新思路。而这样一种新的思路，拓宽了人们对自己经验的理解，向人们表明了生活中存在着比人们原有的设想更多的东西，赋予了人们的日常生活一种新的广度和深度。诚如弗里斯比所言，"在表达和分析'新的'和'现代的'生活世界的体验方式方面，他比与他同时代的任何社会学家都更加切近"③。

可以说，齐美尔从内心体验来探讨现代性的主张是很有见地的，该主张不仅得到后现代主义者的青睐，一些主流社会学家也从中获得启发，试图用实证主义的方法来考察个人现代化或人格

---

① 参见〔美〕乔纳森·特纳等《社会学理论的兴起》（第五版），侯钧生等译，天津：天津人民出版社，2006年，第229页。
② 〔德〕西美尔：《时尚的哲学》，费勇、吴燕译，北京：文化艺术出版社，2001年，第150页。
③ 〔英〕戴维·弗里斯比：《现代性的碎片》，卢晖临等译，北京：商务印书馆，2003年，第52页。

现代化的问题。按照比较中肯的说法，社会现代化和个人现代化是互为因果的关系，它们之间存在着复杂的相互作用和相互影响。前者主要是指整个社会在经济、政治、社会及文化等方面的变迁，后者主要是指社会中个人在价值观念、思想形态及生活习惯等方面的变迁。而个人现代性就是个人现代化的内涵，它是指现代化社会中个人所最常具有的一套认知态度、思想观念、价值取向和行为模式①。不少学者对此进行了卓越的研究，着重从个人层次考察人们心理和行为的变迁及其特征。社会学家理斯曼（D. Riesman）在其代表作《孤独的人群》中，阐述了现代人的社会性格特征从"传统导向"转向"内在导向"以及"他人导向"的状况②。美国著名社会学家英克尔斯（A. Inkeles）和其合作者的研究也引起人们的广泛关注，他们运用精心设计的规范量表，通过大规模的问卷调查，对传统人向现代人的转变过程和影响因素进行了深入的考察和分析。他们认为个人现代性包括如下特征：（1）准备和乐于接受他未经历过的新的生活经验、新的思想观念、新的行为方式；（2）准备接受社会的改革和变化；（3）思路广阔、消息灵通，尊重并愿意考虑多方面的不同意见、看法；（4）注重现在和未来，守时惜时；（5）强烈的个人效能感，对人和社会的能力充满信心，办事讲求效率；（6）工作和生活有计划；（7）尊重知识，尽可能地获取知识；（8）可依赖性和信任感，对自己承担的责任负责；（9）重视专门技术，有愿意根据技术水平高低来领取不同报酬的心理基础；（10）乐于让自己和他的后代选择离开传统所尊敬的职业；（11）对教育的内容和传统智慧敢于挑战；（12）了解组织运作过程，关心组织政策制定；（13）对自己和社会生活及未来持乐观态度；（14）平等观念和守法意识③。晚近的社会理论家

---

① 杨国枢：《中国人的心理与行为：本土化研究》，北京：中国人民大学出版社，2004年，第365页。
② 〔美〕大卫·理斯曼：《孤独的人群》，王崑、朱虹译，南京：南京大学出版社，2002年。
③ 〔美〕英克尔斯等：《从传统人到现代人——6个发展中国家中的个人变化》，顾昕译，北京：中国人民大学出版社，1992年。

也非常注重从个体化的角度来考察现代性问题（参见埃利亚斯、吉登斯、贝克、鲍曼等的相关著述），后现代主义者更是提倡个体抵抗体制压抑、追求个性化自我的各种尝试。

二 现代大都市人的心态特征

齐美尔认为，货币经济支配下的现代城市生活，最充分地展示了现代性的特征，而典型的都市人的心态，即是现代性在个体身上的折射。在他看来，"现代生活最深层次的问题来源于个人在社会压力、传统习惯、外来文化、生活方式面前保持个人的独立和个性的要求"[1]。而大都市正形成了一种建立在货币经济基础之上的强大而复杂的社会－技术机制，为了不至于被耗尽和毁灭，个体必须做出抗争和调适。货币对现代都市人的心态产生了极大的影响，通过细致观察和深入分析，齐美尔总结出都市人心态的如下几个主要特征[2]。

1. 理智至上

造成都市人个性特点的心理基础是神经刺激的增多和精神生活的紧张。为了应付瞬息万变的都市生活，大都市的人是用脑而不是用心来做出反应。理智之所以成为现代人心理能量中最有价值的部分，是与货币经济密不可分的。货币所具有的中性的、客观的、"无个性"的本质特别有助于从人际关系中去除个人的因素、驱逐感情的作用，结果行动者只剩下一种纯粹的金钱兴趣，一切均以理智的方式、按追求货币价值最大化的原则行事，并因而常常表现出冷酷无情的特征。"在对自然过程的理解中，任何偏重情感的解释都已经销声匿迹，被一种客观理智的解释取代，与此类似的是，我们生活世界里的对象及其联系，由于它们组成了

---

[1] 〔德〕西美尔:《时尚的哲学》，费勇、吴燕译，北京：文化艺术出版社，2001年，第186页。
[2] 参见成伯清《格奥尔格·齐美尔：现代性的诊断》，杭州大学出版社，1999年，第81~90页。

日益相互交织的系列，也把情感的介入排除在外。"①

2. 计算性格

齐美尔认为，现代都市经济是一种货币经济，它具有将一切予以量化的特征，给人们的实践生活甚至理论生活带来了数字的理念。数学的思维方式成为适合于货币经济的特定理智形式。"现代人们用以对付世界，用以调整其内在的——个人的和社会的——关系的精神功能大部分可称作为算计功能。这些功能的认知理念是把世界设想成一个巨大的算术问题，把发生的事件和事物质的规定性当成一个数字系统。"② 货币经济讲求准确、精密、严格、可靠等，这自然会渗透生活的其他方面，影响人们之间的各种关系，使得现代都市人整天忙于估量、权衡、计算、讨价还价，根据数字做出决定，将定性的价值还原为定量的价值。"按照金钱对价值斤斤计较教我们学会了把价值确定和具体到最后一厘，并且在对比各种各样的生活内容时给它们强加上越来越大的精确度和明确的界限。"③ 总之，货币经济迫使都市人在生活中争分夺秒，精打细算，讲究准确，追求效率，因此，现代人的心灵变得越来越带有计算性。

3. 傲慢冷漠

对于都市来说，最独特的心理现象莫过于"腻烦态度"（blasé attitude）或厌世态度了。而货币经济就是产生这种态度的一个重要的心理根源。一般来说，获取越是以一种机械的和冷漠的方式完成，目标就越是乏味和无趣。由于货币是不带任何色彩的中立之物，因此，凡是货币沾染过的任何事物，都是一样的沉闷和阴郁，不值得为之激动。在货币交换大行其道的都市，一切都可以成为买卖的对象，没有什么是神圣的、崇高的，这就不可避免地

---

① 〔德〕西美尔:《货币哲学》，陈戎女等译，北京：华夏出版社，2002年，第347页。
② 〔德〕西美尔:《货币哲学》，陈戎女等译，北京：华夏出版社，2002年，第358页。
③ 〔德〕西美尔:《货币哲学》，陈戎女等译，北京：华夏出版社，2002年，第359页。

诱发了玩世不恭、傲慢冷漠的态度。这种态度原本是个体适应都市生活强烈刺激的防卫手段,但如此也就不能不以贬低整个客观世界乃至个人人格为代价。事实上,现代人在金钱的驱使下一方面投入残酷激烈的市场竞争,另一方面又无休无止地追求物质享受和感官刺激,其结果是穷于应付、筋疲力尽,腻烦之感油然而生,厌世之念挥之不去,并对一切都提不起精神,从而在外表上流露出傲慢冷漠的神情。另外,货币经济使得生产者和消费者之间隔着许多中间环节,彼此看不到对方,主体与其产品日益疏远,而人们之间的直接互动也被限制在非常狭窄、特定的方面,主体性遭到很大破坏,到处充斥着冷漠的矜持和匿名的客观性。与此相对应,现代都市人的感情生活也趋于波澜不惊、平淡无奇。

4. 矜持保留

都市生活作为由货币经济导致的社会关系客观化的一种极端形式,要求个体与其社会环境保持某种距离,要求人与人之间树立一道内在的屏障。害怕深入接触(患上所谓"畏触病"),保持一定距离,漠然地处置一切,渗透都市生活的每一个细节,甚至影响到人的感受方式。"现代都市文化的商业、职业和社会互动迫使我们跟大量的人有身体上的接触,如果这种社会互动特征的客观化不与一种内心的设防和矜持相伴随的话,神经敏感而紧张的现代人就会全然堕入绝望之中。种种关系的金钱性——要么公开地,要么以上千种形式隐蔽起来地——在人与人之间塞入了一种无形的、发挥作用的距离,它对我们文化生活中过分的拥堵挤迫和摩擦是一种内在的保护与协调。"① 换言之,由于生活在大都市不得不跟大量的人(其中许多是陌生人)打交道,如果每次接触都做出热诚的内在反应,心理是吃不消的,因此个体必须有所保留。另外,都市生活中人与人的关系主要是建立在金钱基础上的利益关系,社会互动多为萍水相逢的接触,个体自然会有所防范,不会轻信他人。总之,虽然大都市表现为人口的高度集中,人们

---

① 〔德〕西美尔:《货币哲学》,陈戎女等译,北京:华夏出版社,2002年,第388页。

的身体距离很近,但人们的心理距离却很远,鲜少拥有志趣相同、情投意合的知心朋友,大家相互都成了不知根底、难以信赖的"陌生人",从来没有人像现代都市人那样感到孤独和迷茫。

5. 自我表现

随着货币经济的兴盛和现代都市的扩展,任何个体都无法控制整个局面,但作为这种兴盛和扩展的逻辑与历史的补充,个体获得了更大的自由,人们可以追求独特性和不可比性,并将其表现在一种生活方式之中。现代性摧毁了传统社会的单一性,"它一方面使个性得以自立生存,并给予其无可比拟的肉体与精神的活动自由。另一方面,它又赋予生活的实际内容至高无上的客观性"①。换言之,现代性很大程度上促使主观与客观都互相独立于对方,以使它们都可以纯粹而完全地进行自我发展。追求自我实现或自我满足是现代人的理想,也是现代文化的主导原则②。与传统人相比,现代人更希望展示和证明不同于他人的独特的价值,追逐时尚就是一个极好的例子:通过赶时髦,区别于一般的大众,显示一定的优越性并获得某种满足感,而大众都开始模仿时,就需要创造新的时尚。当然,时尚也是货币经济下商业运作的产物,通过引导人们追求所谓的特殊的同一性,争取贴上各种诱惑人的标签,不断地刺激人们的消费欲望,使之成为消费社会自鸣得意的奴隶。显然,大都市的生活状况和专业化的分工,为个体之间的分化提供了结构性要求和条件。而都市人普遍缺乏内在的安全感和确定感,所以需要通过不停地追逐新的感官刺激和外部活动来达到暂时的满足。时尚的风行和潮流的日益短命化,最能体现都市人的性格。然而,不断地在表现自我的方式上推陈出新的结果,却可能使人们迷失自我,不再拥有内在的自由,找不到真正的归宿。人们感到缺乏最终的目标,缺乏一种应该支配整个生活的理想。这便是现代都市人面临的最根本的难题。

---

① 〔德〕西美尔:《时尚的哲学》,费勇、吴燕译,北京:文化艺术出版社,2001年,第94页。
② 〔美〕丹尼尔·贝尔:《资本主义文化矛盾》,赵一凡、蒲隆、任晓晋译,北京:生活·读书·新知三联书店,1989年,第42页。

齐美尔对大都市人心态的探讨与总结相当深刻与准确,具有很大的启发性。其中,对"本体性"厌烦的描述与分析,揭露了现代人难以摆脱的严重困境,以及"本体性安全"缺失的深层次危机。① 对理智至上与计算性格及其社会弊端的强调,无疑对韦伯的现代社会趋于理性化的主张有积极影响。齐美尔对都市人心态特征的总结对美国芝加哥学派城市社会学的探讨也有非常明显的启发与促进作用。在 1903 年发表的名篇《大都市与精神生活》中,齐美尔指出:

> 在某些方面,如教养、关心体贴人和献身精神,人的文明与过去相比反而有所倒退。这种差异的主要原因是分工的越来越细。因为分工越来越细,对人的工作要求也越来越单一化。这种情况发展到极点时,往往就使作为整体的人的个性丧失殆尽,至少也是越来越无法跟客观文明的蓬勃发展相媲美。人被贬低到微不足道的地步,在庞大的雇佣和权力组织面前成了一粒小小的灰尘。这或许并不像在实际上由实际所产生的令人捉摸不透的共同感觉那样有意识,雇佣和权力组织是逐渐地使人失去一切进步、智慧和价值的,并将这一切从主观生活形式转变为一种纯粹的客观生活方式②。

从引文中可以看出,齐美尔对现代人受到权力机构贬抑的描述,与韦伯的科层制的"铁笼"的比喻非常相似,而到了哈贝马斯那里,则被称作系统对生活世界的殖民化,即原本属于私人领域和公共空间的非市场和非商品化的活动,被金钱(市场机制)和权力(科层制)侵蚀了。齐美尔认为,专注于实现目标的手段而不是目标本身乃是现代社会的通病,很大程度上这是货币经济的产物,因为货币自身就是手段变为目的的最极端的例子,"从来

---

① 王小章:《厌烦与现代人的自我实践》,《河北学刊》2019 年第 1 期;〔英〕安东尼·吉登斯:《现代性的后果》,田禾译,南京:译林出版社,2000 年。
② 〔德〕G. 齐美尔《桥与门——齐美尔随笔集》,涯鸿、宇声等译,上海:上海三联书店,1991 年,第 276 页。

还没有一个这样的东西能够像货币一样如此畅通无阻地、毫无保留地发展成为一种绝对的心理性价值,一种控制我们实践意识、牵动我们全部注意力的终极目的"[1]。随着货币可以支配对象的范围不断增加,货币自身的力量也越来越强大,于是货币体现出了两重性:其一是作为绝对的手段;其二对大多数人来说,货币因此在心理上成为一种绝对的目的。简言之,货币被提升成一种具有绝对目的的心理意义的绝对手段。由于相信有钱就有一切,货币成为人们最大限度追求的对象和生活的终极目标,成为现代社会的宗教。因此,现代都市人大都具有工具理性的人格。

鲍曼评论道,"齐美尔比我们早半个世纪,做了我们今天才做的事:他把不同生活形式之间的交流和理解的神秘性,置于自己研究的中心,置于他对社会性的重建的中心"[2]。需要强调的是,齐美尔像所有经典社会理论家一样,非常关心传统社会向现代社会转变所带来的后果,注重现代性的问题。然而,齐美尔的研究视角却与其他理论家有所不同,他特别关注生活于现代社会中人们的内心世界的变化过程。这也体现出他的文化社会学的旨趣,因为他将文化理解成"一种对灵魂的改进"[3],坚信"文化首先意味着通过对世界上的事物的培养达到对个人的培养"[4]。因此,可以说,齐美尔的现代性研究始终聚焦于资本主义的文化上,竭力探讨现代生活状况对个体人格的完善有何影响,关注个体在现代社会中的命运。事实上,这代表了一种研究范式的转移,即由政治经济学的观点,转换为文化社会学的视角。刘小枫认为,齐美尔的思想与马克思和韦伯的思想构成现代资本主义社会－文化理

---

[1] 〔德〕西美尔:《货币哲学》,陈戎女等译,北京:华夏出版社,2002年,第161页。
[2] 〔英〕齐格蒙特·鲍曼:《现代性与矛盾性》,邵迎生译,北京:商务印书馆,2003年,286页。
[3] 〔德〕西美尔:《时尚的哲学》,费勇、吴燕译,北京:文化艺术出版社,2001年,第171页。
[4] 〔德〕西美尔:《时尚的哲学》,费勇、吴燕译,北京:文化艺术出版社,2001年,第173页。

论的三足鼎立①。

三 现代社会的文化危机

齐美尔还特别关注现代社会的文化危机，它与货币经济的盛行及消费主义的泛滥紧密相关。齐美尔将文化划分为客观文化和主观文化两大类，它们之间的关系决定了一个社会共同体的整体社会生活风格。客观文化也称客体文化，指人类在历史进程中创造出的各种文化因素，如宗教、哲学、组织、团体等；主观文化又称主体文化或"个体文化"，指人们生产、吸收和控制各种外在文化因素的能力与倾向，是已经内化了的各种文化因素在行为者中的综合体现。根据齐美尔的观点，两种文化不可等量齐观，主观文化应该是最高目标，它是"衡量灵魂生活过程参与各种财富和完善程度的尺度"②；客观文化的意义就在于为个体所内化，其价值就在于促进人类的自我完善。在理想情境中，主观文化影响塑造着客观文化，同时也接受客观文化一定的约束，此时客观文化和主观文化相辅相成，两者达到和谐统一。"只有通过客观文化财富的足有成效的内在同化，使人的主观素质达到和谐的完善才是文化的顶峰。"③ 然而，在现代社会的条件下，客观文化和主观文化之间的理想关系难以实现。④

> 希腊人对哲学、科学、战略决策及生活享受领域所作的贡献，风格相当一致，结构非常简单，使每个受过教育的人或多或少能够掌握。他可直接将大量客观文化应用于自己的主观文化建设，使主客观文化同时得以和谐发展，但因现代

---

① 参见〔德〕西美尔《现代人与宗教》（第二版），曹卫东译，北京：中国人民大学出版社，2003年，刘小枫的编者导言，第4页。
② 〔德〕G. 齐美尔：《桥与门——齐美尔随笔集》，涯鸿、宇声等译，上海：上海三联书店，1991年，第93页。
③ 〔德〕G. 齐美尔：《桥与门——齐美尔随笔集》，涯鸿、宇声等译，上海：上海三联书店，1991年，第97页。
④ 〔德〕西美尔：《货币哲学》，陈戎女等译，北京：华夏出版社，2002年，第263～264页。

的主客观文化之间相互独立化，这种和谐已经破碎。久而久之，个人生活结局与现代生活本身已不相关，个人的能力和思维在我们日趋繁荣的文化面前甘拜下风①。

在现代社会中，随着货币经济逐渐占据统治地位，客观文化越来越朝着自主的方向发展，变为一个自成体系的王国。它具有自身的内在逻辑，沿着专门分工的标准不断繁衍下去；而且，它还具有极强的累积能力，在数量上的增长永无止境。社会越是向前发展，这种累积过程就越是迅速。但是，主观文化却不能以同样的速度和规模发展，无法吸收和"消费"巨量的客观文化的产品。因为单一个体的接受能力总是有限的，这不仅指个体生命的时间和精力是有限的，还指个体对客观文化一定是有所取舍、有所选择的。齐美尔认为，现代人真正缺乏文化的原因在于，客观文化内容在明确性与明智性方面跟主观文化极不相称，主观文化对客观文化感到陌生，感到勉强，对它的进步速度感到无能为力②。在他看来，现代文化问题的根源就在于主观文化与客观文化之间的鸿沟越来越大："近百年来，在生产设备和生产技术服务方面、在各种知识和艺术方面、在不断改善的生活方式和生活情趣方面，社会分工日趋繁多复杂。作为个性开化原材料的个人能力很难适应这一发展速度，已远远地落在后面。面临着日新月异的发展，宛如一种不可阻挡的、对我们每人都一样的命运袭来，我们已经不能将这所有一切吸收到我们的存在中来。"③ 主观文化和客观文化极不平衡的发展的后果，造成个体生活的很大困惑："他被文化的洪流冲击得晕头转向，既无法吸收同化，又不能简单拒绝，因为它们从根本上说，全都存在于他所属的文化领域之

---

① 〔德〕G. 齐美尔：《桥与门——齐美尔随笔集》，涯鸿、宇声等译，上海：上海三联书店，1991年，第96页。
② 〔德〕G. 齐美尔：《桥与门——齐美尔随笔集》，涯鸿、宇声等译，上海：上海三联书店，1991年，第96页。
③ 〔德〕G. 齐美尔：《桥与门——齐美尔随笔集》，涯鸿、宇声等译，上海：上海三联书店，1991年，第95页。

内。"① 面对客观文化的霸权，现代人的选择能力变得麻木，他不断地从客观文化中接收到的刺激，让他产生无能感和无助感，无法让他将它们用于自身人格的培养。因此，现代人不是变为优雅的有教养的绅士，而是变成丧失能力、遭到异化的怪物。总之，文化产品如同经济产品一样，越来越陷入悖论之中，尽管它们是由个体且为个体所创造的，但它们却根据自己内在的逻辑而发展，远离它们的起源和目的②。齐美尔将这种状况称为文化危机或文化悲剧，它主要体现在以下几个方面：

> 手段被当成终极目标，把内在与外在生活的理性秩序搅成一团乱麻；客观的文化发展到一定程度，其发展速度之快，已经把独立赋予对象物以重要性的主观文化远远抛在了后面；文化的不同分支各自为政，互不理睬；作为整体的文化实际上已经难逃巴比伦的厄运，因为其最深刻的价值正存在于各部分的集合之中，而这种价值现在似乎岌岌可危：所有这些都是文化演进不可或缺的悖论。它逻辑上的最终后果将会是文化一直持续发展到灭亡的地步，除非它们反复受到文化正面力量的反抗，或者发生社会动荡来暂时挽救逐渐走向解体的文化生活③。

在齐美尔看来，文化危机是普遍存在的，只不过在现代社会中问题更为严重而已，不管人们是否意识到，这是每一个灵魂的危机④。因为，富有创造性的生命总是不断地生产出一些与自己相对抗甚至会摧毁自己的形式，而没有这些相对独立的形式，生命

---

① 〔德〕西美尔：《时尚的哲学》，费勇、吴燕译，北京：文化艺术出版社，2001年，第172~173页。
② 〔德〕西美尔：《货币哲学》，陈戎女等译，北京：华夏出版社，2002年，第268~269页。
③ 〔德〕西美尔：《时尚的哲学》，费勇、吴燕译，北京：文化艺术出版社，2001年，第183~184页。
④ 〔德〕西美尔：《时尚的哲学》，费勇、吴燕译，北京：文化艺术出版社，2001年，第185页。

又无法表达自身。所以这是一个难以摆脱的悖论，是文化危机无法根除的深层原因[1]。齐美尔进而认为，马克思指出的资本主义社会的异化问题，不过是更为普遍的文化危机的一个特例而已。可以说，对现代生活以及这种生活引发的后果所具有的内在意义的探究，对文化机体的灵魂的探究，必须寻求解答像大都市这样的结构形式在生活的个人性因素与超个人性因素之间所建立起来的平衡问题，而这样的探究必须回答在适应外部压力的过程中个体如何调节自身的重要问题。[2]

第二节　研究日常生活的琐碎现象

一　五花八门的另类选题

在社会研究的选题上，齐美尔非常有特色的地方就是有意拒绝"宏大叙事"或"元叙述"，致力于类似后现代主义理论家利奥塔所倡导的"局部叙事"或"微观叙述"。齐美尔无意追求庞大、完整、高度形式化的理论体系，也不太关注宏观、重大的系统问题，而是醉心探索主流社会学不屑一顾的琐碎的、边缘的小问题[3]。齐美尔的社会研究不是整体上的社会分析和系统的历史分析，不属于那种对社会系统所做的结构性或制度性的探究。他并不从社会整体、社会制度、宏观结构等入手开展研究，而是将社会现实所呈现的众多"偶然性碎片"作为研究的起点。在研究对象的选择上，他舍弃宏观的组织和系统，如国家、教会、社区，等等，而着眼于看似微不足道的关系形式和互动类型，以及与现代城市日常生活密切相关的其他零散现象。其所涉及的议题之宽

---

[1] 〔德〕西美尔：《时尚的哲学》，费勇、吴燕译，北京：文化艺术出版社，2001年，第175页。
[2] 〔德〕西美尔：《时尚的哲学》，费勇、吴燕译，北京：文化艺术出版社，2001年，第186页。
[3] 显然，这与旨在提出"终结所有理论的理论"的现代社会理论大家帕森斯大异其趣。后者在其系统总结古典社会学大家的代表作《社会行动的结构》一书中，未将齐美尔列入重点人物进行讨论是可以理解的。

广和庞杂，在现代社会学家中恐无人能及。如对门与桥、眼与耳、面孔、椅子、把手、食品、气味、时尚、风格、景观、服饰、香水、聘礼、罚金、贿赂、卖淫、调情、羞耻、感谢、秘密、冒险等进行的社会分析，非常细腻和犀利，体现出丰富的社会学的想象力，但这些都是一般社会学家不太关注的"琐事"，难登大雅之堂，基本不入主流社会学家的法眼。然而，在齐美尔看来，正是这些日常生活中的"琐事"，充分展示了社会互动无所不在的特征，同时折射出社会整体的性质，反映了现代性的风貌，能为社会现实的根本方面提供有价值的解答。在其代表作《货币哲学》一书中，齐美尔非常明确地指出："本书考察的整体并不在于对一种个别的知识内容的主张及其逐渐累积的证据，而在于寻求那种可说明的可能性，即从生活的任何细节之中寻求生活意义的整体的可能性。"① 齐美尔深信，"生活的细节、表象，是有可能与它的最深奥、最本质的运动联系起来的"②。他认为社会生活的每一个碎片、每一个快照，都包含着昭示整个世界的总体意义的可能性。在本体论意义上，这些不同的碎片具有某种等价性，不存在可以让研究者按重要程度排列的碎片等级，每个碎片都有可能揭示社会整体的意义。在《货币哲学》中，齐美尔分析了许多琐碎的、与货币相关联的社会精神和文化现象，诸如贪财、吝啬、奢侈、贿赂、罚金、嫁妆、卖淫等，以及现代都市生活的独特风格和都市人的种种心态。因为他相信，生活的任何细节之中均存在寻求全部生活意义的可能性，并试图从生命的个别现象中挖掘其整体意义。

齐美尔社会研究的一大特色和惯常做法是，从分析社会生活中某些看似最琐碎的具体现象的意义入手，通过这种分析及形而上的思考，实现自己更为一般性的目标。著名思想家本雅明非常认同齐美尔注重微小细节的取向，其指出："真理—内容只有沉浸

---

① 〔德〕西美尔：《货币哲学》，陈戎女等译，北京：华夏出版社，2002年，前言第3页。
② 参见〔英〕戴维·弗里斯比《现代性的碎片》，卢晖临等译，北京：商务印书馆，2003年，第65页。

于题材的最微小细节之中才能掌握。"① 美国早期著名社会学家库利（C. Cooley）也持有类似的观点，他断言："所有过程，所有值得注意的变化都起源于微不足道的小事，因此，在那些不起眼的和萌芽状态的部分中我们经常可以找到将会决定未来的发展趋势。"② 齐美尔对日常生活中琐碎细物的关注，达到某种痴迷的程度。日常生活中任何不足挂齿的事物或现象，都可能成为他进行社会学分析和形而上学思考的对象。历史学家弗里德里希·马奈克讲述了一则关于齐美尔的轶事。那是1914年，马奈克在和齐美尔会面时，友好地劝齐美尔坐下，但齐美尔却站在那里，即兴演讲了一通"椅子的哲学"和"劝人坐下的哲学"，让那位历史学家目瞪口呆③。确实，齐美尔对社会生活中五花八门的"偶然性碎片"所做的精彩分析，常常让人叹为观止，拍案叫绝。

二 偶然性碎片的社会学基础

在齐美尔看来，社会研究不能仅仅着眼于那些宏观的、大型的、超越个人的组织与结构，社会的真实生活不是或至少不全是由它们构成的，社会真实生活的基础是人们之间大量的、琐碎的、无处不在的、时刻发生的各种互动，"没有无数的各自的规模较小的总合从中起作用，社会的经验生活就会支离破碎，互不联系"④。因此，只从宏观上考察社会系统的运行或社会子系统之间的关系，可能过于粗略和简化，恐怕不能切实把握社会生活的真谛。这就像显微镜发明之前，生物学的研究被限定在体积较大、边界比较清晰的一些器官上面，如心、肺、胃、大脑等，因而科学家对生命过程的了解也是初步的、粗糙的。而有了显微镜之后，科学家

---

① 〔德〕瓦尔特·本雅明：《德国悲剧的起源》，陈永国译，北京：文化艺术出版社，2001年，第3页。
② 〔美〕查尔斯·霍顿·库利：《社会过程》，洪小良等译，北京：华夏出版社，2000年，第320页。
③ 参见〔日〕北川东子《齐美尔：生存形式》，赵玉婷译，石家庄：河北教育出版社，2002年，第142页。
④ 〔德〕G. 齐美尔：《桥与门——齐美尔随笔集》，涯鸿、宇声等译，上海：上海三联书店，1991年，第240页。

可以观测生命过程最细微的部分——细胞之间的相互联系与相互作用。正是这些无数的、肉眼看不见的细胞间的相互作用，构成了生物有机体可见的器官及其运作，并决定了生命的进程。齐美尔认为，社会研究应该借鉴现代生物学的研究成果及研究思路，也需注重考察社会生活的细节。社会中人与人之间的互动，相当于生物体中的细胞活动，他们构成了社会生活的基础。

就我们的经验来看，社会的真实生活肯定不是由那些组成社会科学领域传统内容的客观结构构建起来的。它会分裂成一系列各异的系统，这就好比一个人体内只有形状各异，能被迅速辨认出来的器官，却没有那些只有通过显微镜才能观察得到的细致繁复的细胞活动[1]。

社会并不仅仅是由一些大的单位，如群体、组织、社区等结合而成的。事实上，社会群体也不过是人们持续地、深入地相互作用的结果。这些稳定的社会交往与互动构建了社会的基本秩序，形成了一定社会结构，但它们并不是社会生活的全部。社会生活中还存在大量临时性的互动和短暂的关系，如向陌生人问路，从超市售货员那里购买物品等。一般来说，那些偶然碰在一起、暂时发生联系的人群，例如在书店买书、商场购物的顾客，同乘一架飞机、一辆公共汽车的乘客，因交通事故而围观的人群，等等，由于这些群体中的人们相互间不存在持久的交往，因而并不构成严格意义的社会群体，他们只是简单的人群聚合体（social aggregate）。但这些临时性的群体也是人们社会生活不可或缺的一部分。另外，考察社会也不能只关注那些大的社会单位之间的联系与互动，而完全忽略小群体内部人们之间的日常互动。如给朋友写信，看望病人，参加婚礼，出席晚宴，家庭成员之间的交谈，邻里之间的争吵等，所有这些都是社会生活非常重要的一部分，也正是

---

[1] 〔德〕西美尔：《时尚的哲学》，费勇、吴燕译，北京：文化艺术出版社，2001年，第2页。

通过这些点点滴滴的社会互动,才将所有的社会成员联系起来[1]。

齐美尔指出,考察社会的面貌不能只是看到宏大的方面,而忽略了众多微小的方面;不能只关注影响社会发展的个别重要因素(事实上,是不是重要因素只有成为历史以后才会变得比较清楚),而无视大量的次要因素。换言之,探讨一个社会的主流文化固然重要,但研究社会的亚文化和反文化也很有意义。

> 这或许是一个只看到时代大趋势和主要与有效运动的未来历史学家眼中的景象。对于现仍身处其中的我们来说,仍注意到形形色色的逆流和支流和一些昙花一现的现象。它们具有与我们时代的主流迥然不同的性质。但对当代的观察家而言,它们是我们时代的重要标志,它们向我们显示了我们的时代并非像未来做综合性观察时所看到的那样呈现出单一的形态[2]。

不难发现,齐美尔的社会研究旨趣与新史学中的社会史学派比较接近。在他看来,社会中存在着占主导地位的大传统和处于次要地位的各色小传统,它们共同构成了丰富多彩的整个社会。因此,探究五花八门的小传统也是非常有价值的。例如,齐美尔自己就对现代社会中的招魂术做了比较深入的考察[3]。

齐美尔在研究各式各样的琐碎现象时,绝不是孤立地考察它们,而是把它们放到一定的社会背景中,探讨它们与其他现象之间的关系,尤其关注它们与人的存在,与人的最日常的存在有何联系。这充分反映了他的社会学的眼光,也在一定程度上体现了他的人文主义的关怀,以及他对日常生活的看重。他相信社会生

---

[1] 著名的六度分割理论(或小世界理论)指出,要在世界上任意两个陌生人之间建立联系,只需通过六个相识的人就可以实现。
[2] 〔德〕西美尔:《时尚的哲学》,费勇、吴燕译,北京:文化艺术出版社,2001年,第143页。
[3] 参见〔德〕西美尔《时尚的哲学》,费勇、吴燕译,北京:文化艺术出版社,2001年,第143~151页。

活的终极意义就体现在日常生活的实践当中，并明确表示："从存在的表面的任何一点——即使只是紧紧黏附在表层的那一点——人们都可以投下探针直到心灵深处，结果，生活中一切最平庸的外表，最后都与涉及到生活意义和生活方式的终极决定关联起来。"① 他希望"将生活的细节、表面事物同它最深层的、最本质的运动衔接在一起"，并且按照生活的总体意义把对它们的意义阐释建立在一定的理论基础之上②。

在齐美尔那里，探索社会整体的意义，只是社会研究形而上的目标，但研究的出发点却不是社会整体，而是看似碎片化的部分。事实上，齐美尔对提出社会整体的宏大理论并不感兴趣，他更感兴趣的是部分对于整体的意义以及部分相对于整体的独特价值。这和齐美尔对社会的总体看法或他的社会观是一致的。他认为社会就是由各种各样的社会因素相互联系、相互作用的产物，离开了这些丰富多彩的具体因素，社会也就不存在了。因此，注重从具体的现象与细节入手，应该是社会研究的出发点与关键之处。而且，强调研究社会生活的偶然性碎片，也是因为现代人本身就是碎片化的，"我们大家都是一些残缺碎块，不仅是一般人的残缺碎块，而且也是我们自己的残缺碎块"③。在现代社会中，在成熟的货币经济的笼罩下，社会生活变得不确定了，过渡、流动、偶然成为社会最基本的特征，个人被精细的分工体系和诱人的消费浪潮肢解撕裂，个人生活变得支离破碎，七零八落，生命感觉也已经碎片化了。齐美尔认为，现代生活的碎片化与货币可以划分为很小的单位密切相关：人们兜里揣着小面值的零钱，可以随时购买一时兴起想买的各式各样的小物件。换言之，货币单位的最小化助长了外部事物的琐碎风格，同时还促进了人们用来布置

---

① 转引自〔英〕戴维·弗里斯比《现代性的碎片》，卢晖临等译，北京：商务印书馆，2003 年，第 77 页。
② 〔德〕西美尔：《货币哲学》，陈戎女等译，北京：华夏出版社，2002 年，第 4 页。
③ 〔德〕盖奥尔格·齐美尔：《社会学——关于社会化形式的研究》，林荣远译，北京：华夏出版社，2002 年，第 22 页。

生活的日益增长的平凡性[①]。

三 两个边缘性选题的实例

齐美尔对情感社会学的探讨具有一定的开拓性。主流社会学一般将情感驱逐出自己的研究领域,主要基于两点考虑:一是人们普遍认为,在实际行动选择上理智比情感更重要;二是情感问题太复杂、太不确定,难以把握。例如,韦伯在他的行动理论中,将社会行动划分为四种基本类型:目的理性行动、价值理性行动、情感行动、传统行动。但他在实际研究中,极少涉及上述第三种行动类型。而齐美尔则认为,情感问题是现代社会日常生活中非常普遍而又极其重要的问题,社会学不应该回避对它的研究。在他看来,尽管随着货币经济的统治地位的确立,社会生活理性化程度不断增加,都市人在互动中努力驱逐情感因素,情感领域趋于衰落或弱化。但历史和社会现象是不可能被彻底理性化的,人的情感需求及表达也不可能被完全清除和长期压制,事实上,过分的理性化倾向已经导致了现代社会出现大量的精神疾患和情感困扰,各种孤独感、空虚感、异化感、厌世感、恐惧感、抑郁感、沮丧感、疏离感等挥之不去。情感属于人的天性,是人类获取生存意义的源泉,若片面强调理智,必然会导致生命的扭曲、意义的失落[②]。齐美尔主张社会学应该重点研究人们在互动中的情感表现。根据格尔哈茨(J. Gerhards)的总结,齐美尔实际上将情感分为两类:一是初级情感,属于内容范畴,也是互动的原因,如爱情、信任、愤怒等;二是次级情感,即先前互动的产物或心理效应,这是一种社会情感,如对某个政党的忠诚等[③]。齐美尔指出,

---

[①] 〔德〕西美尔:《时尚的哲学》,费勇、吴燕译,北京:文化艺术出版社,2001年,第107页。
[②] 成伯清:《格奥尔格·齐美尔:现代性的诊断》,杭州:杭州大学出版社,1999年,第151页。
[③] David Frisby (ed.), *Georg Simmel: Critical Assessment*, Vol. III, London: Routledge, 1994, pp. 113 - 130.

与理智相比,情感具有如下一些特性:①指向特定的对象,即总是针对特定的人或物;②关涉对象的总体性,即会产生泛化与光环效应,爱屋及乌;③拥有强烈的主观性,即针对不同的对象表现不一、程度不同;④依赖具体的空间,即对空间位置的依赖较大,距离不同亲近程度不同;⑤发生上的优先性,即起源更早、更加基本。关于现代性对情感的影响,齐美尔做了相当深入的探究。他还对感激、羞耻、嫉妒等多种次级情感也做了仔细的分析,并提出了许多富有启发的洞见。[1] 总之,齐美尔的情感社会学研究弥补了主流社会学的不足,开阔了社会研究的视野,为以后情感社会学的发展奠定了坚实的基础。当代社会学家对情感社会学重新发生兴趣,特纳、斯戴兹的《情感社会学》[2]、柯林斯的《互动仪式链》[3] 等都对情感问题进行了比较深入的探讨,张扬非理性的后现代主义者更是格外关注情感议题。

齐美尔对妇女问题的探讨也具有一定的开拓性,他或许是古典社会学家中最为敏感锐利的性别论者,坚定不移地致力于探索男女灵魂的差异和魅力。主流社会学不太关心性别问题,男性就是世界的主人,能够代表整个人类的情况。齐美尔非常有洞察力地指出妇女问题是重要的社会问题,而开发独特的女性文化、挖掘妇女丰富的潜力,是一项极其重要的社会工作。现代社会及文化的发展与男性的支配地位密切相关,性别不平等是一个突出的社会问题。但解决之道并不意味着要驱使女性向男性靠拢,进而消除一切男女差异,关键应该是尊重与挖掘女性的特性及创造潜能,发展能凸显女性长处的女性文化。"性别之间的机体差异——包括精神方面也包括身体方面,必须作为任何旨在发展妇女的运动方案的不变基础。抛开男性与女性灵魂的深刻种属差异不谈,

---

[1] T. J. Scheff, *Emotions, the Social Bond, and Human Reality*, Cambridge: Cambridge University Press, 1997.

[2] 〔美〕乔纳森·特纳、简·斯戴兹:《情感社会学》,孙俊才、文军译,上海:上海人民出版社,2007年。

[3] 〔美〕兰德尔·柯林斯:《互动仪式链》,林聚任、王鹏、宋丽君译,北京:商务印书馆,2009年。

就等于剥夺生命最精妙、最强烈的魅力。"① 齐美尔认为，在文化上女性有许多优越于男性的地方。他敏锐地发现不同阶层妇女面临的问题是不一样的，甚至是相反的："当今的工业生产模式，一方面把无产阶级妇女从家务活动中强行撕裂出来，而另一方面把局限于该领域中的中产阶级妇女的活动范围变得贫瘠一片。"② 即是说，独立的经济活动对于一类妇女来说是迫不得已的、应该诅咒的，但对于另一类妇女来说则是值得向往的、需要追求的。后来的女性主义者所做的研究进一步证实了齐美尔的判断。弗里丹（B. Friedan）所揭示的中产阶级家庭中妇女的"无名的烦恼"也印证了齐美尔的观点。③

总之，在齐美尔看来，社会理论家需要处理的独特问题，就是寻找并捕获现代社会那些转瞬即逝的过渡之物或偶然性碎片。他的社会研究突出了遭冷落的情感、体验的维度，而不是受欢迎的结构、系统的面向。齐美尔不仅是分析短促、偶然、邂逅的社会学行家里手，还是情感和亲密互动社会学发展的关键人物。另外，他对性别问题及女性文化、社会空间、美学社会学的持续关注也是其他古典社会理论大家所不及的。事实上，齐美尔致力于对生命、性欲、身体、死亡等非主流主题的探讨，正符合后现代主义重要代表人物福柯的旨趣；而齐美尔对神秘主义的执着（尤其是晚年），与另一位后现代主义主要代表布希亚也非常类似。

从社会生活的细节探寻社会整体的性质与意义，具有很强的方法论的启发价值。它促使社会研究出现了一个重要转向，鼓励了社会学家注重对日常生活实践进行深入研究，进而推动了微观社会学的蓬勃发展。社会学中的符号互动论、现象学社会学、常人方法学等，都重视日常生活的现实，关注看似平凡、不起眼的

---

① 〔德〕格奥尔格·西美尔：《宗教社会学》，曹卫东译，上海：上海人民出版社，2003年，第214页。
② 〔德〕西美尔：《时尚的哲学》，费勇、吴燕译，北京：文化艺术出版社，2001年，第125页。
③ 参见〔美〕贝蒂·弗里丹《女性的奥秘》，程锡麟、朱徽、王晓路译，广州：广东经济出版社，2005年。

琐碎现象。这些流派的学者将社会学的研究及理论建立在人们的日常生活实践基础之上，他们共同关注的都是生动形象的、有血有肉的人的行动及互动，而不是抽象的社会系统之间的关系及其作用。摆脱宏大理论和抽象经验主义的窠臼，正是具有很强批判精神的美国社会学家米尔斯所希望的，也是后现代主义范式所特别强调的取向。

第三节 分析复杂的微观互动

一 微观互动与社会交往

齐美尔认为社会在很大程度上表现为人们之间的互动，而社会学的一项重要任务就是分析人们之间复杂的微观互动。在他看来，人们互动的基本过程是社会的动力所在，是社会整合的基础，也是社会生活纷繁复杂内容的载体，因此应该成为社会学研究的重要议题。对微观互动的强调，使齐美尔获得了洞察社会的显微镜，而通过这种社会学的显微镜，社会细胞的细致入微的相互作用得以清晰地呈现。"社会的各种原子之间的、只有心理学的显微镜才能企及的相互作用就存在于此，社会的原子支撑着社会的这种如此一清二楚和如此谜一般的生活的整个的坚韧性和灵活性、整个的五光十色和统一性。"[1] 齐美尔相信，研究这些微观互动，比研究社会的宏观结构和制度，能产生对社会的"更深刻更准确的"理解[2]。那些看似不起眼的人与人之间的互动，形塑了社会统一体的结构，造就了社会的稳定性。

> 原子相互之间产生的能量效应使物质有了各异的形式，我们统称之为"事物"。同样地，自身内部的冲动与利益，把

---

[1] 〔德〕盖奥尔格·齐美尔：《社会学——关于社会化形式的研究》，林荣远译，北京：华夏出版社，2002年，第13页。
[2] 参见〔英〕戴维·弗里斯比《现代性的碎片》，卢晖临等译，北京：商务印书馆，2003年，第74页。

个体推向他人的世界。这种冲动与利益,像原子一样,导致了所有社会关系形式的产生,也正是这些关系使彼此分离的个体组成了"社会"①。

在齐美尔看来,微观互动的基本模式支撑着更大的社会结构,而分析和理解微观互动是社会学的最基础的工作。吉登斯也指出,"无论社会理论关注的问题多么'宏观',它都要求要像解释社会的复杂性一样,对主体以及主体的能动性进行精确的理解。这正是'新规则'所寻求建立的理解"②。可以说,宏观层面的因果关系,很大程度上是由微观层面的个体互动造成的。微观层面细枝末节的些微不同,也可能是导致宏观层面的巨大差异的原因所在。这有点像所谓的"热带雨林的蝴蝶扇动一下翅膀,可能引发遥远国家的龙卷风"的"蝴蝶效应"。狄尔泰也曾表达过类似的看法:"一个瀑布由奔向一处的不同的水流构成,但一句口语——仅仅是嘴唇的一个呼吸运动——通过唤起个人动机的相互影响,就可以在世界的某一地方搅动整个人类社会。"③ 当然,齐美尔并不认为所有的宏观层次的问题都可以还原成微观层次的个体互动,宏观层次的某些特性与机制也不能从微观层次的特性中简单地推导出来。

齐美尔将社会学的知识领域划分为三个相互关联的层次:一般社会学、纯粹社会学和哲学社会学④,其中,纯粹社会学即形式社会学,它研究社会交往的纯粹形式,是社会学研究中最重要的部分。"如果说社会是人与人之间的交互作用,那么,以'社会'

---

① 〔德〕西美尔:《时尚的哲学》,费勇、吴燕译,北京:文化艺术出版社,2001年,第15页。
② 〔英〕安东尼·吉登斯:《社会学方法的新规则——一种对解释社会学的建设性批判》,田佑中、刘江涛译,北京:社会科学文献出版社,2003年,第54页。
③ 〔德〕韦尔海姆·狄尔泰:《人文科学导论》,赵稀方译,北京:华夏出版社,2004年,第39页。
④ 在齐美尔那里,一般社会学以社会历史生活以及社会生活中的具体事例为研究对象,着重从社会学的视角考察社会生活和社会变迁;而哲学社会学主要揭示社会学研究的前提、条件以及基本范畴,研究社会学的认识论和形而上学问题。

的最狭义最本义的理解,阐述这种交互作用的形式就是社会科学的任务。"① 社会交往即社会化(sociation)指相对持久与系统的社会互动。形式社会学将社会交往中的动机、意图、利益、情感等具体内容统统舍弃,重点只研究社会交往的纯粹形式,这种形式实际上是对交往的纯粹要素的一种抽象。面对纷繁复杂的社会生活,齐美尔意识到要对与自然现象不同的、具有唯一性的社会历史事件进行有效的研究,就只能暂时抛开这些事件的特殊性,而去关注构成这些事件的同一性,即它们的外在形式。这种形式就是我们用来思考社会生活的一种有效范畴。齐美尔认为形式社会学和几何学非常相似,因而也可称之为"社会几何学"。在齐美尔看来,社会学研究的独特视角,就是对社会交往形式的考察,这意味着既要研究历史现象的独特性,也要研究潜在的一致性。他认为人们之间的互动与交往是社会生成的基础,也是人们之间建立各种社会联系的重要过程。齐美尔继承了康德的思想,指出形式是思维对事物内部相互关系的抽象,是区别于现象的稳定的、重复的、基础性的东西。科学研究就是通过思维抽象而将对象的稳定形式分离出来,从而了解事物性质,然后再返回到原始对象中。正如几何学只研究事物的空间形式,语言学只研究语法规则一样,社会学也舍弃对象的具体内容,只研究社会交往的形式。"实际上,我们在目的和整个意义都极其不同的社会群体中发现个体相互之间有形式相同的行为方式。"② 齐美尔形式社会学的主要研究议题有:群体规模与互动形式、统治与服从、竞争与合作、冲突与凝聚、社会交换、群体间关系及个人自由等。下面仅简略讨论与群体规模有关的互动、社会冲突和社会交换。

二 不同群体规模中的互动

齐美尔认为成员的纯粹数目是群体最抽象的特征之一,它作

---

① 〔德〕G. 齐美尔:《桥与门——齐美尔随笔集》,涯鸿、宇声等译,上海:上海三联书店,1991年,第254页。
② 〔德〕G. 齐美尔:《桥与门——齐美尔随笔集》,涯鸿、宇声等译,上海:上海三联书店,1991年,第254页。

为一种结构形式对群体的性质和成员交往的状况有着非常重要的影响。两人群体和三人群体就有很大的不同。严格地讲,两人群体又称"一对",它只是一个过渡形式,一个准群体。因为这种群体只存在两个人,成员面对的仅仅是另一个个人而不是群体。两人群体的存在取决于双方,它的生存需要双方维系,只要一方退出,群体就解体了。两人群体的关系具有唯一的、独特的、密切的和脆弱的等特征[1]。在两人群体基础上增加一人,就变为三人群体。虽然只增加一人,但性质则发生巨大的变化。此时,每个人所面对的是集体,而不是单独的个人,这表明三人群体已经是完整意义上的群体了,当然是最简单的一种。三人群体中的关系也变得复杂多样,这可以从第三者所扮演的角色来说明。当三人群体中有两方意见不合、发生冲突时,第三者可以扮演诸如"调解人""渔利者""离间者"等不同的角色。此外,三人群体的社会结构还可以约束其成员去实现共同的目标,其中两人通过结盟,可把自己的意志强加于另一个人身上[2]。总之,三人群体的互动变得更加复杂多样,它提供了社会行动的某些新途径,同时又限制了另外一些机会,比如个性的表达。为了强调成员数量对互动的影响,齐美尔特意引用了一条古老的谚语:"谁若有一个孩子,他就是孩子的奴隶,若是有几个孩子,他就是他们的主人。"[3] 齐美尔指出,他的这些关于社会互动的纯粹形式的分析,既可以适用家庭成员的情况,也可适用国与国之间的关系。

齐美尔认为社会成员之间的互动与交往明显受到群体规模的影响,人们在小群体中的表现就与大群体中的表现存在较大差异。小群体的成员数较少,能保证每个成员可同其他所有成员进行直接的交往,上面讨论的两人群体与三人群体都属于小群体;而大

---

[1] 〔德〕盖奥尔格·齐美尔:《社会学——关于社会化形式的研究》,林荣远译,北京:华夏出版社,2002年,第55~59页。
[2] 〔德〕盖奥尔格·齐美尔:《社会学——关于社会化形式的研究》,林荣远译,北京:华夏出版社,2002年,第69~71页。
[3] 〔德〕盖奥尔格·齐美尔:《社会学——关于社会化形式的研究》,林荣远译,北京:华夏出版社,2002年,第67页。

群体的成员数较多,以至于不能保证所有成员之间的直接交往,如大型组织或游行队伍。在小群体中,成员之间进行相当个性化的直接交往,形成各种人际关系,以及一定的地位、角色、行动规范和目标。直接交往是小群体最基本的特征,而群体规模一旦超过某个临界线,直接交往不再可能,就会变为一个大群体。在大群体中,为了控制由于人数增加而日益复杂的关系,克服群体成员离心的倾向,通常会发展出专门的整合机制:一是内部分工,造成子群体间的相互依赖;二是正式结构,确立正式地位及规章制度以维持大群体的正常运转,将人们间的相互交往纳入一定轨道。"大的团体要求制订和允许严格的和客观的规范化,结晶为法的规范化,这是与它的各种要素的更大的自由、活动性和个体化息息相关的。"[1] 一般来说,群体越小,其成员的参与程度越高,相互作用的程度也就越深入全面,群体的凝聚力也越强;而群体越大,成员之间的相互接触越受局限、流于表面,成员关系越可能趋向疏远和冷漠,群体凝聚力越弱。需要指出的是,虽然从形式上看,大群体对个人是疏远和异己的力量,但由于它把个人之间的距离拉大了,从而使个人可能具有独立于群体的自由[2]。

不过,齐美尔认为小群体与大群体的划分具有一定的模糊性,并不存在一个精确的数字,超过它小群体就一定变成了大群体。

> 显而易见,大的团体和小的团体这两个概念在科学上异常粗糙,很不确定和模糊不清,本来仅仅是一般地说明一个群体的社会学的形式特点取决于其量的规定,才能应用它们,而不是要在某种程度上更加准确地指出存在于前者与后者之间的确实的比例[3]。

---

[1] [德] 盖奥尔格·齐美尔:《社会学——关于社会化形式的研究》,林荣远译,北京:华夏出版社,2002年,第43页。
[2] [德] 盖奥尔格·齐美尔:《社会学——关于社会化形式的研究》,林荣远译,北京:华夏出版社,2002年,第43页。
[3] [德] 盖奥尔格·齐美尔:《社会学——关于社会化形式的研究》,林荣远译,北京:华夏出版社,2002年,第44页。

尽管如此，齐美尔对小群体与大群体的社会互动特征的分析还是具有很大的启发性的，美国早期社会学家库利的初级社会群体与次级社会群体的划分，显然受到了齐美尔的影响。

三　作为互动的社会冲突

齐美尔对社会冲突进行了卓有成效的研究，并成为现代社会冲突论的重要思想来源，刘易斯·科塞所提出的功能冲突论（或冲突功能论），就是建立在对齐美尔冲突论思想的系统总结与阐释基础之上的①。齐美尔把冲突视为一种主要的、正常的社会互动与交往形式，它是以互动各方的不一致、差异、分歧、对立、敌意为前提的。冲突是社会互动中的固有部分，不存在不包含冲突因素的互动。稳定的互动关系意味着在冲突与协调两种倾向之间建立了平衡，而不在于它排除了冲突倾向。社会互动既需要结合，也需要对立、排斥。一定程度的冲突是群体形成和群体生活持续下去的基本要素。因为，一方面，冲突能起到划清界限，帮助互动各方保持自身特点的作用；另一方面，冲突可以宣泄敌对情绪而使互动关系得以维持。齐美尔在给冲突进行分类时主要采取了如下两种方式：一种把冲突划分为手段型冲突和目的型冲突，另一种把冲突划分为个人冲突和超个人冲突。手段型冲突是针对特定目标的，它的理性色彩较强，感情色彩较弱。手段型冲突可以用其他非冲突性互动形式代替，但其互动对象却始终不变。目的型冲突不针对任何特定目标，单纯为了宣泄敌对情绪，具有强烈的感情色彩，不可能用其他非冲突手段替代，然而互动对象却容易改变。所谓个人冲突是行动者单纯为了自己而进行斗争，超个人冲突是指行动者作为某一集体的代表而参与冲突行动。由于剔除了个人因素，超个人冲突往往更加深刻、更加激烈、更具有不可妥协性。与当时流行的看法相反，齐美尔不认为冲突是一种

---

① 据说科塞20世纪50年代在哥伦比亚大学撰写博士论文时，原先想系统地梳理与总结齐美尔的社会学思想，导师默顿认为齐美尔的思想太庞杂，建议他集中探讨其中某一方面的思想。科塞最后决定系统地挖掘齐美尔的冲突论的思想。

"病态"的、破坏社会结合的现象。在他看来,与社会结合相对立的概念不是冲突,而是冷漠、疏离、不介入。而冲突实际上是和结合密切相关的。概而言之,冲突具有如下的社会结合(即社会整合)功能。其一,冲突促进共同规范的产生与维持。其二,冲突推动了各方组织化的发展。在冲突中,一方的组织化将刺激和推动对方的组织化。其三,冲突通过各自实力的显示和较量而有助于和解。和解的前提是冲突各方意识到各自的实力,然后达成相互妥协,而冲突正可以通过展示实力以增加双方对实力的认识。其四,冲突创造了联合。冲突是促使那些共同利益较少、异质性较强的社会成员相互结合的重要因素[①]。

四 日常生活中的社会交换

齐美尔指出,"人与人之间绝大部分关系都可以作为交换的方式去理解。交换是最纯粹与最充分发展了的交互作用,当它寻求获得物质与内容时它规范了人们的生活"[②]。可以说,交换是一种独特的社会学现象,它是一种原初的社会形式并履行着基本的社会生活功能。在齐美尔看来,虽然交流的概念更加宽泛一些,但在人与人的关系中交流在绝大多数情况下都可以被解释成为交换。"每一种交流都必须被看作是一种交换:每一次交谈、每一回情感(即使它被拒绝了)、每一项运动、每一眼对他人的注视。"[③] 因此,交换的概念可广泛地适用于社会生活的许多领域以及大多数的社会关系。通过把一个对象与另一个对象进行交换,对象的价值被客观化了,它超越了单个的主体,获得了普遍的认同。在货币出现之前,商品生产和交换只能以"以物易物"的形式存在。而货币的出现为各种不同的商品提供了一种共同的度量标准,一

---

① 〔德〕盖奥尔格·齐美尔:《社会学——关于社会化形式的研究》,林荣远译,北京:华夏出版社,2002年。
② 〔德〕西美尔:《货币哲学》,陈戎女等译,北京:华夏出版社,2002年,第23页。
③ 〔德〕西美尔:《货币哲学》,陈戎女等译,北京:华夏出版社,2002年,第23页。

种普遍的价值尺度，从而极大地推动了商品的生产和交换，扩展了交换的深度和广度。货币作为一种价值尺度，有一个从珍贵品，如贝、帛、金、银、铜，最后到纸币的发展过程，但重要的是，货币作为衡量处于交换关系中的两种商品价值的第三种中介商品，日益脱离自身的表面价值或作为实物的价值，而转化为一种单纯的价值符号，其"功能"作用越来越凸显出来。这样，人们之间的大量互动与交换就借助货币符号来进行，并深刻地影响了人们的社会关系和心理。货币成为展示了抽象的经济价值的代表，作为交换关系自主的呈现，"它将被需要的对象化为经济对象，并且建立了对象的可替代性"[1]。由于货币是交换的可分（份额）对象，它的单位是与每一个不可分对象的价值单位同一的，因而它促使抽象价值从它的特殊、具体的内容中分离出来。另外，由于货币定位于个别对象之间并且与它们的每一个都保持着相等的关系，它就必须是完全中立的，因而无特质性或无个体性就成为它的内在品格。总之，货币只是可交换性的纯粹形式，它具体体现了那种事物据之成为经济事物的要素或功能，"货币是人与人之间交换活动的物化，是一种纯粹功能的具体化"[2]。

在齐美尔看来，货币交换完全是一种社会学现象，是人类互动的一种基本形式，货币的发展是一种深刻的文化趋势中的一个重要组成部分。在文化较低级阶段，符号体系经常意味着误导和浪费精力；而在文化较高级阶段，它则更多意味着合算和节省精力。现代生活要求在综合的符号中有一种凝缩，以保证在使用这些符号时所引出的结果等同于所有具体细节都被考虑在内之后的结果。在现代社会，价值操作日益通过符号来实现，这些符号越来越失掉了与其所在领域中的特定现象之间的物质关系从而成为单纯的符号，人们对符号与象征的认识与体验也随之不断深入。因此，理智能力和抽象思维的发展成为现代社会的特征，人与人之间互动

---

[1] 〔德〕西美尔：《货币哲学》，陈戎女等译，北京：华夏出版社，2002年，第56页。
[2] 〔德〕西美尔：《货币哲学》，陈戎女等译，北京：华夏出版社，2002年，第109页。

的感情成分降低了，理性计算的成分增加了。总之，交换成为现代社会中人们互动的主要形式，并渗透社会生活的各个角落。

此外，齐美尔还深入地研究了与社会互动密切相关的许多现象，如忠诚、服从、友谊、感激等。齐美尔社会研究的一大特色是，注重探讨微观层次的个体之间的互动过程如何形成了一定的社会结构（社会形式），而这些结构反过来又如何限制了个体之间的行动与互动，宏观层次的因果关系很大程度上被看作微观层次的互动结果造成的。简言之，齐美尔对微观的互动过程及其结构怀有浓厚的兴趣并展开了引人注目的探索，著名符号互动论者休斯（E. Hughes）因而称其为社会分析的弗洛伊德①，他的研究取向对社会学中的符号互动论和社会交换论有很大的影响，而且他的一些观点与吉登斯的结构化理论也有不少相似之处。需要指出的是，虽然微观社会学现在已经成为正统社会学的一部分了，但在齐美尔所处的时代，他对微观互动的深入分析还是属于非主流的社会研究。

第四节　考察消费文化的诸多面向

一　与消费有关的研究旨趣

与马克思强调生产在现代社会中的重要作用不同，齐美尔特别注重消费对现代人的心理影响及其社会效应。他对首饰、香水等消费品以及时尚、风格、闲暇等做了富有洞察力的社会学分析，而且格外重视文化符号在现代社会中的重要意义。这些研究与分析具有很强的预见性，因为消费及文化分析已成为当今社会研究的重要议题，而且也特别符合后现代主义的研究旨趣。事实上，随着社会物质财富的增加和物质生活水平的提高，现代社会逐步过渡到"丰裕的社会"，在一定意义上，消费也就成为比生产更重

---

① 参见 Robert Nisbet, *The Sociological Tradition*, New York: Basic Books, 1967, p. 98。

要的问题①。换言之,消费而非工作,已成为"生活世界运转的轴心"。加拿大学者大卫·莱昂指出,如果说后现代性有所意味的话,它就意味着消费社会②。确实,"后现代"的反传统文化要求个体无限制的自我实现,代表着一种审美享乐主义的、以消费为导向的表现文化③。此时,最重要的生产就是生产消费者。

在《货币哲学》一书的前言中,齐美尔交代了他的方法论的基本意图:"即为历史唯物主义建造底楼,从而,经济生活被纳入精神文化的原因的这种说法仍保证其阐释性价值,而与此同时,这些经济形式本身却被视为心理学的,甚至形而上学的前提的更深层的评价和潮流之结果。"④ 显然,齐美尔在承认经济的重要性的同时,提醒人们注意精神文化的重要价值及其对经济制度的影响,他希望揭示出现代经济形式赖以建立的心理学前提,而这些前提就是对货币的内在估价,对作为一种抽象的、非人格化的力量的货币的反应⑤。齐美尔的这种研究旨趣,给韦伯带来了很大启发,并成为后者撰写出不朽名著《新教伦理与资本主义精神》的一个不应被忽视的诱因⑥。

19世纪下半叶,西方一些文学家开始关注消费问题,例如在波德莱尔、左拉(E. Zola)等人的作品中就有非常明显的反映。晚些时候,在社会理论界,凡勃伦、桑巴特(W. Sombart)等人也

---

① 布希亚将现代社会称为消费社会,强调现代社会的消费逻辑,但他并不认同"丰裕社会"的提法。参见〔法〕鲍德里亚《消费社会》,刘成富、全志刚译,南京:南京大学出版社,2000年。
② 〔加〕大卫·莱昂:《后现代性》,郭为桂译,长春:吉林人民出版社,2004年,第124页。
③ 陈戎女:《西美尔与现代性》,上海:上海书店出版社,2006年,第134页脚注。
④ 〔德〕西美尔:《货币哲学》,陈戎女等译,北京:华夏出版社,2002年,前言第3页。
⑤ 〔美〕乔治·瑞泽尔主编《布莱克维尔社会理论家指南》,凌琪、刘仲翔、王修晓等译,南京:江苏人民出版社,2009年,255页。
⑥ 韦伯从精神疾患中恢复过来后,阅读的第一本学术书就是齐美尔1900年出版的《货币哲学》,而韦伯的《新教伦理与资本主义精神》最初分两篇分别于1904年和1905年发表在《社会政策文献》杂志上。

进行了一些相关研究和探讨。凡勃伦在《有闲阶级论》一书中指出，工业社会里财富是赢得社会尊重的基础，而消费成为炫耀财富和显示自己地位的手段。因此，上层阶级为了在消费财物的数量和等级上达到符合习惯的礼仪标准，就会力争提高消费水准，以致超过物质生活所必需的程度。这种炫耀性消费的目的主要是显示自己的社会地位，以便和其他社会群体相区分[1]。桑巴特也对消费现象很感兴趣，认为消费刺激了生产。在《奢侈与资本主义》一书中，桑巴特运用大量经验材料证明人们对奢侈品的追求推动了现代资本主义的诞生[2]。这与韦伯的论断似有抵触，根据韦伯的观点，新教徒的禁欲主义精神、简朴节俭的生活方式，乃是影响资本主义产生的不容忽视的因素。也许两人说的都有道理，奢侈与节俭都是影响资本主义诞生的重要因素，它们甚至具有一定相辅相成的味道。只是奢侈的主体是处于社会上层的有闲阶级，他们对奢侈品的追求，刺激了生产的扩张和市场的繁荣；而节俭的主体是处于社会中下阶层的劳动阶级，他们的勤劳与节俭，促进了资本的积累。

事实上，在19世纪末和20世纪初，对消费问题的关注还不是社会理论界的热点，从事相关研究的社会理论家也很少，而齐美尔恐怕是其中最重要的一位。齐美尔对与消费有关的各种现象——时尚、闲暇、进餐、奢侈品、卖淫、风格、冒险、博览会、展销会等，做了深刻的分析和研究，其成果是具有开创性的。毋庸置疑，消费已成为齐美尔社会研究的一个非常重要的主题。他清楚地意识到，现代消费的一个重要特征是任何事物都可以消费。现代消费主义努力将消费从过去那种以生存为目的的工具性和功能性纽带中解放出来，转变成一种能被无限建构的新的可塑性"需求"——变化无常、永无止境的欲望[3]。确实，在现代社会，甚至宗教都可以成为消费品。雷金纳德·毕比（Reginald Bibby）

---

[1] 〔美〕凡勃伦：《有闲阶级论》，蔡受百译，北京：商务印书馆，2002年。
[2] 〔德〕维尔纳·桑巴特：《奢侈与资本主义》，王燕平、侯小河译，上海：上海人民出版社，2000年。
[3] 〔英〕齐格蒙特·鲍曼：《被围困的社会》，郇建立译，南京：江苏人民出版社，2005年，第190页。

在《碎片化的上帝》这部探讨加拿大人的宗教的社会学著作中，指出宗教"已经变成一个包装完好的消费类目，与其他商品陈列在一起，买不买全仗消费者的选购旨趣"[①]。诚如著名社会批评家波兹曼（N. Postman）指出的，在电视上，宗教和其他任何东西一样，被明白无误地表现为一种娱乐形式[②]。

二 对闲暇、饮食、时尚等的考察

齐美尔对闲暇问题进行了探索性的研究。在他看来，闲暇意味着拥有一定的物质基础，可以有时间不去工作。闲暇的意义在于促使人们通过社交、冒险（包括爱情历险）、旅游、追逐时尚等活动，来摆脱日常工作中的紧张和劳累，从而实现调节身心、补充能量、恢复体力等目的。而最终，闲暇或者说花钱休闲，也成了现代都市人日常生活的一部分了。工作就是为了赚钱，而赚钱就是为了消费，只有在消费中都市人才能体会到人生的价值与乐趣。可以说，消费者体验以一种迂回的方式成为齐美尔现代性洞识的主要源泉[③]。齐美尔无疑是最早发现闲暇的重要社会研究价值的社会学家之一，而且他自己就相当积极地参加了与闲暇相关的一些活动。如举办和出席各种文化沙龙，外出旅游，参观各种博览会、艺术展，观看形形色色的表演等。当然，对于一些人来说是休闲但对于另一些人来说可能是工作，如歌剧院的演出，对于观众来说是休闲，但对于演员来说则是工作。

齐美尔的休闲娱乐活动大体反映了他那个时代知识阶层的基本情况。他是一位思想上杰出的探险者（他曾明确指出："哲学家是精神上的冒险家"），[④] 日常生活中偶尔也有冒险之举。也许可以

---

① 参见〔加〕大卫·莱昂《后现代性》，郭为桂译，长春：吉林人民出版社，2004年，第108页。
② 〔美〕尼尔·波兹曼：《娱乐至死》，章艳译，桂林：广西师范大学出版社，2011年，第122页。
③ 〔英〕戴维·弗里斯比：《现代性的碎片》，卢晖临等译，北京：商务印书馆，2003年，第116页。
④ 〔德〕西美尔：《时尚的哲学》，费勇、吴燕译，北京：文化艺术出版社，2001年，第210页。

提一下他的情感冒险,他与自己得意的女学生产生恋情,并有一个私生女。但他为了保全体面的家庭和照顾妻子的感受,一直怀着复杂的心情拒不承认和接受自己的私生女。当代社会学家中被认为学术风格最接近齐美尔的戈夫曼,也是一个富有冒险精神的人,除了学术上卓越非凡外,他还是一位赌博和炒股的高手,据说,他的收入很大一部分来自股票投资。另一位社会学家,社会交换论的重要代表人物爱默生(R. Emerson),则酷爱登山这样的冒险运动,他曾全程跟随攀越世界屋脊喜马拉雅山的美国登山队,并做了相关的研究和报道。爱默生一家人都热爱登山,而他的爱子年纪轻轻就死于登山事故。解构主义大师德里达在被问到喜欢用哪些词来估量自己时,他选中的三个词是:冒险、轨迹和体验①,并强调:"人们必须冒险,这就是体验。"② 而后现代主义的重要代表人物福柯更是一个追求冒险的人,他认为人生是一个美学工程,需要尝试各种顶峰体验,为此他吸过毒,频繁光顾同性恋浴室,甚至在生命中最后几年明知当时同性恋者中流行一种致命的瘟疫,仍然毫不畏惧,最终死于艾滋病。有时冒险是要付出很大代价的,而在现代社会花钱旅游和冒险甚至成为一种时尚。

齐美尔对冒险做过精彩的分析。在他看来,尽管生活的许多部分都敌视冒险,但冒险似乎还是与一切人类生存实践相交融。冒险的最一般形式是它从生活的连续性中突然消失或离去,它与艺术品具有深刻的相似之处:"存在的一部分,混合着那种存在的不间断性,仍被觉得是一个整体,一个统合的统一体——这是艺术品与冒险共同拥有的形式。"③ 一般人把能够计算掌控的作为自己行动的前提,但冒险家却把不确定的和不可计算的作为行动的前提,这是冒险之所以产生的独特条件。齐美尔进而比较了登山

---

① 〔法〕德里达:《一种疯狂守护着思想——德里达访谈录》,何佩群译,上海:上海人民出版社,1997年,第14页。
② 〔法〕德里达:《一种疯狂守护着思想——德里达访谈录》,何佩群译,上海:上海人民出版社,1997年,第4页。
③ 〔德〕西美尔:《时尚的哲学》,费勇、吴燕译,北京:文化艺术出版社,2001年,第206页。

家与赌徒在冒险上的共性：

> 但实际上，登山家与赌徒一样，都把他们的存在置于冒险之中，而这种冒险纯然的是一种主观的兴奋与满足。赌徒常常寻求的并不是物质利益而只是冒险的兴奋，以及在操控自己技巧的冷静、激动与命运的不可计算性这二者的组合之间把握机会的刺激[①]。

消费与文化品位密切相关，消费倾向反映了文化品位。因此，现代社会逐渐以人们的消费能力和消费倾向将人们进行分层，消费认同成为现代社会的一大特色，所谓"我消费故我在"。当代法国著名社会学家布迪厄在他的名著《区隔》中，就专门探讨了与文化品位有关的社会分层问题。在他看来，不同阶级由于资本数量和构成的不同，所具有的阶级惯习不同，因而支配消费偏好的品位也不同。一般来说，影响人们文化消费的主要是文化资本，影响物质消费的主要是经济资本。但收入相同的人也有可能拥有不同的消费模式，这是由于不同阶级具有不同的品位，不同的品位形成了不同的阶级文化，而这种消费文化强化了阶级边界。布迪厄通过经验研究发现，不同阶级在食品、运动和外表形象等消费结构上存在明显差异。以体育运动为例，西方社会的上层主要打高尔夫球，中层主要打网球，而下层则是打保龄球。在饮食进餐中，也存在按文化品位进行分层的问题：工人阶级倾向于选择既便宜又有营养的食品，专业人员更喜欢有利于健康、清淡、不容易发胖的食品[②]。

说到饮食与进餐，齐美尔也做了富有洞察力的分析和探讨。"这里包含着使饮食的纯生理现象涉及到无限高级的原则的互相关系：吃饭成了社会学的问题，吃饭问题变得更具风格，更有美学

---

① 〔德〕西美尔：《时尚的哲学》，费勇、吴燕译，北京：文化艺术出版社，2001年，第203页。
② Pierre Bourdieu, *Distinction: A Social Critique of the Judgment of Taste*, Cambridge, Mass: Harvard University Press, 1984, p.77.

观,更超个性。于是就形成了关于饮食的一系列规定;就是说,并不是无关紧要地涉及到作为物质的饭菜,而是关系到消费的形式。"① 首先,进餐有了一定的时间规定,而不是肚子饿了就吃。其次,出现了进餐的等级制度,不允许无序的用膳。再次,进餐不仅要填饱肚子,还需满足美学上的要求,并伴随一定的奢侈。最后,开始讲求进餐的姿势,按美学原则使吃饭的动作规范化。向往讲排场、有品位的聚餐。很容易发现,有文化教养的人与没文化教养的人的吃相大相径庭②。"每一个吃饭的环节直接而又形象地表达更高的综合的社会价值,因而也获得更高的美学价值。"③显然,齐美尔这里所分析的,正是后来布迪厄所指出的文化品位的分层问题,品位越高越注重美学价值。

  在此基础上,提出了适应个人不同需要的形式标准,吃饭的社会化把这种标准提高为一种美学风格,后者反过来又作用于前者,因为有时吃饭的目的除了吃饱以外,还常常要求在美学上得到满足,这就伴随着一定的奢侈;多个人的集体无疑比单个人更能承受这种消耗,而且这种美学上的满足也使多个人的集体较之单个人更有效地形成风格④。

  齐美尔对现代生活中的时尚做了鞭辟入里的剖析。他认为追逐时尚是现代社会的重要特征,它满足了社会的某些基本的需要,同时激发了大量的消费行为。后现代主义的重要代表人物布希亚也认为只有现代性的框架内才有时尚,"这也就是说,决裂、进

---

① 〔德〕G. 齐美尔:《桥与门——齐美尔随笔集》,涯鸿、宇声等译,上海:上海三联书店,1991年,第283页。
② 〔德〕G. 齐美尔:《桥与门——齐美尔随笔集》,涯鸿、宇声等译,上海:上海三联书店,1991年,第283~284页。
③ 〔德〕G. 齐美尔:《桥与门——齐美尔随笔集》,涯鸿、宇声等译,上海:上海三联书店,1991年,第286页。
④ 〔德〕G. 齐美尔:《桥与门——齐美尔随笔集》,涯鸿、宇声等译,上海:上海三联书店,1991年,第283~284页。

步、革新的图式中才有时尚"①。齐美尔指出:

> 时尚是既定模式的模仿,它满足了社会调适的需要;它把个人引向每个人都在行进的道路,它提供一种把个人行为变成样板的普遍性规则。但同时它又满足了对差异性、变化性、个体性的要求。它实现后者一方面是凭借内容上非常活跃的变动——这种变动赋予今天的时尚一种区别于昨天、明天的时尚的个性化标记,另一方面是凭借时尚总具有等级性这样一个事实,社会较高阶层的时尚把他们自己和较低阶层区分开来,而当较低阶层开始模仿较高阶层的时尚时,较高阶层就会抛弃这种时尚,重新制造另外的时尚。因此,时尚只不过是我们众多寻求将社会一致化倾向与个性差异化意欲相结合的生命形式中的一个显著的例子而已②。

在齐美尔看来,时尚是社会分层的产物。时尚象征着某个社会阶层的特征,具有内在的统一性和外在的排他性。它具有某种双重作用:一方面使既定的社会各界和谐共处,另一方面又使他们相互分离,同化和异化相影随行,同时进行。上层阶级通过制造新的时尚排斥其他阶层,而下层阶层则以模仿来消除和上层阶层之间的距离。按照齐美尔的观点,时尚不仅是阶层分化的产物,它还履行并强化了阶层分化的功能。追逐时尚也与一定的文化品位和消费能力密切相关。时尚的辩证法表明,当一种时尚极度流行时也就意味着它的死期来临。"时尚的发展壮大导致的是它自己的死亡,因为它的发展壮大即它的广泛流行抵消了它的独特性。"③一旦一种时尚被广泛地接受,成为大多数人的共同方式时,它就

---

① 〔法〕让·波德里亚:《象征交换与死亡》,车槿山译,南京:译林出版社,2006年,第129页。
② 〔德〕西美尔:《时尚的哲学》,费勇、吴燕译,北京:文化艺术出版社,2001年,第72页。
③ 〔德〕西美尔:《时尚的哲学》,费勇、吴燕译,北京:文化艺术出版社,2001年,第77页。

不再时髦，人们也就不再把它当作时尚了。齐美尔认为，对那些天性不够独立但又想使自己变得有点卓尔不凡、引人注意的个体而言，时尚是真正的运动场。另外，时尚可以提升不重要的个体，使他们获得一定的满足感①。这可以部分解释处于社会弱势地位的女性为什么特别热衷于时尚。"当女性表现自我、追求个性的满足在别的领域无法实现时，时尚好像是阀门，为女性找到了实现这种满足的出口。"② 通过对时尚的考察与分析，齐美尔还发现中产阶级是社会生活中许多真正变化的制造者。

> 相比于最低阶层麻木不仁地生活在惯例里，相比于最高阶层有意识地维护惯例，中产阶级就特别显得与生俱来地易变、不安分，对于当某种因素一占上风就要衰败的生活形式来说，它总体上处于合适的位置。要求不断变化的阶级与个人——因为他们的迅速发展使他们比别人更进步——在时尚中发现了可以使他们跟随自己内在冲动的东西③。

对于齐美尔来说，时尚还具有审美的功能，它是社会生活的娱乐方式。时尚带来新奇，新奇的魅力就是一种纯粹的审美上的愉悦。对时尚的研究可以帮助人们更好地了解审美上的愉悦在日常生活中的大体作用。这些"微不足道"的因素和"转瞬即逝"的社会生活的形式并不服从某种理性的道德法则或客观的经济利益④。在货币经济主宰的现代社会，时尚的另一个功能是帮助人们至少尝试性地处理平等原则与差别需求之间的紧张关系，或者处理积极自由与消极自由之间的紧张关系，进而言之，就是处

---

① 〔德〕西美尔：《时尚的哲学》，费勇、吴燕译，北京：文化艺术出版社，2001年，第78页。
② 〔德〕西美尔：《时尚的哲学》，费勇、吴燕译，北京：文化艺术出版社，2001年，第81页。
③ 〔德〕西美尔：《时尚的哲学》，费勇、吴燕译，北京：文化艺术出版社，2001年，第89页。
④ 参见〔芬〕尤卡·格罗瑙《趣味社会学》，向建华译，南京：南京大学出版社，2002年，第23页。

理个人独立与社会约束之间的紧张关系。

不管是闲暇、饮食、时尚，还是旅游、冒险等，都与消费密切相关，都可以视为现代消费文化的一部分。齐美尔热衷探讨这些问题，非常对后现代主义的口味。与马克思不同，齐美尔认为流通、交换和消费都是相对自主的领域，拥有自身的运行规律。他对货币和商品的象征意义非常感兴趣，发现越是依附"物的世界"，"人的世界"就越是贬值。齐美尔的这些观点在后现代主义的重要代表人物布希亚那里得到积极响应。布希亚在《消费社会》一书中明确指出，现代社会已进入消费社会，消费的逻辑取代生产的逻辑而成为社会的主流。现代社会人们消费的不是商品的使用价值和交换价值，而是其符号价值。物是以符号的形式存在的，符号的意义在于建立社会差异，展示人们的社会地位。因此符号消费成为区分社会群体的标准，也强化了既有的社会结构，消费品实际上是一个分化人群的符号系统[①]。在布希亚看来，当需求生产——消费者生产成为社会的中心任务时，后现代就从现代那里分离出来了。而坚持马克思主义的生产模式分析，将无法充分理解消费社会[②]。在后现代消费中，购物不仅仅是商品和服务的交换，也是一种图像或印象的创造与再创造，它是社会性的，可以帮助人们建构自己的身份。简言之，人们购买的主要不是实物，而是象征意义。今天，面临后现代挑战的社会学，逐渐将研究的焦点转向表现在消费生活和消费主义之中的理想、价值和符号上来。可以说，齐美尔预见了后现代性的一些核心论题，他的思想在后现代主义者当中引起很大共鸣。

[①] 〔法〕鲍德里亚：《消费社会》，刘成富、全志刚译，南京：南京大学出版社，2000年。

[②] 参见〔加〕大卫·莱昂《后现代性》，郭为桂译，长春：吉林人民出版社，2004年，第102页。

第四章 建构主义的本体论

本体论主要探索世界的本原或基质,研究一切实在的最终本性。通常本体论的确立,会影响到认识论以及方法论的选择。对社会的根本看法、对核心问题的预设等都会影响社会研究的基本路径、具体方法,甚至研究结论。本章重点考察齐美尔在上述方面的基本立场,阐明他的建构主义的社会观,而这些立场及观点与后现代主义的主张是非常吻合的。

第一节 社会唯实论与社会唯名论

一 社会唯实论的主要观点

社会唯实论(social realism)与社会唯名论(social nominalism)在社会思想界的争执由来已久,前者主张社会是具有客观性的独立实体,社会先于个人并决定着个人的本质,社会研究应从了解群体及其结构入手;后者则坚持个人存在的真实性,认为社会不具有真实性、实在性,社会研究应从了解个人的动机、目的、意识和行动入手。在社会学的创始人中,孔德、斯宾塞、涂尔干等都倾向社会唯实论。孔德将社会视为一个各个部分之间相互关联的有机整体,而这个整体拥有独特的超越部分的特性,即它的性质并不等于各个组成部分的性质的简单之和。这与现代系统论的主张是一致的。一般来说,那些赞同社会唯实论的学者,通常都是方法论的整体主义者,即主张从社会整体、社会群体的角度而不是个人、个体的角度从事社会研究。如孔德就认为研究社会,仅仅通过解析的方式了解和掌握各个部分内部的情况是不够的,更重要的是要弄清各个部分之间的相互关系，对整体进行综合性研究。他说，在实际中人们可以对社会进行分门别类的研究，但这种研究只有建立在对社会的总体研究基础之上，才能获得突破性的进展，"任何社会事实如果不与其他社会事实联系起来，都是没有科学意义的"①。

斯宾塞的情况有点不同。虽然他也将社会视为一个有机体，总体上反对社会唯名论的观点，赞同社会唯实论的立场，但他受英国功利主义的影响，带有一种比较浓厚的个人主义社会观。在他看来，社会是一个独立存在的实体，社会成员之间的联系具有长期和牢固的性质。他给出了一个定义："社会是一个天然的结构。在这个结构中，它的所有机制，政府的，宗教的，工业的，商业的等等都在其中，且彼此互相依靠地联系着——一个具有有机意味的结构。"② 但是，在论及社会与个人的关系时，斯宾塞是从个人主义的角度来发展他的社会观的。他认为，不仅个人决定了社会的起源和社会的性质，而且社会也应该成为个人谋取个人利益和个人幸福的工具。因此，社会是一个不同于一般生物有机体的"超有机体"。需要指出的是，总体而言，斯宾塞并不属于方法论的整体主义者，而是可归属于方法论的个人主义的阵营。他认为，欲了解聚合体的性质，必须先了解其组成单位的性质。社会性质反映的是组成社会的个人的性质。他说，"社会中的结构和活动是由它的单元的特质决定的，并且，没有它各单元的实质性改变，社会是不会发生实质而永久的变化的（外部的干扰除外）"③。这里，可看出斯宾塞和孔德的明显不同。虽然他们都认为作为生命科学的生物学同社会学关系密切，是研究社会学的先行科学，都将社会视作一个有机的整体，但前者持有还原论的观点，强调从个体的层次解释整体表现，后者则

---

① Auguste Comte, *La Philosophie Positive* (Ⅲ), Resumé Par Emile Rigolage, Paris, Ernest Flammarion, Editeur, p. 105.
② 〔英〕赫伯特·斯宾塞：《国家权力与个人自由》，谭小勤等译，北京：华夏出版社，2000 年，第 75 页。
③ 〔英〕赫伯特·斯宾塞：《社会学研究》，张洪晖、胡江波译，北京：华夏出版社，2001 年，第 361 页。

持有整体论观点，主张从整体角度解释个体行为。也正因为如此，斯宾塞不同意孔德对心理学的轻视。在他看来，如果你无法解释人类个体的活动，你就无法解释聚集起来的人类整体的活动，而心理学正是解释个体活动的最佳学科。进言之，社会现象不是由社会本身派生的，而是由来自每一个个体的动机或来自许多个体的集合的动机决定的。因此，不了解个体或若干个体的动机或活动，我们就不能了解社会及其活动[①]。从中不难发现，斯宾塞的思想实际上还具有一定社会唯名论的倾向。

涂尔干对孔德与斯宾塞的观点进行了批判地扬弃。他指出，社会唯实论主张社会在某种程度上不依赖于个人，并不意味着社会可以完全摆脱个人，并不等于主张社会是一种超验存在物，它不过主张个人仅仅是社会实体的一部分，而不是全部。社会的实体性仅仅意味着社会具有不同于个人特征或不能完全通过个人特征加以认识的特殊实在性。"社会并不是个人相加的简单总和，而是由个人的结合而形成的体系，而这个体系则是一种具有自身属性的独特的实在"[②]。通过对斯宾塞社会观的批评，涂尔干进一步澄清了自己社会观同其他社会实体观之间的区别。在斯宾塞看来，社会等于自然人加契约，涂尔干则认为必须先有社会，社会塑造了个人并为缔结理性契约提供条件。涂尔干社会观的显著特征是赋予社会先于个人、超越个人、独立于个人和规定个人等独特意义。受孟德斯鸠、圣西门尤其是孔德的影响，涂尔干持有强烈的社会整体观。此种观点的哲学基础是肯定整体不等于或大于部分之和。社会整体观注重的不是社会的组成部分，而是各部分之间的关系和联结方式，以及在这种结合方式中产生的新现象、新属性。正是这些不能由个人特征直接加以说明的新现象、新属性体现着社会的独立性和实体性。涂尔干强调，作为整体的社会，其成员之间的关系除了物质性的结合以外，更主要是一种精神性结

---

① 参见周晓虹《西方社会学历史与体系》（第一卷），上海：上海人民出版社，2002年，第73～74页。
② 〔法〕E. 迪尔凯姆：《社会学方法的准则》，狄玉明译，北京：商务印书馆，1995年，第119页。

合。社会秩序问题、社会团结和整合问题，一直是他学术研究的轴心。在他看来，社会高于个人，社会决定个人而不是相反。涂尔干坚持社会唯实论和社会整体观的目的，乃是在个人和社会之间明确划分一条界线，认为二者分属于不同的层次，受不同性质的规律支配，必须由不同学科分别对其加以研究。他认为社会学的研究领域便是社会层次而不是像心理学那样的个体层次，直言之，社会学研究的对象是属于社会层次的社会事实，它不能还原为个体的心理特质，社会研究的出发点是群体而不是个人，必须坚持方法论的整体主义的立场。这一方面为社会学这门学科的独立和合法化打下了比较坚实的基础，另一方面又为社会学主义（sociologism）的兴起提供了不容忽视的动力。他所倡导的社会学主义相信，社会事实是关于社会研究最重要的对象，而一种社会事实只能通过别的社会事实来解释，因此社会学的存在不仅不必以其他学科的存在为前提，而且它还能为其他相关学科提供有益的帮助。

二 社会唯名论的主要观点

社会唯名论与社会唯实论在许多方面是针锋相对的。韦伯可以被看作社会唯名论的主要代表。韦伯否认社会是个独立的有机体的说法，坚信社会并不具有独立的思维与意识，它不过是一个方便的称呼而已。韦伯所提出的理解社会学一个显著的特征，就是坚持方法论的个人主义立场，即将个人及其行动作为社会学研究的基本单位和分析层次，这和涂尔干的方法论的整体主义形成鲜明的对照。韦伯认为社会真实存在的是具体行动的个人，正是各种行动者的行动组合才构成了社会和各类社会组织。换言之，只有个人才是具有一定目标的社会行动的承担者，才能将主观意义赋予行动并成为社会行动的主体，任何社会现象都应被视为个人社会行动的集合或结果，人们只能在个人及其社会行动这一层次上谈论理解。在他看来，群体、组织、社会有机体等都不能作为社会学研究的直接对象，它们仅仅是个人行动的某种组织方式或集合方式，而不是具有独立意志的主体，不具有可供理解的主观意义。如果社会学谈论"国家""民族""股份公司""家庭"

"军队"或类似的"组织",它所指的一般只是实际发生的或者思维构建的个别人的社会活动的特定过程。"社会学对这些组织的理解性说明,仅仅把它们视为个别人的特定活动的过程和综合,因为只有这些个人,才是社会学所理解的有意向的活动的承担者。"[1] 据此,韦伯认为社会学在进行"社会结构"研究时不能像"有机体论"那样满足于对组成部分的功能分析,仅仅确定各种功能关系和规则(或"规律"),更重要的是理解个别参与者的行动,把握行动的意向联系。他相信这才是社会学知识的特色,也是社会学不同于并优于自然科学的地方。

第二节 超越唯实论与唯名论

一 社会的二重性

某种意义上,齐美尔的社会观是对社会唯实论和社会唯名论的批判性超越。在他看来,社会唯实论的错误在于,简单地认为社会是不依赖于个人并且决定着个人的独立实体,过分夸大了社会的独立性和既存性,没有看到社会对于个人的依赖性和社会本身的生成性。事实上,个人是社会生活的主体,正是通过个人之间的相互作用或互动,人们之间才形成了真实的关系,即社会赖以存在的形式。从一开始,齐美尔便尽力避免将"社会"物化或实体化,认为"社会完全不是一种自我封闭的实体,也不是一种绝对的实体,就犹如人类个体不是一样。相较于部分之间真实的互动,社会只是第二性的,是结果"[2]。不过,齐美尔虽然对社会唯名论更有好感,但也指出了它的不足。他认为社会唯名论的错误在于只承认作为社会构成要素的个人的实在性,而完全否定了作为联合体的社会的实在性:"有一种顽固的观点认为只存在着个

---

[1] 〔德〕马克斯·韦伯:《社会学的基本概念》,胡景北译,上海:上海人民出版社,2000年,第15页。
[2] 参见成伯清《格奥尔格·齐美尔:现代性的诊断》,杭州:杭州大学出版社,1999年,第61页。

体的人，所以只有个体的人才是一门科学的对象。这种顽固的观点不能阻止我们去谈论天主教或社会民主主义的历史、城市和国家、妇女运动和手工业的处境以及其它许许多多重大事件和党派社团，同样也不能阻止我们去谈论社会。"[1] 社会并不是没有关联的、彼此独立的元素的简单堆积，而是由相互关联、相互作用的各个要素（诸多个人）形成的具有特定形式的网络，它是一个具有一定实在性和约束力的联合体，并且可以成为社会研究的基本对象。事实上，由不同个人相互作用形成的组织或团体都可以并且值得作为社会研究的对象，但这些组织或团体绝不是原子化的孤立个体的简单聚合，而是人与人之间持续互动、交互作用的产物，"这样的交互作用凝聚成了永久不变的模式，成了独立的形态。因此，社团当然就有了自身的存在和自身的规律，它们可能由于自身的存在和自身的规律而跟这种相互制约的活力对立起来"[2]。因此，简单地将齐美尔划归为社会唯名论者至少是不准确的：他拒绝将社会还原为个体，强调互动模式及过程的重要性。在齐美尔看来，社会现实具有双重含义："一方面，个体的人作为直接可感的存在，作为相互关系发展进程的承载者，通过这些进程形成一个更加高级的被称为'社会'的团体；另一方面，个体自身所拥有的兴趣促进了这种团体的形成。"[3] 所以，齐美尔的社会观可以概括为：社会不是定型的或已完成的实体，而是由个人之间相互作用不断复制、重塑和改造的持续生成的、具有一定实在性的复杂网络。社会学正是要探究个人因互动形成群体，同时又被群体所决定这样的一个事实[4]。

在齐美尔看来，应该超越唯实论与唯名论的争论。社会既不

---

[1] 〔德〕G. 齐美尔：《桥与门——齐美尔随笔集》，涯鸿、宇声等译，上海：上海三联书店，1991年，第236页。
[2] 〔德〕G. 齐美尔：《桥与门——齐美尔随笔集》，涯鸿、宇声等译，上海：上海三联书店，1991年，第241页。
[3] 〔德〕西美尔：《时尚的哲学》，费勇、吴燕译，北京：文化艺术出版社，2001年，第15页。
[4] Georg Simmel, *The Sociology of Georg Simmel*, ed. and trans. by K. H. Wolff, New York: The Free Press, 1950, introduction, p. 11.

是一个独立的封闭的实体,也不仅仅是个体聚合的名称。在很大程度上,齐美尔将社会视为一种通过元素的相互作用,而突现或涌现(emergence)成具有自身特质的形式:它具有不为个别社会参与者所具备的新生性,不能只是还原成对人类个体行为(或其心理及生理)的研究,而且这种突现特质是复杂的、非线性的和难以预测的。① 齐美尔认为社会与个体并不是完全对立的,而是互赖共存的关系:现实中不存在没有个体的社会,也不存在没有社会的个体,"人是与他人相互交往中生活的,人要通过与他人的交往使自己的整个性格和全部言论得以适应"②。社会是个体之间持续地相互作用、相互影响的结果,是各种社会关系不断形成、改变的动态过程。齐美尔的观点比较接近其老师狄尔泰的观点,后者也将社会看作个体之间相互作用的产物③。不过,他们可能都受到马克思的启发,后者曾明确指出:"社会——不管其形式如何——究竟是什么呢?是人们交互活动的产物。"④ 在齐美尔看来,社会构成了一个个人和群体在其中相互交叉的社会迷宫,这是一个用精细的丝线将形形色色的个人全都联通起来的复杂的社会网络。"社会的概念满足着两种对于科学论述必须严格相互分开的意义。社会一方面是社会化⑤的个人的整体,是社会形成的、构成整个历史现实的人力资源。但是此时,'社会'也是一些关系的总和,由于那些关系,正好是由个人变成为第一种意义上的社会。"⑥

---

① 郑作彧:《齐美尔社会学理论中的突现论意涵》,《广东社会科学》2019 年第 6 期,第 173~184 页。
② 〔德〕G. 齐美尔:《桥与门——齐美尔随笔集》,涯鸿、宇声等译,上海:上海三联书店,1991 年,第 244 页。
③ 〔德〕韦尔海姆·狄尔泰:《人文科学导论》,赵稀方译,北京:华夏出版社,2004 年,第 38、79 页。
④ 〔德〕马克思、恩格斯:《马克思恩格斯全集》(第二十七卷),北京:人民出版社,1972 年,第 477 页。
⑤ 这里的"社会化"(德文 Vergesellschaftung,英文 sociation)一词又可译为"社会交往",它不同于社会学基本概念中指称"个人学习社会文化、由自然人转变为社会人的过程"这个意义上的"社会化"(socialization)。
⑥ 〔德〕盖奥尔格·齐美尔:《社会学——关于社会化形式的研究》,林荣远译,北京:华夏出版社,2002 年,第 7 页。

齐美尔还曾给社会下过一个非常宽泛的定义:"社会存在于若干个人有着相互影响的地方。这种相互影响总是产生于某些特定的本能欲望,或者为了某些特定的目的。"① 显然,社会并不是外在于个人的实体,不同个体的相互作用才产生了社会。个体进行互动时会有一定的目的和动机,但这并不意味着社会有着与个人一致的意识、目的与动机。人们通过持续的互动,会形成一定的社会关系和社会结构。而这些关系与结构反过来又会制约人们的行动,人们就生活在由自己参与编织的社会关系网络之中。事实上,齐美尔认为相互作用的人际关系网络作为行动的基础,也是社会学需要研究的经验自由的前提:个体若脱离社会,就谈不上任何自由,生活中所有人的社会行动,都需要人际关系网络的支持与传承。② 齐美尔指出,"所谓社会生活,就是指各种社会因素之间的相互联系——这些相互联系一部分转化为瞬间的行动与反应,一部分表现为稳定的结构:诸如机关和法律、秩序和财产、语言和交往手段"③。如何看待个人与社会网络的关系?齐美尔的观点与当今社会理论大家吉登斯的结构化理论比较接近。齐美尔认为:

> 下列论点特别适用于社会生活的网络:没有任何织网的人真正知道他在织什么。当然,下述也是正确的,即只有当存在一种目标的意识时,我们才能发展出更加先进的社会结构。可是,社会结构的发展却——正如这点可以这样表述——外在于个人的目标意识。不在个人意识范围内的一种形式产生这些社会结构。虽然它们以这种方式发展,但是,这些更加先进的社会结构却影响个人。他将社会结构看作各种心理建构,这些建构有一种观念的存在,这种存在超出他

---

① 〔德〕盖奥尔格·齐美尔:《社会学——关于社会化形式的研究》,林荣远译,北京:华夏出版社,2002年,第4页。
② 参见郑作彧《齐美尔的自由理论——以关系主义为主轴的诠释》,《社会学研究》2015年第3期。
③ 〔德〕格奥尔格·西美尔:《宗教社会学》,曹卫东译,上海:上海人民出版社,2003年,第79页。

的意识的范围,并独立于他。这些建构构成公共属性的一个预先存在的部分。个人想用多少,就可以用多少公共属性的组成部分①。

显然,在齐美尔看来,人们有意识的行动会产生非预期的结果,社会结构的形成虽然是人们相互作用的产物,但很可能出乎参与者的意料。换言之,社会的性质与状态至少不完全是人们有计划的行动产物,它与人们的期望可能存在很大差距。不过,总的来讲,社会在根本上就是个人之间无休止的相互作用的动态过程,社会生活是不断建构的。至于个人,他既是社会的产物,又是自主生活的产物;他既为社会而存在,也为自己而存在。针对人的二重性,齐美尔有个简明的说法:"作为认识的一个对象,人是自然和历史的产物。但是,作为一个认知主体的人既生成自然、也生成历史。"② 可以说,个体与社会之间的辩证关系贯穿于齐美尔的全部社会学思想,在他看来,个人同时是社会的产物和成员:作为社会的产物,个人面对的是一个来自过去的社会形式;作为社会的成员,个人又编织进现时的社会存在中③。"在人、群体、形成物相互交织的复杂关系中,到处都存在着两重性:个体要求成为整体,而它属于更大的整体的从属性只能让它担任部分的角色。"④ 显然,齐美尔十分强调社会与个人所具有的二重性特征,主张个人与社会之间是相依共存、难以分割的关系,一切社会现实都不可避免地具有二重性。这样的观点得到了不少晚近社会理论家的认可,比如布迪厄就明确指出:"社会现实是两重存在的,既在事物中,也在心智中;既在场域中,也在惯习中;既在行动

---

① 〔德〕西美尔:《历史哲学问题——认识论随笔》,陈志夏译,上海:上海译文出版社,2006年,第63页。
② 〔德〕西美尔:《历史哲学问题——认识论随笔》,陈志夏译,上海:上海译文出版社,2006年,第二版序言第3页。
③ 参见〔英〕尼格尔·多德《社会理论与现代性》,北京:社会科学文献出版社,2002年,第32页。
④ 〔德〕G. 齐美尔:《桥与门——齐美尔随笔集》,涯鸿、宇声等译,上海:上海三联书店,1991年,第162页。

者之外，又在行动者之内。"①

著名的过程社会学家埃利亚斯（R. Elias）也认为，"站在一个更深的层次上看，相互构成了对方的个体和社会，都是无目的的。其中的任何一个，都不能离开另一个存在。"② 依据齐美尔的观点，每个人都被结合在社会关系的网络之中，这是人类生活无法摆脱的必然命运，这既使个体的生存与发展成为可能，又在一定程度上阻碍了自我的实现。换言之，各种生活形式既对个人产生影响，限制了随心所欲的自由发展，又允许个人拥有某些特殊的发展空间。某种意义上，个体只有在社会制度允许的范围内才是自由的，即个人自由永远受到各种制度规范的束缚③。当然，各种制度规范归根结底也是由人创造出来的，它们也不是僵死的、固定不变的。齐美尔的社会观不仅与后现代主义的基本主张比较接近，反映了现代社会的某些重要特征，而且也得到了当代一些著名理论大师的认同。比如鲍曼就指出，"社会"已经被越来越多地视为一种"网络"而非"结构"（更不用说一个稳定的"整体"）：社会被人们认识为包含各种随意性的联结和分离的矩阵，一个可能出现无数种排列组合方式的矩阵④。

看起来，齐美尔提出了一个带有一定循环性解释的观点：经历社会化的个体既是原因又是结果。一方面，个体是互动的动力来源；另一方面，他又是互动产生的社会结构和制度的结果。这为理解能动和结构之间的关系这个社会学的难题做出了有价值的尝试。事实上，齐美尔的观点反映了社会学的基本旨趣：关注我们的行动如何塑造了我们周围的世界、我们又是如何被我们所生

---

① 〔法〕皮埃尔·布迪厄、〔美〕华康德：《实践与反思——反思社会学导引》，李猛、李康译，北京：中央编译出版社，1998年，第172页。
② 〔德〕诺贝尔·埃利亚斯：《个体的社会》，翟三江、陆兴华译，南京：译林出版社，2003年，第11页。
③ 参见〔美〕刘易斯·A. 科瑟《社会学思想名家》，石人译，北京：中国社会科学出版社，1990年，第203页。
④ 〔英〕齐格蒙特·鲍曼：《流动的时代》，谷蕾、武媛媛译，南京：江苏人民出版社，2012年，第3页。

活其中的世界所塑造①。不难发现，齐美尔的观点与吉登斯非常相似。吉登斯认为，结构是在社会活动中被反复不断地组织起来的一系列规则或资源，社会系统的结构性特征并不外在于行动，而是反复不断地卷入行动的生产与再生产。对于构成社会系统的实践活动来说，结构既是它的媒介，又是它不断生成的产物。所谓结构化就是社会关系凭借上述结构的二重性，跨越时空而不断形成结构的过程。事实上，社会互动每时每刻都同时体现出循环和创生的特性，社会再生产并非意味着稳定不变，而是时刻蕴含着变迁②。在我国学者郑杭生、杨敏提出的社会互构论的重要思想中，也能找到齐美尔的影子。互构论的基本观点是，"个人和社会分别表现了人类生活共同体相互关联的二重含义：个人是社会的终极单元，社会则是个人的存在方式；从共同体的构成而言，它是众多的个人，从众多个人之间的关系上看，它就是社会。人类生活共同体的发展就是个人与社会的互构关系的演变过程"③。因此，齐美尔带有建构主义色彩的社会观即使在今天仍有被挖掘的潜力。

二 社会的过程性

齐美尔将社会视为由人们持续互动形成的不断变化的动态关系网络，将其看作建构性的、创造性的存在。社会不是静止的，它是一个永恒的过程。社会只要存在，社会化（即社会交往或社会相互作用）就不会停止。"在人当中，社会化一再结合着、重组着和重新结合着，成为一条链锁着个人的永恒的长流和搏动，哪怕在社会的生活没有上升为真正的组织的地方也是如此。"④ 齐美

---

① 〔美〕乔恩·威特：《社会学的邀请》，林聚任等译，北京：北京大学出版社，2008年，序言第11页。
② 参见〔英〕安东尼·吉登斯《社会的构成》，李康、李猛译，北京：生活·读书·新知三联书店，1998年。
③ 郑杭生、杨敏：《社会互构论：世界眼光下的中国特色社会学理论的新探索——当代中国"个人与社会关系研究"》，北京：中国人民大学出版社，2010年，第199页。
④ 〔德〕盖奥尔格·齐美尔：《社会学——关于社会化形式的研究》，林荣远译，北京：华夏出版社，2002年，第13页。

尔的社会观十分强调社会的流动性和过程性。个体生命充满着创造性的活力，社会生活也是丰富多彩、变动不居的。他曾对叔本华思想中的僵化性提出严厉批评，指责后者对变化强调不够①。"而生活的本质是要超越自身，要去除不再是自身的东西，要首创性地针对生活过程、针对生活规矩提出其它东西来。"② 在《桥与门》这篇著名短文中，齐美尔表达了这样的看法：社会生活就是一场个体与个体之间关系不断改变的运动，这些关系带着凝聚和分离这样的矛盾倾向，或者像桥那样连接，或者像门那样分隔。"社会历史在冲突、妥协、调和之中发展，渐渐地获得，迅速地失去，在适应社会群体与个性提升之间显现。"③ 与涂尔干正好相反，齐美尔看重的不是约束，而是社会的变异。因此，他更愿意谈论"社会化"而不是社会④。虽然，齐美尔非常关注社会的发展过程，但他又希望通过相对稳定的"形式"来把握社会的动态过程。他主张抽象地研究具体内容，并且致力于探讨社会生活的形式。"几何学也好，社会学也好，把各种内容或者整体现象的研究让其他的科学去完成，各种内容表现在它们的形式里，社会学观察整体现象的纯粹的形式"⑤。

社会形式的概念，在齐美尔那里主要是通过与几何学类比而得到的，大意是指连接社会中的人与人的互动因素的规则，或更广泛地说，就是社会的文化。例如，风俗、法律、道德和宗教等都是这类作为社会的人际互动秩序的形式。相对于行动内容（指引人行动的动机），社会形式乃是互动的结果，而家庭、宗教、经

---

① 〔德〕西美尔：《叔本华与尼采——一组演讲》，莫光华译，上海：上海译文出版社，2006年，第92页。
② 〔德〕G. 齐美尔：《桥与门——齐美尔随笔集》，涯鸿、宇声等译，上海：上海三联书店，1991年，第30页。
③ 〔德〕西美尔：《时尚的哲学》，费勇、吴燕译，北京：文化艺术出版社，2001年，第70页。
④ 参见〔法〕菲利普·卡班、让-弗朗索瓦·多尔蒂耶主编《法国视角下的社会学史与社会学思想》，吴绍宜主译，北京：北京大学出版社，2010年，第43页。
⑤ 〔德〕盖奥尔格·齐美尔：《社会学——关于社会化形式的研究》，林荣远译，北京：华夏出版社，2002年，第8页。

济组织和官僚机构等也可被看作互动与交往的社会内容的表现形式。不妨说，社会形式很大程度上反映了社会关系的各种样态。奥克斯批评，齐美尔自己关于形式概念的论述是含有较浓隐喻的、解说性的色彩，而不是分析式的。形式也许是齐美尔思想里最令人困惑或不易理解的概念：模糊、歧义、难以理解，但也是公理、自明的[1]。事实上，关于形式齐美尔说过一句相当玄妙的话，"形式的秘密在于：它是界限，它是事物本身，同时又是事物的终止，它是事物存在与不再存在的统一之点"[2]。英国学者斯温杰伍德（A. Swingewood）指出，"齐美尔所谓的形式是一个范畴或一组范畴，通过这种范畴，经验世界被转化为一个分类体系，一个兼有认识论和本体论性质的概念图式。从这一意义上说，法律、性别、社会都是形式。形式为多样而散乱的客观世界提供统一性：齐美尔认为形式概念是内在的，绝不能从环境或人工产物中演绎出来"[3]。可以说，生命与其形式的关系是齐美尔生命哲学的中心论题。生命的本质是永无止息的涌动，它总是试图摆脱旧形式的束缚，不断寻求新的形式来表达自己。齐美尔将社会、宗教、艺术等人类的一切文化形式以生命为链条联系起来，即将文化形式视为以生命内容为根源并为不断涌现出的生命内容加以塑形的精神性范畴。社会也可被视为以生命为根源，并从生命内容中抽取出来的形式，生命乃是维系人类文化、人类自然建构出来的诸多形式的根本纽带。实际上，齐美尔的形式概念有两种：一为内在形式，指生命的形式冲动本身，即主观文化或主体文化；一为外在形式，指生命的形式冲动的结果形成的客观文化或客体文化[4]。现代性文化危机就体现为主观文化与客观文化的分离，更进一步说，

---

[1] 参见〔德〕西美尔《历史哲学问题——认识论随笔》，陈志夏译，上海：上海译文出版社，2006年，盖伊·奥克斯所撰写的导论，第25页。
[2] 〔德〕G. 齐美尔：《桥与门——齐美尔随笔集》，涯鸿、宇声等译，上海：上海三联书店，1991年，第38页。
[3] 〔英〕艾伦·斯温杰伍德：《社会学思想简史》，陈玮、冯克利译，北京：社会科学文献出版社，1988年，第138页。
[4] 参见〔德〕西美尔《现代人与宗教》（第二版），曹卫东译，北京：中国人民大学出版社，2003年，刘小枫的编者导言，第18~19页。

就是客观文化快速发展以致主观文化无法控制和消化。

齐美尔之所以强调社会学要研究社会交往的形式，一个重要的原因是他认为社会交往的具体内容千差万别、丰富多彩，变幻莫测、难以掌控，而社会交往的形式相对稳定，更易把握一些。如社会冲突这种形式，其对应的具体内容可以是个体间的纠纷、家庭间的对抗以及国与国之间的战争，等等。需要指出的是，齐美尔一般被贴上"形式社会学家"的标签，似乎他只重视社会的形式而不是内容或过程。事实上，齐美尔非常看重社会的过程性、生成性和变化性，他之所以提出社会学要分析研究社会形式，是希望用相对稳定的形式去把握丰富多彩、变动不居的过程。也就是说，分析形式只是一种策略或手段，目的则是更好地认识过程。齐美尔明确指出，"社会当然绝不能说是物质，它本身不是具体的东西，而是一种事件的发生，是感受和促成的功能，感受和促成另一个人的事件发生的命运和形态"[①]。事件的发生当然意味着过程，而且隐含着某种不确定性，从上述引文也可以发现齐美尔是非常重视过程的。值得一提的是，解构主义的主要代表人物德里达也非常强调具有各种潜在可能性的事件的重要性。

总之，齐美尔将社会视为人们相互作用的动态过程，而作为社会互动产物的社会形式又具有一定相对独立性及物化趋向，即它会逐步发展出某种自主功能逻辑的性质。因此，一方面，个体是互动过程的积极的创造者，另一方面，他又要受到社会形式的影响与约束。这是社会研究中需要特别注意的。在齐美尔看来，社会的过程性就体现在个体化和社会化同时进行、相辅相成：人们在个体化实践中获得了社会性，同时又在社会化的活动中发展了个性。显然，齐美尔的社会观与正统的功能论的社会观有较大差异，后者将社会视为相对独立的系统，并且认为人的行为是受系统决定的。齐美尔对社会性质所做的探讨，他的带有建构论色彩的社会观是富有启发性的，诚如英国社会学家梅勒（P. Mellor）

[①] 〔德〕齐美尔：《社会是如何可能的：齐美尔社会学文选》，林荣远编译，桂林：广西师范大学出版社，2002年，第4页。

所言,"这一点非常重要,因为不对作为一个复杂现实的社会的本体论维度给以足够重视的话,社会理论家们就会误入歧途,对当代世界作出各种极端的、不合情理的判断"①。我国学者郑杭生、杨敏指出,个人与社会的关系问题是现代社会一切问题的根源,是社会学的基本问题,而在现实中该问题总是围绕着个人权益自主与社会权力规范展开的②。他们还用"同向谐变""逆向冲突"和"相互构建"来描述和概括现代个人与社会关系的一般特征,并强调个人与社会的相互构建是最为本质的关系③。大体上看,齐美尔带有建构主义色彩的社会观隐含着值得深入挖掘的理论资源,而且它比较接近后现代主义的基本主张,只不过后者的观点更加极端而已。

第三节 社会事实的建构

一 事实的建构特征

在齐美尔看来,社会事实不是给定的,不是客观存在的事物,而是在人际互动过程中不断定义和建构的产物,是行动者积极参与的结果。社会生活并不独立于人们获得经验的方式之外,社会成员一定会与共同体中的他人分享经验与认识,而经验事实也只有纳入社会生活的总体中才能得到理解。人们通过解释经验并赋予其意义的方式创造出了他们经历的社会世界。"人们可以从艺术角度出发去认识世界,也可以从宗教角度去理解世界;人们可从实践出发认识世界,也可从科学出发理解世界。同一内容在不同

---

① 〔英〕菲利普·梅勒:《理解社会》,赵亮员等译,北京:北京大学出版社,2009年,第206页。
② 郑杭生、杨敏:《社会互构论:世界眼光下的中国特色社会学理论的新探索——当代中国"个人与社会关系研究"》,北京:中国人民大学出版社,2010年,第21页。
③ 郑杭生、杨敏:《社会互构论:世界眼光下的中国特色社会学理论的新探索——当代中国"个人与社会关系研究"》,北京:中国人民大学出版社,2010年,第18页。

范畴下每次总可形成性质完全不同的宇宙观。"① 齐美尔进而指出，受偶然性动机的激发，人们可以建构出各种不同的世界面目，但不可能形成一个理想所追求的完整的世界面目②。因此，社会世界实际上是具有多重性（或多维性）的：

> 现实性绝对不是世界本身，而只是一种世界，除此之外还有艺术世界以及宗教世界，它们都是由同样的物质构成，但形式不同，前提也不一样……
> 所以，目的和基本前提将决定何种"世界"会被灵魂创造出来，现实世界只是众多可能世界中之一种。况且我们身上还有其他的基本要求，它们成了实践的普遍要求，依靠它们，同样也会产生出不同的世界来③。

进而言之，并不存在完全客观的事实，不同的时间、不同的环境、不同的个人，运用不同的方式会对事物有不同的看法，而这些不同的看法可能都是有效的。科学研究实际上也是对社会的一种重构，认识的主体与客体是相互依存的。"客体由认识的主体确立，主体由被认识的客体确立。两者互为条件：一方停止之处，就是另一方起始之处，两者存亡与共。"④ 社会世界是一个充满意义的世界，它并不是由存在于社会成员的主观经验之外的实体组成的。人们根据意义来观察、解释和体验世界，从而能动地建构自己的社会现实。重要的是，意义并不是外部社会所强加的，而是行动者在社会互动过程中不断创立和重建起来的。人们就生活在由自己创造的充满意义的符号世界里。社会结构不是独立的、

---

① 〔德〕G. 齐美尔：《桥与门——齐美尔随笔集》，涯鸿、宇声等译，上海：上海三联书店，1991年，第157页。
② 〔德〕G. 齐美尔：《桥与门——齐美尔随笔集》，涯鸿、宇声等译，上海：上海三联书店，1991年，第157页。
③ 〔德〕格奥尔格·西美尔：《宗教社会学》，曹卫东译，上海：上海人民出版社，2003年，第61页。
④ 〔德〕西美尔：《叔本华与尼采——一组演讲》，莫光华译，上海：上海译文出版社，2006年，第20页。

外在于行动者的,它并不是刚性的,只会强制性左右行动者,而不接受行动者的影响及改造。事实上,人们并不是被动地遵循一系列的社会规则,行动者参与了社会结构的生成和社会规则的制定。虽然社会结构可以影响甚至约束行动者,但并不能完全决定行动者的观念与行动。离开了行动者的参与,社会结构也就不复存在了。社会成员是社会事件的创造性解释者,他们通过自己的行动和解释赋予世界以意义。

关于经验世界,我们或许还能承认它是"我的表象"。我们只要认识到,它是根据我们的认识标准形成的一幅稳定图景,有关该图景的想象唤起了决定我们在世生活的实践反应,这就足够了[①]。

因此,现实中的人们是依据他们对事物的理解与解释而采取行动的,这些理解与解释是否"真实""正确"并不重要,只要行动者相信是真实的,就会做出相应的行动选择。这也是著名的"托马斯定理"[②] 所阐明的原理。在齐美尔看来,社会成员的内心世界及其相互作用建构起人们生活于其中的社会世界,"如果对社会的概念作最通俗的理解,那么,社会就是个人之间心灵上的交互作用"[③]。正因为如此,现代性问题很大程度上就是个人内心世界的改变过程,即是说,个体主观性在其中发挥着非常重要的作用。现象学社会学的创始人舒茨(A. Schutz,又译许茨)同意齐美尔的基本主张,也认为人们关于这个世界的所有的知识都包含着各种各样的构想,"严格说来,根本不存在这些作为纯粹而又简单

---

① 〔德〕格奥尔格·西美尔:《宗教社会学》,曹卫东译,上海:上海人民出版社,2003年,第35页。
② 又称情境定义,由美国社会学家 W. I. Thomas 和 D. S. Thomas 于 1928 年提出,意指一个人对情境的主观解释(或定义)会直接影响他的行为,"如果人们把某种情境定义为真实的,那么这种情境就会造成真实的影响"。
③ 〔德〕G. 齐美尔:《桥与门——齐美尔随笔集》,涯鸿、宇声等译,上海:上海三联书店,1991年,第239页。

的事实的事情。所有事实都从一开始即是由我们的心灵活动在普遍的脉络中选择出来的事实。因此,它们总是经过解释的事实——或者由于一种人为的抽象而被看作是与其脉络相脱离的,或者被看作是处于它们的特殊环境之中的"①。

齐美尔指出:"社会在完全不同于外部世界的意义上是'我的观念',也就是说,是建立在意识的能动性之上的。因为对我来说,另一个人的心灵具有与我本人一样的同一个现实,一种现实,它大大区别于一个物质的物的现实。"② 不像物质世界的客体可以相对独立于人们的影响与作用,社会事实全都渗透着人们的互动和反应,它们具有很强的社会建构的成分。这从齐美尔对穷人的分析中可以看得比较清楚,他说:"穷人作为社会学的范畴,不是由于某种特定程度的短缺和匮乏而产生的,而是因为他得到救济或者根据社会的准则应该得到救济而产生的。"③ 显然,在齐美尔的眼里,在很大程度上"穷人"不是一种独立于社会规范的"客观实在",而是一种社会产物——强烈依赖于人们对待他或她的态度,或者说"穷人"是人们运用一定符号系统建构出来的。循着这样的思路,各种社会问题在一定程度上都可以看作社会建构的产物。齐美尔的宗教社会学的研究也体现了类似的特点,与其他理论家不同,他特别注重探讨"宗教性",即一种普遍存在的社会精神结构,主要特征是个人与集体的关系表现为"融升华、献身、神圣、忠诚于一体"。他认为宗教并不存在于社会的彼岸,而是存在于社会关系之中,他的名言是"不是宗教创造了宗教虔诚,而是宗教虔诚创造了宗教"④。齐美尔的宗教观开启了彼得·伯格(P. Berger)的宗教社会学的论题以及托马斯·卢克曼(T. Luck-

---

① 〔奥〕阿尔弗雷德·许茨:《社会实在问题》,霍桂恒译,北京:华夏出版社,2001年,第31页。
② 〔德〕盖奥尔格·齐美尔:《社会学——关于社会化形式的研究》,林荣远译,北京:华夏出版社,2002年,第20页。
③ 〔德〕盖奥尔格·齐美尔:《社会学——关于社会化形式的研究》,林荣远译,北京:华夏出版社,2002年,第363页。
④ 〔德〕西美尔:《现代人与宗教》(第二版),曹卫东译,北京:中国人民大学出版社,2003年,第95页。

mann)的"无形宗教"的论题,而后面两位还合作撰写了社会建构论的开创之作《现实的社会建构》。[1]

二 客观观察的神话

一般认为,经验事实的真实性来自观察的客观性。其实,完全客观、中性的观察根本就不存在,最多只能视为一个美好的神话。齐美尔坚决否认存在完全中性的客观观察,并明确指出"'客观性'的价值不是对象的固有属性的复制的结果"[2]。观察的结果很大程度上是观察者与观察对象相互作用的产物,这其中观察者的主观性也发挥了非常重要的作用。那种旨在完全消除主观性的企图只能是自欺欺人[3]。齐美尔说,"我们相信所有存在的表象(Vorstellungen/representation)都是一种特殊的物理与心理组织的功能,它并非以任何机械的方式映照出外在世界"[4]。受到康德认识论的影响,齐美尔指出:"凡是实际存在的事物都是一个认识所根本不可能理解的统一体,而我们称之为实质含义的东西是一种主观范畴的反应。"[5] 在他看来,人们的整个生活(从其意识方面来看)是由价值感觉和价值判断组成的,人们的灵魂不是简单被动地反映现实的镜子,即便是客观的认知也只能从评价活动中产生。简言之,人们很大程度上生活在价值的世界里[6]。事实上,就连科学家也是社会化的存在者,他们的经验最终也只能是以语言为中介的解释。任何人都没有进入内在的思想过程或某种外部客

---

[1] 〔美〕彼得·伯格、托马斯·卢克曼:《现实的社会建构》,汪涌译,北京:北京大学出版社,2009年。
[2] 〔德〕西美尔:《历史哲学问题——认识论随笔》,陈志夏译,上海:上海译文出版社,2006年,第103页的脚注。
[3] 〔德〕西美尔:《历史哲学问题——认识论随笔》,陈志夏译,上海:上海译文出版社,2006年,第107页。
[4] 〔德〕西美尔:《货币哲学》,陈戎女等译,北京:华夏出版社,2002年,第44页。
[5] 〔德〕G.齐美尔:《桥与门——齐美尔随笔集》,涯鸿、宇声等译,上海:上海三联书店,1991年,第250页。
[6] 〔德〕西美尔:《货币哲学》,陈戎女等译,北京:华夏出版社,2002年,第4页。

观实在的特权。从这个意义上讲，存在的只有理论，没有"纯粹的"事实。换言之，所谓事实，就是通过一个框架或一种参照系所看到的，它就像理论一样，也是一种解释①。当代著名哲学家罗蒂（R. Rorty）曾明确指出，不可能有任何科学的"硬事实"，只有"一个共同体内部达成的硬约定"②。而著名古生物学家古尔德（S. Gould）给出了一个相对温和的说法："在科学当中，'事实'只意味着可靠到某种程度，如果不暂时表示同意就有悖常情。"③在后现代主义看来，任何观察总是经过了语言、性别、社会阶级、种族以及民族的透镜过滤的。不存在客观的观察，在观察者与被观察者的世界中，以及在二者之间，只有处于社会场景定位中的观察④。其实，"什么被视为社会真实"是直接与权力分配有关的——不仅在日常互动最世俗的层面上，而且在全球文化与意识形态层面上都是如此，这种影响可以说遍布于日常社会生活的任何一个角落⑤。

依据现代科学的成果，观察的生理过程可简要地表述为：外部环境发出的不同类型的信息刺激观察者的神经感受器，感受器接收信息并转换为神经冲动，通过神经纤维把经过整合了的信息传输到大脑皮层的特定部位进行综合处理，形成感知觉，最后又通过神经纤维将感觉信息传到效应器，进行反馈，产生行为⑥。简言之，观察不是一个被动接收感觉信息的过程，而是一个对信息进行接收、选择、分类、加工等更为复杂的过程。事实上，包括

---

① 〔美〕詹姆斯·皮科克：《人类学透镜》（第2版），汪丽华译，北京：北京大学出版社，2009年，第93~94页。
② 参见〔英〕戴维·罗宾逊《尼采与后现代主义》，程炼译，北京：北京大学出版社，2005年，第106页。
③ 参见〔美〕罗伯特·伯顿《人类思维中最致命的错误》，任小红译，北京：中国人民大学出版社，2010年，第172页。
④ 参见〔美〕诺曼·K. 邓津、伊冯娜·S. 林肯主编《定性研究：方法论基础》（第1卷），风笑天主译，重庆：重庆大学出版社，2007年，第23页。
⑤ Henri Lefebvre, *Everyday Life in the Modern World*, trans. Sacha Rabinovitch, London: Allen Lane, 1971, p. 215.
⑥ 桂起权、张掌然：《人与自然的对话——观察与实验》，杭州：浙江科学技术出版社，1990年，第6页。

自然科学在内的一切观察都"渗透着理论",它们不可能彻底剔除主观因素的介入。观察的经验并不完全取决于观察的对象,还取决于观察者本人过去的经验,他的知识,他的期望甚至他当时的情绪等。拥有正常感官的两个人即便从同一地方在同一物理环境下观察同一物体,也可能产生不同的视觉经验。例如同样一张病人的 x 光照片,一个受过专业训练的医生和一个没有这方面知识的普通人,他们的观察经验将会大相径庭,其根本原因就在于两种观察所拥有的理论背景不同。大量的"两可"图形也提供了类似的证明。说到底,一切观察都是"先入为主"的,都是有选择的,它摆脱不掉观察者的旨趣,去除不了一定的理论框架和文化背景。世上没有不受理论制约的绝对不变的中性观察,理论甚至能够改变人们的经验结构。观察依赖于理论的思想,早在实证哲学和社会学的创始人孔德、科学家和哲学家惠威儿(W. Whewell)、物理学家和科学史家迪昂(P. Duhem)等人的著作中已有深刻论述。充分认识到观察中渗透着理论更是当代西方科学哲学的一项重要成就,汉森(N. Hanson)、波普尔(K. Popper)、库恩、拉卡托斯(I. Lakatos)、费耶阿本德等著名学者都在各自著作中以丰富的事例、严密的逻辑为依据有力地支持了上述见解。现代认知心理学在这方面也做了大量实验和专门研究,进一步证实观察中渗透着理论的主张。[①]

当然,强调任何观察都渗透着理论,否认存在完全中性的观察,并不意味着要彻底放弃客观性,提倡没有约束的主观性。齐美尔明确指出,观察和研究中不能完全排除主观性,绝不是要鼓励偶然性和任意性,必须弄清楚的是,"这种'主观性'位于一个有明确界限的自由范围内"[②]。而追求客观性正是要超越纯粹的偶然性和任意性,通过与对象建立某种稳定的联系,来获得一定的

---

① 〔美〕玛格丽特·马特林:《认知心理学:理论、研究和应用》,李永娜译,北京:机械工业出版社,2016 年。
② 〔德〕西美尔:《历史哲学问题——认识论随笔》,陈志夏译,上海:上海译文出版社,2006 年,第 103 页的脚注。

确凿性和必然性[①]。在讨论交换价值时，齐美尔论证道：通过把一个对象与另一个对象交换，对象的价值被客观化了，其价值超越了单个的主体，这表明所谓客观性，就等于针对主体的普遍有效性[②]。确实，客观的观察的基本前提是，观察主体与客体之间形成较稳定的关系，且这种稳定的关系不依赖于特定的观察者，即是说观察主体是可以替换的。当代英国著名科学哲学家波普尔断言："科学陈述的客观性就在于它们能主体间相互检验。"[③] 美国物理学家和宗教学家伊安·G. 巴伯（I. G. Barbour）指出："我们主张，不应该抛弃'客观性'这个概念而应重新阐释它，并将主观的作用也包括进去。我们把客观性重新解释为主体间的可检验性和对一般性的认可。"[④] 在科学中，任何观察的结果都必须通过科学的语言公开地、明确地表述出来，以便人们进行广泛的交流和批判的检验，消除纯粹个人的主观偏见或消除私人性，从而达到某种共识。正是这一过程，使得科学的观察陈述普遍有效，并获得了某种客观性。在这里，语言发挥了很重要的作用，因为概念本身就是对现实的一种抽象，它去掉了个人独特的不可言传的感觉经验。正如著名哲学家罗素（B. Russell）所言，"我们越是接近逻辑上的完全抽象，不同的人在理解一个词的意义上所出现的无法避免的差别也就越小"[⑤]。科学的观察一方面有选择地忽略了特定事物的某些方面和属性，另一方面又有意识地消除了观察者个人独特的知觉经验。因而在科学里，纯属个人的知觉经验就没有立足之地。如果一个实验物理学家偶然碰到一个一去不复返的"奇异"

[①] 〔德〕西美尔：《历史哲学问题——认识论随笔》，陈志夏译，上海：上海译文出版社，2006年，第103页的脚注。

[②] 〔德〕西美尔：《货币哲学》，陈戎女等译，北京：华夏出版社，2002年，第23页。

[③] 〔英〕K. R. 波普尔：《科学发现的逻辑》，查汝强、邱仁宗译，北京：科学出版社，1986年，第18~19页。

[④] 〔美〕伊安·G. 巴伯：《科学与宗教》，阮伟等译，成都：四川人民出版社，1993年，第227页。

[⑤] 〔英〕伯特兰·罗素：《人类的知识——其范围与限度》，张金言译，北京：商务印书馆，1983年，第11页。

现象,他不会宣称自己已做出了一项科学发现,因为其他的科学界同行不能通过同样的实验操作,发现同样的现象。即便他宣称了,也不会为同行所接受并得到公认。在这里,需要指出的是,社会科学对客观性的理解和要求与自然科学相比,还是有一定差别的。社会科学的研究更强调同理、移情、将心比心,引起共鸣,并不一定要求能够进行简单明了的重复观察或实验检验。

一方面,齐美尔认为在所有科学中,客观性与主观性并不是完全对立的,根本不可能在研究中清除主观性;另一方面,他又认为社会科学的客观性程度低于自然科学,具有更大的弹性。他说,"既然是这样,科学的客观性包括这些形形色色的主观性的形式。客观性不能与其主观的基础相分离,主观性的这些要素也不能从历史认识的结果中被消除。相反,它们只能根据由方法论的和真实存在的范畴所提供的标准来评价和构成"[1]。在齐美尔看来,虽然社会科学(如历史认识)也要求一定的客观性,但"它比自然科学所要求的那种客观性更加易变、灵活和更少的结论性或确定性"[2]。就是说,社会科学与自然科学还是存在明显的差异的,完全按自然科学的标准来要求社会科学是不合适的。

总之,在齐美尔看来,不存在纯粹中性的观察,也不存在完全客观的事实。任何事实都有主观因素的参与,它在很大程度上依赖于人们之间达成的共识,说到底,社会现实不过是人们运用一定的符号系统建构出来的。而这样的观点与后现代主义的主张是比较一致的。

---

[1] 〔德〕西美尔:《历史哲学问题——认识论随笔》,陈志夏译,上海:上海译文出版社,2006年,第108页。
[2] 〔德〕西美尔:《历史哲学问题——认识论随笔》,陈志夏译,上海:上海译文出版社,2006年,第107页。

第五章 怀疑主义的认识论

齐美尔受康德认识论较大影响，持有同新康德主义者相似的学术趣味，即要像康德一样对科学的前提进行批判，要对社会和社会学何以可能的前提进行严肃探究，要揭示社会学研究背后隐含的"哲学任务"，要澄清社会学知识的性质与特征。而这种带有较浓厚批判色彩的认识论思考，又对齐美尔自己的社会理论与方法论产生了很大影响，并与后现代主义的主张相当接近。

第一节 挑战传统真理观

一 真理的相对性

齐美尔认为，并不存在绝对的真理，真理都是相对的，衡量真理的标准也不是一成不变的，它不过是一种功能关系而已[1]。在他看来，所谓"真"的东西既不以客观的确定性为基础，也不以主观的自我认定为基础，而是以关系为最重要的基础。比如事物的"真实"形象就取决于观察者的空间距离，不同距离的观察者会发现不同的"真实"[2]。这表明客观事物的真最终涉及的是认识主体和认识对象之间的关系。科学知识不是对外部世界的摹写或复制，不是一个简单的再现问题，它是人类创造性活动的产物。"世界虽然决定了，什么应该是我们的认识内容，但认识却先此决

---

[1] 〔德〕西美尔：《历史哲学问题——认识论随笔》，陈志夏译，上海：上海译文出版社，2006年，第240页。
[2] 〔德〕G. 齐美尔：《桥与门——齐美尔随笔集》，涯鸿、宇声等译，上海：上海三联书店，1991年，第238页。

定世界对我们来说能是什么样的"①。科学知识很大程度上依赖创造它的人,而不是仅仅取决于作为对象的客体。对此,齐美尔主要从以下两个方面进行了论述。

首先,人类创造的科学受限于人的生理结构与条件,即服从"人择原理"②。齐美尔同意康德与尼采的看法,相信我们的心灵构造只允许我们以特定的和有限的人类方式去思考实在。"人们只能认识那些精神本身适宜于形成认识的东西,这样,我们所认识的世界只是我们正在认识的精神产物。"③ 下面这段话比较清楚地表达了齐美尔的思想。

> 对于我们是"真的"的内容有着完全依赖于我们存在的模式的特殊结构——因为这是不被任何别的生物所分享的——但其真值是完全独立于其物理性的实现的。一方面一个事物有其组织与需要,另一方面,一个客观的存在是被给予的,这样就理想地建立了对于生物而言的真理。因为对于这个生物的真理意味着最有用的表象,一个选择就发生在其心理过程之间:那些有益的被普遍的选择方法固定下来,并且作为一个整体组成了表象的"真"世界④。

齐美尔的真理观带有一定的实用主义色彩,科学的真理依赖于创造它的人的特性,人的局限当然也会导致科学的局限性。那些在现实生活中普遍实用、比较有效的做法和看法,构成了真理的基础。某种意义上,真理无非是常识的延伸,它带有很强的人类活动的印迹。正如建构主义者所指出的,"除了我们的科学理论

---

① 〔德〕G. 齐美尔:《桥与门——齐美尔随笔集》,涯鸿、宇声等译,上海:上海三联书店,1991年,第16页。
② 该原理有多个版本,大意是指自然定律应该符合人类的基本逻辑思维方法。
③ 〔德〕G. 齐美尔:《桥与门——齐美尔随笔集》,涯鸿、宇声等译,上海:上海三联书店,1991年,第16页。
④ 〔德〕西美尔:《货币哲学》,陈戎女等译,北京:华夏出版社,2002年,第45页。

和实践之外,我们没有任何独立的途径去接近真实的存在物"①。当然,科学知识较之常识更加抽象、系统和精确。

其次,科学的对象依赖于研究者的选择或建构。任何物体都具有无数的方面和属性,而科学并不是对所有的方面和属性都感兴趣,科学只是聚焦于其中的某些方面或某些属性。同样的物体,在基于不同旨趣的学科框架中会呈现出不同的性质。齐美尔指出:

> 对于军事战略家来说,一个树丛构成一个实体;它与其它要素一道,组成了就他的目的而言十分重要的地形图。对于林业工人来说,单棵树是这个整体现象中引起他兴趣的实体;对于植物学家来说,他感兴趣的是单棵树的细胞;对于化学家来说,引起他兴趣的则是细胞的化学组成部分②。

也就是说,那种独立的基本实体在科学描述实在的概念框架中消失了,取而代之的是各种安置到不同学科概念框架中的实体概念。这些实体只有在一定学科概念框架中才有意义。这有点类似于绘画。"画像以下列方式形成和构成表面和表象,即实际所产生的是某种新的实体,只有当表象以某种新颖的方式被重新构成的时候,这种实体才是可能的。"③ 简言之,科学不是对实在的简单复制,它是一个创造性的过程,只有那些在科学的概念框架中有意义的实在才能成为科学的对象,在很大程度上,科学的对象就是研究者依据一定的理论框架建构出来的。

> 我们一般称之为对象的一切东西是预定目的和关系的一个复合体,它显示着对象的多样性,任何一个预定的目的和

---

① 参见〔美〕查尔斯·吉尼翁、大卫·希利《理查德·罗蒂》,朱新民译,上海:复旦大学出版社,2011年,第94页脚注。
② 〔德〕西美尔:《历史哲学问题——认识论随笔》,陈志夏译,上海:上海译文出版社,2006年,第135~136页。
③ 〔德〕西美尔:《历史哲学问题——认识论随笔》,陈志夏译,上海:上海译文出版社,2006年,第172页。

关系都可能成为一种特殊的科学的客体。任何一门科学都是建立在一种抽象的基础之上的，因为它从一种概念的观点出发，根据它的某一个方面，观察某一种事物的整体，而我们却不能通过任何科学把这个事物整体作为统一体来把握。面对一种事物和诸多事物的整体，任何科学的成长都是通过分工把整体分解为各种单一的品质和功能，在此之前，找到一个概念，概念可以把这些品质和功能分离出来，并且在其现实事物的整个存在中，按照方法上的相互联系来把握这些品质和功能①。

二　拒斥传统真理观

齐美尔确信真理是相对的，科学知识提供的也是一种相对的真理。是否存在知识的绝对基础是值得怀疑的，至少人类目前还未能一劳永逸地找到这个基础。"凡是实际存在的事物都是一个认识所根本不可能理解的统一体，而我们称之为实质含义的东西是一种主观范畴的反应。"② 在齐美尔看来，根本不需要教条地相信存在一个无法证明的唯一真理。

> 真理就像重量一样是一个相对的概念。我们关于世界的想象是飘浮在空中的。这是十分可以接受的，因为世界自己本来就是这样的。这并非词语偶然的碰撞，而是暗指一个基本联系。对于我们的心灵而言，通过证据知晓真理内在的必需性，或者将真理的发现导向无穷，或者将之导向一个圆环，以便一个陈述只有在相关于另一个时才是真的。这别的一个，无论如何，最终只会与另一个联系起来。那些我们的知识之整体之真就像物质整体之"重"一样，关于部分的相互关系

---

① 〔德〕盖奥尔格·齐美尔：《社会学——关于社会化形式的研究》，林荣远译，北京：华夏出版社，2002年，第3页。
② 〔德〕G.齐美尔：《桥与门——齐美尔随笔集》，涯鸿、宇声等译，上海：上海三联书店，1991年，第250页。

的断言如果被宣布为适用于整体的话就可能会导致矛盾①。

齐美尔不仅断言真理是相对的,而且坚信正因为是相对的所以它才是有效的。多种不同的、看似冲突的探究问题的视角,可能各自都揭示了问题的某一方面的属性,从而整体上具有一定的互补性。每种视角在其自身限度内发挥着有效性,但并不排斥、否认其他视角在其自身限度内的有效性。所以,应该提倡视角多元主义,反对将问题的答案单一化、凝固化的做法。可以看出,齐美尔具有较强的反基础主义的倾向,其认识论带有明显怀疑主义和批判主义的成分,这也是后现代主义的重要特征。

在认识论上,齐美尔对非此即彼、非黑即白的二元思维方式也给予了严厉批判。"我觉得大多数是非选择题已经不能作简单的肯定或否定,不能决定非把某个颇有疑问的概念列入这一或那一哲学现象。"② 他认为局限于是非两个选项的思维方式或逻辑概念是非常狭隘与不合适的,是令人痛心的哲学危机的一种表现,应该积极探索可能的第三种解释途径:"目前逻辑上成立的概念间抉择已经失灵,人们要求尚未成章的第三种解释出现,这一切比任何现象都清楚地表明,通过精神表达来证明我们生活内容的手段已远远不够,它们已经不能深入我们所要表达的东西,它们要飞跃,要突破,要寻找新的形式。"③ 显然,在这个问题上齐美尔的观点和后现代主义也是不谋而合的。事实上,齐美尔的科学观具有较浓的建构主义的色彩,这与后现代主义及科学知识社会学的主张是一致的。后现代主义坚决反对给定实在论和真理符合论(或科学再现论),它认为科学取决于从事科学研究的社群在历史上偶然的特殊兴趣和目的,评判科学理论的元方法基础是不存在

---

① 〔德〕西美尔:《货币哲学》,陈戎女等译,北京:华夏出版社,2002年,第44页。
② 〔德〕G. 齐美尔:《桥与门——齐美尔随笔集》,涯鸿、宇声等译,上海:上海三联书店,1991年,第103页。
③ 〔德〕G. 齐美尔:《桥与门——齐美尔随笔集》,涯鸿、宇声等译,上海:上海三联书店,1991年,第107页。

的，科学信念的最好解释可能是相关社群的社会历史[1]。

第二节 质疑科学知识的性质

一 科学的发展性

科学知识是不断发展的，并具有一定的约定成分。齐美尔认为，科学的发展是一个由笼统逐步趋于精确的过程。科学探究始于宽泛的概念和一般的思考，起初会建立一些相当一般的规范和非常综合的法则，利用少量高度抽象的概念来理解存在的整体。之后，科学致力于对部分及其相互关系的深入探讨，分析复杂的概念和现象。对此，齐美尔做了非常生动的描述。

> 这时，科学研究开始追求构成存在的整体织物的主线的各条单独织线——原始的科学设法将它作为一个整体来理解，而不必认识它的结构。在表面上或现象的表面的方面所观察到的某种关系或其他关系，被提升到一般规律的地位——至少在找到它的原因和确定这种关系本身的偶然性和巧合之前，情况就是这样的。由此开始，这个新的原因被看作公认一般的规律。然后，几乎肯定会发生的情况是，这个新的、公认一般的规律同样遭到被扬弃的命运[2]。

科学知识带有假设与约定的性质，它不是固定不变的，而是会随着社会的变迁、时代的更替、精神的发展、认识的提高等，发生较大的改变或修正。"科学假定，组织的、心理的、伦理的与社会的形式不是绝对稳定的，而是不断发展的，在这一发展中每一个元素都有一个为自己的过去与将来所确定的严格限定的位置。

---

[1] 〔美〕查尔斯·吉尼翁、大卫·希利：《理查德·罗蒂》，朱新民译，上海：复旦大学出版社，2011年，第92页脚注。

[2] 〔德〕西美尔：《历史哲学问题——认识论随笔》，陈志夏译，上海：上海译文出版社，2006年，第140~141页。

它业已放弃了对于事物本质的追求,并且妥协于从我们人类的精神的视点来看客体与人类精神之间的关系。"[1] 在齐美尔看来,科学探究的过程是无止境的,它没有任何有限的可以到达的终点。

齐美尔同意这样的观点:人的认识是从实践的必然性发展起来的,因为知晓真理是生存斗争中的一种武器。但他又认为,人的认识一旦发展起来就具有一定的独立性,不再仅仅是生存斗争实践的直接产物。它可能已经由一种为了达到行为本身的目的所采用的单纯的手段,演变成为一种最终的目的。结果是,认识与实践成为一种既相互独立又相互作用的关系。即是说,认识的发展一方面要受到社会实践、社会需求的极大影响,另一方面又有自己内在的发展逻辑。"认识甚至在采取科学的独断专横的形式之时,也并非处处都打断同实际的利益的关系,虽然这些关系现在不是作为实际利益的纯粹的成果出现,而是作为两个拥有独立权利的、现存的王国的相互作用出现的。"[2] 社会学的产生与发展符合上述原理。"社会学的科学一般提出的要求是在理论上继续和反映19世纪群众对于个人的利益所达到的实际力量。"[3] 人们突然感觉到,"任何个体的现象从根本上讲都是由它的周围的各阶层的人的无可估量的影响决定的"[4]。社会大众普遍认识到任何个人都生活在与其他人的相互影响之下,这是社会学产生的前提,而这只有在社会发展到一定阶段才可能出现。社会学是大众权力增加的产物,也是大众文化的反映。很大程度上,社会学的产生与发展是和现代社会中产阶级的诞生与崛起密切相关的。可以说,正统的社会学更多反映的是西方白人男性中产阶级的观点与利益。当然,在当代这种正统的社会学已经受到广泛的批判与质疑。其实,

---

[1] 〔德〕西美尔:《货币哲学》,陈戎女等译,北京:华夏出版社,2002年,第41页。
[2] 〔德〕盖奥尔格·齐美尔:《社会学——关于社会化形式的研究》,林荣远译,北京:华夏出版社,2002年,第1页。
[3] 〔德〕盖奥尔格·齐美尔:《社会学——关于社会化形式的研究》,林荣远译,北京:华夏出版社,2002年,第1页。
[4] 〔德〕盖奥尔格·齐美尔:《社会学——关于社会化形式的研究》,林荣远译,北京:华夏出版社,2002年,第1页。

齐美尔早已意识到正统社会学可能存在的局限，他之所以大力倡导多元主义的视角，就是为了尽可能地消除或减少这种局限。

总之，齐美尔强调包括自然科学在内的一切知识都是不断发展的，并受到社会与文化因素的很大影响。在他看来，科学其实是一种社会的、历史的和文化的人类活动，科学"真理"总是在变化，很大程度上，科学"规律"是人类权宜的建构，也就是说人类是在发明而不是在发现不变的"自然规律"。从某种意义上讲，科学的发展依据的是科学家们所处的文化环境，是后者决定了科学家们的实践和理论选择，而不是演绎法和归纳法的准则[①]。上述观点为知识社会学以及科学知识社会学奠定了基础。事实上，齐美尔的两名学生舍勒与曼海姆就是现代知识社会学的重要代表及开拓者。强调科学知识受到社会与文化因素的影响，突出科学的建构性特征，也与后现代主义的主张相吻合。

二　科学的新观点

齐美尔对传统的实证主义科学观给予了批驳，并提出带有一定建构主义色彩的科学观，而这与当代科学知识社会学的主张比较接近，也与后现代主义的看法不谋而合。下面简要讨论当今的科学观。

其实，要给科学下一个严格的定义是困难的，甚至是不可能的。因为科学本身是一种异常复杂的人类现象，其内容和形式都在不断地变化，人们从不同的角度考察科学，会得出不同的结论。与此相应，科学的特性也难以确定。科学哲学中实证主义流派将科学视为一种知识的典范，长期致力于对科学特性、科学功能等诸多问题的探讨，在学术界产生了较大共鸣，其观点构成了正统科学观的基础，普通大众大都也接受了它们。受正统科学观的影响，以往的学者在界定科学时，更加注重科学的认知维度，大体上将科学看作人类运用理性（或主要通过理性）来探求系统的可检验的描述和解释经验世界运行的一种认识活动以及由此得出的

[①] 参见〔英〕迪姆·梅《社会研究：问题、方法与过程》（第3版），李祖德译，北京：北京大学出版社，2009年，第34页。

系统化（有条理的）知识。科学的主要目标是在最大可能的领域内获得理性意见的一致[1]。科学的特性如同科学的定义，也是众说纷纭，没有定论。但正统的科学观还是提供了比较一致的看法。著名科学哲学家内格尔（E. Nagel）在其名著《科学的结构》一书中指出，与常识相比，科学具有以下特性：系统性、精确性、可错性或可变化性、对功利价值的中立性、批判性[2]。库恩认为，依据正统观念，好的科学理论具有 5 个基本特征：精确性、一般性、广泛性、简单性、有效性[3]。社会学家巴比（E. Babbie）也列举出科学的下述特性：逻辑性、决定性、普遍性、经济性、明确性、经验可检验性、主体间性、可修正性[4]。科学社会学的创始人默顿从制度性规范的角度考察科学的特性，认为科学的制度性目标是扩展被证实的知识（即经验上被证实的和逻辑上一致的规律似的陈述），并得出普遍主义、公有主义、无私利性和有条理的怀疑主义构成了现代科学的精神气质的结论[5]。

需要强调的是，上述关于科学特性的归纳具有一定的片面性，属于比较正统的科学观，而它们大都受到科学哲学中的逻辑实证主义的强烈影响，都错误地认定自然科学具有严格的客观性、精确性、普遍性、可证实性、预见性，等等。当代科学哲学及科学知识社会学（也包括某些后现代主义者）对以逻辑实证主义为基础的正统科学观进行了比较彻底的清算，它们通过考察科学的发展史，得出了一些迥异于以往的重要结论。

首先，科学并不是价值中立的。当代科学哲学家都否认存在完全客观的中性的观察，认为"观察渗透着理论"，科学并不是建

---

[1] 〔美〕约翰·齐曼：《可靠的知识——对科学信仰中的原因的探索》，赵振江译，北京：商务印书馆，2003 年，第 5 页。
[2] Ernest Nagel, *The Structure of Science*, Hackett Publishing Company, 1979, p. 4.
[3] 〔美〕托马斯·库恩：《必要的张力》，纪树立、范岱年、罗慧生等译，福州：福建人民出版社，1981 年，第 315～316 页。
[4] Earl R. Babbie, *Survey Research Methods*, Wabsworth Publishing Company, 1973, pp. 10－19.
[5] 〔美〕罗伯特·K. 默顿：《社会研究与社会政策》，林聚任等译，北京：生活·读书·新知三联书店，2001 年，第 6 页。

立在所谓客观的经验检验基础之上的，科学理论的选择也没有一种可依据的客观的合理的标准，"范式"（库恩）、"研究纲领"（拉卡托斯）、"研究传统"（劳丹）、"高层背景理论"（费耶阿本德）等这样的"大理论"才是决定科学意义和可接受性的基础，而这些大理论本身就不是经验上可检验的。科学不可避免地带有根本无法消除的形而上学和意识形态的成分。科学知识社会学主张，科学知识像一切其他知识一样，不过是处于一定的社会建构过程中的信念，它们都是相对的、由社会决定的，都是一定的社会情境之中的人们进行协商的产物[1]。后现代主义的代表人物福柯则通过"知识考古学"和"权力谱系学"的系列研究，揭示出科学与权力的紧密关系：它们其实是直接相互指涉、相互支持的。他明确指出："我们应该承认，权力制造知识（而且，不仅仅是因为知识为权力服务，权力才鼓励知识，也不仅仅是因为知识有用，权力才使用知识）；权力和知识是直接相互连带的；不相应地建构一种知识领域就不可能有权力关系，不同时预设和建构权力关系就不会有任何知识。"[2] 在后现代主义者看来，"科学不是真理的不偏不倚的裁判，它不能无视相互争斗的社会力量，科学被认为是一个相当偏私的参与者，利用自己的地位使某些社会、政治和经济力量合法，而使另一些力量非法"[3]。

其次，科学不能排除非理性的因素。库恩认为科学的发展是范式的转换，而科学范式不是理性的产物，它是科学家的灵感、想象、直觉和偏好的必然结果。费耶阿本德则提出科学本身只是一种类似迷信的信念，科学研究既可以用理性的方法，也可以用非理性的方法。他说："没有'混沌'，就没有知识。不频频弃置理性，就不会进步。""只要是科学，理性就不可能是无所不在的，

---

[1] 参见〔英〕大卫·布鲁尔《知识和社会意象》，艾彦译，北京：东方出版社，2001年。

[2] 〔法〕米歇尔·福柯：《规训与惩罚》，刘北成、杨远缨译，北京：生活·读书·新知三联书店，1999年，第29页。

[3] 参见〔美〕大卫·格里芬《后现代科学——科学魅力的再现》，马季方译，北京：中央编译出版社，1995年，第11页。

而非理性就不可能加以排除。"① 许多科学家认为,"在科学界中,坚定地甚至是非理性地倾向于某个人的思想是必要的,因为如果没有这一点,研究者们就无法完成长期而艰辛的研究项目,或者无法承受住不可避免地遇到的难以对经验世界进行探索的失望"②。在科学知识创造、证明和维护的过程中,非正式的、未详细阐明的、直觉性的等要素发挥着重要的作用,诚如维恩总结的,"科学的形式合理性至少部分地借助于社会和学术倾向而构建的辩护形式"③。著名的科学社会学家科尔(S. Cole)通过研究发现,科学并不是什么由理性规则支配的活动,"科学是客观性很弱的事业"④。

再次,科学中不存在某种超越历史的、普遍有效的方法论。"许多所谓的方法、概念或标准,过去被认为是科学探索可能性的必要条件,现在证明不是了"⑤。费耶阿本德更是直截了当地说,没有任何单一的程序或单一的一组规则能够构成一切研究的基础并保证它是"科学的""可靠的",他的结论是"一切方法论都有其局限性,唯一幸存的'法则'是'怎么都行'"⑥。马尔凯(M. Mulkay)也明确指出:"科学知识,以及所得的科学共识,不是经由确切的证明与反驳来获得的。科学家们总要面对极大的不确定性和不明确性。……对研究纲领的采纳和拒绝是一更为实事求是的过程,且极大地受到科学家的相对狭隘的利益的影响。"⑦

---

① 〔美〕保罗·法伊尔阿本德:《反对方法——无政府主义知识论纲领》,周昌忠译,上海:上海译文出版社,1992年,第147页。
② 参见〔英〕迈克尔·马尔凯《科学与知识社会学》,林聚任等译,北京:东方出版社,2001年,第87页。
③ 〔英〕迈克尔·马尔凯:《科学与知识社会学》,林聚任等译,北京:东方出版社,2001年,第119页。
④ 〔美〕史蒂芬·科尔:《科学的制造——在自然界与社会之间》,林建成、王毅译,上海:上海人民出版社,2001年,第19页。
⑤ 〔美〕达德利·夏佩尔:《理由与求知》,褚平、周文彰译,上海:上海译文出版社,1990年,第446页。
⑥ 〔美〕保罗·法伊尔阿本德:《反对方法——无政府主义知识论纲领》,周昌忠译,上海:上海译文出版社,1992年,第256页。
⑦ 〔英〕迈克尔·马尔凯:《科学与知识社会学》,林聚任等译,北京:东方出版社,2001年,第107页。

诺尔-塞蒂纳（K. Knorr-Cetina）同样强调了科学程序中所固有的"不确定性"和"与境"（context）的偶然性，并把这种与境的偶然性与一种机会主义的研究逻辑联系起来，认为不确定性促成了科学的变化。她还大力提倡科学研究中的"敏感的"（sensitive）方法论，以反对传统的"客观的"方法论①。

最后，科学分界存在模糊性。库恩认为科学划界没有统一的超历史的绝对标准，随着范式的更替，科学的标准、科学与非科学的界限也相应地发生改变。在费耶阿本德看来，科学是一个复杂的、异质的历史过程，"科学到处都在利用非科学的方法和非科学的成果来丰富自己，而那些常常被看作科学之必要部分的程序却被打入冷宫"②。因此，科学和非科学之间并不存在明白无误的分界，"科学同神话的距离，比起科学哲学打算承认的来，要切近得多"③。他进而认为"科学和非科学的分离不仅是人为的，而且也不利于知识的进步"④。与此类似，罗蒂反对科学在社会文化领域中无与伦比的权威，认为科学并不具有特别的认识论的地位，它只不过是众多话语的一种形式。劳丹（L. Landan）也指出应该消解科学的分界问题，并对一些学者提出的科学分界的标准进行了批驳⑤。巴恩斯（B. Barnes）强调，一切知识都是通过模型和隐喻的发展和扩展而增长的，所有有效性的声称始终都是暂时性的，"因为任何'证明的环境'必然总是以协商的约定和共享的范例为基础的"⑥。

---

① 参见〔奥〕卡林·诺尔-塞蒂纳《制造知识——建构主义与科学的与境性》，王善博等译，北京：东方出版社，2001年，第31~36页。
② 〔美〕保罗·法伊尔阿本德：《反对方法——无政府主义知识论纲领》，周昌忠译，上海：上海译文出版社，1992年，第265页。
③ 〔美〕保罗·法伊尔阿本德：《反对方法——无政府主义知识论纲领》，周昌忠译，上海：上海译文出版社，1992年，第255页。
④ 〔美〕保罗·法伊尔阿本德：《反对方法——无政府主义知识论纲领》，周昌忠译，上海：上海译文出版社，1992年，第266页。
⑤ 参见陈健《科学划界——论科学与非科学及伪科学的区分》，北京：东方出版社，1997年，第67~69页。
⑥ 〔英〕巴里·巴恩斯：《科学知识与社会学理论》，鲁旭东译，北京：东方出版社，2001年，第212页。

科学家坦率地承认，在他们自己的圈子里，他们容易受到流行趋势的左右，在科学学中他们是文化相对主义流行时尚的见证人[1]。

总之，需要再次强调的是，科学本身是不断发展变化的，人们对科学的认识也在不断地深化。"许多过去被认为是科学之本质的、定义性的特征，现在证明不是了。"[2] 以往过分强调科学的因果决定论的、机械还原论的、客体的、精确的、定量的、直线的、平衡的、简单化的等特性，如今被认为是相当狭隘的，直觉的、生态的、主体的、模糊的、定性的、非线性的、不平衡的、复杂化的，等等，也可以是科学的特性[3]。可以说，科学知识是通过磋商过程而确立起来的，是在社会互动过程中通过对文化资源的解释而建构起来的，说到底，它们无非是处于特定文化和社会背景中的具体行动者群体所认为适当的主张[4]。劳斯（J. Rouse）指出，在特定的社会情境之外论证科学主张是没有人理会的，"科学主张是在修辞空间中确定的，而不是在逻辑空间中确定的；科学论证的目标是为了合理地说服同行专家，而不是为了证明独立于情境的真理"[5]。正如上面阐述的，当今自然科学的最新发展以及有关科学哲学和科学知识社会学（SSK）的研究成果已显示，关于科学的传统观念有失偏颇，科学的诸多特性只具相对意义，科学的形象正在发生较大的改变。而比较难得的是，齐美尔的科学观现在看来还有一定生命力，还能给人以有益的启迪。

---

[1] 参见〔美〕约翰·齐曼《真科学》，曾国屏、匡辉、张成岗译，上海：上海科技教育出版社，2002年，第195页。

[2] 〔美〕达德利·夏佩尔：《理由与求知》，褚平、周文彰译，上海：上海译文出版社，1990年，第446页。

[3] 〔美〕弗·卡普拉：《转折点——科学·社会·兴起中的新文化》，冯禹、向世陵、黎云编译，北京：中国人民大学出版社，1989年；〔美〕大卫·格里芬：《后现代科学——科学魅力的再现》，马季方译，北京：中央编译出版社，1995年。

[4] 〔英〕迈克尔·马尔凯：《科学与知识社会学》，林聚任等译，北京：东方出版社，2001年，第124页。

[5] 〔美〕约瑟夫·劳斯：《知识与权力——走向科学的政治哲学》，盛晓明、邱慧、孟强译，北京：北京大学出版社，2004年，第124页。

第三节　批判历史实在论

一　历史的建构性特征

基于建构主义的社会观，齐美尔旗帜鲜明地批驳了那种所谓的历史实在论——该派认为历史科学就是"如其实际发生地"展现各个事件。他有时也把历史实在论称为"自然主义"或"历史经验主义"。齐美尔认为，历史实在论那种看似有理的复制论、反映论实际上是站不住脚的，经不起稍微严格的质疑。首先，现代自然科学的成就已经表明如下的"认识论的实在论"是错误的：它把真理解释成思维与其对象之间——从一个镜像的意义上讲——的一种符合，而这个对象必然外在于它所对应的思维。"根据数学公式或各种原子、根据机械论或物力论对真实事件的描述只是一套符号，即由心理范畴所构建的一个建构。它只是描述认识对象的符号系统。我们容易看到无论从何种意义上讲，这种描述都不是对象本身的精确复制。"① 换言之，真理符合论是不成立的，科学知识无非是一种语言符号的建构。其次，在齐美尔看来，任何对社会世界的描述当然也不是、也不可能是对其的精确复制，而是一种心智活动的创造物，是一种运用符号的建构。人们必须明白，每种认识形式都描述了从直接给定的材料到一种有其固有的形式、范畴和要求的新语言的转换。"为了有资格成为认识的对象，事实的某些方面被置于突出的位置，而另一些方面则被归类到不再重要的范畴内。某些特征被强调。某些内在的关系被建立在概念和价值的基础上。所有这一切——正如我们可以这样说——超越了实在。作为认识对象的事实被形成为新的建构，这些建构有其自身的规律和特有的性质。"② 显然，在齐美尔看来，

---

① 〔德〕西美尔：《历史哲学问题——认识论随笔》，陈志夏译，上海：上海译文出版社，2006年，第90页。
② 〔德〕西美尔：《历史哲学问题——认识论随笔》，陈志夏译，上海：上海译文出版社，2006年，第91页。

并非历史事件规定人必须怎样开展对某一历史事件的认识，而是人自身的感官体验、知性范畴和理性推理主动建构了自身对某一历史事件的认识。齐美尔的观点突出了社会世界、社会事实、科学知识以及历史的建构性面向，而这正是后现代主义所特别强调的地方。

齐美尔指出，"不存在任何历史：存在的只有各种历史学。既然任何历史都够不上一种复制，那么，一种历史仅能描述将一个特异的问题结构应用到实在的原始材料上的一个实例"①。其实，历史都是由不同的历史学或不同的历史学家借助一定的语言符号呈现的。齐美尔的观点非常明确：历史真理不是单纯的复制，它更多的是一种心智的创造性活动。历史需要揭示原始材料的含意和价值，而"这些含意和价值以产生一个新的建构的方式构成过去，即符合我们所强加的标准的一个建构"②。即是说，历史是在某种理论的指导下，按照一定的方式或原则组织或建构起来的。齐美尔讲过一段非常形象的话："历史用原始材料的碎片编织一幅织物，这些碎片已经由突出重点和省略的过程所转变。这幅织物的经纬和范畴十分不同于由具体实在所显示的那些经纬和范畴。"③齐美尔还将历史学与文学做了有趣的对比，并进一步强调了历史学的建构性特征。

> 文学创作过程开始于随心所欲的虚构。接着，这种创造性的虚构必须根据已经确立的现象的规律来构成。结果是一部脱稿的文学作品，它遵循下列信条。"虽然我们自由地跨出第一步，但是，我们是第二步的奴仆。"历史仅调换了这个信条。在历史中，探究开始时所用的事实材料决定了第一步。

---

① 参见〔德〕西美尔《历史哲学问题——认识论随笔》，陈志夏译，上海：上海译文出版社，2006年，盖伊·奥克斯所撰写的导论，第19页。
② 〔德〕西美尔：《历史哲学问题——认识论随笔》，陈志夏译，上海：上海译文出版社，2006年，第91页。
③ 〔德〕西美尔：《历史哲学问题——认识论随笔》，陈志夏译，上海：上海译文出版社，2006年，第95页。

不过，在把这种原始材料形成到一个历史过程的整体中时，历史学家是自由的。这是因为这一步取决于历史学家主观的范畴和建构①。

齐美尔还指出了历史学与自然科学的重大差异："与自然科学不同，在历史中，是一颗心向另一颗心倾诉。"② 接着，他做了如下的说明："我们必须看到历史认识的对象是个人特征。它不能通过逻辑演绎来理解。相反，它只能由另一个拥有这种相同的个人特征的属性的人，从心理学上进行理解或掌握。方法论规范的要求接着被应用于这种心理学的理解，即一种从某种意义上讲不可避免地是主观的理解形式。结果就是历史科学的一个概念。"③ 看来，齐美尔的历史学更强调对历史人物的主观理解，而不是对各种制度结构的客观分析。不过，历史研究也不是研究者随心所欲、不受任何约束的活动，它也要遵守某些方法论的规范，并确保一定的客观性。他说，"考察这些方法论的规范——没有这些规范的话，客观认识将是不可能的——与历史题材所基于的独特的主观性之间的关系。这不是一种中性的或不偏不倚的关系——正好相反。至于历史认识，这些规范允许有某种客观性，它比自然科学所要求的那种客观性更加易变、灵活和更少的结论性或确定性"④。也就是说，在齐美尔看来，历史学的主观色彩更浓，历史研究虽也追求一定的客观性，但它的客观性程度要比自然科学低。另外，历史学与自然科学的差异，很大程度上体现在研究旨趣的不同：自然科学旨在发现普遍的规律，而历史学则注重对特定事件的理解。

---

① 〔德〕西美尔：《历史哲学问题——认识论随笔》，陈志夏译，上海：上海译文出版社，2006年，第109~110页。
② 〔德〕西美尔：《历史哲学问题——认识论随笔》，陈志夏译，上海：上海译文出版社，2006年，第104页。
③ 〔德〕西美尔：《历史哲学问题——认识论随笔》，陈志夏译，上海：上海译文出版社，2006年，第107页。
④ 〔德〕西美尔：《历史哲学问题——认识论随笔》，陈志夏译，上海：上海译文出版社，2006年，第107页。

对自然科学来说,重要的是规律;就历史而言,则是规律所适用的案例。进一步说,历史学的角色不是自然科学的一个侍女,它提供将在归纳或其它理由的基础上导致规律认识的原始材料。相反,只有当一个特定事物是个体和单独的时候,事物才被置于历史兴趣的中心点上。并且,与自然科学截然不同,规律的认识只是这些规律所适用的各种单独合成和实体的证实和分析的一个工具[1]。

齐美尔认为,自然科学和历史学,一个根据其推理法则的规律性,一个根据其自身内在有意义的、单独的结构对特定事物的理解,它们属于对同质的实在多重性的分析的两个不同的范畴。齐美尔的上述观点,与德罗伊森、狄尔泰、李凯尔特等人的思想很接近。比如,德罗伊森就明确指出,历史考察的应该是个体,是新颖而别样的东西。而且他否定了资料具有"客观性"的庸俗看法,声称历史学家不仅可以,而且应该根据自己特有的观念去解释和思考历史;历史学家应该根据自己的"问题"展开研究,利用文献来"理解"过去人的所思所愿,以及推动人类行动的重大"思想"[2]。需要特别指出的是,齐美尔的思想中带有较强的建构主义的色彩,他强调了实在和历史的建构性特征,指明了研究旨趣对知识生产的重要性。他说,"有一种明确的兴趣可以被归属于我们实在的建构的某些(但不是全部)内容。这种兴趣必须与关于存在的兴趣联系起来,以便在无限实在的多重性中识别什么是历史地重要的"[3]。简言之,历史是人们依据一定的旨趣、标准或原则建构出来的符号系统。受到齐美尔的影响,社会学符号互动论的奠基者米德也认为,"过去"是一个建构的产物,"过去所

---

[1] 〔德〕西美尔:《历史哲学问题——认识论随笔》,陈志夏译,上海:上海译文出版社,2006年,第204~205页。
[2] 参见〔意〕卡洛·安东尼《历史主义》,黄红艳译,上海:上海人民出版社,2010年,第133页。
[3] 〔德〕西美尔:《历史哲学问题——认识论随笔》,陈志夏译,上海:上海译文出版社,2006年,第206页。

涉及的是将现在放在其限定性阶段中对它进行的解释,正是这一解释工作才使理智行为得以进行。当然,显而易见的一点是构建过去的材料就在现在中"[1]。雷蒙·阿隆在他的博士论文《历史哲学导论》(1938 年)中,像齐美尔一样对历史实证主义(即历史实在论,它在当时及其后一段时期曾统治法国高校)发起了猛烈攻击,他运用严密的逻辑和丰富的事例论证:对历史的理解不能与企图理解历史的人的立场和局限割裂开来,人自身在他试图描述和阐释的历史进程中所处的位置一方面会加强,另一方面又会限制所有这些阐释的深度[2]。

二 对决定论解释模式的驳斥

既然历史学不是对历史事件的简单复制,社会学当然也不是对现实的简单复制。社会学是社会学家对社会现实创造性重构的产物。不管是社会学还是历史学的主要原理,都不是来自对经验事实的简单归纳。事实上,单纯从经验事实很难直接推导出因果关系。齐美尔引用德国著名物理学家亥姆霍兹(H. Helmholtz)的话说:如果我们必须从经验中推知因果关系的规律的话,那么,这种规律的证据将会十分脆弱。与数量庞大的缺乏完整的因果关系解释的例子相比,因果关系的规律毫无例外地成立的例子十分罕见[3]。换言之,因果关系的确立,很大程度上依赖理论的建构。从现代统计学的原理可知,统计技术只能确定变量之间的相关关系,而不能确定是否为因果关系,确定因果关系主要是靠理论的效力。理论的重要性还体现在著名理论物理学家费曼(Richard Feynman)和他的同事提出了一个响亮的口号上:"决不相信未被

---

[1] 〔美〕乔治·赫伯特·米德:《现在的哲学》,李猛译,上海:上海人民出版社,2003 年,第 51 页。
[2] 参见〔美〕托尼·朱特《责任的重负:布鲁姆、加缪、阿隆和法国的 20 世纪》,章乐天译,北京:新星出版社,2007 年,第 162 页。
[3] 参见〔德〕西美尔《历史哲学问题——认识论随笔》,陈志夏译,上海:上海译文出版社,2006 年,第 58 页。

理论证实的实验。"① 当实验结果与理论预期不相符合时，出问题的可能是实验方法本身。美国当代著名社会学家亚历山大（J. Alexander）指出，"在社会科学的实践中，正是理论自身产生了检验事实的实验，正是理论构造了社会现实，即科学家研究的'事实'"②。需要强调的是，齐美尔认为社会现实与历史都是非常复杂的，各种因素盘根错节地缠绕在一起，因此，那种单因单果的解释模式以及各种决定论的主张都是难以立足的。由于他将历史唯物主义看成一种经济决定论，故而对其提出了批判的质疑："从历史唯物主义的角度看，经济过程构成了其它所有历史现象的原动力或起因。不过，各种不同的事件和过程的范畴最终却是无法分辨的。因此，历史唯物主义的这个特殊命题，似乎是我们本体论视角的一种不成熟的和教条式的缩短。"③ 齐美尔还明确指出："生活拒绝被任何从属于它的东西所控制，也拒绝被任何甚至是宣称有绝对权力的理想真实所支配。"④ 在他看来，历史唯物主义错误地将一个综合性过程中的局域现象夸大成为涵盖一切的单一内容，而实际上"社会生活形式与内容，囊括了多元的领域和表征模式，其发展应具有以下特性：即同样的内容可以在不同的形式中呈现出来，而同样的形式也可以用不同的内容表达自身"⑤。显然，齐美尔不信任决定论的解释模式，认为这是过分简单化的做法，他相信各种社会因素是相互影响和相互作用的，是很难将它们严格区分开来的，并且因果关系可以是循环的。"无论是在社会科学还是自然科学领域，已经普遍存在这样的构想：实际发展的真正动

---

① 〔英〕乔纳森·埃文斯：《怎样做研究——心理学家实用指南》，邵志芳、杜逸旻、施轶译，上海：上海教育出版社，2011 年，第 68 页。
② 〔美〕杰弗里·亚历山大：《社会学二十讲：二战以来的理论发展》，贾春增、黄天民等译，北京：华夏出版社，2000 年，第 3 页。
③ 〔德〕西美尔：《历史哲学问题——认识论随笔》，陈志夏译，上海：上海译文出版社，2006 年，第 224 页。
④ 〔德〕西美尔：《时尚的哲学》，费勇、吴燕译，北京：文化艺术出版社，2001 年，第 165 页。
⑤ 〔德〕西美尔：《时尚的哲学》，费勇、吴燕译，北京：文化艺术出版社，2001 年，第 57 页。

因是繁复多样的影响力之汇总。"① 在论述现代大都市中理智主义与货币经济的关系时,他强调,"恐怕谁都说不准当初是精神上的理智主义影响了货币经济呢,还是货币经济是精神上的理智主义的某种因素。只有一点可以肯定,这就是,大城市的生活方式是这种交互作用的温床"②。在讨论时尚的作用时,齐美尔也明确指出时尚既是某个社会圈子紧密联系的原因同时又是这种紧密联系的结果③。与此类似,说到大城市的条件时,他同样表示,"这些条件对于这种本质特征来说既是原因又是结果。典型的大城市人的相互关系和各种事务往往是各种各样的,复杂的"④。总之,齐美尔强调因果关系可以是对称的、循环的和相互转化的:"它们之间根本不存在因果关系,至多二者都可以看成是原因,或者二者都是结果。"⑤ 按照弗里斯比的说法,齐美尔在自己的学说中提出了多因素交互作用(interaction of elements)观念,将它作为"支配一切的形而上学原则",以说明在社会领域中相互关联的各种因素的作用⑥。由于断定各种社会因素之间存在着复杂的相互作用,很难严格区分孰因孰果,齐美尔指责历史唯物主义有些简单化:"显然,历史唯物主义是一种太狭隘的假说,生成世界历史的、无穷的、复杂的灵魂之间的相互作用,决不能被简化为如此简单的终极公式。"⑦

---

① 〔德〕西美尔:《时尚的哲学》,费勇、吴燕译,北京:文化艺术出版社,2001年,第2页。
② 〔德〕G. 齐美尔:《桥与门——齐美尔随笔集》,涯鸿、宇声等译,上海:上海三联书店,1991年,第262页。
③ 〔德〕西美尔:《时尚的哲学》,费勇、吴燕译,北京:文化艺术出版社,2001年,第92页。
④ 〔德〕G. 齐美尔:《桥与门——齐美尔随笔集》,涯鸿、宇声等译,上海:上海三联书店,1991年,第263页。
⑤ 〔德〕G. 齐美尔:《桥与门——齐美尔随笔集》,涯鸿、宇声等译,上海:上海三联书店,1991年,第172页。
⑥ 〔英〕弗雷司庇:《论西美尔的〈货币哲学〉》,载〔德〕西美尔《金钱、性别、现代生活风格》,刘小枫编,顾仁明译,上海:学林出版社,2000年,第227页。
⑦ 〔德〕格奥尔格·西美尔:《宗教社会学》,曹卫东译,上海:上海人民出版社,2003年,第234页。

在这方面,马克斯·韦伯和齐美尔的观点相当一致。在 1910 年德国社会学学会的大会上,韦伯用如下方式表达了他关于经济与社会之间互动的看法。

> 我反对某位发言者的观点,他认为,某个单一的因素,无论是技术还是经济,能够成为另一个因素的"终极的"或"真正的"原因。如果我们审视因果关系线索,就会发现它们在某个时间是从技术指向经济和政治事务,而在另一个时间,又从政治指向宗教和经济事务,等等。因果关系是变动不居的。我认为,历史唯物主义通常拥护的看法,即经济在某种意义是因果链条的终点,作为一个科学陈述而言,已经完全结束了[①]。

显然,韦伯和齐美尔一样,都反对简单的决定论的解释模式。韦伯的不朽著作《新教伦理与资本主义精神》明显受到齐美尔的启发,该书着重从非经济因素的精神层面来探讨现代资本主义的起源问题。在韦伯看来,马克思从经济的角度对资本主义的诞生做出了杰出的解释,但经济并不是推动资本主义唯一重要的因素,宗教伦理观念为创造资本主义新生活的人们提供了不可或缺的行动动力。在这部篇幅不长但争议很大的著作中,韦伯独具匠心地选择新教伦理观念和资本主义精神之间的"亲合"关系,来探讨、解释现代资本主义的形成问题,给后人留下很多的启示[②]。当然,韦伯的研究也存在局限,对此他自己就有比较清醒的认识,他说他的比较研究都只是从一个特定的角度去观察的结果,而这种角

---

① 参见〔瑞典〕理查德·斯威德伯格《马克斯·韦伯与经济社会学思想》,何蓉译,北京:商务印书馆,2007 年,第 76 页。
② 在该书中,韦伯生动地描绘了资本主义的起源和文化特质,提醒人们注意复杂现象背后的精神动力所在;运用丰富的文献资料,论证了表面上似乎不相关的宗教观念对人类经济行为乃至社会制度的影响。通过对行动者的行动动机及后果的细腻分析,韦伯揭示出社会学微观领域与宏观领域之间的逻辑关联,同时展现了人们有意识的行动如何产生非预期的结果这一社会科学的重要议题。

度并不是唯一的，更不是排他性的，所以这些研究的结果也就不是绝对的，而是有限制的。可以看出，在社会研究方法论的基本原则上，韦伯与齐美尔具有一定的相似之处，都提倡多元主义视角，强调各种研究路径的互补性，只不过韦伯的研究更显系统性和严谨性，更符合正统的学术规范。

需要强调的是，齐美尔像韦伯一样，并没有无视经济因素的重要性，相反，他充分认识到了这一点，并说，"不管个人可能如何摒弃经济利益，对于大众群体，在绝大多数情况下，这却是一个决定性的因素"[1]。齐美尔真正反对的是将经济因素的作用过分夸大或绝对化的倾向，比如将历史生活的全部内容都看作从经济形式中派生出来的，或者将习俗与法律、艺术与宗教、科学机构与社会结构等统统视为由群体进行的必要生活资料的生产方式完全决定的。就是说，齐美尔批判的矛头指向的是历史唯物主义的庸俗化解释，或某种极端的经济决定论的观点[2]。齐美尔认为经济实际上是嵌入社会之中的，经济形式的改变只是社会形式变迁的一部分而已。而所谓历史本身作用的改变可能就是社会形式的改变，个人、价值、积累、特权等在作为群体的各社会成分中如何分布与转移，也许是真正具有划时代意义的大事。齐美尔指出：

> 如果说经济似乎是自觉决定其它一切文化领域的，那么，这个颇有诱惑性的假象的实际情况是，经济本身是由社会的演绎来决定的，社会的演绎同样也决定其它一切文化形态。经济形式仅仅是一个建立在单纯社会结构的关系和转变之上

---

[1] 〔德〕格奥尔格·西美尔：《宗教社会学》，曹卫东译，上海：上海人民出版社，2003年，第232页。

[2] 其实，恩格斯在晚年对经济决定论进行了反思，承认过去的表述存在问题，并指明经济因素并不是社会发展的唯一决定因素。在反思马克思与恩格斯的经济基础与上层建筑的模式时，阿尔都塞借鉴了弗洛伊德的"多元决定论"（over-determination）这个概念。所谓多元决定论指的是组成社会形式的一系列复杂元素和关系，经济也许是这些复杂生活形式的最终决定者，但是它不会也不能独自发挥作用，它必须与社会生活中的其他元素互动，并将自己融入其中，成为多元决定模块中的一部分。

的"上层建筑",社会结构构成了历史的终审,其它一切生活无疑都是与经济平行的①。

看起来,齐美尔倾向于认为经济形式是更广泛的社会形式或社会结构的一部分,而各种社会形式是相互作用、相互影响的,有时这个因素强劲一些,有时那个因素强劲一些,它们共同决定了社会的变化过程。总之,齐美尔断定社会是人们之间不断交往与互动的过程,是一个复杂的、不确定的事件,各种因素交互作用共同影响了社会的变迁,他不相信某种特定的因素会始终单向地决定其他因素,进而决定了整个社会的发展②。就是说,齐美尔是一个比较坚定的反决定论者,在这点上,他与拒斥一切决定论的后现代主义者可谓殊途同归。

---

① 〔德〕G. 齐美尔:《桥与门——齐美尔随笔集》,涯鸿、宇声等译,上海:上海三联书店,1991 年,第 248 页。
② 美国早期著名社会学家库利也反对决定论,他说:"如果你坚持认为一切影响都来源于某个中心,都向一个方向流动,那么你越过了事实。观察显示,相互作用是普遍的,没有一个因素可以说是其他因素的源头。"(参见〔美〕查尔斯·霍顿·库利《社会过程》,洪小良等译,北京:华夏出版社,2000 年,第 36 页。)事实上,很多当代著名思想家都对决定论提出了尖锐批判,比如查尔斯·泰勒就指出:"历史上唯一的总则,就是没有一个可以把一种动力的秩序当作一切驱动力的总则。"(参见〔加拿大〕查尔斯·泰勒《现代社会想象》,林曼红译,南京:译林出版社,2014 年,第 27 页。)彼得 L·伯杰也明确表示:"应该全盘否定单一因果关系的解释,因为历史上的任何重要的事件都不可能是由一种因素造成的。"(参见〔美〕彼得 L·伯杰:《资本主义革命》,吴支深、柳青译,北京:经济日报出版社,1993 年,第 10 页。)

第六章 多元主义的方法论

研究问题基本确定以后,从什么立场或视角看待研究的问题①,如何去收集与分析资料,就成为研究的重点。本章主要讨论齐美尔富有后现代主义色彩的多元主义的方法论。

第一节 主张跨学科的视角

一 主要依据

在齐美尔看来,社会现实具有无限的方面与属性,任何学科及方法都存在局限性,都不可能有效把握社会现实的所有方面与属性。反过来,同一个社会现象从不同的学科视角进行探究会得到不同的发现,可能产生出人意料的收获。因理论目标不同、学科旨趣相异,相同的事物在不同的学科框架中会呈现不同的性质与意义②。从下面这段话可以比较清楚地看出齐美尔的立场。

> 我们一般称之为对象的一切东西是预定目的和关系的一个复合体,它显示着对象的多样性,任何一个预定的目的和关系都可能成为一种特殊的科学的客体。任何一门科学都是建立在一种抽象的基础之上的,因为它从一种概念的观点出发,根据它的某一个方面,观察某一种事物的整体,而我们

---

① 实际上,确定研究问题本身也离不开研究者的理论预设和研究视角及立场。
② 〔德〕西美尔:《历史哲学问题——认识论随笔》,陈志夏译,上海:上海译文出版社,2006年,第135~136页。

却不能通过任何科学把这个事物整体作为统一体来把握。①

显然,齐美尔认为任何单一学科都难以把握社会现实的整体,都只能认识社会整体的某一方面或某一部分。"每一门科学都是在该门科学的明确的概念导引下从全部现象或直接的经验现象中分离出一系列或一个方面的现象的,社会学也与其它科学差不多。"②确实,每门学科都有一个基本的预设前提,它是这门学科的知识得以发展的基础,同时它也制约了该学科看待问题的视角。比如经济学假定人是追求利润最大化的理性动物,这一方面可以使经济学的理论以比较纯粹的形式系统化,但它也存在过分简单化的弊端,忽略了人的多面性和许多非理性的属性。齐美尔认为,社会学的一项重要贡献就是为社会研究提供了新的视角和新的方法,从而可以采用不同以往的途径去探索和认识社会领域中哪怕为其他社会科学所涉足过的各种现象③。"认为人在其整个的本质和一切表现里,都是由于他生活在与其他人的相互作用下这一事实决定的,这种观点当然会导致在一切所谓的人文科学里的一种新的观察方式。"④ 不同于经济学,社会学假定人是一个复杂的社会动物,人的行动很大程度上取决于他所属的群体以及群体成员之间的相互作用与相互影响。因此,在考察人们的社会行动时,社会学更注重那些可能产生影响作用的社会因素或社会力量。

实际上,齐美尔提倡一种跨学科的视角和多元化的研究方法。他认为对于研究者来说,清醒地意识到自己学科视角的局限,批判地反思本学科的不足之处,努力探索跨学科的途径与方法是非常重要的。"科学总是行进在一条通向以世界构想的绝对统一为终

---

① 〔德〕盖奥尔格·齐美尔:《社会学——关于社会化形式的研究》,林荣远译,北京:华夏出版社,2002年,第3页。
② 〔德〕G. 齐美尔:《桥与门——齐美尔随笔集》,涯鸿、宇声等译,上海:上海三联书店,1991年,第242~243页。
③ 〔德〕盖奥尔格·齐美尔:《社会学——关于社会化形式的研究》,林荣远译,北京:华夏出版社,2002年,第2页。
④ 〔德〕齐美尔:《社会是如何可能的:齐美尔社会学文选》,林荣远编译,桂林:广西师范大学出版社,2002年,第5页。

点的道路上,却永远无法企及这一终点;不论从哪一点出发,它总是需要自那一点跳跃到另外的思维方式——宗教的、形而上学的、道德的或者美学的——惟此,才能将其成果之必然碎片化特征扩张并整合成一个完整的统一体。"① 齐美尔认为,虽然社会是一个由各个部分组成的密切相关的整体,但现实中各门社会科学却将社会分割为不同的条条块块,各自为政、画地为牢地从事社会研究。"面对一种事物和诸多事物的整体,任何科学的成长都是通过分工把整体分解为各种单一的品质和功能,在此之前,找到一个概念,概念可以把这些品质和功能分离出来,并且在其现实事物的整个存在中,按照方法上的相互联系来把握这些品质和功能。"② 对于这种囿于学科分工的局限,必须要有清醒的认识。社会科学发展的早期,推行专业化的分工有利于社会研究的积累与成熟,但随着社会科学的进一步发展,严格的学科分工却可能会限制社会研究的视野,阻碍社会研究取得更大的成就。齐美尔指出,"事物的能量、关系与性质——包括我们自己的自然之质——客观地组成了一个统一整体,但它必得被我们的影响分解致一个有许多独立系列或动机的多样以使我们能够处理之。每一门科学都要考察同类现象且明显地区别于别门科学的问题,然而实在却忽略了这些界线,并且世界的每一个片段都聚积了所有科学的任务"③。从某种意义上可以说,打破学科的界限,探索跨学科或超学科的社会研究方式,可能开拓社会科学的新天地,带来某些重大的突破。而这也正是后结构主义及后现代主义所极力倡导的取向。后结构主义鼓励从各研究领域汲取交叉学科的养料,以求对更好地理解现实做出独特的贡献④。"后现代议程与生俱来地就要

---

① 〔英〕戴维·弗里斯比:《现代性的碎片》,卢晖临等译,北京:商务印书馆,2003 年,第 65 页。
② 〔德〕盖奥尔格·齐美尔:《社会学——关于社会化形式的研究》,林荣远译,北京:华夏出版社,2002 年,第 3 页。
③ 〔德〕西美尔:《货币哲学》,陈戎女等译,北京:华夏出版社,2002 年,第 22 页。
④ 〔美〕马汀·奇达夫、蔡文彬:《社会网络与组织》,王凤彬、朱超威等译,北京:中国人民大学出版社,2007 年,第 143 页。

求跨越知识领域、打破专业划分、将话语复杂化,以及攻击错误的分界。"[1]

二 研究实践

在《货币哲学》一书中,齐美尔强调:"总而言之,正如一门单独科学(它一向是基于分工的)的观点从来没有穷尽一种实在的总体——所以,两个人互相交换其产品的这一事实绝不只是一桩国民经济学事实而已。"[2] 他一再声明,他对货币的考察,根本不是国民经济学式的。公允地说,齐美尔在《货币哲学》一书中对货币的研究,含有一定经济学的成分,但主要视角却不是经济学的,而是其他的多种学科视角:社会学的、哲学的、心理学的、文化学的,等等。该书不仅从社会学角度关注货币经济对社会及文化生活所产生的作用,而且显示出建立一套文化哲学乃至生命形而上学的努力[3]。有一种含混的说法比较流行,称该书方法是形而上学的,内容是经济学的,论述人与人的关系的大框架是社会学的[4]。确实,该书不是一部单纯的某一学科的著作,而是跨学科、多视角的探索,打破了学科的界限,以问题为中心,运用各式各样的多元方法从事社会研究。按照齐美尔自己的说法,该书无非是以货币为媒介,借助对与经济有关的各种社会现象的分析,寻找一条探索人类终极价值与意义的途径[5]。

在齐美尔的社会研究中,他喜欢不断地转换研究视角,各种学科之间的界限也不是那么泾渭分明。他的许多文章被冠以"某

---

[1] 〔美〕查尔斯·詹克斯:《现代主义的临界点:后现代主义向何处去?》,丁宁、许春阳、章华等译,北京:北京大学出版社,2011年,第78页。
[2] 〔德〕西美尔:《货币哲学》,陈戎女等译,北京:华夏出版社,2002年,前言第2页。
[3] 参见〔德〕西美尔《货币哲学》,陈戎女等译,北京:华夏出版社,2002年,译者导言第3页。
[4] 参见 David Frisby (ed.), *Georg Simmel: Critical Assessment*, Vol. I, London: Routledge, 1994。
[5] 〔德〕西美尔:《货币哲学》,陈戎女等译,北京:华夏出版社,2002年,前言第3页。

某某的社会学分析"，"某某某的心理学分析"，"某某某的哲学分析"等，但在正文的真正分析当中，他并不是严格按某一单一学科的视角进行分析，而是交叉使用多种学科视角。在1890年出版的著作《论社会分化——社会学和心理学研究》中，他毫不忌讳地将两门学科的名字列入著作标题。几年后发表的重要论文《时尚心理学——社会学研究》，也是将两门学科缠绕在一起讨论。齐美尔早年在大学接受过心理学的教育，而且一直对该学科抱有浓厚的兴趣，他的社会学研究并不排斥将心理学作为某种基础[①]。在《货币哲学》这部成熟作品中也有许多心理学的成分，有人甚至认为该书的某些段落不过是将马克思的经济学讨论转化成心理学语言。齐美尔的社会学研究注重微观视角，聚焦小群体中的互动，恐怕也是由于这种"心理学情结"在起作用。正因为如此，齐美尔的社会研究不仅对社会学做出了巨大贡献，而且也是社会心理学的重要资源。斯潘（O. Spann）就称齐美尔是心理主义社会学的肇始者。其实，齐美尔的许多研究都有跨学科的特征，它们可以被贴上各种标签："心理学的社会学"，"社会学的美学"，"哲学的社会学"等。齐美尔试图通过转换学科视角，以跳出单一学科视角的窠臼与盲点，从而获得新的发现。这里，我们可以看出齐美尔与涂尔干的明显不同。涂尔干为了使创立不久的社会学在学术界获得合法地位，十分注重强调社会学拥有独特的研究对象和方法，并在具体的专题研究中严格地贯彻自己的方法论原则，千方百计地将社会学与心理学、哲学等其他学科明确地区分开来。齐美尔尽管也为社会学获得承认做出了巨大努力，也给出了社会学这门学科的定义，提出了社会学富有特色的研究对象与方法，但他并不太在意社会学与其他学科的严格区别，尤其是在具体的社会研究中，他往往以问题为中心，在不同的学科视角之间来回转换。相比而言，涂尔干的社会学分析主要集中在比较宏观的层

[①] 这点与狄尔泰倒是很相似，后者也强调心理学在人文科学中的基础作用，参见〔德〕韦尔海姆·狄尔泰《人文科学导论》，赵稀方译，北京：华夏出版社，2004年，第56页。

次，过于强调物质性的社会事实，而对于微观层次的个体行动和互动等则缺乏深入细致的考察，对于非物质性的社会事实的探讨也显不足，这就使得他的一些理论解释还不够丰满和充实。不过，涂尔干晚期的一些研究对此已有所弥补。总的来说，与齐美尔相比，涂尔干有些过于局限于学科的视角，显得不够开放、灵活。

总之，齐美尔提倡一种跨学科的、多元化的社会研究视角，或者按雷文的说法，一种"方法论的多元主义"。这种方法论的多元主义主张不同的研究立场都是可以接受的，而齐美尔则是这一主张最重要的早期贡献者[1]。齐美尔的论证主要集中在如下两点：其一，社会现象是通过由一系列范畴组成的学科化知识形式再现出来的，而这些范畴本身就是局部的、可变的，并因此肯定是多元的；其二，各门经验社会科学依赖于哲学的预设，而后者体现出人类认知取向不可化约的多元性[2]。齐美尔相信人是一种多重性的生物，"所以他与事物的关系就表现为：人能对每一事物以多种方式进行理解；能将每一事物纳入由利益与概念、图像与含义构成的不止一个的系列中去"[3]。因此，齐美尔坚持认为，应该承认从不同距离、不同角度看待问题的合法性，它们构成了人们与外在事物关系的多重性，而这种反映了人类本质及力量的多重性，正是人类跟局限于行动和生存手段之片面性的动物的真正区别。哲学家普特南指出，从根本上说，不可能有一个"上帝的视角"，即不可能有一个真正"客观的"描述视角。任何视角都只是某种特定角度而已，它都是由观察者的立场（社会的或理论的）和

---

[1] Donald N. Levine, "Simmel as a Resource for Sociological Metatheory", In David Frisby, *Georg Simmel: Critical Assessment*, Vol. I, London: Routledge, 1994, p. 316.

[2] Donald N. Levine, "Simmel as a Resource for Sociological Metatheory", In David Frisby, *Georg Simmel: Critical Assessment*, Vol. I, London: Routledge, 1994, p. 319.

[3] 〔德〕西美尔：《叔本华与尼采——一组演讲》，莫光华译，上海：上海译文出版社，2006年，第17页。

"透镜（lens）"所形成的①。齐美尔的学生、著名的知识社会学家舍勒也否认"人类本性统一体"的预设前提，拒斥认识人类社会的普适公式，并断言："任何一种社会学的出发点都必须是各种群体和各种文化形式的多元状态。"②

越来越多的社会科学家认为，社会研究不应该囿于某个特定的学科视角。社会科学发展到 20 世纪 40～50 年代，主要学科的建制工作已基本完成。以学科为界的研究虽也产生了不少有价值的成果，但其弊端也十分明显，尤其不能适应社会不断发展所带来的新情况、新问题及新需要。比如对于形形色色的文化现象的研究，任何单一学科都是难以胜任的。事实上，知识日益学科互涉（interdisciplinary）以及边界跨越（boundary crossing）已经成为最近几十年的时代特征。③ 当代社会学大家吉登斯，尽管是社会学的科班出身，但他的众多研究具有明显的跨学科的性质，他自己也更愿意被人称为社会理论家，而不是社会学家，更不愿被称为社会学理论家。他说，"我们并不把社会理论视为任何一门学科的专有领地，因为关于社会生活和人类行为之文化产物的问题是跨越社会科学和人文学科的"④。另一位当代社会理论大家哈贝马斯也一再呼吁："不要固执于一个学科的眼光，而要持开放的态度，不同的方法论立场（参与者和观察者），不同的理论目标（意义诠释、概念分析和描述、经验说明），不同的角色视域（法官、政治家、立法者、当事人和公民），以及不同的语用研究态度（诠释学的，批判的，分析的，等等），对这些都要持开放态度。"⑤ 法国当

---

① 参见〔美〕约瑟夫·A. 马克斯威尔《质的研究设计：一种互动的取向》，朱光明译，重庆：重庆大学出版社，2007 年，第 29 页。
② 〔德〕马克斯·舍勒：《知识社会学问题》，艾彦译，南京：译林出版社，2012 年，第 15 页。
③ 参见〔美〕朱丽·汤普森·克莱恩《跨越边界——知识 学科 学科互涉》，姜智芹译，南京：南京大学出版社，2005 年。
④ 参见苏国勋主编《当代西方著名哲学家评传：第十卷（社会哲学）》，济南：山东人民出版社，1996 年，第 3～4 页。
⑤ 〔德〕哈贝马斯：《在事实与规范之间：关于法律和民主法治国的商谈理论》，童世骏译，北京：生活·读书·新知三联书店，2003 年，第 8～9 页。

代著名社会学家戴泽（D. Desjeux）基于他的大量调查研究实践，指出"没有任何学科能宣称自己对于某一社会现实拥有全面揭示或整体把握的方法"，并大力提倡研究中视角转换的重要性。[①] 此外，布迪厄、鲍曼、贝克等其他几位当代著名理论大家都持有类似跨学科的观点。

后现代主义的重要代表人物福柯，则更是难以用传统的学科标准进行归类。福柯做学问特立独行，不拘一格。他的思想博大精深，并以变化多端著称于世。他到底算是一位哲学家还是一位历史学家抑或是一位社会学家？历史学家嫌福柯的著作太过哲学化，哲学家认为他的著作缺少形式上的严密性，社会学家则批评他的著作带有太多文学和诗意色彩[②]。美国著名人类学家吉尔茨（Clifford Geertz）声称福柯是一位令人无从捉摸的人物："一个非历史的历史学家，一个反人本主义的人文科学家，一个反结构主义的结构主义者。"[③] 凯尔纳和贝斯特也表示："我们并不想把福柯简单地解读为后现代主义者，相反，我们认为他是一位集前现代、现代及后现代观点于一身的理论家。"[④] 事实上，福柯反对别人给他贴上的任何标签（如结构主义、后结构主义、后现代主义等），他呼吁"不要问我是谁，也不要要求我始终如一"[⑤]。另一位后现代主义的代表人物德里达（这位解构主义的奠基者同样不愿接受后现代主义者的标签）也反对一切传统的、既定的概念范畴和分类法，将它们视为束缚思想的封闭体系，主张完全的开放与自由的探索，英国学者诺里斯（C. Norris）评论道："任何界定现代学

---

① 参见〔法〕多米尼克·戴泽《社会科学》，彭郁译，北京：商务印书馆，2015年。
② 〔英〕路易丝·麦克尼：《福柯》，贾湜译，哈尔滨：黑龙江人民出版社，1999年，第1~2页。
③ 参见刘北成《福柯思想肖像》，上海：上海人民出版社，2001年，出版前言第8页。
④ 〔美〕道格拉斯·凯尔纳、斯蒂芬·贝斯特：《后现代理论》，张志斌译，北京：中央编译出版社，1999年，第46页。
⑤ 〔法〕米歇尔·福柯：《知识考古学》，谢强、马月译，北京：生活·读书·新知三联书店，1998年，第22页。

术研究的明确分类，对德里达的文本来说都是不适用的。"① 打破学科界限、运用多元视角乃是后现代主义的基本立场，他们甚至积极推动更加激进的"跨学科"（cross‐disciplinary）、"反学科"（antidisciplinary）或"对立学科"（counterdisciplinary）的形成。②

第二节 反对唯我独尊的方法

一 基本主张

齐美尔在社会研究中提倡一种开放式的取向，反对"为方法而方法"，拒绝运用唯一性、标准式、程序化的方法，不管它贴上怎样"科学的""权威的"标签。对于流行于社会科学中的仿效自然科学的实证主义方法，他当然持批判的态度，认为那是作茧自缚，不利于知识的增长和学术的发展③。"已经在自然科学中得到彰显的实证主义趋势变得十分普遍化了，这种趋势只将呈现于我们感官面前的物质性的东西当作智识活动的正确对象，而拒斥通过反思或更深邃的精神加工抵达事物的深层含义。"④ 在齐美尔看来，这种被误认为唯一合理的观念，又可称为"自然主义"，它已经不适当地扩张到了社会研究领域。对"真实"的迷恋开始流行，似乎如果不是作为个别的、可被直接观测的现象，就不可能是真实的。而"从某些普遍化的角度、某些不仅仅是个别事物相加总和的角度对这些现象进行的反思，似乎是在抽空生活的内容，只

---

① 参见〔法〕德里达《一种疯狂守护着思想——德里达访谈录》，何佩群译，上海：上海人民出版社，1997年，第238页。
② 〔美〕朱丽·汤普森·克莱恩：《跨越边界——知识 学科 学科互涉》，姜智芹译，南京：南京大学出版社，2005年，第19页。
③ 齐美尔反对机械地照搬自然科学的方法，但并不反对借鉴自然科学的有用成果和思路。比如，他大力提倡的微观互动的分析，就得益于生物科学运用显微镜所进行的细胞分析与研究。而且，他毫不讳言，自己的研究受到现代生物学的启发。他的纯粹社会学，显然受到几何学的启发，而且他也做了相关的类比。
④ 〔德〕格奥尔格·西美尔：《宗教社会学》，曹卫东译，上海：上海人民出版社，2003年，第225页。

被看作一种抽象臆想,一种谎言"①。齐美尔指出,理论概括、抽象思辨、辩证分析等是任何严肃的研究都不可或缺的。事实上,自然科学中流行的力、物质、进化、因果联系等观念,都是被科学家建构出来解释现象的,但它们却远远超出了具体的、可被感官感知的事物的范围②。科学知识离不开形而上学的假定和理论的抽象,有时必须从具体的现象中主动撤离,进行批判性反思、理论上提炼,才能从更高的层次上获得更丰富、更深邃的真实。知识及认识世界的方法并非如实证主义模式所宣称的那样明确,如今,即使是自然科学也开始意识到,"当我们相信某种'科学'时,我们是正在(主要是对我们自己)运用某种诡计"③。

齐美尔否认可以对社会及人的行动做出严格的因果解释和精确的预测,因为他不认为人的心理生活是一个自成体系的因果系统,同时不相信人的未来行为可以从他的过去经历中准确推导出来④。当代一些学者经过深入细致的研究,基本上认可了齐美尔的上述主张,并指出:"正确的因果关系的函数式,在社会科学不仅是不可能的,也是不必要的。社会科学家既没有,也不希望将他们的解释表达为正确而稳定的函数形式。优秀的社会理论都避免这样做。"⑤ 在齐美尔看来,社会现实是复杂多变的,不可能存在包治百病式的通用研究方法,任何简单化、一劳永逸的企图都是行不通的,没有哪种方法拥有排斥其他、唯我独尊的特权。他认为社会研究方法就像艺术风格一样,不能强求统一。正确的做法是根据研究对象的特性及研究的目的,选择或创造合适的具体方

---

① 〔德〕格奥尔格·西美尔:《宗教社会学》,曹卫东译,上海:上海人民出版社,2003年,第226页。
② 〔德〕格奥尔格·西美尔:《宗教社会学》,曹卫东译,上海:上海人民出版社,2003年,第228页。
③ 〔英〕安·格雷:《文化研究:民族志方法与生活文化》,许梦云译,重庆:重庆大学出版社,2009年,第29页。
④ 〔德〕西美尔:《历史哲学问题——认识论随笔》,陈志夏译,上海:上海译文出版社,2006年,第149页。
⑤ 〔美〕戴维·K.希尔德布兰德、加德曼·R.爱沃森、约翰·H.奥尔德里奇等:《社会统计方法与技术》,北京:社会科学文献出版社,2005年,第402页。

法，并且在实际研究过程中还要保持一定的灵活变通性。"如果在着手研究新课题之前，先为第一步的迈出框定好一种完全公式化的方法论，那就注定会使科学一无所获。"[①] 社会研究如同绘画一样，并不是对现象的简单复制。事实上，在齐美尔看来，任何画像都不能成为对"脸"本身的一个精确复制，只有在构成某种风格的描绘准则和某些技术标准所要求的描绘方法的基础上，一幅画像才是可能的。面对同一张脸，可以有不同的画像，不能说哪一幅就一定是正确的或不正确的[②]。社会研究者面对同一现象，运用不同的视角和方法，也可以产生不同的有价值的结果。看来，齐美尔倾向于认为社会研究的过程类似艺术创作的过程，需要独特的想象力和洞察力，需要不拘一格、自由开放的心态，需要运用五花八门、各具特色的实践技巧。相应地，社会研究的成果更像具有独特风格的艺术品，而不是可以大量复制的工艺品。天主教神学思想家皮兹瓦拉（E. Przywara）认为："西美尔哲学的无与伦比之处在于：对他来说，伟大的哲学最终是一种艺术的直觉，而伟大的艺术作品则是哲学的表述。"[③] 事实上，一些著名的科学哲学家如费耶阿本德、库恩、劳丹、朗吉诺等，一般都否认存在着普遍适用的科学方法，因为任何科学方法都非常密切地联系于历史上特殊的以及学科上具体的理论框架。

二 警惕手段对目的的殖民

齐美尔认为从事社会研究，不能落入"唯方法至上"或"方法拜物教"的陷阱。方法是为研究目标服务的，是实现研究目标的工具或手段，如果极度沉溺于方法之中，过分追求方法的精细与技巧，就会误入歧途，忘却研究的最终目的。在齐美尔看来，

[①] Georg Simmel, Essays on Sociology, Philosophy and Aesthetics, The Ohio State UP, 1959, p. 326.
[②] 参见〔德〕西美尔《历史哲学问题——认识论随笔》，陈志夏译，上海：上海译文出版社，2006 年，第 21 页脚注①。
[③] 〔德〕皮兹瓦拉：《齐美尔、胡塞尔、舍勒散论》，宋健飞译，载王岳川等编《东西方文化评论》（第 4 辑），北京：北京大学出版社，1992 年，第 256 页。

手段对目的的殖民是现代社会一个非常普遍的弊端,它与占据现代生活主导地位的货币经济有很强的关系。事实上,"人的文明程度愈高,他实现其目的的间接性就愈甚"[1],就越容易沉溺于手段之中而遗忘最终的目的,而货币则充当了连接手段与目的的一个简化与方便的中介及工具。对此,齐美尔做出了如下透彻的分析。

> 就是这样漫长的目标链,将生活变成了一个技术问题,致使我们绝对不可能每时每刻都清楚地知道,我们行动的最终环节到底是什么。这一方面是由于我们不能把每一环节都一览无余;另一方面是由于每一当下环节、每一暂时步骤,都要求我们全神贯注地投入全部精力。于是,我们的意识就被牢牢地束缚在那些手段上,而赋予我们的全部行动和发展以意义和内涵的终极目的,却逐渐退出我们心灵的视域,并最终沉没[2]。

在齐美尔看来,社会研究不能迷失于对方法的不当追求之中,尤其不应该"为方法而方法",或过分看重方法的价值,夸大它的作用,似乎方法决定了一切。对于社会研究中比较流行的神化方法或"方法崇拜"的做法,齐美尔提出了严肃的批评,认为这是现代社会技术至上论的一种流毒及反映。

> 技术至上甚至感染了纯属智识性的知识分支:在历史科学中和在经验心理学中一样,本质上毫无价值的调查,而且就研究的终极目的而言,是最不重要的东西;但却仅仅因为它们是根据完全按部就班的技术流程来操作的,就常常获得

---

[1] 〔德〕西美尔:《叔本华与尼采——一组演讲》,莫光华译,上海:上海译文出版社,2006年,第1页。
[2] 〔德〕西美尔:《叔本华与尼采——一组演讲》,莫光华译,上海:上海译文出版社,2006年,第1~2页。

了十分不恰当的认可①。

确实，在社会研究中存在一种弊端，不少研究者耗费了大量的人力、物力和财力，运用了非常复杂的统计分析技术，最后却得出一个没有什么启发价值的常识性的结论。某种意义上，齐美尔是反对方法的，是一个"无范式"的作者，强调方法与特定的理论化是一致的，他看重的是独特性而不是普遍适用性、程序性等②。齐美尔认为方法与理论是不可分离的，离开了深刻的理论指导，单纯的方法只是一种技术游戏，没有多少实际的价值。布迪厄等也坚持认为研究方法与理论是密不可分的："每一项研究工作都同时既是经验性的（它面对的是由可观察的现象组成的世界），又是理论性的（它必须构思有关现象所具有的根本关系结构的假设，而这些关系结构正是各种观察所欲加以把握的对象）。甚至最微不足道的经验操作——一种测量尺度的选择，一次编码方面的判断决定，构建一个指标，或在问卷中纳入一项问题——也会涉及有意无意的理论抉择。"③ 在齐美尔看来，方法与理论联系紧密，很大程度上方法是为理论服务的，而且只有在一定的理论指导下它才能发挥有效作用。因此，过分强调方法的重要性是一种本末倒置的做法。下面这段话清楚地反映了齐美尔对理论建构的看重。

> 在表面上客观、严格反映外在事实的这一知识体系之下，隐藏着诸多观念和假定，这些观念与假定绝不可能从观测自然现象中导出，相反，要通过洞察者的头脑引入自然现象，因为没有这些假定，这些现象只能构筑一片无意义的、混乱

---

① 〔德〕格奥尔格·西美尔：《宗教社会学》，曹卫东译，上海：上海人民出版社，2003年，第185页。
② David Frisby, *Georg Simmel: Critical Assessment*, Vol. II, London: Routledge, 1994, p.42.
③ 〔法〕布迪厄、〔美〕华康德：《实践与反思——反思社会学导引》，李猛、李康译，北京：中央编译出版社，1998年，第37页。

的、大量零散的感官印象①。

三　提倡多元方法

齐美尔坚决反对盲目追求所谓完美精致的单一方法，反对将某种方法置于至高无上的地位。研究者必须充分认识到各种方法的局限性以及它们所适用的范围或场合，并要充分意识到不同方法之间的互补性。可以肯定，齐美尔是支持社会研究中的三角测量的。对于认识社会的各种方法，齐美尔旗帜鲜明地持一种开放的态度，承认它们在根本上的互补性。下面所引用的两段他的原话，能比较好地反映他在这个问题上的看法。

> 阐明这一点的目的在于，要认识到除了社会生活是人类生活的原动力和广泛的表现形式外，还可以从人类生活内容的实际意义对人类的生活进行推导和解释，可以从作为人类生活内容的个人活动和创造性来推导和解释，或许还可以从迄今尚未明确的其他范畴来推导和解释。我们直接的、认为是所有这一切的统一的生活和创造的这些分析和思考方式是同时起作用的，都是有道理的②。
>
> 因此，现在的问题是，上述某一种分析和思考方式不可能是我们单凭这一种分析和思考方式就能完成认识的惟一方法，所以也不可能得出由我们的存在的社会形式所决定的认识。即使有这种认识，也只不过是替其它认识补充和由其它认识所补充的一种片面的认识。不过在这种保留条件下，对于人的整体性来说，原则上它仍然不失为是一种认识

---

① 〔德〕格奥尔格·西美尔：《宗教社会学》，曹卫东译，上海：上海人民出版社，2003年，第228页。
② 〔德〕G. 齐美尔：《桥与门——齐美尔随笔集》，涯鸿、宇声等译，上海：上海三联书店，1991年，第251页。

方法①。

基于以上认识，齐美尔主张在社会研究中要注意将某些表面上对立的方法结合起来使用。比如分析与综合的方法就可以通过辩证思维的方式结合起来，它们并不是完全对立、互不相干的。

> 每一个综合都需要分析的原则，但它被忽视了，因为没有这个原则它就不是不同元素的综合而是一个绝对的统一体，相反，每一个分析都需要一个综合，没有它就分裂了，因为分析仍然需要某种内在联系，没有这个就是单纯的无关：即使最强烈的仇恨也是一种比仅仅的漠不关心更强的关系，而漠不关心又是比根本没有意识更强的关系②。

显然，齐美尔强调了辩证法的重要性，需要以一种相互联系而不是相互分离的立场去看待不同的研究方法，应该探索将不同的方法结合起来的基础及途径。他认为主体和客体是相互依存的，主观性和客观性也不是完全对立的，而是你中有我、我中有你的关系，因此，主观方法与客观方法也是可以结合起来的③。

在齐美尔那里，不仅各种方法之间具有一定的多元互补性，同一种方法也不是一种固定不变的模式，而是体现出某种多元性。比如，在他看来，社会学家在分析考察社会互动的形式时，既可以聚焦于关系、互动过程、身份－角色，又可聚焦于集体性、发展模式或结构变量等④。方法多样化的主张在当代得到越来越多的

---

① 〔德〕G. 齐美尔：《桥与门——齐美尔随笔集》，涯鸿、宇声等译，上海：上海三联书店，1991年，第251～252页。
② 〔德〕西美尔：《货币哲学》，陈戎女等译，北京：华夏出版社，2002年，第26页。
③ 〔德〕西美尔：《历史哲学问题——认识论随笔》，陈志夏译，上海：上海译文出版社，2006年，第108～110页。
④ 参见 Donald N. Levine, "Simmel as a Resource for Sociological Metatheory", In David Frisby, *Georg Simmel: Critical Assessment*, Vol. I, London: Routledge, 1994, p. 321.

社会学家的支持，雷蒙·布东（R. Boudon）认为不存在单一的社会学方法，只存在社会学诸多方法，而认识到多样性正是学科成熟的标志。并且，"社会学愈发展，凡是方法统一化的试图注定要失败这一点就愈明显。将定量法置于优先地位或将定性法置于优先地位都是不对的"①。兰德尔·柯林斯也否认存在着一个唯一正确总是必须应用的方法，并主张理论的进步最好与经验观察并驾齐驱，因为人们无法事先确立所谓经验的研究方法一定是什么。"尤其是对杰出的微观社会学家，如戈夫曼、加芬克尔、萨克斯、谢格洛夫、舍夫、卡茨，以及那些在其研究中创立了新方法的创新者来说，就是这样，而且如果他们按照1950年出版的方法课本去做的话，那么他们几乎不会取得他们的发现。"②

虽然齐美尔青睐社会研究中的直观审美的方式，并因此被誉为"印象主义哲学家""唯美主义社会学家"，但他并不认为该方式是唯一有效的社会研究方式。他坚决反对统一的方法，拒绝提供社会研究方法的具体规则。不过，从他的理论观点和研究实践来看，他所主张的社会研究的指导性原则是：运用辩证性思维和直观性审美，注重联系与比较的路径，努力将经验观察与理性思考相结合，将分析与综合相结合，将主观主义和客观主义相结合。总之，在齐美尔的社会研究中，主观想象、抽象思辨、理性分析、审美直观、内心体验、深切感受、突然顿悟等，都发挥着重要作用。在他看来，社会研究是一项创造性的、不可简单重复的劳动，它绝对不该蜕化为程序化的机械操作。并不存在一种万能的方法，只需照搬借用，就可以获得社会研究的丰硕成果。他也无意和他的同龄人涂尔干那样，提出一套系统的社会研究方法论的具体规则。在这点上，齐美尔与鼓吹"怎么都行""反对方法"的后现代主义者费耶阿本德有较多的相似之处。

---

① 〔法〕雷蒙·布东：《社会学方法》，黄建华译，上海：上海人民出版社，1987年，第107页。
② 〔美〕兰德尔·柯林斯：《互动仪式链》，林聚任、王鹏、宋丽君译，北京：商务印书馆，2009年，第253页。

第三节　重视关系主义的取向

一　将关系作为主要的分析单位

齐美尔社会研究的一个特点是关系主义取向。为了更好地考察现代人面对社会巨变的种种反应，齐美尔将现代人置入相互作用的复杂的社会网络之中，这是一个个人和群体在其中相互交叉的社会迷宫。"人与人之间的关系是一切旨趣的源头，由各种矛盾力量所支撑着，并且表现出十分丰富的形式。"[①] 他反对孤立地研究个人，提倡通过联系与比较的路径，去考察人们相互作用的关系及其网络。"真正的社会实践问题是指社会力量和社会形式与社会个体的独特生活之间的关系。"[②] 他明确指出：孤立地看，没有任何句子是真的，没有任何事物是有价值的，没有任何存在者是客观的，所有这一切都在相互联系之中保障着世界的内容[③]。齐美尔认为，社会学的基础就是关系理论，社会现实由动态的关系构成，所有元素处于不断的相互作用的过程之中[④]。全部的社会生活的关键就是产生关系，建立相互连接，进而形成社会的统一体——说到底，一切事物最终都是相互联系的[⑤]。确实，人们是通过对话、谈判、协议、比较等各种协调方式来理解世界的，从这点来看，关系先于所有可理解的事物而存在。"对我们来说，直到

---

① 〔德〕格奥尔格·西美尔：《宗教社会学》，曹卫东译，上海：上海人民出版社，2003年，第27页。
② 〔德〕格奥尔格·西美尔：《宗教社会学》，曹卫东译，上海：上海人民出版社，2003年，第128页。
③ 〔德〕西美尔：《叔本华与尼采——一组演讲》，莫光华译，上海：上海译文出版社，2006年，第24页。
④ Olli Pyyhtinen, *Simmel and "the Social"*, New York: Palgrave Macmillan, 2010, p. 43.
⑤ 研究表明，与其他哺乳类动物相比，灵长类动物尤其能够娴熟地处理关系范畴。就是说，理解关系范畴是一种极其重要的认知技能，是衡量动物认知水平的重要尺度。参见〔美〕迈克尔·托马塞洛《人类认知的文化起源》，张敦敏译，北京：中国社会科学出版社，2011年，第17页。

有了关系，物质世界和人的世界才变得可以理解。"① 在齐美尔的全部著作中，他并没有孤立地研究个人的社会行动，而是着重阐述他们与其他个人的行动的联系，以及与特殊的社会结构或过程的联系。他认为"人在其整个的本质和一切表现里，都是由于他生活在与其他人的相互作用下这一事实决定的"，这一观点正是社会学为人文社会科学贡献的"一种新的观察方式"②，同时也是关系主义方法论的基础。齐美尔在著名的《论统治和服从》一文中指出，控制并不是统治者单方面地把自己意志强加于被统治者，而是一种相互的行动。由于互动双方是相互依存的，人们只能通过一方的行动去分析研究另一方的行动。齐美尔反对那种不做任何联系，就试图分析社会行动的做法，他把这种做法称为"分隔的谬误"③。因此，齐美尔社会研究的一大特色是强调联系与关系的取向，其主要分析单位既不是个人，也不是群体，而是关系——他真正感兴趣的是那些创造性的互动。事实上，社会关系的样态展示了最基本的社会形式，反映了最根本的社会属性。所以，严格地讲，齐美尔既不是方法论的个体主义者，也不是方法论的整体主义者，称他为方法论的关系主义者可能更合适。

齐美尔方法论的关系主义的主张，得到不少杰出社会学家的响应④。比如当代著名社会学家布迪厄就坚决反对社会科学领域里的各种二元对立，像个体与社会、能动者与结构、行动者与系统等，反对方法论上突出其中某一方的一元论，进而强调关系的首要地位。在他看来，上述二元对立的抉择体现了对社会现实的常

---

① 〔美〕肯尼思·格根：《社会建构的邀请》，许婧译，北京：北京大学出版社，2011年，第9页。
② 〔德〕齐美尔：《社会是如何可能的》，林荣远译，桂林：广西师范大学出版社，2002年，第5页。
③ 参见〔美〕刘易斯·A.科瑟《社会学思想名家》，石人译，北京：中国社会科学出版社，1990年，第204页。
④ 在社会研究中强调关系的重要性的传统由来已久。早在齐美尔之前，马克思就特别注重对社会关系尤其是经济关系的考察。不过，相比而言，齐美尔所说的关系更偏向于人与人之间的互动关系，当然，他也常常在非常广泛的意义上使用该词，指称所有事物在根本上都是相互联系的。

识性观念，这正是社会学必须祛除的。这种常识性观念植根于我们使用的语言自身当中，而它则"更适于表达事物而不是关系，呈现状态而不是过程"。其实在布迪厄看来，所谓的个人与社会之间的对立以及转化为方法论上的个体主义与整体主义（或结构主义）的对立，都是那些危害社会学的毒瘤般的主张之一。这些预设之所以有害，是因为它们是不断地由各种政治对立和社会对立所激发的。社会科学并无必要在这些极端间进行选择，因为社会现实既包括行动也包括结构，以及由二者相互作用所产生的历史，而这些社会现实的材料存在于关系之中。由此，布迪厄抛弃了方法论上的个体主义和整体主义，代之以方法论上的关系主义。在布迪厄理论中，几个基本概念都体现出了关系特征。比如他给场域和惯习下的定义是：一个场域由附着于某种权力（或资本）形式的各种位置间的一系列客观历史关系所构成，而惯习则由"积淀"在个人身体内的一系列历史关系所构成，其形式为知觉、评判和行动的各种身心图式[①]。

当今享有盛誉的美国经济社会学家薇薇安娜·A.泽利泽（V. Zelizer）指出，"新经济社会学"一直试图对市场、货币以及一般的经济活动提出更优的解释，提出具有真正替代性的、以社会为基础的描述、解释和理论，并取得了相当的成效。与标准的新古典经济学的解释不同，经济社会学视市场为人们所创造的一系列有意义的社会关系。在经济社会学的视野中，存在多种多样的市场，而且每一种市场都不仅仅受到文化与独特社会关系的影响，更是由文化与独特社会关系所建构。"现在，经济社会学的研究日益试图把社会过程与社会关系确定为经济活动的实质和核心，或者认为社会过程与社会关系处于经济活动的中心，甚至认为先前神圣而未加探索的市场领域本身的实质与核心也是社会过程与社会关系。"[②] 显然，当今经济社会学研究的重心很大程度上就是齐美尔所说的关系。

---

① 〔法〕布迪厄、〔美〕华康德：《实践与反思——反思社会学导引》，李猛、李康译，北京：中央编译出版社，1998年，第17页。
② 〔美〕薇薇安娜·A.泽利泽：《亲密关系的购买》，姚伟、刘永强译，上海：上海人民出版社，2009年，中文版序言第1~2页。

将关系作为主要的分析单位是社会研究一条极有潜力的途径。爱默生的交换网理论、社会网络理论等都非常重视对关系的考察,将关系作为基本的分析单位。事实上,进入21世纪后,社会学家对关系的研究兴趣越来越浓,他们将关系视为不可还原的突现性或涌现性(emergence)现象,关系社会学逐渐成为显学,并向着引领社会研究新范式的方向发展。[①] 以关系作为分析单位的好处至少有以下两点:一是可以避免与分析单位有关的两种逻辑错误;二是以关系为分析单位,还有利于与互动的具体情境联系起来,从而促进情景分析的发展。德里达的解构主义也非常注重对关系的考察,并认为解释任何单词都必须考虑这些单词与它们所参与的各种体系之间的关系,而揭示各种对立关系之间隐藏的相互依存性就等于"解构"了它们。

二 避免分析单位的可能误用

所谓分析单位(units of analysis),就是一项研究中被描述、分析与解释的对象,它可以考察和归纳同类事物的特征,解释和说明相应的社会现象之间的差别。分析单位也称研究对象,它不同于研究内容与调查对象。研究内容是分析单位的属性或特征,它们以分析单位为载体,是研究中需要收集的信息与资料,通常以变量与指标等形式呈现出来。而调查对象则是指直接提供信息与资料的对象,但它不一定就是研究的对象,即它并不能和分析单位画等号。比如通过对某家公司经理的访谈来考察公司的人际关系,此时,公司就是研究的对象即分析单位,人际关系则是研究的内容,而作为受访者的经理便是调查对象。分析单位也不能等同于抽样单位(sampling unit),后者指进行抽样调查时,一次直接的抽样所使用的基本单位。当然,在某些研究中,分析单位和抽样单位可能是一致的,就像分析单位有时和调查对象是一致

[①] 边燕杰主编《关系社会学:理论与研究》,北京:社会科学文献出版社,2011年;〔意〕皮耶尔保罗·多纳蒂:《关系社会学:社会科学研究的新范式》,刘军、朱晓莹译,上海:上海人民出版社,2018年;〔英〕尼克·克罗斯利:《走向关系社会学》,刘军、孙晓娥译,上海:上海人民出版社,2018年。

的一样。一般认为，分析单位主要有 5 种基本类型：个人、群体、组织、社区和社会产品。但正如艾尔·巴比指出的，"社会科学家绝对可以研究任何事物"，因此，社会研究的具体分析单位可以说是无限的，如实践、插曲、邂逅、角色、关系、聚落、空间、制度、文化、社会世界、生活形态、报刊、书籍、图片、建筑物，等等，都可以作为分析单位[①]。显然，齐美尔的社会研究对象极其广泛，其具体的分析单位几乎囊括了上述所有类型，不过，他的最基本的分析单位还是关系。

分析单位可划分为不同的层次，一个较高水平的分析单位可能包括多个较低水平的分析单位。由于某一层次分析单位的资料聚合可以用来描述更高层次的分析单位的某些特征与属性，又由于个人一般被视为社会的最小构成要素，所以个人往往成为社会研究中最基本也是最常用的分析单位。这里的个人可以指：学生、工人、农民、军人、教师、医生、病人、顾客、生产者、消费者，等等。正是通过对个人进行描述，并将这些描述进行聚合和处理，研究者能够描述和解释由个人所组成的各种群体，以及由个人的行为和态度所构成的丰富多彩的社会生活现象[②]。当然，以个人作为分析单位也有局限，比如研究宏观社会现象就不能仅仅依据以个人作为分析单位所收集到的资料。需要指出的是，分析单位是划分为不同层次的，不同的分析单位对应于不同的研究问题，为了避免逻辑错误，必须保证做出结论的分析单位与作为证据的分析单位是一致的。

与分析单位有关的两类最主要的谬误是：层次谬误和简化论谬误[③]。所谓层次谬误（ecological fallacy），又称生态谬误或区群

[①] 〔美〕艾尔·巴比：《社会研究方法（上）》（第 8 版），邱泽奇译，北京：华夏出版社，2000 年，第 123 页。
[②] 风笑天：《社会学研究方法》，北京：中国人民大学出版社，2001 年，第 76 页。
[③] 它们都属于逻辑推理的错误，即运用其推理过程所得到的结果在逻辑上不能保证一定是正确的，但这并不排除在某些具体的事例中，运用错误的推理碰巧得出正确的结果。参见郭志刚《分析单位、分层结构、分层模型》，载《北京大学社会学系学刊》（第一辑），北京：北京大学出版社，2004 年。

谬误，指研究者用一个集合的分析单位收集资料，而用一个非集合的分析单位下结论，最主要的是指如下这种情况：根据集合单位的分析结果做出关于个体的断言。一般来说，方法论的整体主义者容易犯这种错误。社会学创立初期，为了与其他社会科学尤其是心理学划清界限，特别强调反心理还原论，以涂尔干为代表的一些社会学家坚持认为一个社会事实必须用其他社会事实来解释，而不能只是从个人的心理去解释。以至于主流社会学的一个重要传统就是主张社会学的研究重点是群体而不是个人。但是，以群体为单位来从事社会研究也有局限，因为它不能有效地反映、解释个体层次上的现象。比如，统计表明男生比例大的班级比男生比例小的班级的平均成绩好，但这并不意味着男生的成绩就一定比女生要好，硬要做出这样的推论，就犯了这里所说的层次谬误。20世纪50年代有位名叫鲁滨逊（W. S. Robinson）的社会学家曾写了一篇文章专门讨论层次谬误问题。他在文中正确地指出，当时的社会科学所运用的数据都是以地区为单位的集合（汇总）资料，而这些资料是不能用来推论人类行为的，这意味着如果只是依据这类资料，社会科学根本不能实现了解人类行为的目标，他本人也因此不再从事社会研究了[①]。为了应对上述挑战，其后社会学界大力提倡以收集个人层次数据资料为主的调查研究，这也是个人成为社会研究中最基本最常用的分析单位的一个重要原因。

简化论（reductionism）又称简约论或还原论，它是与层次谬误相对的一种方法论谬误，指的是研究者根据较低层次研究单位的分析结果推断较高层次单位的运行规律，最主要的是指仅仅用十分特殊的个体资料来解释宏观层次的现象。比如仅仅用学生的勤奋学习态度来解释一个学校的成功运行，其实学校所处的地理位置、学校与外部环境的关系、学校的权力结构网络、师资配备的情况等都是影响这个学校运行的重要因素。齐美尔也举了一个很好的例子："两位非常优秀人物之间的婚姻很不幸，两个缺点很

[①] 参见谢宇《社会学方法与定量研究》，北京：社会科学文献出版社，2006年，第67~68页。

多的人的婚姻却很美满,这种绝非罕见的事实首先表明,婚姻这种形态尽管多么依附于参加者的每一个人,然而却具有一种与任何一个参加者的特点都不吻合的特性。"① 此例说明,群体具有一些不同于个体的特性,它们并不能完全由个体的特性直接推导出来。进而言之,微观层次与宏观层次存在较大差异,不同层次的行为模式或运行机制可能具有重大区别,微观层次的证据,并不足以说明宏观层次的全部过程。齐美尔下面这段话也清楚地表明不同层次分析单位的差异。

> 然而实际上,如果在某个特定的方向上持续地和孤立地观察,在个人之间消极的东西,有害的东西,在整个关系之内,绝非必然会同样发挥作用;因为正如也许在一个经济统一体之内个人的竞争最简单地表现的那样,在这里,在另外一些不为冲突所触动的相互作用加在一起,构成一幅崭新的画面,在这幅画面上,消极的东西和二元主义的东西,扣减在简单的关系中破坏了的东西之后,还起着十分积极的作用②。

齐美尔在分析社会分工的作用时指出,分工促使社会需要得到满足,有利于社会的内在联系和有机整合,"可是,社会的完善是以个体的不完善为代价的,是以违背自然而把个体的力量束缚在某种专门劳动上,从而使它们丧失了无数可能性为代价的"③。这里,齐美尔再次揭示了不同层次分析单位(个体与社会)之间的显著差异。

一般来说,一个好的研究,应该对分析单位进行细致、明确

---

① 〔德〕盖奥尔格·齐美尔:《社会学——关于社会化形式的研究》,林荣远译,北京:华夏出版社,2002年,第59页。
② 〔德〕盖奥尔格·齐美尔:《社会学——关于社会化形式的研究》,林荣远译,北京:华夏出版社,2002年,第180页。
③ 〔德〕格奥尔格·西美尔:《宗教社会学》,曹卫东译,上海:上海人民出版社,2003年,第138页。

的界定，清楚地说明它的边界所在以及时间范围。同时，一个好的研究者，应该不仅能将不同的分析单位严格地区分开来，还能认识到不同分析单位之间的密切联系。比如，个体层次的大学生的学习态度与动机，就与群体、组织、社区等层次的寝室、班级、院系、学校、所属社区等有着非常密切的关系，很大程度上受到这些位居其上的分析单位的影响与制约。20 世纪 80 年代中后期，多层线性模型（multi-level linear models）逐渐发展成熟，这种定量分析技术可以同时考察多个层次上的问题，它能在一个模型中同时处理微观层次的个人变量和宏观层次的处境变量，既可考察个体层次变量对社区层次变量的诸多效应，也可考察社区层次变量对个体行为的具体影响。

值得注意的是，齐美尔在社会研究中虽然也重视参与社会互动的人们的心理反应及其特征，但他绝不是一个心理还原论者。他更关注的是社会互动的形式（关系模式）及过程，关注这些由人们创造出来的形式如何反过来影响、约束参与互动的个人。而且，他认为互动的形式是不能从个体的社会行动中直接推导出来的。齐美尔也不会赞同将社会研究的分析单位还原到分子、原子的水平上。比如由哈佛大学动物学家威尔逊（E. Wilson）创立的社会生物学，将人看作基因的载体，试图在基因的层次上来解释各种各样的社会行为，这恐怕是齐美尔所不能接受的。

另外，齐美尔虽然也注意到不同层次分析单位之间的差异，以及跨越不同层次分析单位进行分析可能产生的谬误，但他又认为真正完整有效的研究应该是跨层次的，仅仅只局限一个层次的研究是偏狭的。他曾明确指出："单纯依靠内部条件，无法解释清楚内在事实，只有外部现实才能说明内在原因。"[1] 显然，齐美尔主张事物的内在因素与外在因素是相对的，不同层次分析单位之间并不是相互独立和封闭的，而是相互作用、相互影响的。从这里，也可以看出齐美尔与涂尔干的一个重要区别。涂尔干强调一

---

[1] 〔德〕格奥尔格·西美尔：《宗教社会学》，曹卫东译，上海：上海人民出版社，2003 年，第 30 页。

个社会事实只能用另一个社会事实来解释,将研究严格限制在特定的层次上。齐美尔认为不同层次的分析单位存在复杂的相互作用,群体与组织在很大程度上就是个体层次互动的结果,而反过来,群体与组织又会制约个体成员的互动。

人们对社团的理解通常认为是所有那些大的系统和超越个人的组织,这些都是个人与个人之间每时每刻一生一世直接的交互作用的凝聚,并不是别的什么东西。这样的交互作用凝聚成了永久不变的模式,成了独立的形态。因此,社团当然就有了自身的存在和自身的规律,它们可能由于自身的存在和自身的规律而跟这种相互制约的活力对立起来。但是,不断实践社交生活的社团毕竟意味着个人由于相互的影响和制约是联结在一起的[①]。

最后需要指出的是,齐美尔的关系主义取向,不仅意味着将关系作为主要的分析单位,它还代表着一种分析与解释的基本原则。该原则强调考察事物之间的动态关系,考察不同因素之间是如何持续不断地相互影响的,即 A 影响 B, B 又影响 A,这个过程不断重复,以至无穷,但每次都有新的变化、增添新的内容。

就方法论而言,我们可以这样来表述这一基本的意图:即为历史唯物主义建造底楼,从而,经济生活被纳入精神文化的原因的这种说法仍保证其阐释性价值,而与此同时,这些经济形式本身却被视为心理学的,甚至形而上学的前提的更深层的评价和潮流之结果。对于认知的实践,上述的这种方法必须在无限的相互关系之中发展:依据某一经济结构对某一理念结构(Gebild)的任何一种意义阐释必须导向这样的要求,即反过来经济结构从更加理念性的深度被理解,同时

[①] 〔德〕G. 齐美尔《桥与门——齐美尔随笔集》,涯鸿、宇声等译,上海:上海三联书店,1991 年,第 241 页。

对这些深度自身而言也再度要去寻求普遍的经济下层建筑，如此以至于无穷①。

在齐美尔看来，社会因素之间的相互影响是持续不断的，因果关系具有对称、循环的性质，甚至可以相互转化，此时的因可以成为彼时的果，反之亦然。主因和次因也不是绝对的，会随着时空的不同而发生改变。齐美尔反对用简单的因果关系去解释社会现象，提倡交互作用的解释原则："它们之间根本不存在因果关系，至多二者都可以看成是原因，或者二者都是结果。"② 他举例说明了因果作用的交互性："认知功能肯定服务于经济功能，但经济功能也转而服务于认知功能，爱欲的冲动肯定无数次地唤起了美学上的努力，而艺术冲动也同样使性的力量为之效劳。"③ 齐美尔的这种强调多因素之间持续不断的交互作用的解释原则，还是很有启发价值的。

第四节　提倡审美观察与解释

一　社会研究的审美方法

齐美尔社会研究的独特之处是开创了一种审美的视角，即运用审美观察与解释来进行社会分析。他认为现代性的本质特征在于对外部世界的体验，关注现代个体的命运及其内心体验乃是社会研究的重要目标。而为了有效地把握个体独特性的反应，仅用逻辑理性的方法是不够的，还需要运用审美观察和解释的方法，培育一种对事物有差异的魅力的细腻感受能力，以发现和感受事

---

① 〔德〕西美尔：《货币哲学》，陈戎女等译，北京：华夏出版社，2002年，前言第3页。
② 〔德〕G. 齐美尔：《桥与门——齐美尔随笔集》，涯鸿、宇声等译，上海：上海三联书店，1991年，第172页。
③ 〔德〕西美尔：《叔本华与尼采——一组演讲》，莫光华译，上海：上海译文出版社，2006年，第95页。

物的微妙差别和独特性质。他坚信:"社会问题不仅是一个伦理学的问题,而且也是一个美学问题。"① 在齐美尔眼里,艺术是形式的再现,由于一切社会互动都内含社会交往的形式,也就都蕴含着审美旨趣。形式化与审美性的同一体现了齐美尔形式社会学及其社会研究方式的特征。事实上,他认为可以将社会视为一件艺术品,并大力倡导运用审美印象主义的眼光,从艺术的角度来审视和观照社会,通过审美体验式语言来阐释社会的意义。齐美尔指出,这种审美观察和解释的本质在于以下事实:典型是在独特的事物中发现的,法则是在偶然性的事物中发现的,事物的本质和意义是在表面化和过渡性现象中发现的②。他进一步论证:

即使最低等的、本质上丑陋的现象也是在色彩和形式、感觉和体验的情景中出现,后者赋予该现象以迷人的意义。我们只需深深地、惬意地投身到最无关紧要的现象中——孤立地看,这一现象是平庸的甚者令人反感的——意在能够将它想象成万物终极和谐的一线闪光或者象征,美和意义从中产生,而且,每一种哲学、宗教乃至我们最高的情感体验的瞬间,都是在为它寻找象征。如果我们追求的是对其结局的审美沉醉的可能性,我们会发现,各个事物在美的数量方面不再存在任何分别。我们的世界观变成那种审美多神主义的。任何一点都潜藏着释放出绝对美学价值的可能。在受过适当训练的眼睛看来,这个世界的总体的美,全部的意义,从任何一点都辐射出来③。

齐美尔认为,从审美的角度从事社会研究,需要以一种一视

---

① 〔德〕G. 齐美尔:《桥与门——齐美尔随笔集》,涯鸿、宇声等译,上海:上海三联书店,1991年,第221页。
② 参见〔英〕戴维·弗里斯比《现代性的碎片》,卢晖临等译,北京:商务印书馆,2003年,第76页。
③ 转引自〔英〕戴维·弗里斯比《现代性的碎片》,卢晖临等译,北京:商务印书馆,2003年,第76~77页。

同仁的态度对待每一个社会生活的细节和碎片,要善于发现和体验平凡事物的独特价值和意义。他在日记中写道:"宇宙的伦理应该是:不仅将每个人,而且将每件物都看作有自己的目的。"① 社会研究者应该具备敏锐的目光和细腻的感受力,因为社会世界的任何一点都潜藏着释放绝对美学价值的可能性。例如,"桥梁的美学价值在于,它使分者相连,它将意图付诸实施,而且它已直观可见"②。在现实生活中,人们既可以在看似无关的事物之间建立起连接的"桥",也可以在相互关联的事物之间筑起阻隔的"门"。对社会事物进行审美观察,就是要将它视为一件独一无二的艺术品,并从中"看出"普遍性或一般性,这种观察"区别于同一个对象处于通常的、实践的、经验性联系中时,我们对它的那种观察"③。需要强调的是,审美的理解以一种独特的方式实现自己的目标:通过特殊化来实现一般化。这种审美的理解不同于归纳逻辑,后者借助中介由个别一步一步到达一般,而审美理解则跨越了中间环节,直接由个别达到一般,从而使由抽象获得的形式得以充分展示出来④。尼斯比特赞叹道:"在齐美尔那里,审美的具体性和哲学的一般性保持着奇妙的张力。"⑤

在齐美尔看来,运用审美方法需要与客体保持一定的距离,既要进得去,又要出得来,既不做完全的局内人,又不做完全的局外人,从而守卫某种客观冷静的立场和反思批判的精神。所谓旁观者清,研究者要以一定的观赏者的姿态从事研究,努力发现各种事物的隐蔽联系,体会事物之间的和谐之美。"艺术的根本意

---

① 参见 Georg Simmel, *The Sociology of Georg Simmel*, ed. and trans. by K. H. Wolff, New York: The Free Press, 1950, introduction, XX。
② 〔德〕G. 齐美尔:《桥与门——齐美尔随笔集》,涯鸿、宇声等译,上海:上海三联书店,1991 年,第 3 页。
③ 〔德〕西美尔:《叔本华与尼采——一组演讲》,莫光华译,上海:上海译文出版社,2006 年,第 99 页。
④ Murray S. Davis, "Georg Simmel and Aesthetics of Social Reality", *Social Forces* 51 (3), 1973.
⑤ Robert A. Nisbet, *The Sociological Tradition*, New York: Basic Books, Inc., 1966, p. 20.

义在于,对于艺术家以及对于艺术的欣赏者,艺术使我们超越了艺术与我们自己的关系的直接性以及艺术与世界关系的直接性。"① 齐美尔自己的社会研究实践就体现出某种"保持距离"的特征。这位弗里斯比眼中的社会学的"游手好闲者",既不属于劳工大众,也超然于自己的资产阶级阶层,阶级属性乃至身份的确认对他都不重要,他更乐意以匿名者的身份扮演社会生活的观察者。而这位观察者总是与现实保持一段审美的距离,体味生活中琐碎细微、转瞬即逝的美,进而发现社会生活的真谛,如他所言,"我们在任何一次完美的审美享受的每一瞬间,都能生动地感受到其最深刻的真理性"②。齐美尔的审美言说,其实质是把个体的生命体验和社会的生存事实描述为审美的,旨在洞悉审美化存在的个体和社会的精神品质,特别是现代性状态下这一生存品质向审美质态的转化。③

二 社会生活的审美意蕴

对于什么是美,美的价值何在,齐美尔也有自己独到的看法,并突出了社会学理解的重要性。他说,"美有极其深刻的含义,直接地或象征地涉及个性的,甚至涉及宇宙的最后的本质基础。在这方面,美正如其最初所显示的那样,是一种按一定的规律组成的表面要素的关系,是一定的生活发展表现到外部而被观察者所接受的结果(观察者本人也可以是美的体现者)"④。美体现出两种关系:一种是事物表面要素的关系,一种是它与观察者的关系。进而言之,美并不仅仅取决于事物本身,还取决于主体的判断与感受,取决于主体与客体的距离。同时,美的价值具有独特性和

---

① 〔德〕西美尔:《货币哲学》,陈戎女等译,北京:华夏出版社,2002年,第87页。
② 〔德〕西美尔:《叔本华与尼采——一组演讲》,莫光华译,上海:上海译文出版社,2006年,第102页。
③ 陈戎女:《西美尔与现代性》,上海:上海书店出版社,2006年,第183页。
④ 〔德〕G. 齐美尔:《桥与门——齐美尔随笔集》,涯鸿、宇声等译,上海:上海三联书店,1991年,第191~192页。

不可替代性，它在很大程度上体现出人们感情的投射。在齐美尔看来，人们的整个生活（从其意识方面来看）是由价值感觉和价值判断组成的，人们的灵魂不是单单被动地反映现实的镜子，即便是客观的认知也只能从评价活动中产生。简言之，人们很大程度上生活在价值的世界里①。而无论是在经验还是超验的意义上，主体与客体之间的差异都是可以体会和设想的，价值从来都不是客体的"性质"，而是一个仍保留于主体之内的判断。事实上，价值存在于主客体的分离之中，即事物的价值在于它与我们之间的相对距离之中：如果距离太近、太容易得到，或者太远、太难得到，那它就没有什么价值。因此，最有价值的事物，其距离既非太近也非太远。而艺术风格可理解为人们与事物之间所产生的不同距离的结果②。另外，对象从实用价值到美学价值的整体发展是一个客观化降低的过程。当人们称一个对象为美时，较之它仅仅是有用的，其性质与重要性都变得更为独立于主体的安排与需要。只要客体仅仅是有用的，它们就是内在可变换的，并且每一件都能够被别的具有同样用处的任何东西所代替。但是当它们是美的时候，它们就拥有了唯一的个别存在，其中任何一个的价值都不能够被他者所代替。③

艺术品的美学价值就在于它的独一无二的特性和不可替代性。在齐美尔看来，艺术品是"最完美的自主统一体，是一个自足的总体"，艺术品因为与其制作者之间的紧密联系，"表达了一种主观的精神一致性"④。而工艺品因为可以大量复制，从而丧失了艺术品的独一无二性和不可替代性，因此它不同于真正的艺术品。关于艺术品，齐美尔进一步阐述道：

---

① 〔德〕西美尔：《货币哲学》，陈戎女等译，北京：华夏出版社，2002年，第4页。
② 〔德〕G. 齐美尔：《桥与门——齐美尔随笔集》，涯鸿、宇声等译，上海：上海三联书店，1991年，第226页。
③ 〔德〕西美尔：《货币哲学》，北京：华夏出版社，2002年，第17页。
④ 参见〔英〕戴维·弗里斯比《现代性的碎片》，卢晖临等译，北京：商务印书馆，2003年，第119页。

艺术品是自足的，拒绝一切与它自身之外的生存连接在一起的行为；可以说，艺术品只存在这个世界上。这些艺术品再现了世界整体的形式。在艺术品中，以多种方式表现出这样一种事实：任何艺术品都以某种形式包含了整个此在，这一此在仍然可能不是相对于对立双方的内容，而只是相对于整体、总体的形式而言的。这种形式让每一因素只在这个整体内找到自己的意义，发挥自己的作用①。

齐美尔强调一切美学的动机最初都是对称，较低级的审美欲望表现于用对称图来表达对象的系统结构。因此，对称在审美中是极其重要的。

为了使事物具有理念、意识、和谐，我们首先必须使它们对称，使整体的各部分相互平衡，围绕着一个中心点匀称地排列，这样，人对单纯自然形态的偶然性和杂乱无章状态的成形能力就得以最快捷、最明显和最直接的具体体现。审美的第一步就是这样跨越了对事物的无意识的一味容忍而达到对称的，直到后来，更仔细更深入的审美又在新的不规则、新的不对称上产生了审美的强烈诱惑②。

齐美尔举例说，可以把埃及的金字塔当作东方的暴君们所建立的政治结构的象征——完全对称的社会结构，权力集中到平衡地统治整个金字塔的塔顶。这种结构形式起初可能是从专制主义需要的单纯实用性中产生的，但最终形成了形式上的纯美学的意义。"对称的魅力，连同对称的内部均衡性、外部完美性和各部分与一个统一的中心的协调关系一起，势必会产生美学吸引力的效

---

① 〔德〕西美尔：《金钱、性别、现代生活风格》，刘小枫编，顾仁明译，上海：学林出版社，2000年，第193页。
② 〔德〕G. 齐美尔：《桥与门——齐美尔随笔集》，涯鸿、宇声等译，上海：上海三联书店，1991年，第217页。

果,对众多的思想实行专制,要它们绝对服从一个国家意志。"①

齐美尔认为追求对称是比较原始、比较普遍的审美欲望,而吊诡的是,不对称也可以成为审美的动机,并且在现代社会中还表现得相当突出。

> 在对称形态中,首先明显地形成了理性主义。只要整个生活是本能的、直觉的、非理性的,美学就永远会以如此理性的形式从生活中获得解脱。倘若生活中充满着理解、对比、平衡,那么,审美的需要又要遁入自己的对立面,又要去寻觅非理性及其外部形式即非对称了②。

在这里,齐美尔阐述了审美中对称与非对称的辩证关系,这种辩证关系在一定程度上展示了社会生活的丰富性和复杂性。他认为社会的对立因素所可能具有的强烈的审美魅力中,反映出历史发展的多样性和各种矛盾③。因此,人们在社会研究中要注意从对称与非对称入手,去探索社会生活的各种关系及特性。在齐美尔看来,美学中的对称意味着某个要素与产生交互作用的其他要素之间制约关系,同时也意味着以这种制约关系为特征的范围的局限性;而不对称的形态由于每个要素都有独特的权利,则允许有更大的自由范围和广泛的相互关系④。艺术作品并不是真实生活的直接反映,而社会研究也不是社会现实的简单复制。在高速发展的现代社会,尤其要重视对非对称形态的考察。

齐美尔认为,社会制度并不是单纯源于实用目的而被建构起来的,在人们选择某种社会制度的背后隐含着一定潜在的审美动

---

① 〔德〕G. 齐美尔:《桥与门——齐美尔随笔集》,涯鸿、宇声等译,上海:上海三联书店,1991年,第220页。
② 〔德〕G. 齐美尔:《桥与门——齐美尔随笔集》,涯鸿、宇声等译,上海:上海三联书店,1991年,第217~218页。
③ 〔德〕G. 齐美尔:《桥与门——齐美尔随笔集》,涯鸿、宇声等译,上海:上海三联书店,1991年,第226页。
④ 〔德〕G. 齐美尔:《桥与门——齐美尔随笔集》,涯鸿、宇声等译,上海:上海三联书店,1991年,第223~224页。

机和对某种独特的审美形式的偏好，体现出极为重要的审美理念，满足了人们心理上内在的审美需求。例如，社会主义就具有很强的美学意义，社会主义者所提供的未来理想图景，本质上是一种最高程度的理性设想：极端的中央集权、供需各方精心计算下的相互适配、竞争的排除、权利义务的平等，等等①。在社会主义社会，组织上是统一的，布局上是对称的，活动上是协调的。因此，社会主义的主张体现出非常明显的审美旨趣。通过与个人主义的对比，齐美尔进一步阐释了社会主义的美学价值。

> 美学的力量对社会主义和个人主义之间的矛盾这种社会现实的影响十分明显。社会作为一个整体便成了一件艺术品，其中每个部分由于其对整体的贡献都具有一种明显意义；由一个统一的方针有目的地决定一切生产，而不是自由诗般的偶然性来决定（现在是个人的作用偶然地对总体带来利益或损害）；生产要绝对协调，不要搞浪费精力和个人之间的相互斗争。这些思想观念毫无疑问是对美学感兴趣的……②

在齐美尔看来，一切合理的社会组织（如果不考虑其成员个人的感觉）都具有很强的美学魅力，它们要把整体生活变成艺术品。由于终极目的、绝对生活理念的缺失，生活在破碎、迷茫、孤独、抑郁中的现代人渴望拥有某种囊括了所有生活细节的确定价值，而社会主义正好提供了能满足这种需求并带有浓厚审美色彩的社会改革方案。齐美尔认为，社会主义之所以受到普遍欢迎，还在于两大因素的结合：一是社会发展初期就已潜伏在人类灵魂深处并且异常牢固的共产主义的本能；二是基于众人（尤其是那些文化程度较高的人）社会良知的正义感，"从这种立场出发，对

---

① 〔德〕格奥尔格·西美尔：《宗教社会学》，曹卫东译，上海：上海人民出版社，2003年，第189页。
② 〔德〕G. 齐美尔：《桥与门——齐美尔随笔集》，涯鸿、宇声等译，上海：上海三联书店，1991年，第221页。

于资本主义的劳动剥削而言,恐怕再没有比社会主义更好的良药了"①。另外,社会主义又被一些主张个性自由和发展的人视为达致公正而开明的个人主义所必需的过渡阶段。他们相信,为了社会成员可以相互监督而不带历史的或偶然的偏见或伤害,为了所有人都可以享有同样良好的发展条件,社会必须首先投入社会主义的熔炉,铲除妨碍个体平等、自由发展的各种不公平、不合理的制度安排,让每个人在生活中都能够准确地度量他的独创与自由发展的能力。"所以社会主义作为绝对个人主义形成的初级阶段或工具性条件,多年来一直是一场精神运动的方案。"②

齐美尔之所以看重上述审美观察和解释的方法,很大程度上也在于他把艺术看作克服现代性矛盾的一种有效方式以及挣脱文化危机的可能途径,相信人类总体上可能会趋向美学世界。他认为"现代人应该努力摆脱形式的束缚,在艺术中寻求意义甚至德行"③。在他看来,现代文化光怪陆离的现象都有一种深刻的心理特点,"这种心理特点可以说是人与其客观对象之间距离扩大的趋势,它只有在美学方面才有自己最明显的形式"④。作为一个审美取向的社会理论家,齐美尔的现代性诊断往往就是现代性情绪的表达,彰显了一种审美批判的向度和悲观主义的色彩。陈戎女指出,齐美尔所承纳的是超越左右两派的审美式悲观形而上学立场,就现代性的思想格局而言,可说是与文化保守主义(如丹尼尔·贝尔)和新老马克思主义文化批判(如法兰克福学派)构成三足鼎立之势⑤。社会科学中实证主义传统,千方百计要排除社会研究

---

① 〔德〕格奥尔格·西美尔:《宗教社会学》,曹卫东译,上海:上海人民出版社,2003年,第190页。
② 〔德〕格奥尔格·西美尔:《宗教社会学》,曹卫东译,上海:上海人民出版社,2003年,第198页。
③ 〔加〕大卫·莱昂:《后现代性》,郭为桂译,长春:吉林人民出版社,2004年,第21页。
④ 〔德〕G.齐美尔:《桥与门——齐美尔随笔集》,涯鸿、宇声等译,上海:上海三联书店,1991年,第232页。
⑤ 陈戎女:《西美尔与现代性》,上海:上海书店出版社,2006年,第56页。

的感性成分，而齐美尔却大张旗鼓地提倡运用感性的审美体验，这种另类、异端的做法，受到后现代主义者的赞赏，而且，他的许多相关的主张在后现代主义那里又都再度复活了。事实上，在所谓的后现代社会里，审美风格已经远远不是生产的边缘现象了，它们占据了经济生活的中心舞台。

第七章 自由随意的表述风格

社会研究的结果最终需要以一定的方式展示出来,通常这也是一项完整研究的最后阶段。齐美尔的特点是,他的研究发现很少以规范的学术论文形式表述出来,而主要以更加自由、开放的学术散文的形式予以呈现。这样的表述方式虽不太被主流学界认同,但却受到后现代主义者的热烈欢迎。

第一节 不拘一格的学术散文

一 学术散文的开拓者

齐美尔主要运用学术散文(essay,又译论说文、小品文或随笔等)的形式展示他的社会研究的发现。总体上看,他的表述自由开放、随心所欲,不太在意规范的格式和刻板的逻辑,部分作品甚至带有某种游戏式的、玩世不恭的味道。某种意义上,齐美尔可算是20世纪第一个发现学术散文的价值并身体力行进行大量创作的重要人物。科塞曾经指出,"可以毫不夸张地说,从19世纪90年代到第一次世界大战及战后,几乎没有一个德国的知识分子能够逃避齐美尔的修辞和辩证技巧的强有力的冲击"[1]。"essay"一词起源于拉丁文单词"exagium",意思为"尝试""试验"。齐美尔首先对传统的 essay 进行了改造,使它从蒙田(M. Montaigne)、培根(F. Bacon)的启蒙时代以开启民智、传播知识为己

---

[1] Lewis A. Coser, *Masters of Sociological Thought* (2nd edition), New York etc.: Harcourt Brace Jovanovich, Inc., 1977, p.199.

任的散文或随笔发展成了一种具有试验开放性和视角多样性的"景观主义"（perspektivismus）特色的文体，从而奠定了20世纪的学术散文创作的理论基础，为该文体的形式及风格定下了基调。在19世纪与20世纪之交经过改革后的散文几乎成了这个时期的优秀思想家和作家的不二选择，并且在散文的创作上呈现千姿百态的个人风格①。在20世纪初的德语文化背景下，"essay"被提升为一种特殊的认识手段，其形式上比较随意、不太严密，明显不同于专用于说理的论文和学院式的论文。尽管形式上比较随意，涉及内容也很庞杂，但齐美尔的学术散文却体现出严肃的探索精神，显示了深刻的洞察力和丰富的想象力，给人以智慧的启迪。本雅明指出，齐美尔的哲学标志着从严格的学术哲学向诗歌或散文转向②。

其实，齐美尔的社会研究方法论具有某种逻辑上的一致性。因为强调了认识主体的重要性、知识与现实的建构性，以及研究中移情的理解、审美的观察、独特的直觉等的重要性，提倡多元主义的视角及方法，突出了差异而不是同一的重要性，所以呈现这些研究成果的表述方法也应该是各具特色、不拘一格，能够自由自在、按照自己的内在规范来创作，而不是以一种同自身不相称的方式表达自身③。齐美尔在研究视角和表述方式上都追求新颖、独特，极具试验性和探索性。齐美尔曾称赞法国著名雕塑家罗丹（A. Rodin）对现象的最细微的差异具有难以置信的敏感。实际上，这个评价也可以运用到齐美尔自己身上。齐美尔进行社会观察和分析时所具有的超凡细腻与敏感，使他的独特发现难以用刻板的学院式论文充分地展示出来，而散文可以在很大程度上

---

① 参见吴勇立、冯潇《阿多诺"论说文主义"的思想来源与风格特征》，《马克思主义美学研究》2008年第1期。
② 参见 David Frisby, "Georg Simmel: First Sociologist of Modernity", in David Frisby (ed.), *Georg Simmel: Critical Assessment*, Vol. II, London: Routledge, 1994, p. 348。
③ 〔德〕西美尔:《金钱、性别、现代生活风格》，刘小枫编，顾仁明译，上海：学林出版社，2000年，第147页。

"使事物的秩序等同于观念的秩序"①。某种意义上,齐美尔带有较浓的女性气质与风格,这可能使他在一个男权制的社会里不太适应,因为学术场域也充斥着男性统治的氛围。现有的研究方法男性色彩太浓,所谓学术规范很大程度上只是男性的规范,主要依据男性的标准来制定。齐美尔认为,女性文化一向受到强烈的抑制,只有在小说领域才获得一定的表达空间,"在这个领域,女人能够最自由、最独特地表现自己"②。也就是说,在现有的学术研究领域,可能让最有才能的女性难以充分展示她们独特的思想及发现。

在齐美尔看来,学术散文能更好地表达他的思想。即便是他最具系统性的大部头专著《货币哲学》,也像他的其他著作一样,是在多篇原有文章的基础上编撰扩充而成。而且,该书保持了作者的一贯作风,不受流行的学术规范的约束,书中竟然没有一个注释,也极少正式征引他人的著作。某种意义上,齐美尔的文章就像是诗歌,是不需要任何注释的。虽然《货币哲学》视野开阔、内容充实、资料丰富、见解深刻,但却是以一种看似随意的方式展示出来的。而且该书的立意并不是单一的,也没有按照某一特定学科的体系来组织材料,充分体现了齐美尔跨学科的社会研究特色。这种学术散文的表述方式,与齐美尔倡导的多元主义方法论是相适应的,它可以更加自如地展示他对社会现实的观察与思考的结果,同时也可以让更多的普通读者接触和领会他的深刻见解。而规范的学术论文因门槛太高,往往让普通读者望而却步,从而将大量社会公众拒之门外,进而也削弱了其对公共生活的影响力。齐美尔的主要阅听者是非学术人士,这在他后期作品的去向上表现得更加突出,其中超过三分之二的文章均发表在非学术刊物上。由此不难发现齐美尔的文本与韦伯、涂尔干的显著差异。韦伯的著作严谨深刻,逻辑性强,旁征博引,极具大家风范,其

---

① David Frisby, *Sociological Impressionnism: A Reassessment of Georg Simmel's Social Theory*, Second edition with a new Afterword, London: Routledge, 1992, p. 71.
② 〔德〕西美尔:《金钱、性别、现代生活风格》,刘小枫编,顾仁明译,上海:学林出版社,2000年,第147页。

代表作《新教伦理与资本主义精神》的注释篇幅与正文篇幅不相上下；当通俗化与准确性发生冲突时，韦伯倾向于牺牲前者而追求后者①，因此他的著作常常让人感到有些晦涩难懂。涂尔干的著作系统规范、明晰缜密，突出了学科的特性，同时也包含大量的注释。他的写作风格是典型的学院派的，几本重要著作——《社会分工论》《自杀论》和《宗教生活的基本形式》等都像是标准的学位论文（其中《社会分工论》就是他的博士论文），每本书的基本结构都是相似的：首先是对所研究的对象下定义，然后批驳前人的有关解释，接着系统地描述和分析研究对象的起源、性质和功能，最后对全书的观点进行总结，并对所研究的现象做真正的社会学解释。事实上，韦伯和涂尔干都不太认可齐美尔的文本风格。

不过，也有不少著名学者支持齐美尔的写作风格。法兰克福学派的主将阿多诺就特别赞赏齐美尔开创的学术散文的表述方式，他曾宣称这是现时代真正符合哲学本性的文体②。而阿多诺在自己的著述中，也大力践行这样一种反整体性、断片式、未完成式的文体。他像齐美尔一样，坚信散文可为思想游戏提供较大的自由空间，在这个空间中要坚决摒弃任何形式的学科系统强迫、哲学基础强迫及认同强迫③。被誉为"当今用英文写作的最伟大的社会学家"④的鲍曼，十分认同齐美尔的研究旨趣、理论策略和表述风格。他追随齐美尔的做法，所出版的许多著作都是由大量松散的论文组成。他尽可能避免宏大的理论体系，远离决定论的因果解释模式，探查社会生活中五花八门的碎片，通过各种隐喻的修辞手法和诱人的文学技巧来表述自己的思想，并且获得了很大的成

---

① 〔德〕马克斯·韦伯：《社会学的基本概念》，胡景北译，上海：上海人民出版社，2000年，作者序言第1页。
② 吴勇立、冯潇：《阿多诺"论说文主义"的思想来源与风格特征》，《马克思主义美学研究》2008年第1期。
③ 参见〔瑞士〕埃米尔·瓦尔特-布什《法兰克福学派史：评判理论与政治》，郭力译，北京：社会科学文献出版社，2014年，第190页。
④ 〔澳〕彼得·贝尔哈兹：《解读鲍曼的社会理论》，载〔英〕齐格蒙特·鲍曼《被围困的社会》，郇建立译，南京：江苏人民出版社，2005年，第263页。

功。后现代主义者更是热衷于各种打破常规、挑战权威的尝试，鼓吹自由开放、灵活多样的表述方式，齐美尔的表述风格当然也是深受他们欢迎的。

二 个性化的表述风格

打破常规是齐美尔著述的一大特色。齐美尔的著作反映了他的一贯主张：从整体中任意一点出发都可以触及任何其他一点，每个现象都承载并支撑其他现象，从来没有什么与其他现象毫无关系、独自具有完全属己的有效性的绝对事物。他所撰写的文章开头，常常并不直接切入主题，而是从一个看起来似乎完全无关的事物开始探讨，进而分析所要讨论的事物的特征，最后再与讨论主题相联结[1]。他就像一个出色的建筑师，在相距甚远的事物之间建立起连接的桥梁。齐美尔的一大本领是将人们熟悉的日常生活的琐事细物陌生化，通过他的条分缕析和深刻阐释，让人们惊奇地发现它们之间的独特关系，发现它们丰富的社会学含义和美学价值，以及它们和社会整体的关系与意义。虽然齐美尔的表述有时显得比较晦涩，但他展开话题的方式却很吸引人。在他的叙述中，那些在日常生活中人们非常熟悉的事物也展示出全新的面貌。齐美尔是一名讲故事的高手，在他的演讲和文章中经常引用丰富的神话寓言和各种奇闻轶事，他还大量运用类比、例证、隐喻等方法，这些往往都收到相当不错的效果，引起读者或听众的共鸣，进而认同他的观点。总之，齐美尔的作品能有效地激发读者的兴趣，开阔视野，启发心智，提升美感，使人们获得富有洞察力的见识，进而学会用全新的眼光看待周围熟悉的事物，认清将各种社会现象、将不同的个人联结成相互关联的网络的那些精细的丝线。因此，齐美尔的作品成功地回应了不少普通社会成员对社会学的指责：社会学的"发现"没有告诉任何他们不知道的东西，甚至更糟的是，社会学还常常用技术性语言来伪装自己，

---

[1] 杨向荣：《现代性和距离——文化社会学视域中的齐美尔美学》，北京：社会科学文献出版社，2009年，第2页。

而这些语言本来完全可以用人们都熟悉的日常用语来表达①。

齐美尔非常注重表述的个体化风格，并将自己视为社会学的艺术家②。在他看来，社会在某种程度上就是一件艺术品，社会研究因而不可避免地带有一定文学评论的色彩，应该鼓励自由、开放的表述风格。进而言之，作为社会研究成果的文本，也应该是一件独特的、具有美学价值的艺术品，而不是可大量复制的、千篇一律的工业产品。齐美尔的现代性理论不同于涂尔干：涂尔干关注现代社会的秩序与整合问题，担心个体不能被收纳进社会系统当中；而齐美尔更关注现代社会中个体的命运问题，担心个体不能在强大的外部压力下保持自己的独立和个性。相应地，涂尔干强调用严格的、统一的学术规范语言来展示社会研究的成果，而齐美尔则主张用相对随意的、自由的个性化的语言展示社会研究的成果。对于齐美尔来说，不受约束地反映个体的独特体验及反抗策略、富有特色地揭示社会生活的各种"偶然性碎片"，是社会研究文本的重要任务。他认为个体总是要反抗被吸收到任何社会整体之中，社会永远不会完全的统一。齐美尔的文本反映了他的研究特色及主张。他希望对社会生活的差异保持个体的理解力，展示和突出生命的独特体验。他的著述透露出一种对个体生命的尊重。在阿克思罗德（C. Axelrod）看来，齐美尔的知识特性以个体承诺为基础，"个体是最高知识标准的源泉"，在他的著述中，一切都与"争取个体性的人类斗争"相关联③。

齐美尔非常希望能用文学的语言来展示他对现代社会的深刻观察和独特体验，并且多次流露出对自己缺乏文学天赋的遗憾。事实上，齐美尔撰写过诗歌，也尝试过用文学的方式来表达他的

---

① 〔英〕安东尼·吉登斯：《社会学方法的新规则——一种对解释社会学的建设性批判》，田佑中、刘江涛译，北京：社会科学文献出版社，2003年，第74页。

② Ralph M. Leck, *Georg Simmel and Avant-Garde Sociology: The Birth of Modernity, 1880 to 1920*, New York: Humanity Books, 2000, p. 37.

③ 参见 Deena Weinstein and Michael A. Weinstein, *Postmodern (ized) Simmel*, London: Routledge, 1993, p. 25。

研究成果。在他的作品中可以发现很多准文学成分以及为此所做的相应努力。虽然他自谦缺乏文学的天赋,但他的不少学术散文就像是诗歌,非常的优美,充满浓郁的诗情画意,包含深刻的生命体验。在《桥与门》这篇著名的短文中,富有哲理的精彩语句随处可见。下面仅随意地摘录两小段。

> 正如人们随时随地可在未连接的事物之间架起一座桥梁一样,世上的人无时无刻不可站在门的里边和外边,通过门,人生的自我走向外界,又从外界走向自我[①]。
> 墙是死的,而门是活的。自己给自己设置屏障是人类的本能,但这又是灵活的,人们完全可以消除屏障,置身于屏障之外[②]。

在齐美尔的生花妙笔下面,日常生活中稀松平常的桥与门,墙与窗等,都绽放出令人惊叹、富有美感的花朵。齐美尔用诗化的语言,别具一格地展示了他敏锐的观察、细腻的感受、深刻的体验和智慧的思想。他将自己独特的生命感觉与体验都注入哲学思考与社会分析当中,使理解与体验相容,解释与感悟共生。齐美尔曾将哲学家划分为四类:"第一个是听事物的心跳声。第二个是听人的心跳声,而第三个是只听概念的心跳声。第四个(哲学教授们)则是只听文献的心跳声。"[③] 无疑,齐美尔应该属于第一类和第二类哲学家,他认真聆听一切事物的"心跳声"以及人的"心跳声",并用个性化的方式将其展示出来。

美国社会学家布莱恩·格林(Bryan S. Green)在《文学方法与社会学理论》一书中,深入地探讨了齐美尔与韦伯理论的写作

---

① 〔德〕G. 齐美尔:《桥与门——齐美尔随笔集》,涯鸿、宇声等译,上海:上海三联书店,1991年,第7页。
② 〔德〕G. 齐美尔:《桥与门——齐美尔随笔集》,涯鸿、宇声等译,上海:上海三联书店,1991年,第4页。
③ 参见〔日〕北川东子《齐美尔:生存形式》,赵玉婷译,石家庄:河北教育出版社,2002年,第13页。

风格问题。他用了多达 35 个形容词来描述齐美尔的写作风格，包括微妙（subtle）、都市感（urban）、怀疑论（sceptical）、艺术化（artistic）、随笔式（essayistic）、多才多艺（multifaceted）、边缘意识（marginal）、似非而是（paradoxical）等①。格林进而将这 35 个形容词归纳成三组，认为其中每一组都代表了所谓"齐美尔式风格"（Simmelian Style）的一个主要方面，它们是：多才多艺（multifaceted）、审美主义（aestheticism）和拒绝定论（to refuse settlement）。格林的研究表明，齐美尔的表述方式确实具有较浓的文学色彩。在齐美尔看来，科学与艺术只有程度上的差异，研究方法类似于艺术风格，所以，他常常有意识地以一种非逻辑化的文学艺术方式来从事社会研究和理论写作。

齐美尔的批评者指责他的研究工作是非系统的、印象主义的、非学科式的、非持续的、非决定性的、非承诺的。如果以正统的学院式规范为标准，这些批评与指责都是言之有理的。但如果以后现代主义的观点来衡量，则上述齐美尔的缺点，可能正是他的优点，是值得肯定与提倡的面向。英国著名艺术史家贡布里希（E. H. Gombrich）评论道："我发现：一般来说，从那些以强烈的个人方式对时代问题做出反应的人身上，我们可以学到的东西远远超过我们从那些与时代一致的人身上可能学到的东西。"② 齐美尔无疑属于贡布里希所说的前一种人，他那"强烈的个人方式"带给后人的启发与影响是巨大而深远的。

第二节　景观角度与碎片化风格

一　去总体化与反中心性

齐美尔的写作突出了景观角度和"碎片化"的风格。一方面，

---

① Bryan S. Green, *Literature Methods and Sociological Theory*, *Case Studies of Simmel and Weber*, Chicago and London: The University of Chicago Press, 1988, p. 83.
② 〔英〕贡布里希：《游戏的高度严肃性》，杨思梁等译，见〔荷〕赫伊津哈《游戏的人》（附录），杭州：中国美术学院出版社，1996 年，第 275 页。

他关注的是现代社会文化的碎片,日常生活中的各种琐事;另一方面,他对现代社会及文化的分析与表述也存在着某种碎片性:"他一会儿从这个角度去分析社会现实,一会儿又从另一角度去分析,每次只关注某一社会现象、类型或过程。在这种做法中,齐美尔作品中的实在,以如此众多的生活断片和信息碎片的形式出现。"① 确实,齐美尔致力于描述、展示社会生活的各种偶然性碎片,试图通过细致入微的观察与分析,并辅以形而上的思考与批判,实现如下的目标:从碎片中发现总体,从偶然中寻找必然,从瞬间中探测永恒,从平凡中获取美感。不过,虽然齐美尔期望从细小的生活碎片中发现社会生活总体的意义,但他并没有(也无意)运用系统化的方法将这些碎片串联起来构成一个完整的总体。齐美尔擅长精细入微地描述最普通的日常经验,分析前人未予注意的各种社会现象的内在意义,就像印象派绘画试图反映过去被忽略了的明暗变化和光影效果一样。齐美尔如同一位摄影师,一边在大都市中漫步游荡,一边不停地拍摄"快照",以抓住现代社会生活的形形色色的"瞬间图像"。按鲍曼的说法,"齐美尔从孤独流浪汉的视角综观了人类状况"②。在齐美尔那里,碎片既是总体的构成要素,又是总体的一个缩影。换言之,经由碎片可以窥见总体,但每一个碎片,又都可以被视为一个总体。他坚信应该以一种辩证思维看待部分与总体。

实际上,生活的单个部分的意义就在于它存在于整体之中。与此相反,就算一个部分与整体交织得再紧密,就算它真的像一句话中没有重音的词一样被生活的河流完全吸收——即便如此,如果我们仔细倾听,还是能分辨出那生存片段的固有价值。由于部分的意义以自身为中心,将自己置于整体发展过程之上,并且与之相抗衡,但是如果换个角度

---

① 〔英〕齐格蒙特·鲍曼:《现代性与矛盾性》,邵迎生译,北京:商务印书馆,2003年,第282页。
② 〔英〕齐格蒙特·鲍曼:《现代性与矛盾性》,邵迎生译,北京:商务印书馆,2003年,第283页。

看，部分与总体是不可分的①。

齐美尔的思考穿梭于各式各样的心理碎片和感觉碎片之中，他试图以变换多样的方式去把握生活世界的总体意义及其变化倾向。可以说，用碎片化的方式展示碎片化的主题和内容，既富有特色又隐含某种内在的逻辑一致性。它体现出印象主义的风格和浓郁的审美意味，也表达了感觉社会学和情感社会学的追求与探索。齐美尔虽然是一位公认的哲学家和社会学家，但兼具诗人的气质和艺术家的风范。从他看似散乱、零碎的作品中，透露出他是社会世界的猎奇者、探险者、游荡者、收集者、鉴赏者和修补者。

齐美尔的碎片化的表述风格，其实也是一种去总体化的风格，它与学术界主流的总体化表述风格形成明显对立。这种去总体化的倾向主要体现在以下三点：首先，在所有形式中没有一种是处于主宰地位的；其次，这些形式并不能紧密地结合成一个严格的逻辑体系；最后，形式本身就包含着对立的描述②。规范的学术论文应该是一个严密的逻辑体系，通常以假设－检验或论点－证据的形式展示出来。整个结构呈现一种金字塔式等级结构：最上方是一个总命题或理论假设，往下是一些可由总命题逻辑地推导出来的子命题，最下方则是由子命题推导出来的经验陈述。齐美尔的表述风格显然打破了上述文本模式，他的文本不是一种金字塔式的等级结构，而是一种开放式的网状结构，各个节点之间大都是平等的，并不存在一个至高无上的中心点。克拉考尔指出，齐美尔反对从一般的较高层次的概念出发，借助于严密的概念形式，系统地推演出个体性的事实。"他所有思想的展开，都紧紧扣住直接经验到的——但也不是每个人都能感知到的——活生生的现实……他的全部思想，根本只是借助透视法对客体所做的理

---

① 〔德〕西美尔：《时尚的哲学》，费勇、吴燕译，北京：文化艺术出版社，2001年，第216页。
② Deena Weinstein and Michael A. Weinstein, *Postmodern (ized) Simmel*, London: Routledge, 1993, p. 13.

解。"① 在克拉考尔看来,齐美尔"很早就证明了自己是一个阐释世界的碎片意象的大师",他从总体中把这些碎片抽出,以凸显它们的相对独立性及其特性,而总体本身也不过是由相互联系的要素所构成的②。

总之,齐美尔并不将社会看作一个外在于个人的实体化的系统,因而他的写作既不想突出社会现实的系统化特征,也无意强调统领其他或超越其他的中心点。他没有提出关于社会的高度概括性的理论模型,而是运用某些抽象的概念去分析现代社会中复杂多样、变动不居的互动形式。系统概括的方法倾向于突出共性而忽视特殊性,而碎片抽象的方法则可以在不排斥共性的情况下突出特殊性。对齐美尔来说,能够理解作为总体的社会的某个方面就是一项成就,而系统的形式所具有的呆板的封闭性,则可能阻碍对相关问题的深入探究③。本雅明认为,齐美尔运用于生命哲学中的辩证法,涉及一种心理学的印象主义,它是反系统化的,主要指向个体心智的现象及倾向的基本知识④。齐美尔社会研究的取向在后现代主义那里得到积极回应,后者明确反对将社会世界模型化,主张用富有启发性的层层叠叠的阐释网络来取代僵化的、固定不变的理论结构。

二 《社会学》的非系统性

就是对于通常最强调系统性的学科导论性的教科书,齐美尔也没有按一般常规来处理。他的《社会学——关于社会化形式的研究》这本带有社会学导论性的名著,依然是将他自己撰写的各

---

① 参见〔英〕戴维·弗里斯比《现代性的碎片》,卢晖临等译,北京:商务印书馆,2003年,第155页。
② 参见〔英〕戴维·弗里斯比《现代性的碎片》,卢晖临等译,北京:商务印书馆,2003年,第155页。
③ 〔德〕西美尔:《哲学的主要问题》,钱敏汝译,上海:上海译文出版社,2006年,第4~5页。
④ 参见 David Frisby, Georg Simmel: First Sociologist of Modernity, In David Frisby (ed.), *Georg Simmel: Critical Assessment*, Vol. II, London: Routledge, 1994, p. 348。

种相对零散、范围广泛的文章集结一起,经过一定编辑加工、适度扩充后而成书。这部篇幅巨大、内容丰富的教科书,让人感觉各章之间缺乏严密的逻辑关联,似乎没有一般教科书所追求的高度系统性。对此,齐美尔自己也是清楚的,并做了一定的自我辩护:

> 如果说这样一来,我自己就强调这本书的十分零碎的和不完善的性质,那么,我并不想通过一种拙劣的先发制人,来为有关的异议作掩护。因为如果说在各种具体问题和具体举例说明的选择上,它的对于客观实现的理想来说无疑是偶然性,似乎是一个错误,那么,这只能证明,我不善于把它的基本思想表达十分明确。因为根据这种基本思想,这里可能仅仅涉及到一条漫漫无际的道路的开端和指路标,而任何在系统上圆满的完善性都至少是一种自欺欺人。[1]

齐美尔认为当时的社会学还处于很不完善的状况,他并不想使自己的书在形式上显得很完善、很系统,从而让人们对这门学科产生错觉。他选择了各种不同的题材、大量的例子和现实的片段,将十分特殊的事物与十分普遍的事物混合起来,目的是展示社会学分析的可能领域和巨大潜力,为社会学这门学科今后的发展奠定基础、铺平道路。他说,"这里所提供的东西愈少变成为一种系统的相互联系,它的各个部分愈远地分道扬镳,社会学的未来的完善将会把它的现在已经可以确定的、单一化的点连接起来的圈子,似乎就会愈广泛"[2]。换言之,齐美尔旨在为社会学拓展疆界,抢占地盘。确实,《社会学》这本书涉及广泛的社会领域和丰富多彩的社会现象,有人称该书为社会学中的博物志,是现代

---

[1] 〔德〕盖奥尔格·齐美尔:《社会学——关于社会化形式的研究》,林荣远译,北京:华夏出版社,2002年,第31页注释[1]。
[2] 〔德〕盖奥尔格·齐美尔:《社会学——关于社会化形式的研究》,林荣远译,北京:华夏出版社,2002年,第31页注释[1]。

观察人的宝库①。当时的哲学权威文德尔班（W. Windelband）对齐美尔这部书做出了如下评价："真是一部个人化的且极为现实性的书。"② 文德尔班一方面肯定了该书所展示的广阔的社会现实性；另一方面，又对该书非系统的、个人化的表述风格表示了不满。总的来说，齐美尔的所有著述都体现这样一个特征：尽可能广泛地展示社会生活各式各样的"碎片"，但他却疏于或不屑于将所有这些零散的碎片用严密的逻辑整合起来。或许他认为这么做是徒劳无益的，因为现代社会的本质特征就是碎片化的。稍微夸张点说，齐美尔的著述就是社会研究的百科全书，社会学研究中各种选题，哪怕是相当生僻的选题，都可能在齐美尔的著述中找到相关的阐释并获得有益的启发。

齐美尔的表述风格很大程度上反映了他的研究旨趣。他试图充分展示社会世界的广泛的差异性，而不是揭露其深层的同一性。而社会生活形形色色的碎片，可以折射出社会总体的不同风貌。对齐美尔来说，能够理解总体的碎片并用"散文"的形式表述出来，这是社会研究值得追求的成就。并不存在总体化的总体化，也没有永恒的元叙述和深层结构③。齐美尔曾即兴写下了这么一个信条："如同物质的整体没有重量一样，认识的整体也不会是真理。"④ 在他看来，理论只能是在部分与部分的关系上起作用，试图把握整体可能会导致压抑活生生的部分。"错综复杂地交织起来，不加整理地相互关联，进入纠缠不清的交错关系当中——这些都不是思考的障碍，反倒是思考的前提。"⑤ 因此，执着于系统

---

① 〔日〕北川东子：《齐美尔：生存形式》，赵玉婷译，石家庄：河北教育出版社，2001年，第125页。
② 参见〔日〕北川东子《齐美尔：生存形式》，赵玉婷译，石家庄：河北教育出版社，2001年，第124页。
③ Deena Weinstein and Michael A. Weinstein, *Postmodern (ized) Simmel*, London: Routledge, 1993, p. 63.
④ 参见〔日〕北川东子《齐美尔：生存形式》，赵玉婷译，石家庄：河北教育出版社，2001年，第31页。
⑤ 〔日〕北川东子：《齐美尔：生存形式》，赵玉婷译，石家庄：河北教育出版社，2001年，第32页。

化的表述方式，可能是不合时宜的。作为一个知识的修补者，齐美尔运用了一套固定的能指储备，即社会生活中的文化形式。他没有通过乌托邦来解释文化，也没有发展一套用以描述文化深层结构或解释其动力的特殊的技术语言。他构建了一系列组合链，其中每一个都可以揭示社会总体的某一方面。这些组合链看起来就像是孤立、零散的碎片，但实际上它们相互之间还是有一定关联的，共同构建了一个复杂的、异质的网络[1]。他认为理论应该是一个富有启发性的抽象工具，而不是一个高度一般化的概括模型。齐美尔的文本非常重视差异的重要性，他常常运用各种对立，如桥与门、生与死等来突出差异。他明确指出，"就知识的语用学而言，只有当我们能够确定某种特定的性质与其它性质之间的差异时，性质才是可以理解的"[2]。这种观点类似于索绪尔的结构主义语言学，能指与所指之间的关系具有一定任意性，意义是通过差异展示出来的。[3]

总的来看，齐美尔反对宏大叙事和元叙事，无意追求普适永恒的"大真理"，而致力于探索局部的"小真理"，他的表述风格也体现了相应的特征。而这些都是后现代主义所提倡的，并且得到了越来越多的当代理论家的认可。比如，就是反对后现代主义的著名社会理论家哈贝马斯也接受了类似的观点，并明确表示："作为生活方式、作为先知、作为善于自我表述的思想者现已不复存在，我不是大真理的制造者，我只是想创造一些小小的真理，而非大真理。"[4] 英国社会学家多德（N. Dodd）也批评社会整体性的思想扼杀了社会学家的能力，使他们无法在国家社会之内或跨越其间来阐述或然性和特殊性，还使他们无法理解国家社会本身

---

[1] Deena Weinstein and Michael A. Weinstein, *Postmodern（ized）Simmel*, London: Routledge, 1993, p. 64.
[2] 〔德〕西美尔：《历史哲学问题——认识论随笔》，陈志夏译，上海：上海译文出版社，2006 年，第 44 页。
[3] 〔瑞士〕费尔迪南·德·索绪尔：《普通语言学教程》，高名凯译，北京：商务印书馆，2011 年。
[4] 参见包亚明主编《现代性的地平线——哈贝马斯访谈录》，李安东、段怀清译，上海：上海人民出版社，1997 年，第 79 页。

正在面临的衰退的危险。他进而批评整体形式的社会理论太容易变成由相关概念所构成的起概括化作用的磐石，要想将它应用于更专门化的、更具实际意义的经验研究中去是困难的[①]。

第三节　解构主义的文本策略

一　解构主义的特征

解构主义（deconstructionism）兴起于 20 世纪 60 年代，它的创始人是法国思想家雅克·德里达（Jacque Derrida）。1967 年，德里达连续出版了三部重要著作《论文字学》《声音与现象》《书写与差异》，从而宣告解构主义的确立。德里达不满于西方几千年来贯穿至今的哲学思想，对传统的不容置疑的哲学信念发起了挑战。他认为自柏拉图以来的西方哲学是一种"在场的形而上学"，它假定在万物背后都有一个根本原则，这就是真理之源、上帝之言，并且必须遵守和服从的逻各斯（logos），它还假定世上万物的存在都与在场紧密相连。这就是所谓的逻各斯中心主义，与之相辅相成的是强调言语（说话，即声音）优越于书写的声音中心主义（phonocentrism）。从认识论的角度来说，逻各斯中心主义和声音中心主义的实质在于，它们要求思维（理性、意识）与存在（事物的本质）的同一性，并要求（对事物的本质在语言中的）再现与（事物的本质的）在场的同一性[②]。通俗地讲，逻各斯中心主义相信存在着关于世界的客观真理，科学和哲学的目的就是要认识这种真理，而言语能够完美地再现和把握思想与存在。逻各斯中心主义不仅设置了各种各样的二元对立，如主体与客体、本质与现象、真理与谬误、能指与所指等，并且为这些对立设置了等级，认定每对关系都有一方处于统治与优越地位，而另一方则处于从

---

① 〔英〕尼格尔·多德：《社会理论与现代性》，陶传进译，北京：社会科学文献出版社，2002 年，第 265 页。
② 夏光：《后结构主义思潮与后现代社会理论》，北京：社会科学文献出版社，2003 年，331 页。

属与劣势地位。德里达及其他解构主义者攻击的主要目标就是这种被称为逻各斯中心主义的思想传统,以及与之密切相关的声音中心主义。简言之,解构主义旨在打破现有的一元化的秩序,颠覆固定的等级权威,指出建立新的面貌的可能性,但它并不希望以一种新的霸权取代旧的霸权。它对现代主义正统原则和标准进行批判地继承,运用现代主义的语汇,却颠倒、重构各种既有语汇之间的关系,由此产生新的意义。它挑战总体性和统一性,极力创造出各种支离破碎和不确定感。

为了反对形而上学、逻各斯中心主义,以及一切封闭僵硬的体系,解构主义大力宣扬主体消散、意义延异(la différance)、能指自由,强调语言和思想的自由嬉戏,相信文本的意义永远无法得到确证。"解构"(deconstruction)是德里达在胡塞尔和海德格尔的"拆毁"概念基础上提出的阅读方法和哲学策略。解构一句话、一个命题、或一种传统信念,旨在通过对其中修辞方法的分析,考察那些溢出文本之外的东西,未被命名的东西,被排除在外的东西和被遮蔽起来的东西,进而揭示文本的二重性、盲目性和逻各斯中心性,从而破坏它所声称的哲学基础和它所依赖的等级对立。换言之,解构蕴含着既破解了某文本的神秘,又拆开了那个文本以揭露其内在而又任意的层系和它的前提的意思,它展示了某文本的缺陷及其隐藏的形而上学的结构[①]。开放性和无终止性是解构的两大基本特征。德里达以人的永恒参与为依据,断定写作和阅读中的偏差永远存在。解构阅读是一种揭露文本结构与其西方形而上学本质之间差异的文本分析方法,它指出文本不能只是被阅读成单一作者在传达一个明显的信息,而应该被阅读成在某个文化或世界观中各种冲突的体现。一个被解构的文本会显示出许多同时存在的各种观点,而这些观点通常会彼此冲突,并且其中的许多观点在传统阅读中是遭到压抑与忽视的。解构主义倡导的是一种典型的以其人之道,还治其人之身的方法,专执于

[①] 参见〔美〕波林·罗斯诺《后现代主义与社会科学》,张国清译,上海:上海译文出版社,1998年,第177页。

对位居边缘地带的细节甚至脚注发隐索微，形成突破口并进一步扩张，以证明文本没有恒定的结构和确定的意义，最终否定柏拉图以来的理性主义思想传统[1]。

在德里达那里，解构既是一种理论，更是一种实践。而且因为将世界视为一个无限的文本，将一切都文本化了，即"文本之外无他物"[2]，所以解构式阅读的范围十分广泛。换言之，既然文本指称或包含着现实，那么对文本的解构也就是对现实的解构。德里达指出，解构并非人们常常说的只是以思辨的、推理的、操作性的方式阅读文本，它与图书馆里的书籍无关。解构关注一切，包括由对立等级支配着的各种体制、社会结构、政治制度、以阳具逻各斯中心主义为标志的两性对立。"解构是在各种制度中分析其等级对立的发明工作。"[3] 解构分析的主要方法是去看一个文本中的二元对立（比如说，男性与女性、同性恋与异性恋），并且呈现这两个对立的面向事实上是流动与不可能完全分离的，而非两个严格划分开来的类别。基本结论就是，这些分类实际上不是以任何固定或绝对的形式存在着的。德里达的解构思路的一大特点，就是追索思考对象在语言中的原初状态，找出其异质与悖论因素，让其自身的悖论运动在自我建构中自我解构，以求在动态中了解事物。事实上，解构一个二元对立命题，不是摧毁它，废弃它，而是将它重新刻写一遍，也就是取消对立，转移它的位置，置之于不同的背景之中。解构主义最大的特点是反中心，反权威，反二元对立，反非黑即白的理论。作为诸理论赖以奠基的各种等级分明的二元对立的批判消解剂，它阐发了任何欲从单一途径来界定意义（如作者意向所指的、惯例所确定的、读者所经验的等）

---

[1] 参见〔美〕乔纳森·卡勒《论解构》，陆扬译，北京：中国社会科学出版社，1998年，译序，第14页。
[2] 〔法〕德里达：《论文字学》，汪堂家译，上海：上海译文出版社，1999年，第230页。
[3] 参见张宁著译《解构之旅·中国印记：德里达专集》，南京：南京大学出版社，2009年，第54页。

的理论所面临的困难①。德里达指出:

> 其次,解构的责任自然是尽可能地转变场域。这就是为什么解构不是一种简单的理论姿态,它是一种介入伦理即政治转型的姿态。因此,也是去转变一种存在霸权的情境,自然这也等于去转移霸权,去叛逆霸权并质疑权威。从这个角度讲,解构一直都是对非正当的教条、权威与霸权的对抗②。

因此,从某种意义上说,这种从语言学开始的解构思想其实就是一种关涉政治伦理的思想实践。它要求人们在面对既定"知识"、传统、遗产、制度、观念时不应盲从,应当通过批判性的转化重新继承,并在这种转化过程中做出每个人应有的伦理承担③。尽管德里达并不认为自己是后现代主义者,指出自己的解构主义与后现代主义之间存在差异,但在反本质主义、反逻各斯中心主义、反基础主义、反真理符合论等方面,两者还是有很多共同的旨趣。因此,将解构主义归于宽泛的后现代主义这个大阵营,还是有比较充分的理由的。齐美尔的著述与解构主义的文本策略有不少相似之处,以下做一简要探讨。

二 未完成状态与模糊性

齐美尔的作品时常呈现一种未完成的状态,让人感觉意犹未尽、心有不甘。很多时候,作者似乎都是点到为止,有所保留。这可能主要有三方面的原因。其一,和齐美尔所研究的诸多问题本身处于未完成状况,因而不能妄下定论有关,而且他一向坚持将社会视作各种因素相互作用、永不停息的动态过程的观点。其

---

① 〔美〕乔纳森·卡勒:《论解构》,陆扬译,北京:中国社会科学出版社,1998年,第115页。
② 参见张宁著译《解构之旅·中国印记:德里达专集》,南京:南京大学出版社,2009年,第26页。
③ 参见张宁著译《解构之旅·中国印记:德里达专集》,南京:南京大学出版社,2009年,第66页。

二，齐美尔往往更看重研究、思考的状况而不是结果，他乐于将思考的过程、不同观点的碰撞、交锋的过程展示出来。其三，这也和齐美尔的研究风格有关，他的主要兴趣是对各种各样的新颖题材做探索性、开创性的研究，至于开垦后田地的维持打理、精耕细作则留给他人去做。齐美尔似乎缺乏对同一个问题进行持续不断探究的耐心，这在以是否为"专家"来衡量学者的现代学术体制中是不合时宜的。有人形象地将他比作一个哲学松鼠，从一个坚果跳到另一个坚果，并不抱住一个坚果啃个没完[1]。在他的作品中，总是不断地转换话题，甚至改变推理的思路，游走于不同的位置，有时会让人应接不暇，难以忍受。这种表述风格倒是很对后现代主义的口味，许多后现代主义者都喜欢在自己的著述中不断地改变视角与主题，转换表达方式，以某种游戏的态度对待写作，热衷于提出刺激性的问题，而并不在乎得出确切的答案，更无意追寻终极的答案。比如，德里达就很推崇游戏，否认写作或作品具有固定的意义。"我并不认为解构有某种终极目的。从某种角度说它是无限定的，无止境的，它也不是相对主义，它在每一个不同的上下文脉络中移动或转型，但它没有终极目的。"[2] 事实上，开放性和无终止性是解构主义的基本特征，它认为所有文本都是脆弱的、不确定的，意义是不可能被封闭的。在德里达看来，语言与文本的意义因差别而存在，但差别不是自我封闭的东西，而是一种永远无法完成的功能。

然而，对于正统的学院派学者来说，齐美尔式的不完整、未完成的写作风格是不可接受的。古典社会学大家涂尔干肯定齐美尔著作所透露出来的敏锐与机智，赞赏他高超的社会分析技巧，但严厉批评他的著述缺乏科学的系统性与严谨性，指责其证据主要来自一些未经严格检视的零散事例。古典社会学另一大家韦伯（他也是齐美尔的亲密朋友）一方面充分认可齐美尔表述方式引人

---

[1] 〔美〕刘易斯·A. 科瑟：《社会学思想名家》，石人译，北京：中国社会科学出版社，1990 年，第 219 页。
[2] 参见张宁译《解构之旅·中国印记：德里达专集》，南京：南京大学出版社，2009 年，第 25 页。

入胜, 富于启迪, 展示了作者横溢的才华和深刻的思想, 是学界最重要的灵感源泉; 另一方面, 韦伯又指责齐美尔的方法论基础不牢, 逻辑不严, 所得出的结论有草率、牵强之嫌。但不管怎样, 齐美尔确实是一个有着无穷创新思想的大家, 他的文本是一个刺激人们自由思考、大胆探索的宝库, 不同类型的读者都能从中获益匪浅。

齐美尔的作品还具有一种模糊的、不确定的特色, 类似于后现代阵营中解构主义的文本。事实上, 后现代主义(包括解构主义) 不仅不排斥模糊性、矛盾性、复杂性、差异性, 某种程度上还欢迎它们, 在自己文本中有意突出这些特性。齐美尔又被称为"可能的"哲学家, 因为在他的表述中往往不下定论, 惯用不确定的"可能""也许"等词, 这增加了论述的模糊性、模棱两可性。齐美尔具有非常丰富的辩证思想, 并坚信:

> 一切哲学的基础在于: 事物始终还是某种别的东西——多重的也还是整体的, 单一的也还是多重的, 世俗的也还是神圣的, 物质的也还是精神的, 精神的也还是物质的, 静的也还是动的, 动的也还是静的①。

在持有建构主义观点的齐美尔看来, 任何事物都包含多重属性、多个方面, 并不存在唯一的、别无选择的属性与方面, 事实并不独立于人们的语言符号系统。而且, 事物之间具有复杂的相互联系, 很难用单因单果的简单模型进行准确的描述。"无论是在社会科学还是自然科学领域, 已经普遍存在这样的构想: 实际发展的真正动因是繁复多样的影响力之汇总。"② 另外, 事物并不是静止不变的, 而是不断发展变化的, 这进一步加大了对其认知或把握的难度。齐美尔往往只是为人们指出理解事物的某些可能的

---

① 〔德〕西美尔:《叔本华与尼采——一组演讲》, 莫光华译, 上海: 上海译文出版社, 2006 年, 第 17 页。
② 〔德〕西美尔:《时尚的哲学》, 费勇、吴燕译, 北京: 文化艺术出版社, 2001 年, 第 2 页。

方向，他特别关注那些不确定的、给人带来"惊奇"的"事件"，强调社会所具有的不停流动、不断变化的动态特征。齐美尔的做法及主张在解构主义大师德里达那里得到肯定和发展。后者指出，"没有事件就没有历史和未来，'可能'这个范畴是非常重要的，因为它制造不可预见的无理由的事件"[①]。在德里达看来，"可能"的形态，曾经受到哲学家的轻视和否定，比如黑格尔就认为"偶然""可能""事故"等范畴没有什么意思。但是，德里达却认为"可能"的经验就是"事件"的经验，因为事件应该是不可预见、不能计划、没有方向的。如果能够计划、预见将要发生的事情，那就不会有"事件"。说到底，解构是一种认为历史不可能没有事件的方式，是一种"事件到来"的思考方式[②]。后现代主义的另一个重要代表人物利奥塔也强调了事件的重要性："真理不处于认识秩序中，它在认识的无序中被发现——作为一个事件被发现。"[③]解构式的文本风格不同于线性的、确定的学术文本。学术文本强调论点与论据之间的逻辑关联性，或论据到论点之间的确定性和不可动摇性。而解构式文本则是开放的，意义总是不确定的，文本总存在其他的解读，证据来自解构的实践而不是先验的思辨。

齐美尔文本的模糊性也与他跨学科的视角、多元主义的方法取向密切相关。频繁转换学科视角，运用并非单一的方法有时让人感觉立场不稳，观点不那么旗帜鲜明。与此相关的是，齐美尔的文本很少做出承诺，尤其是政治上的承诺。尽管他会对弱者表现出同情，还一度和社会主义者有过密切的接触，但他的政治立场总的来说是比较模糊的。他对现代社会的文化也抱有一种矛盾的心理。他一方面对现代社会的文化危机深感忧虑，但又对现代

[①] 参见杜小真、张宁编译《德里达中国讲演录》，北京：中央编译出版社，2002年，第68~69页；〔法〕阿尔贝·雅卡尔、皮埃尔·玛南、阿兰·雷诺：《没有权威和惩罚的教育？》，张伦译，北京：中国人民大学出版社，2005年，第88页。

[②] 参见杜小真、张宁编译《德里达中国讲演录》，北京：中央编译出版社，2002年，第68页。

[③] 〔法〕让-弗朗索瓦·利奥塔：《话语，图形》，谢晶译，上海：上海人民出版社，2012年，第157页。

性最重要的场所——大都市无比留恋。他不像滕尼斯那样的社会学家,后者对现代大都市充满敌意,一心向往传统的田园牧歌式生活。总之,齐美尔的文本透露出一种印象主义式的模糊不清,读者难以识别出他的明白无误的立场,在社会现实中他也鲜有积极主动的政治参与行为(除了晚年一度沉浸于战争的狂热之中,发表了一些比较极端的言论)。缺乏政治与伦理的关怀也是德里达的解构主义受到批评比较多的地方,德里达曾明确表示喜欢"多重立场"的模棱两可性①,而到了晚年他才将自己的工作逐步转向政治伦理方面。齐美尔文本的模糊性与鲍曼所说现代性的矛盾性也有关系。矛盾性(ambivalence),指那种将某一客体或事件归类于一种以上范畴的可能性,是一种语言特有的无序,是语言应该发挥的命名(分隔)功能的丧失。它会引起人们的不适甚至焦虑,但矛盾性并不是语言或言语病变的产物,它是语言实践的一个正常方面②。从某种意义上可以说,齐美尔文本的模糊性与矛盾性包含着一定的辩证张力,可以刺激读者做开放式的思考。

齐美尔在著述中喜欢运用各种隐喻,这进一步加重了他的作品的模糊性和不确定性。因为隐喻可以有多重理解,其含义并不是固定的。比如,在阐述社会分层和社会公平的起源时,齐美尔编造了一个著名的"玫瑰的寓言"③。他还特别喜欢引用众所周知的"农夫的儿子挖宝"的故事④。此外,桥与门、墙与窗、椅子、把手、服装、首饰、购物、进餐等在齐美尔那里都有隐喻性质。在文本中运用隐喻、重视隐喻,也是解构主义的特征。德里达认为隐喻不仅仅是一种狭义的修辞手段,它就是语言本身:"与其说隐喻在哲学文本(及其相关的修辞文本)中,不如说哲学文本在

---

① 〔法〕雅克·德里达:《多重立场》,佘碧平译,北京:生活·读书·新知三联书店,2006年,第126页。
② 〔英〕齐格蒙特·鲍曼:《现代性与矛盾性》,邵迎生译,北京:商务印书馆,2003年,第3页。
③ 〔德〕西美尔:《金钱、性别、现代生活风格》,刘小枫编,顾仁明译,上海:学林出版社,2000年,第102~106页。
④ 参见〔日〕北川东子《齐美尔:生存形式》,赵玉婷译,石家庄:河北教育出版社,2002年,第165页。

隐喻中。"[①] 利奥塔这位后现代主义的主要代表也曾明确指出："我们从来都只是以隐喻的方式才能触及物自身。"[②] 而现代语言学的研究成果也证明了隐喻的正当性。一些语言学家（如乔治·莱考夫和马克·约翰逊等）承认受到德里达的影响，主张所有日常语言都是由隐喻构成的，并倾向于否认哲学上的客观主义世界观。在他们看来，人们事实上每天都借助相互关联的概念体系进行思考，而这些概念体系是建立在隐喻基础上的，人们无法以任何方式将这些概念体系简化为更加"直白"的语言，从而使它们完全、系统地协调一致起来[③]。著名科学社会学家巴恩斯强调，一切知识都是通过模型和隐喻的发展和扩展而增长的，所有有效性的声称始终都是暂时性的[④]。哈贝马斯也认同隐喻作为一种修辞手段的合法性和重要性。他明确指出，"即便是在物理学中，理论也并没有摆脱隐喻这种修辞手段。要想使观察事物的新模式、新方法以及新的或然性变得似乎有道理，隐喻这一修辞手段尤为必要（在直觉上求助于日常语言中的预知）。没有语言上的突破，任何经实践证明可取得的只是形式和科学习惯上的创造性突破都是不可能的：这种联系是无可非议的"[⑤]。劳斯也指出，科学主张是在修辞空间中确定的，而不是在逻辑空间中确定的；科学论证的目标是为了合理地说服同行专家，而不是为了证明独立于情境的真理[⑥]。吉登斯相信隐喻在创新的范式生产中扮演着重要的角色："熟悉一个新范式，就是掌握一种新的意义框架，在这种框架中，常见的前提

---

① 〔法〕德里达：《一种疯狂守护着思想——德里达访谈录》，何佩群译，上海：上海人民出版社，1997 年，第 255 页。
② 〔法〕让-弗朗索瓦·利奥塔：《话语，图形》，谢晶译，上海：上海人民出版社，2012 年，第 13 页。
③ 参见〔英〕巴特勒《解读后现代主义》，朱刚、秦海花译，北京：外语教学与研究出版社，2010 年，第 171 页。
④ 〔英〕巴里·巴恩斯：《科学知识与社会学理论》，鲁旭东译，北京：东方出版社，2001 年，第 212 页。
⑤ 参见包亚明主编《现代性的地平线——哈贝马斯访谈录》，李安东、段怀清译，上海：上海人民出版社，1997 年，第 199~200 页。
⑥ 〔美〕约瑟夫·劳斯：《知识与权力——走向科学的政治哲学》，盛晓明、邱慧、孟强译，北京：北京大学出版社，2004 年，第 124 页。

被改变了：新方案的要素通过对旧方案的隐喻性暗示而被学习认识。……因此，隐喻也许位于语言变革的中心，以至于在科学理论序列中，存在一种反映和利用了自然语言的形而上学用法的本质的诗学。"[①] 当被问到思考哲学应当以逻辑的方式还是以修辞的方式进行时，德里达的回答介于二者之间。"当我写作与教学的时候，我尝试尊重逻辑的规范，绝不是爱说什么说什么，总是从古典的规范出发进行论证。但我这么做的同时，又总是尝试去标志出那超出了逻辑的东西。而这正是这种姿态的困难：即尊重我们所要解构的东西。"[②]

除了表述上的未完成性和模糊性外，齐美尔擅长的将熟悉的事物陌生化，揭示习以为常、理所当然的隐蔽点，关注表面上次要及边缘性部分，迂回进攻、旁敲侧击，在文本中突出差异、裂缝和冲突，肯定尼采的某些主张及风格，重视似非而是的表达方式[③]，等等，所有这些与解构主义的策略是极其相似的。总之，齐美尔的文本张扬了解构主义式的表述风格，突出了开放性、碎片性、反总体性、去中心性、未完成性、模糊性、修辞性、个体性等特色。有学者指出，齐美尔的解构是一种通过突出边缘和反核心的或并列核心的操作，当他能够简单地通过写作直接展示哲学和哲学家时，他却将他的作品变成他所构建的文本总体性的一种游戏[④]。

---

① 〔英〕安东尼·吉登斯：《社会学方法的新规则——一种对解释社会学的建设性批判》，田佑中、刘江涛译，北京：社会科学文献出版社，2003年，第261页。
② 参见张宁著译《解构之旅·中国印记：德里达专集》，南京：南京大学出版社，2009年，第25页。
③ 〔德〕G. 齐美尔：《桥与门——齐美尔随笔集》，涯鸿、宇声等译，上海：上海三联书店，1991年，第59页。
④ Deena Weinstein and Michael A. Weinstein, *Postmodern (ized) Simmel*, London: Routledge, 1993, p. 87.

第八章　思想传承与后现代重现

齐美尔的思想在欧洲社会学界的传承比较曲折，存在较大分歧，而美国社会学界对齐美尔思想的吸纳很长时间仅限于某些特定的方面，忽视了齐美尔丰富多彩的其他学术遗产。齐美尔与后现代主义的几位大家德里达、福柯、利奥塔、布希亚等具有比较明显的家族相似性，他的很多思想及主张以一种放大、夸张的方式在后现代主义那里复活了。

第一节　欧洲学术界的曲折接纳

一　饱含争议的早期概况

齐美尔从19世纪末叶起致力于推进社会学发展，发表了一系列有影响的著述，在欧洲乃至世界社会学界激起了很大的反响。他独特的理论视角和方法取向当然也引发了广泛的争议。首先我们看看涂尔干、韦伯等当时最著名的几位社会学家对齐美尔的评价。

涂尔干与齐美尔同年出生。有证据表明，涂尔干至少从1893年起，就开始关注齐美尔的著作，并在自己的作品中偶尔加以引用。他们之间的联系主要通过一个中间人塞勒斯坦·布格莱（Celestin Bougle）进行，后者是两人共同的学生，他推荐齐美尔担当涂尔干创办的重要刊物《社会学年鉴》的海外合作者。《社会学年鉴》发表过齐美尔的文章，并且涂尔干还撰写了批判性的评论，涂尔干甚至亲自翻译过齐美尔的文章并刊登在《社会学年鉴》上。后来两人因意见不合终止了合作，涂尔干认为齐美尔的研究属于个体心理学而不是社会学。不过两人仍然会关注对方,并根据对方的批评来修正自己的观点。① 1900 年齐美尔在意大利的一份刊物上发表论文《社会学问题》,其后不久涂尔干在意大利另一份社会学杂志上发表文章《作为一门科学的社会学领域》。在这篇文章中,涂尔干对齐美尔的工作做出了如下评价。

> 在探索社会学领域的界限上,齐美尔已经做出了有意义的尝试,几乎是一种夸张的尝试。……只能满足于一种速记的方法,匆匆忙忙地收集来素材,却又不能准确地处理。事实上,这些都是齐美尔著作的特点,我们欣赏它们的敏锐和聪明,但我们不相信凭此就能勾勒出我们这门学科的主要轮廓。在他所列的作为社会学研究对象的问题中间,我们看不出任何的联系。它们不过是一些随想,而未融成一个完整的科学体系。还有,他所赖以为证据的,通常只是一些例子。所引用的事实,取自各个不同的来源,并且未加检视,结果也就不能评判它们的价值。社会学倘要值得冠以科学之名,就不能只是一些根据个体偏好随意选择的关于社会生活主题的哲学变奏曲。所提出的问题,必须能有一个合乎逻辑的解答②。

显然,涂尔干对齐美尔的研究方法很不满意,认为其资料收集随意、零散,不系统,论证缺乏严密的逻辑,因而研究结论也就不具备科学的有效性。另外,涂尔干对齐美尔将社会交往的形式作为社会学的主要研究对象,也提出了严厉的批评,认为这只会使社会学继续停留在形而上学的状态之中。而在涂尔干看来,

---

① Gregor Fitzi, Dialogue. Divergence, Veiled Reception, Criticism: Georg Simmel's relationship with Émile Durkheim, *Journal of Classical Sociology*, Vol. 17, No. 4 (2017) pp. 293 – 308.
② David Frisby (ed.), *Georg Simmel: Critical Assessment*, Vol. I, London: Routledge, 1994, p. 86. 译文参见成伯清《格奥尔格·齐美尔:现代性的诊断》,杭州:杭州大学出版社,1999 年,第 195 页。

社会学要想成为一门独立的社会科学,就必须和思辨的哲学划清界限,并努力夯实经验基础,使社会学理论能够接受经验事实的严格检验。

涂尔干是实证主义社会学的主要代表,坚持社会唯实论的观点,强调社会优先于个人,突出社会整合的重要性。因此,涂尔干理所当然地对齐美尔具有建构主义倾向的社会观持批评态度。确实,齐美尔的社会理论明显地不同于涂尔干:对于齐美尔来说,个体总是要反抗被吸收到任何社会整体之中,相信社会是个体之间的中介,社会永远不会完全统一[1]。不过,尽管涂尔干总体上反对齐美尔的社会学研究纲领,但他在自己有关"社会形态学"的表述中,却明显地吸收了不少齐美尔有关社会的观点。对于齐美尔最重要的著作《货币哲学》,涂尔干在1901的《社会学年鉴》上发表了一篇书评。在涂尔干看来,《货币哲学》是一部社会哲学著作,主题是货币作为一种"纯粹的象征、作为抽象关系的一种抽象表现"。涂尔干虽然肯定该书有"不少出色的提法"和"精彩的关联",但批评其表达方式过于"艰涩"。同时,涂尔干质疑齐美尔提出的货币类型分析的某些说法,并认为该书综合篇的论证逻辑性不强。尽管书中有一些颇具启发性的卓见,涂尔干倾向于将它们归属为"一种折中的思辨"[2]。总之,涂尔干认为齐美尔的社会研究虽然具有一定的启发价值,但研究方法存在很大问题,主要表现在资料收集不系统、论证逻辑不严密、表述方式不规范,并认为齐美尔的很多研究还停留在哲学思辨的层次上。

韦伯比齐美尔小6岁,但在学术职称晋级方面却比齐美尔顺利得多,差不多早齐美尔20年获得了教授职位。他们两人的私交很好,韦伯为齐美尔争取社会承认也做出了不少努力,当然这种支持不仅是出于纯然的个人关系,更多的是来自对齐美尔学术成就

---

[1] Deena Weinstein and Michael A. Weinstein, *Postmodern（ized）Simmel*, London: Routledge, 1993, p. 108.
[2] 参见〔英〕弗雷司庇《论西美尔的〈货币哲学〉》,载〔德〕西美尔《金钱、性别、现代生活风格》,刘小枫编,顾仁明译,上海:学林出版社,2000年,第211~212页。

的由衷肯定。事实上，齐美尔比韦伯更早从事社会学的探索与研究。韦伯是进入20世纪后，才逐步转向社会学领域的。而且，韦伯的不少重要思想明显受到了齐美尔的启发，在他的方法论文献中经常引用齐美尔的著述。作为韦伯社会学方法论核心的理解方法、理想类型等，很可能源于齐美尔的《历史哲学问题》[①]，而韦伯最具影响力的著作《新教伦理与资本主义精神》则显然受惠于齐美尔在《货币哲学》一书所呈现的文化社会学的路径，以及该书所做的广泛而深入的社会诊断与分析。韦伯于20世纪初从精神疾患中恢复过来后阅读的第一批书中，就包含《货币哲学》。韦伯在其后的著作（包括《新教伦理与资本主义精神》《经济与社会》等）中非常重视货币经济的发展对资本主义的影响，重视货币经济带来的目的理性中手段的可计算性，尤其重视理性化过程，而这些都是齐美尔在《货币哲学》中详细、深入讨论过的论题。看起来，齐美尔关于货币经济造成的经济理性的本质以及这种新的理性扩散到社会生活各个方面的程度的分析，深刻地影响了韦伯对工业社会日益扩展的理性化的解释[②]。而且，齐美尔为理性化无所不在的作用以及对人类关系的影响描绘了一幅极为悲观的图景，这也给韦伯留下了深刻印象，从韦伯所描绘的科层制的"铁笼"就可以发现这样的印迹。美国学者弗里茨·林格（F. Ringer）在《韦伯学术思想评传》一书中做出如下评论："事实上，狄尔泰在世纪转折点之后才论述的某些立场，早在1892年就被社会学家、哲学家齐美尔预见到了。这一点之所以重要，是因为齐美尔对韦

[①] 美国学者林格指出，齐美尔的"形式"社会学视角，预见了韦伯日后更为清晰地加以讨论的"理想型"的某些方面。参见〔美〕弗里茨·林格《韦伯学术思想评传》，马乐乐译，北京：北京大学出版社，2011年，第39页。而韦伯自己也承认将"理解"的概念当作社会学解释的组成部分，是由齐美尔率先提出来的。参见 David Ashley and David Michael, *Sociological Theory: Classical Statements*, Boston: Allyn and Bacon, 1990. p. 280。

[②] 参见〔英〕弗雷司庇《论西美尔的〈货币哲学〉》，载〔德〕西美尔《金钱、性别、现代生活风格》，刘小枫编，顾仁明译，上海：学林出版社，2000年，第215页。

伯的影响要比狄尔泰大得多。"① 他进而指出："但我这里主要想强调的是，韦伯成为最伟大的德国古典社会学家，他以其自身的苛刻风格所追问的问题，最早是由滕尼斯和齐美尔提出来的。"②

韦伯对齐美尔的评价有点矛盾，一方面他承认齐美尔是最具创造性的思想家之一，"是当代德国最重要的哲学家"，其表述方式也引人入胜；但另一方面，他与涂尔干一样，认为齐美尔的主要方法论令人无法接受，对其实质性的结论也必须有所保留。

> 事实上，几乎他的每部著作，都充满了重要的理论观点和细致入微的观察。几乎它们中的任何一部，全都属于这种著作，即不仅其中的正确发现，就是错误的，也对人富于启迪；与之相较，其他学者的大部分甚至是最有名的著述，经常也不免流露出一种特别的贫乏和空洞之气。他的认识论和方法论基础，也同样如此，还正因为它们最终或许并不成立而加倍如此。……即使当他在错误的道路上，齐美尔完全堪称是先进的思想家之一，对学界青年和同事而言，则是首屈一指的灵感源泉③。

显然，韦伯对齐美尔总体上是肯定的，但对他的方法和结论却抱有较大的怀疑态度。1908年齐美尔出版了《社会学》之后，韦伯撰写《齐美尔作为社会学家和货币经济理论家》一文，但因担心影响齐美尔的教职而一直没有公开发表。而在《经济与社会》的第一章"社会学的基本概念"中，韦伯在开篇就提示："在方法上，我与齐美尔（在《社会学》和《货币哲学》中所采

---

① 〔美〕弗里茨·林格：《韦伯学术思想评传》，马乐乐译，北京：北京大学出版社，2011年，第27页。
② 〔美〕弗里茨·林格：《韦伯学术思想评传》，马乐乐译，北京：北京大学出版社，2011年，第45页。
③ David Frisby (ed.), *Georg Simmel: Critical Assessment*, Vol. I, London: Routledge, 1994, p.78. 译文参见成伯清《格奥尔格·齐美尔：现代性的诊断》，杭州：杭州大学出版社，1999年，第197页。

用的方法）有所不同，我尽可能地把所认为的意向与客观上适用的意向区别开来，齐美尔不仅不是总把二者分开，而且经常故意地将它们混为一谈。"① 事实上，他们两人在社会研究的旨趣上存在一定差异。对齐美尔而言，理解社会行动，就是分析各种社会互动形式的属性。无论个体抱有怎样的动机和理由进入互动关系，互动的形式具有相对确定的属性，即韦伯所谓的"客观的意义"。至于形式之外的内容，在有关人类活动的社会学解释中无关紧要。而对韦伯来说，正是人们进入互动的动机和理由，成为解释社会行为的关键，即行动者赋予自身行动的主观意义，是韦伯理解社会学关注的焦点。因为同样的社会互动，可能出于完全不同的动机与理由。所以，韦伯强调，只有在弄清行动者主观意图之后，才能算是真正理解了社会行动②。显然，两人在解释社会行动的重点上是有区别的，但并不是完全对立的，而是具有一定的互补性。韦伯虽然将考察行动者的主观意义作为研究的出发点，但在其后的分析中也涉及很多结构形式方面的内容，如对科层制的分析就很明显。而齐美尔也对社会行动者的意义感兴趣，只不过一般而言，他对行动者具体的主观意义不感兴趣，他感兴趣的是形而上学层面的意义，致力于对终极的生命意义的探索。总之，齐美尔社会学研究的对象和方法不同于韦伯，他关心的是社会关系的"互动"，这些互动关系呈现各种各样的"形式"（如交换、冲突、支配的形式)，而这些形式对参与其中的行动者具有某种决定性的影响，按韦伯的术语即有"客观有效的意义"。至于行动者的动机、理由和兴趣等心理文化内容对齐美尔而言是低一级的范畴，对于社会学的理解不如形式那么重要③。诚如弗里斯比所言："对于西美尔来说，更重要的问题在于，如何从历史的具体存在中抽取出社会现象中超历史和非历史的本质。社会学的任务乃是要从

---

① 〔德〕马克斯·韦伯：《经济与社会》（上卷），林荣远译，北京：商务印书馆，1997年，第39～40页。
② 参见成伯清《格奥尔格·齐美尔：现代性的诊断》，杭州：杭州大学出版社，1999年，第198页。
③ 陈戎女：《西美尔与现代性》，上海：上海书店出版社，2006年，第23页。

社会和历史的具体而又复杂的现象中获得'真正只属于社会的要素，即社会化（sociation、Vergesellschaftung）'。"[1] 此外，在如何对待社会学知识上，韦伯和齐美尔也存在较大差异。韦伯把社会学知识看作理想类型或纯粹类型，齐美尔则视之为"象征性知识"。在齐美尔那里，社会学的象征是特定意义上的综合阐释，换言之，他把社会学的理解看作一种结合主观和客观范畴的表述，同时也是对康德主义和经验主义的综合[2]。韦伯认为学术研究要将实然与应然区分开来，研究者要保持一种"价值中立"的立场，努力获取客观性的知识，在知识表达上追求准确、明晰，有系统、丰富的经验资料作为理论的支撑。而齐美尔并不以"客观性"为学问的最终目的，他追问的是"事实性"背后的意义，无论是"主观意向的意义"，还是"客观有效的意义"[3]；齐美尔的语言比较模糊，抽象性强，跳跃性大，大量使用类比，哲学思辨色彩很浓。

另一位德国社会学奠基者滕尼斯，虽然和齐美尔一起共同创建了德国社会学会，也为社会学学科建设做出了重要贡献，但他的研究旨趣、社会观、分析视角却与齐美尔有很大区别。滕尼斯曾批评齐美尔犯了两个错误：一是他的思考是"非历史的"，他笔下的所有东西都成了无时间的、一般性的东西；二是由于他关注个人和小团体，因而错失了真正的社会学研究对象——社会结构，也不可能从整体的眼光把握各个特殊团体的独特性。因此齐美尔的真正贡献是社会心理学而不是社会学。[4] 尽管齐美尔的学术生涯很不顺利，职称晋级之路充满坎坷，而且他也没有机会通过指导

---

[1] 〔英〕弗雷司庇：《论西美尔的〈货币哲学〉》，载〔德〕西美尔《金钱、性别、现代生活风格》，刘小枫编，顾仁明译，上海：学林出版社，2000年，第234页。

[2] Ralph M. Leck, *Georg Simmel and Avant-Garde Sociology: The Birth of Modernity, 1880 to 1920*, New York: Humanity Books, 2000, p.94.

[3] 陈戎女：《西美尔与现代性》，上海：上海书店出版社，2006年，第23~24页。

[4] Ferdinand Tonnies, "Simmel as Sociologist," in *Georg Simmel*, edited by Lewis A. Coser, New Jersey: Prentice-Hall, 1965.

博士生来培养自己的学术接班人,进而发展出一个学派。但仍然有不少优秀的学生受惠于齐美尔,这些学生日后都成为引人注目、贡献突出的学者,其中包括卢卡奇、布洛赫、舍勒、布伯(M. Buber)、卡西尔、克拉考尔、曼海姆、帕克等人。间接受惠于齐美尔的思想家就更多了,比如非常著名的本雅明和海德格尔等。

卢卡奇被誉为西方马克思主义的始作俑者。他从1904年起就开始仔细研读齐美尔的著作,以后又于1906~1910年在柏林大学选修了齐美尔主讲的课程,直接接受齐美尔的指导,还经常参加齐美尔在家中举办的私人研讨会,并成为齐美尔最欣赏的学生之一。卢卡奇认为齐美尔是整个现代哲学中最具有特殊意义和最耐人寻味的过渡性人物,是"真正的印象主义哲学家",是"哲学的莫奈"。齐美尔让所有真正具有哲学天赋的年轻一代学者着迷,而且几乎他们中的每一个都会在或短或长的时间堕入齐美尔思想的"情网"。在卢卡奇看来,齐美尔最为持久的贡献应该是在社会学和历史哲学领域。"像马克斯·韦伯、特洛尔奇、桑巴特和其他人所从事的社会学,只是在他奠定了基础之后才有可能,不管他们在方法论上与他有多大差别。"当然,齐美尔的社会学也只是一个"试验",带有浓厚的印象主义色彩,处于不成熟、未完成的状态。在历史哲学方面,卢卡奇坦言,"没有人直接追随他的道路,但也没有人能够在未经检视这一视角的情况下在历史哲学中作出实质性的事情"[①]。卢卡奇自己受齐美尔的影响非常大,他的早期作品(如《戏剧的形式》《灵魂与形式》《艺术哲学》和《美学文化》),几乎全是按照齐美尔的文化社会学的视角来分析现代社会的文化现象。他自己也承认其早期代表作《现代戏剧发展史》(《戏剧的形式》不过是该书的第一、第二章,而且凭借此文卢卡奇在布达佩斯获得博士学位)的"哲学基础"乃是齐美尔提供的,不仅研究视角和方法受益于齐美尔,而且将艺术视为源于社会生

---

① 参见成伯清《格奥尔格·齐美尔:现代性的诊断》,杭州:杭州大学出版社,1999年,第201页。

活，是情感交流的直接呈现的看法无疑也直接来自齐美尔的观点。[①] 从 1914 年出版《小说理论》开始，卢卡奇才真正形成自己的思想，但仍然可以从中发现齐美尔留下的印迹。就是在《小说理论》中，他还提到"哲学就是一种生命的形式"，齐美尔的影响显然挥之不去。而且他自己明确表示《小说理论》事实上就是他当时所倾心的以狄尔泰、齐美尔和韦伯为代表的"精神科学"取向的一种典型产物[②]。以后，卢卡奇的文化现象学开始转向黑格尔主义，最后走到马克思主义那里去了。1923 年卢卡奇出版了《历史与阶级意识》，该书是 20 世纪 20 年代最重要的接受和重新解释马克思的著作，有"西方马克思主义的圣经"的美誉。在这部著作中，仍然可以发现齐美尔的影子。在批判资产阶级并对资本主义社会总体提出各种解释时，卢卡奇将物化这个概念提升到关键的位置。虽然在这个过程中，卢卡奇批评齐美尔没有看到物化过程的历史性，但他还是肯定齐美尔对物化现象的深刻洞察和敏锐分析，并且照样借用齐美尔的分析来支撑自己对资本主义社会的现象学解释，甚至在揭示资产阶级的悲剧方式时，也明显带有齐美尔的悲剧观的痕迹[③]。总的来讲，齐美尔对卢卡奇的影响主要体现在如下三个方面。首先，如卢卡奇自己晚年所说的，他感到非常幸运的是，他的社会科学的入门知识是从齐美尔和韦伯那里习得的，从而避免了从一开始就陷入经济基础与上层建筑关系的僵

[①] 事实上，卢卡奇与齐美尔有很多相似之处。他们都是犹太人，家境殷实，都有一个颐指气使、喜欢交际的母亲。卢卡奇的早期作品《心灵与形式》属于随笔集，与齐美尔的风格极为相似，而且讨论的主题都是齐美尔感兴趣的。卢卡奇对瞬间、碎片化事物的关注，无疑受到齐美尔很大影响。卢卡奇对形式与内容的分析也和齐美尔很相似，其物化论虽然看似对马克思相关论述的解读，但也受到齐美尔和韦伯观点的很大启发。后来卢卡奇致力于建立美学体系，转至探索宏大的体系理论，远离了齐美尔的风格，甚至着手对早期作品进行自我清算，此时齐美尔自然就成为被大力批判的对象。

[②] 〔匈〕卢卡奇：《小说理论》，燕宏远、李怀涛译，北京：商务印书馆，2012 年，作者前言（1962）第 3 页。

[③] 〔英〕弗雷司庇：《论西美尔的〈货币哲学〉》，载〔德〕西美尔《金钱、性别、现代生活风格》，刘小枫编，顾仁明译，上海：学林出版社，2000 年，第 222 页。

化教条之中，并很顺利地实现了从政治经济学到文化社会学的范式转换，从决定论走向多元论。其次，齐美尔的学术探索中存在一种非常清晰的美学维度，而对审美经验的关注也贯穿到卢卡奇的一生。最后，卢卡奇的"总体性"思想也含有齐美尔影响的成分。尽管齐美尔似乎沉溺于把玩现代生活的碎片，但其宗旨却是从中透视时代精神的总体性[①]。另外，卢卡奇自己承认正是通过齐美尔他才开始接触马克思的著作。当然，后期的卢卡奇对齐美尔的思想也提出了严厉的批判，指出其中所含有的主观主义、非理性主义、相对主义、虚无主义的成分。他还将齐美尔视为叔本华和尼采的大弟子，突出了他们之间的精神联系：悲观主义、贵族主义和精英主义，他还指责齐美尔思想中带有某种"自我陶醉的玩世主义"[②]。总之，在作为西方马克思主义大家的卢卡奇看来，齐美尔充其量只是资产阶级的审美-文化批判者，而非资本主义社会彻底的意识形态批判者，他的思想缺乏历史的维度和阶级意识的深度。这样的评价成为其后西方马克思主义给齐美尔贴上的主要标签。

卢卡奇对以批判理论著称的法兰克福学派影响极大，而另一位法兰克福学派的非正式成员本雅明也曾受教于齐美尔[③]，并与齐美尔的学生布伯、布洛赫交往甚密，直接和间接地接受了齐美尔的许多熏陶。他对微小细节的看重与齐美尔非常相像："真理—内容只有沉浸于题材的最微小细节之中才能掌握。"[④] 在关于波德莱尔和19世纪巴黎的研究中，本雅明引用了不少齐美尔的著述。实

[①] 参见成伯清《格奥尔格·齐美尔：现代性的诊断》，杭州：杭州大学出版社，1999年，第198页。

[②] 〔匈〕卢卡奇：《理性的毁灭》，王玖兴等译，济南：山东人民出版社，1997年，第406页。

[③] 本雅明于1913~1914年的冬季学期正式转入柏林大学，他在自己的生平回顾中明确承认参加了齐美尔开设的课程。参见张丹《齐美尔艺术思想的多重面貌：从艺术哲学到艺术社会学》，北京：中国社会科学出版社，2019年，第114页脚注②。

[④] 〔德〕瓦尔特·本雅明：《德国悲剧的起源》，陈永国译，北京：文化艺术出版社，2001年，第3页。

际上,本雅明非常明显地继承了齐美尔以艺术来反观并诊断社会现实的理论思路,在他看来,艺术品"光晕"的丧失及其带给人们的震惊体验都源于机械复制时代的社会背景,他和齐美尔一样强烈地关注与体验到了由现代社会的瞬间性、流逝性与碎片性所导致的现代人的性格缺陷:逐渐丧失敏锐的感受力,转而变得麻木不仁并且不断寻求更加强烈的新奇刺激。本雅明的代表作《机械复制时代的艺术作品》无疑受到齐美尔论艺术展览和大都市生活等相关著述的很大启发与影响。[1] 1933 年在重读齐美尔的《货币哲学》之后,他忍不住写信给法兰克福学派另一位重要人物阿多诺,向他推荐此书,称赞此书非常有趣。阿多诺的写作风格与齐美尔非常相近,而且两人都热衷美学,关注分工制对艺术作品的影响,都从生命的个别现象中探寻整体的意义[2]。阿多诺称赞"齐美尔正是在心理主义的观念论大行其道的时代,将哲学拉回到面向具体对象运动的第一人"[3],他甚至还专门在大学里举办过有关齐美尔哲学思想的研讨班,并在自己的全集中至少有 139 次直接点名提到齐美尔[4]。但总的来说,阿多诺对齐美尔并没做出太高评价,并一直保持某种模棱两可的态度,其中的一个原因可能是他对齐美尔相对消极的社会批判取向表示不满:比如在艺术与社会的关系问题上,齐美尔虽然赞同艺术有反映与否定社会现实的一面,但又坚持艺术不能放弃独立性和"自律性";而在阿多诺看

---

[1] 〔德〕瓦尔特·本雅明:《机械复制时代的艺术作品》,王才勇译,北京:中国城市出版社,2002 年;Austin Harrington, Introduction to Georg Simmel's Essay "On Art Exhibitions", *Theory, Culture & Society*, V. 32, No. 1, 2015, pp. 83 - 85.

[2] 阿多诺年轻时和齐美尔的学生克拉考尔交往颇深,并得到后者许多指导。稍后,阿多诺又结识了齐美尔的另外两名学生卢卡奇和布洛赫,并得到他们两位的指点和帮助。这或许可以部分解释阿多诺与齐美尔的相似性。参见〔德〕罗尔夫·魏格豪斯《法兰克福学派:历史、理论及政治影响》(上册),孟登迎、赵文、刘凯译,上海:上海人民出版社,2010 年,第 85~122 页。

[3] 参见〔日〕北川东子《齐美尔:生存形式》,赵玉婷译,石家庄:河北教育出版社,2002 年,第 43 页。

[4] 参见张丹《齐美尔艺术思想的多重面貌:从艺术哲学到艺术社会学》,北京:中国社会科学出版社,2019 年,第 116 页脚注②。

来，艺术品不仅是能反映现代社会问题的听诊器，更是用以否定与批判现代社会的精神文化武器，艺术必须服务于反抗社会压制的目标。倒是法兰克福学派的头号人物霍克海默对齐美尔十分推崇，他在20世纪50年代中期担任芝加哥大学客座教授时，曾经对向他求教有关齐美尔问题的学生雷文（该学生后来成为研究齐美尔的著名学者）表示："齐美尔是当今惟一仍然值得一读的社会学家。"

布洛赫曾师从齐美尔，接受过后者的直接指导。他首先肯定了齐美尔的贡献，"同那些与他同时代的所谓学派大家们的像是学生提交的报告那样的工作比起来，惟有齐美尔的著作向我们提供了面向成年人的哲学"①，但他接着也指出了齐美尔的问题。

> 在所有同代人中，西美尔的心灵最为细致。然而，他过于茫然，除了真理无所不欲。他喜欢在真理周围堆积种种观点，却既无意又无能获得真理本身。而且，西美尔的思想精细入微，又不乏内在热情，可惜的是，哲学在这个天生就缺乏坚实的内在信念的人手上变得过于贫乏②。

不过，布洛赫最终还是承认了齐美尔的重要性及对自己的影响，在离开齐美尔圈子数十年后，他回忆了与齐美尔的友谊，并指出"他几乎是惟一一位吸引自己的在世哲学家"③。齐美尔的另一名学生克拉考尔更是明确表示自己极大地受惠于老师的教导。克拉考尔与法兰克福学派关系密切，也是阿多诺的挚友。齐美尔的作品令克拉考尔着迷，他由衷地相信"通往现实世界的大门是

---

① 参见〔日〕北川东子《齐美尔：生存形式》，赵玉婷译，石家庄：河北教育出版社，2002年，第43页。
② 〔英〕弗雷司庇：《论西美尔的〈货币哲学〉》，载〔德〕西美尔《金钱、性别、现代生活风格》，刘小枫编，顾仁明译，上海：学林出版社，2000年，第222页。
③ 参见 Ralph M. Leck, *Georg Simmel and Avant-Garde Sociology: The Birth of Modernity, 1880 to 1920*, New York: Humanity Books, 2000, p. 279.

齐美尔最先为我们打开的"①。他认为齐美尔对社会现实的分析运用了"心理的显微透视",并称其为"阐释世界的碎片意象的大师"。克拉考尔把齐美尔描述为"一个访客(a quest),一个漫游者(a wanderer)",他具有"联想的才能,即一种能洞察到任意现象之间的关联和富于意义的一致性的天赋。齐美尔是一个事物之间的永久漫游者;无限的组合才能令他可以从任何一点向任何一个方向进发"②。克拉考尔充分肯定了齐美尔社会研究视角的重要价值,明确指出:"一个时代的历史中占据的位置,更多的是通过分析它的琐碎的表面现象而确定的,而不是取决于该时代对自身的判断"③。克拉考尔自己属于批判的现象学一路,但他对侦探小说、白领阶层的研究以及其他一些重要研究,明显追随齐美尔的路径,力图发掘个别现象中的精微意义,把握社会现象的意义整体性。不过,他对齐美尔通篇使用类比论证的方式也提出了批评④。

著名哲学家恩斯特·卡西尔(E. Cassirer)18岁进入柏林大学师从齐美尔,之后由齐美尔推介,转投马堡大学,接受新康德主义马堡学派代表人物柯亨(H. Cohen)的指导,并于1899年获得博士学位。卡西尔对齐美尔的思想相当推崇,在其代表作《人文科学的逻辑》中的最后一章,专门讨论了齐美尔的"文化悲剧"的思想⑤。德国文学表现主义之父库尔特·希勒也是齐美尔的学生,他称齐美尔为"我们世纪最重要的犹太人",在自传中他毫不含糊地承认齐美尔对自己的影响:"在教过我的哲学教师中,格奥

---

① 参见〔英〕戴维·弗里斯比《现代性的碎片》,卢晖临等译,北京:商务印书馆,2003年,第51页。
② 参见〔英〕戴维·弗里斯比《现代性的碎片》,卢晖临等译,北京:商务印书馆,2003年,第155~156页。
③ 参见〔英〕戴维·弗里斯比《现代性的碎片》,卢晖临等译,北京:商务印书馆,2003年,第142页。
④ 〔英〕弗雷司庇:《论西美尔的〈货币哲学〉》,载〔德〕西美尔《金钱、性别、现代生活风格》,刘小枫编,顾仁明译,上海:学林出版社,2000年,第223页。
⑤ 参见〔德〕恩斯特·卡西尔《人文科学的逻辑》,关之尹译,上海:上海译文出版社,2004年。

尔格·齐美尔无疑是最重要的一位。"① 曼海姆是知识社会学的主要奠基者，他曾听过齐美尔的讲座，其知识社会学的思想受到齐美尔很大启发。他对老师的评价比较中肯、生动：

  西美尔以过去的图解描述或插图文学方式来描述日常生活。他喜欢精细入微地描述最普通的日常经验，就像当今的印象派绘画试图反映过去被忽略了的明暗变化和光影效果。西美尔也许可以被称为社会学中的"印象主义者"，他的才华不在于建构关于整个社会的理论，而在于分析前人未予注意的各种社会中间的现象意义。西美尔着重描述感觉的社会意义，比如穷苦人卑微的眼神和心态，社会化的各种形式，在西美尔笔下，社会生活中千姿百态而又不易觉察的关系都变得耀眼起来②。

二　充满分歧的当代简况

  齐美尔对当代欧洲学术界的影响主要体现在两大不同阵营上：一个主张将齐美尔看作"形式社会学"的创始人，将《社会学》作为其主要代表作，其学术地位被定义成后来"结构社会学"的鼻祖；另一个则主张将齐美尔视为时代的诊断者，将《货币哲学》作为其主要代表作，关注他对现代文化的批判，承认他是文化批判和现代性分析的大师。第一阵营的一个重要代表是德国社会学家维泽（L. Wiese），他曾任二战以后德国社会学会会长和名誉会长，他致力于将齐美尔形式社会学系统化和完善化，对各种社会关系的形式进行分门别类，最后竟划分出了近千种类型。第二阵营的主要代表就是前面介绍比较多的卢卡奇、本雅明、克拉考尔

---

① 参见 Ralph M. Leck, *Georg Simmel and Avant-Garde Sociology: The Birth of Modernity, 1880 to 1920*, New York: Humanity Books, 2000, p. 215。
② 参见弗雷司庇《论西美尔的〈货币哲学〉》，载〔德〕西美尔《金钱、性别、现代生活风格》，刘小枫编，顾仁明译，上海：学林出版社，2000年，第236页。

等人，该阵营与西方马克思主义关系密切，而且其研究路径在晚近比较受欢迎，为齐美尔在学术界的复兴做出了重要贡献。比如，为齐美尔的复兴做出了不懈努力和突出贡献的英国著名社会学家弗里斯比就属于当代西方马克思主义当中的一员。他早在20世纪70年代，就与另一名重要学者波特莫尔合作将齐美尔的《货币哲学》翻译成英文。其后，他连续发表了一系列重要著作及论文，包括《社会学的印象主义》《现代性的碎片》《齐美尔及其后》等，对齐美尔的学术遗产进行了重新整理和挖掘，将齐美尔视为社会学界"现代性研究的第一人"，描绘出一幅"社会学的游手好闲者"的形象，并且深入探讨了齐美尔社会研究中的审美维度，挖掘作为"社会学的印象主义者"的齐美尔的意蕴。弗里斯比还主编了三卷本的《格奥尔格·齐美尔：批判性评价》，其中收录了齐美尔本人两篇文章和不同时期研究齐美尔的重要文献88篇。弗里斯比的齐美尔研究在英语世界产生了巨大影响，他对齐美尔的评价很长时间成为研究界的主流。

弗里斯比的观点近年来受到较大挑战，不少学者认为齐美尔的思想并不是没有一贯性的碎片，而是建立在生命哲学这个贯穿其所有研究的主轴上面。[1]

英国著名哲学家、历史学家和美学家R.G.科林伍德（R. Collingwood）称赞"齐美尔的心灵是一颗活跃的和多才多艺的心灵，赋有大量的独创性和洞察力"，他非常认可齐美尔的下述主张：历史是历史学家的一种主观的精神构造，而不是再现实际的客观真理。不过，他批评齐美尔的历史学著作虽然"充满着很好的观察"，但在思想严谨性和研究系统性方面存在缺陷。[2] 20世纪哲学大家海德格尔充分肯定了齐美尔关于生命、个体、时间、死亡等

---

[1] Rudolph H. Weingartner, *Experience and Culture: The Philosophy of Georg Simmel*, Middletown, Connecticut: Wesleyan University Press, 1960.

[2] 〔英〕R.G.科林伍德：《历史的观念》，何兆武、张文杰译，北京：中国社会科学出版社，1986年，第193~194页。

方面论述的启发价值，存在主义哲学明显受到了齐美尔的影响。[1]舒茨这位现象学社会学的创始人对社会实在、社会世界的主观结构做出了卓越的探索，他对齐美尔敏锐的社会洞察力大加赞赏，并在自己的著述中频繁引用齐美尔的观点，充分肯定后者的学术贡献[2]。哈贝马斯对齐美尔的讨论并不多，在他两卷本的巨著《交往行动理论》中，每卷都只有一处提及齐美尔[3]。但后来哈贝马斯对齐美尔做出了不低的评价，称他"改变了整整一代知识分子的观察方式、写作主题和风格"，视其为"文化的批判者"[4]，并评论道："与其说他是一位牢牢扎根于科学研究的哲学家和社会学家，毋宁说他是让〔社会学〕系统化的发起人，是带有社会学科性质的推究哲理的时代诊断者。"[5] 而且，哈贝马斯主张将交往行为作为社会科学的研究重点与齐美尔对互动形式的强调也有异曲同工之处。吉登斯认为齐美尔的思想对韦伯学术观点的形成具有不容忽视的重要意义[6]，并指出：从某种意义上说，齐美尔是戈夫曼的灵感来源，他们俩都才思敏捷，给人以启迪，但齐美尔的作品缺乏韦伯那样的知识力度。

齐美尔写作的范围要比戈夫曼广泛得多，包括从历史到社会学的广阔领域。但是与马克斯·韦伯（Max Weber）等的

---

[1] 参见〔德〕马丁·海德格尔《存在与时间》，陈嘉映、王庆节译，北京：生活·读书·新知三联书店，2014年。
[2] 〔奥〕阿尔弗雷德·许茨：《社会理论研究》，霍桂恒译，杭州：浙江大学出版社，2011年，第284页。
[3] 参见〔德〕于·哈贝马斯《交往行动理论·第一卷——行动的合理性和社会合理化》，洪佩郁、蔺青译，重庆：重庆出版社，1994年；〔德〕于·哈贝马斯：《交往行动理论·第二卷——论功能主义理性批判》，洪佩郁、蔺青译，重庆：重庆出版社，1994年。
[4] Jürgen Habermas, Georg Simmel on Philosophy and Culture, Mathieu Deflem (trans.), *Critical Inquiry*, 1996 (Spring), pp. 403 – 414.
[5] 参见陈戎女《西美尔与现代性》，上海：上海书店出版社，2006年，第34页。
[6] 〔英〕安东尼·吉登斯：《资本主义与现代社会理论——对马克思、涂尔干和韦伯著作的分析》，郭忠华、潘华凌译，上海：上海译文出版社，2007年，第137页。

著作比起来，齐美尔的作品就缺乏他的同时代作者和朋友的著作所具有的原始的知识力量①。

法兰克福学派新一代的干将哈尔特穆特·罗萨（H. Rosa，他是哈贝马斯的学生霍耐特的学生）对齐美尔赞赏有加，在其代表作《加速：现代社会中时间结构的改变》中多次引用齐美尔的观点，为自己的现代性的加速理论作证。他认为齐美尔正确地将大城市描述为现代性的典范地方，同时也是最极度个人化的地方和有着最先进的分工的地方，齐美尔比其他古典社会理论家更强调现代性的文化经历，重视文化体验的主导地位。齐美尔富有远见地指出个体化成为现代社会的重要趋势，并将其作为社会研究的中心议题。"现代化对于齐美尔而言，首先是个体的个性结构的重塑，个体在现代的加速的苛求下作出改变他们的情感收支和感觉结构、他们的'神经生活'和情绪与理性的关系的反应。"② 罗萨还发现齐美尔与自己的理论相通的地方：齐美尔将现代化的进程理解为在运动和停滞之间的不断切换着的、有利于前者的平衡，并且因此也是有利于永恒的变动而导致固定节奏的消失，在这个过程中，对于齐美尔来说，货币是"世界变动的绝对特性"的象征性的宣言，货币的趋势就是提高生活节奏。③

法国当代社会学家马尔图切利（Danilo Martuccelli）称赞齐美尔为研究大城市的卓越思想家，现代性标准形象的学者，波德莱尔的现代冲动在社会学分析中的引入者，"齐美尔比其他人更好地理解现代的两难困境的本质，在其一生中，他致力于用现代性的所有主观焦虑来突破最客观的理性"④。法国当代著名思想家列维

---

① 〔英〕安东尼·吉登斯：《社会理论与现代社会学》，文军、赵勇译，北京：社会科学文献出版社，2003年，第117页。
② 〔德〕哈尔特穆特·罗萨：《加速：现代社会中时间结构的改变》，董璐译，北京：北京大学出版社，2015年，第67页。
③ 〔德〕哈尔特穆特·罗萨：《加速：现代社会中时间结构的改变》，董璐译，北京：北京大学出版社，2015年，第67页。
④ 〔法〕达尼洛·马尔图切利：《现代性社会学》，姜志辉译，南京：译林出版社，2007年，第296页。

纳斯（Emmanuel Lévinas）与齐美尔有较强的学术渊源关系，他们在许多研究论题和分析路径上具有相似之处。[1] 法国当代著名社会学家雷蒙·布东也很认可齐美尔的思想，并在自己的著述中多次引用齐美尔的观点。[2] 事实上，齐美尔的学术思想在20世纪80年代的法国得到重新发掘。[3] 德国著名哲学家伽达默尔（Hans-Georg-Gadamer）则赞赏齐美尔对大都市柏林的描述具有"地震仪般的精确性"[4]，并在自己的重要著作《真理与方法》中至少22次提及齐美尔的名字[5]。鲍曼对齐美尔抱以极大的同情态度，认为其著作由于与标准的社会学不相容，所以一直遭到排斥，很晚才获得应有的承认。

只是到了现在，齐美尔才开始被认为是非常（也许是最）有力度和最富洞察力的现代性分析家；他被认为是一位敢于发表言论的作家，是一种异端思想，而这种异端思想在他死后多年才变成社会学智慧中的常识；他被认为是一位思想家，比其他任何人都更加合乎当时的经历；他被认为是一位开创了社会学风格的人，这种风格后来被认为是最适当的，最能符合它试图表述的社会实在。在齐美尔的社会学中，那些在他那个时代曾将他锁闭在这一行当边缘地带的方方面面，现在却渐渐开始被视为具有惊人远见的预示，它预见了即将到来的事物的形状。齐美尔过去的罪恶变成了美德，弱点变成

---

[1] 参见 Christopher Buckman, Levinas, Simmel, and the Ethical Significance of Money, *Religions—Open Access Journal*, Received: 30 November 2018; Accepted: 20 December 2018; Published: 22 December 2018.

[2] 参见〔法〕雷蒙·布东《为何知识分子不热衷自由主义》，周晖译，北京：生活·读书·新知三联书店，2012年。

[3] 参见〔法〕菲利普·柯尔库夫《新社会学》，钱翰译，北京：社会科学文献出版社，2000年，第100~101页。

[4] 参见〔英〕尼格尔·多德《社会理论与现代性》，北京：社会科学文献出版社，2002年，第46页。

[5] 参见张丹《齐美尔艺术思想的多重面貌：从艺术哲学到艺术社会学》，北京：中国社会科学出版社，2019年，第117页脚注①。

了优点①。

显然,鲍曼给予了齐美尔很高的评价。在他看来,齐美尔很有预见同时又不合时宜地在大部分同时代人仍然对假想的总体性高唱赞歌之时,却致力于揭穿它的谎言,齐美尔发出了让同时代人不太舒服、难以接受的声音:关于实在的所有真理都是分裂的、碎片的和片段性的②。鲍曼认为在齐美尔颇具开拓性的洞识中,"有着怀疑的、平静的、威严的智慧"③。事实上,鲍曼自己的研究旨趣、理论策略、表述风格等方面与齐美尔具有很强的相似性或亲和性。

第二节 美国社会学界的片面继承

一 微观社会学的视角

尽管齐美尔从未去过美国,但齐美尔的社会学思想很早就传播到了美国。据说,1892 年齐美尔曾考虑在美国谋一个教职,协商了很长时间后最终没有成功。从 1895 年开始,齐美尔就有文章在美国学术杂志上发表。④ 将齐美尔的思想传播到美国的第一位重要人物是斯莫尔(A. Small, 1854 - 1926),他于 1879~1881 年在德国的柏林和莱比锡留过学,1892 年他创建了芝加哥大学社会学系,并长期担任系主任一职,他还于 1895 年创办社会学重要刊物《美国社会学杂志》。从一开始,斯莫尔就对齐美尔的社会学工作

---

① 〔英〕齐格蒙特·鲍曼:《现代性与矛盾性》,邵迎生译,北京:商务印书馆,2003 年,第 281~282 页。
② 〔英〕齐格蒙特·鲍曼:《现代性与矛盾性》,邵迎生译,北京:商务印书馆,2003 年,第 282 页。
③ 〔英〕齐格蒙特·鲍曼:《现代性与矛盾性》,邵迎生译,北京:商务印书馆,2003 年,第 283 页。
④ 早在 19 世纪末,美国早期著名社会学家(美国社会学会首任主席)华德(Lester F. Ward)就撰文评论过齐美尔的社会学思想。David Frisby, *Simmel and Since: Essays on Georg Simmel's Social Theory*, London: Routledge, 1992, p. 156.

抱有浓厚的兴趣，经常与他进行书信往来，后来旅欧时还专门拜访过齐美尔。在斯莫尔看来，齐美尔对社会学领域的明确界定和富有启发性的思想，对美国社会学的创建和发展是非常有益的。正是由于斯莫尔特别推崇齐美尔，因此，齐美尔生前有14篇文章在他主持的《美国社会学杂志》上发表，而且，其中大部分都是由斯莫尔亲自翻译的。斯莫尔还派出3名自己的学生到德国留学，拜齐美尔为师。在去世前的那一年，斯莫尔表达了自己的最后心愿："美国社会学家应该明智地使自己熟悉齐美尔的社会理论。"[1]

帕克（R. Park，1864－1944）是第二位将齐美尔社会学思想引进美国并广泛应用的重要人物。帕克也曾留学德国，并做过齐美尔的学生。他明确表示，正是从齐美尔那里，使他最终"获得了研究报纸与社会的基本观点"[2]。帕克的经历很丰富，做过黑人领袖华盛顿的私人秘书，也曾长期在新闻业工作。40岁之后，他重返校园，在芝加哥大学社会学系攻读博士学位。之后留校任教，不久成为社会学系的主任，将芝加哥大学社会学系推向一个新的发展阶段。像斯莫尔一样，帕克也很推崇齐美尔的社会学思想，认为后者写出了前所未有的最深刻最富有启迪的社会学著作，并为传播与普及齐美尔的思想做了许多工作。1921年帕克与伯吉斯（E. Burgess）合编《社会学导引》这部影响巨大的教材，其中介绍最多的社会学家就是齐美尔。此外，帕克还将齐美尔的思想与观点创造性地运用到自己的研究当中。比如他所提出的著名概念"边缘人"，就是受到齐美尔"陌生人"的概念启发而发展出来的。而他致力于城市社会学的研究，注重对芝加哥这座发展中的大都市的实地考察，显然受到齐美尔对大都市生活所做的富有创见的研究成果的影响。帕克的学生沃思（L. Wirth），这位著名的城市社会学家更是对齐美尔推崇备至，他评价齐美尔论大都市与精神

---

[1] 参见 David Frisby, *Georg Simmel: Critical Assessment*, Vol. III, London: Routledge, 1994, p. 230。

[2] 参见 David Frisby, *Georg Simmel: Critical Assessment*, Vol. III, London: Routledge, 1994, p. 229。

生活的论文是"从社会学立场论城市的最重要的单篇文章"①。芝加哥大学另一位重要学者,符号互动论的主要创始人米德也很欣赏齐美尔的社会学思想②。齐美尔的微观社会学取向、对社会互动的关注,正符合米德自己的社会研究的旨趣。齐美尔对自我的分析,强调"自我总是被分成主观和客观"③,对于米德将自我划分为"主我"和"客我"两个方面也是有借鉴价值的。从齐美尔下述这段话,可以清楚地看出这层关系。

> 我们心灵的一个基本活动,其决定了心灵作为一个整体的形式,就是我们能像对任何别的"客体"一样观察、认识与判断我们自己,就是我们将作为一个经验统一体把自我分割成感知的主体与被感知的客体而无需失去统一性,相反,通过这种内在的对立而意识到了它的统一。主客体的相互依赖在这里、在一个单独的点中被带到了一起,它业已影响了主体自身,否则的话它就会起来作为客体面对世界。这样,当人一旦意识到自己并且用"我"来称呼,就说明他已经认识到了其余世界的关系的基本形式、他接受世界的基本形式④。

某种意义上,齐美尔社会学思想在美国的传播比欧洲本土还要有效,还要受欢迎。早在1925年,芝加哥大学出版社就发行了世上第一本研究齐美尔社会学思想的专著《格奥尔格·齐美尔的

---

① 参见 David Frisby, *Georg Simmel: Critical Assessment*, Vol. Ⅰ, London: Routledge, 1994, p.313。
② 米德曾于1889年至1891年在柏林学习,他至少应该听过齐美尔在柏林大学所开设的极受欢迎的课程。
③ 〔德〕G.齐美尔:《桥与门——齐美尔随笔集》,涯鸿、宇声等译,上海:上海三联书店,1991年,第14页。
④ 〔德〕西美尔:《货币哲学》,陈戎女等译,北京:华夏出版社,2002年,第8页。

社会理论》①。该书的作者斯皮克曼也做过齐美尔的学生,虽然他对齐美尔的解读并未获得太高的评价,但毕竟为在英语世界传播齐美尔的思想做出了有价值的贡献。

符号互动论受惠于齐美尔是非常明显的,不仅该学派的早期创立者大力推介齐美尔的社会学思想,而且该学派后来的一些重要人物也都承认齐美尔对他们的影响。休斯称赞齐美尔为"社会研究的弗洛伊德",并将齐美尔的"社交的社会学"译成英文发表在 1949 年的《美国社会学杂志》上。拟剧论的创始人戈夫曼被誉为齐美尔的精神传人,他的表述风格酷似齐美尔,他对行动者在互动中表现的刻画入木三分,既深刻又传神;他对"污名""收容所"等另类、边缘主题的探讨与齐美尔也很相像。在其名著《日常生活中的自我呈现》的序言中,戈夫曼明确表示组织材料和表述方式上借鉴了齐美尔的思想与做法②,并在书中多次引用齐美尔的观点。在戈夫曼另一本代表作《日常接触》中,正文开始不久就大量引用齐美尔的论述,并加以评述③。标签论的主要代表贝克尔(H. S. Becker)也非常推崇齐美尔,他在 20 世纪 80 年代出版的著作《艺术世界》中,以齐美尔社会学思想为指导,充分利用齐美尔的形式概念、互动概念以及群组概念,来完成建构艺术圈这一复杂而又艰巨的工作,努力探索在齐美尔的纯粹社会学的视角下研究艺术的可能性④。

二 更趋多样化的解释

1928 年,哈佛大学社会学系主任索罗金的《当代社会学理论》问世,该书花了不少篇幅讨论齐美尔,但负面评价比较多,他批

---

① 在弗里斯比 1981 年出版的《社会学的印象主义》一书之前,这也是唯一一本研究齐美尔社会学思想的专著。
② 〔美〕欧文·戈夫曼:《日常生活中的自我呈现》,黄爱华、冯钢译,杭州:浙江人民出版社,1989 年,序言,第 1~2 页。
③ 〔美〕戈夫曼:《日常接触》,徐江敏等译,北京:华夏出版社,1990 年,第 5~6 页。
④ H. S. Becker, *Art Worlds*, Berkeley: University of California Press, 1984.

评道：

> 从纯粹方法论的观点来看，齐美尔的社会学缺乏科学的方法。罗伯特·帕克博士或斯皮克曼博士对齐美尔的社会学方法的高度评价，我委实不敢苟同。除了上面提到的逻辑缺陷以外，齐美尔的方法既缺乏实验取向、定量调查，也没有对所讨论现象的任何系统的事实研究。……它所呈现在我们面前的，只是一个才华横溢的人的思辨概括，作为其支撑的不过是以三两个信手拈来的事实为形式的"枚举法"。如果没有齐美尔的天分，那么同样的事物将会变得贫瘠不堪。虽然齐美尔的天分挽狂澜于既倒，但充其量只是弥补了科学方法论的不足。在这样的情况下，如若像罗伯特·帕克博士或斯皮克曼博士那样，呼唤社会学家"回到齐美尔"，那就意味着呼唤人们回到一种纯粹的思辨、一种形而上学，一种科学方法的阙如[1]。

索罗金还将齐美尔的社会学做了形式主义解读并给予抨击，认为这样的形式主义取向必然会导致"一种纯粹的学院派的、死的科学，一种用于说明人类关系的几乎无效的范畴"[2]。可以说，索罗金的评价代表了不少主流社会学家的看法，甚至形成了某种对齐美尔的正统评价或盖棺定论。然而，非常明显的是，做出这种评价的标准，依据的主要是实证主义的范式。事实上，美国社会学界对于齐美尔社会学思想的传承主要集中在微观互动论这一方面，而齐美尔对现代性的独特分析与诊断，他在文化社会学上的突出贡献，他在社会研究方法上的另类探索，等等，则没有得到应有的重视。这种情况只是到了晚近才有了明显的改变。

哈佛大学社会学系的帕森斯于1937年出版了他的名著《社会

---

[1] 参见周晓虹《西方社会学历史与体系》（第一卷），上海：上海人民出版社，2002年，第318页。
[2] 参见 L. Coser (eds), *Georg Simmel*, Englewood Cliffs, New Jersey: Prentice-Hall, Inc., 1965, p. 77。

行动的结构》，书中重点讨论了四大理论家：马歇尔、帕累托、涂尔干和韦伯，却没有齐美尔。但是，帕森斯以后辩称当时已经准备好了有关齐美尔的材料，只是因为篇幅所限而忍痛割爱了。其实，齐美尔的研究旨趣及风格与帕森斯的大相径庭，受到后者的忽视也是可以理解的。在帕森斯看来，齐美尔只是一个微观而非宏观的社会学家，"他更是在托克维尔那一传统中的一个极具天赋的散文家，而不是像涂尔干那样的理论家"[1]。不过，帕森斯承认齐美尔对后来社会学思想有很大影响，他也确实在自己的课堂上专门讲授过齐美尔的思想，并称赞齐美尔的工作是"为社会学这门特殊的科学奠定基础所做的第一次严肃的努力"[2]，而这对听课的学生还是产生了很大影响。比如默顿就一直对齐美尔抱有浓厚的兴趣，将他视为重要的社会学经典大家，时常与涂尔干、韦伯相提并论。他着力阐释的角色丛理论、参考群体理论等都受到了齐美尔很大的启发，在其撰写的《参考群体和社会结构理论中的连续性》一文中，超过10处引用了齐美尔的观点[3]。事实上，默顿的著述风格在很大程度上都体现了齐美尔的影响，正如科塞所评论："默顿很像在他之前的西美尔，喜欢观点的优美展现。人们已有这种印象，通常对默顿来说，进行系统化的目的是为了优美；其中蕴含着审美性。"[4] 默顿转到哥伦比亚大学之后，在相关的课堂上极力推介齐美尔的著作，使得该校成为传播齐美尔社会学的又一重镇。默顿的几个重要弟子，科塞、布劳、科尔曼等都对齐美尔的思想非常熟悉，并有所继承与发展。以科塞为例，当初撰写博士论文时计划讨论齐美尔的社会学思想，导师默顿的意见是齐美尔的思想太过庞杂，不易把握，希望科塞就齐美尔某一方面

---

[1] 〔美〕T. 帕森斯：《社会行动的结构》，张明德、夏遇南、彭刚译，南京：译林出版社，2003年，平装本序言第23页。
[2] 参见 David Frisby, *Georg Simmel*: *Critical Assessment*, Vol. Ⅰ, London: Routledge, 1994, p.312.
[3] 〔美〕罗伯特·K. 默顿：《社会理论与社会结构》，唐少杰、齐心等译，南京：译林出版社，2006年，第462~576页。
[4] 参见〔波〕彼得·什托姆普卡《默顿学术思想评传》，林聚任等译，北京：北京大学出版社，2009年，第240页。

的社会学思想进行深入探究。科塞接受了默顿的意见,选择齐美尔的冲突论思想作为自己的研究重点。科塞的代表作《社会冲突的功能》就是在系统梳理和总结齐美尔的冲突论思想基础上完成的,他自己也成为现代冲突论的主要代表。科塞认为,齐美尔对现代历史发展趋势的看法最深刻地揭示了他的关于当代文化的社会心理矛盾,其观点是开明进步主义和文化悲观主义的矛盾混合体。科塞对齐美尔的思想与方法相当推崇,并做出了比较中肯的评价。

> 事实上,可以这么说,西美尔的社会学方法和研究纲领就其学术性质来说和涂尔干的是同等重要的。涂尔干把注意力集中在社会的结构——体制结构、宗教结构和教育结构,把各种社会、各个个人联系在一起的总的价值观。而西美尔则主要把精力放在微观社会学上;他主要关心的是社会的发展过程。他阐明了单个的行动者们相互作用的复杂模式。这种相互作用有助于组织和重新组织整个人类社会。他的形式社会学,或称社会空间几何学,提供了一个初步的图形,使得后来的研究者可以按照这个图形去确定甚至预言社会行动者的方位和活动,这些行动者总是试图超越群体关系,但又总是被限制在群体关系之网中[①]。

社会交换论的主要代表布劳(P. Blau)的社会学理论也受到齐美尔很大的启发。布劳认为齐美尔对芝加哥大学早期社会学产生了重大影响,并至少促进及直接影响了两个现代社会学理论:交换论和结构论;而且,布劳明确承认由于自己与上述两个理论关系密切,因此自己的认识毋庸置疑受到齐美尔的强烈影响,齐美尔给予他建构自己理论的灵感[②]。布劳的名著《社会生活中的交

---

① 〔美〕刘易斯·A. 科瑟:《社会学思想名家》,石人译,北京:中国社会科学出版社,1990年,第238~239页。
② 参见范伟达、朱红生《多元化的社会学理论》,沈阳:辽宁人民出版社,1989年,第291、304页。

换与权力》第一章的题目"社会交往的结构",按他自己的说法,就是对齐美尔的一个基本概念的意译①。事实上,在这部著作引论部分的开头,布劳就大段地引用齐美尔的原话,其后在第七章的开头,又引用了齐美尔的一段话。粗略统计一下,该书引用齐美尔的原话和观点不下12处地方。布劳还认为齐美尔是定量社会学之父,该学科旨在对社会生活的定量维度——如规模、数量和分布等——进行深入的概念和理论分析②,并称赞齐美尔对数字在社会生活中的重要性做了创造性的阐发。正是受到齐美尔的启发,布劳给自己做了如下定位:"作为一个社会理论家,我将主要兴趣集中在社会结构形式的定量特性上。"③ 说到社会交换论,该学说的主要创始人霍曼斯曾表示自己深受齐美尔的影响,他的纲领性论文《作为交换的社会行为》,就发表在1958年《美国社会学杂志》纪念齐美尔一百周年诞辰的专刊上。齐美尔"人与人之间绝大部分关系都可以作为交换的方式去理解"④ 的主张成为霍曼斯社会交换论的基础。古尔德纳的著名论文《互惠规范》也大量吸收了齐美尔的观点。

值得一提的是,二战期间流亡到美国的一批欧洲学者,为齐美尔的思想在美国的传播做出了重要贡献。这些学者包括舒茨、本迪克斯(R. Bendix)、戈斯(H. Gerth)、勒温(K. Lewin)、沃尔夫(K. Wolff)等人,他们主要通过教学或翻译向美国人推介齐美尔的思想。其中,沃尔夫于1950年编译出版的《格奥尔格·齐美尔的社会学》,被认为是第二次世界大战后激发美国学生对齐美尔产生兴趣的最重要的一本书。此外,这些学者自己就受到齐美尔很大影响,他们的社会研究实践及其理论成果都或多或少地打上

---

① 〔美〕彼德·布劳:《社会生活中的交换与权力》,孙非、张黎勤译,北京:华夏出版社,1987年,第14页。
② 〔美〕彼特·布劳:《不平等和异质性》,王春光、谢圣赞译,北京:中国社会科学出版社,1991年,第26~27页。
③ 〔美〕彼特·布劳:《不平等和异质性》,王春光、谢圣赞译,北京:中国社会科学出版社,1991年,第2页。
④ 〔德〕西美尔:《货币哲学》,陈戎女等译,北京:华夏出版社,2002年,第23页。

了齐美尔的烙印。美国学者热衷于对小群体的探讨，非常明显地受到齐美尔的启发。早在20世纪30年代，莫雷诺（J. Moreno）在发展自己的社会网络理论时，就借鉴了齐美尔的社会关系几何学的思想。勒温的社会心理学也吸收了齐美尔的观点。而鲍格达斯（E. S. Bogardus）的社会距离量表，很大程度上是将齐美尔的社会距离观念具体化了，或者说将相关概念转化为可测量的变量。舒茨也充分肯定了齐美尔对微观社会学的贡献，认为他针对群体的形成过程、个体的情境界定等方面提出了非常重要的洞见[1]。阿伦特（H. Arendt）的名著《极权主义的起源》借鉴了齐美尔研究"秘密社会"的成果，她认为极权运动与秘密社会存在很多相似之处，拥有不少共同的特征。[2]

美国著名社会学家尼斯比特指出："社会学家永远可以通过重读韦伯、齐美尔等人的著作而获益。"[3] 他对齐美尔独特的理论视角和研究方式非常欣赏，强调对齐美尔丰富的思想资源的挖掘与开发，"总有可能从齐美尔那里直接提炼出重要的东西，而它们是不可能被非人格化的科学命题吸收的"[4]。在尼斯比特看来，有相当充分的证据表明，在所有的社会学先驱者中，"齐美尔是与现时代关系最紧密的一位"[5]。乔纳森·特纳等认为齐美尔的最重要的理论贡献在于他对互动基本形式的关注，断言齐美尔比其他任何经典奠基者们更清楚地看到了货币与市场对社会的转变性影响。不过，特纳批评齐美尔没能构想出前后一致的理论体系，并真正说明社会世界的一般性质是什么，而只是提出了一些零碎的、令

---

[1] 〔奥〕阿尔弗雷德·许茨：《社会理论研究》，霍桂恒译，杭州：浙江大学出版社，2011年，第284页。
[2] 参见〔美〕汉娜·阿伦特《极权主义的起源》，林骧华译，北京：生活·读书·新知三联书店，2014年。
[3] Robert A. Nisbet, *The Sociological Tradition*, New York: Basic Books, Inc., 1966, p. 20.
[4] 参见 David Frisby, *Georg Simmel: Critical Assessment*, Vol. I, London: Routledge, 1994, p. 311。
[5] 参见 David Frisby, *Georg Simmel: Critical Assessment*, Vol. III, London: Routledge, 1994, p. 284。

人激动不已的真知灼见①。

1993年蒂娜·魏施泰因和麦克·魏施泰因出版了《后现代（化）的齐美尔》一书，试图从后现代主义的视角对齐美尔进行重新解读，提出了不少另类的观点。他们发现齐美尔的著述与后现代主义的话语非常相似。在后现代视野中，齐美尔是一名"差异的欣赏者"，反对把差异化约为同一，他的思考具有碎片性，热衷于"去总体化"的尝试，他的表述具有解构主义的风格，是一个利用现成工具将各种生活碎片在不同语境下重新组合的"修补者"②。

2000年拉尔夫·雷克出版了极具挑战性的专著《齐美尔和先锋社会学》。书中作者坚决反对以弗里斯比为代表的关于齐美尔的许多定论，将齐美尔重新塑造成"先锋派"哲学家、社会学家、性别论者，是当时"反正统文化"的一个重要思想家以及社会改革家。雷克认为，较之20世纪德国知识史上其他任何思想家，齐美尔更有资格被视为理解德国现代主义的关键人物。作者仔细分析了齐美尔对于德国先锋派的表现主义、行动主义、激进的女权主义、同性恋权益运动和西方马克思主义的影响，特别强调了齐美尔与他的两位弟子库尔特·希勒（文学表现主义之父）、海伦·施托克尔（同性恋权利的大力倡导者）之间的密切关系③。

第三节 在后现代主义中的体现

齐美尔与后现代主义者之间存在着很强的家族相似性，他另类独特的研究旨趣、建构主义的本体论、怀疑主义的认识论、多元主义的方法论、自由随意的表述风格等，所有这些都在后现代

---

① 参见〔美〕乔纳森·特纳等《社会学理论的兴起》（第五版），侯钧生等译，天津：天津人民出版社，2006年，第240~264页。
② Deena Weinstein and Michael A. Weinstein, *Postmodern (ized) Simmel*, London: Routledge, 1993.
③ Ralph M. Leck, *Georg Simmel and Avant-Garde Sociology: The Birth of Modernity, 1880 to 1920*, New York: Humanity Books, 2000.

主义那里以一定的方式复活与重现了。与那些最激进的后现代主义者相比，齐美尔可能只算是一个温和的后现代主义的早期代表。而激进的后现代主义则可看作齐美尔观点的夸张版或放大版，它们将齐美尔的某些观点推向了极端。事实上，齐美尔与后现代主义最重要的代表人物有着非常明显的相似性和亲和性，以下就其中几位与齐美尔的相似之处做初步的探讨。

一 德里达的解构主义

雅克·德里达（Jacques Derrida，1930－2004）是公认的解构主义的创始人，也是当代法国著名的哲学家、美学家、符号学家和社会理论家，他的思想在20世纪中后期掀起巨大波澜，不仅使他成为欧美知识界最具争议性的人物之一，其思想也被视为后现代主义最重要的理论源泉，而他提出的关键词"解构"更是广泛渗透文学、艺术、建筑、语言学、人类学、政治学、社会学等众多领域。德里达和齐美尔一样，对康德和尼采非常感兴趣，并受到尼采思想很大的影响。而且，德里达和齐美尔一样非常勤奋，发表了大量的著作和文章。其代表作有：《人文科学话语中的结构、符号和游戏》《论文字学》《声音与现象》《书写与差异》《哲学的边缘》《撒播》《绘画真实》《丧钟》《明信片》《友谊政治学》《马克思的幽灵》等。事实上，德里达与齐美尔有许多相似之处，除了上面所说的，至少还包括相似的经历、相似的旨趣、相似的论题、相似的观点、相似的分析策略和相似的表述风格等几个方面。

德里达和齐美尔都是被社会边缘化的犹太人，都受到有地位的同时代人指责为非系统的、不严肃的、不负责任的和印象主义的。齐美尔在学术职称晋级上屡遭挫折，其中一个原因是评审专家认为他没有固定的研究领域、其著述不符合学术规范、写作风格过于随意。富有戏剧性的是，德里达也有类似的遭遇。1992年当剑桥大学就授予德里达名誉博士学位一事做出决定时，校方遇到空前的压力。许多学者联名写信指责德里达的学说不符合公认的清晰性和严谨性的标准，批评他的研究是琐碎的而不是系统的，攻击他的写作风格让人莫名其妙、无法接受[1]。不过，德里达比齐美尔要幸运一些，在剑桥大学不得已举行的"投票公决"中，对德里达的推举还是以 336 对 204 票获胜，最终赢得了来之不易的荣誉。

德里达和齐美尔都能言善辩，青睐美学，特别看重游戏与差异的重要性。德里达的解构主义式的表述风格，和齐美尔的表述风格非常相似，都具有开放性、未完成性、去中心性、非系统性、不确定性、模糊性、修辞性、个体性等特点。他们拥有许多共同感兴趣的研究主题：游戏、冒险、死亡、毁灭、生命、时间、事件等。[2] "游戏形式"乃是齐美尔著述中的一个重要术语和议题。而对于德里达的解构来说，游戏的重要性也是毋庸置疑的：解构可以通过游戏哲学得到启发，借助文本拷问游戏的结构；反过来，文本通过解构得到启发。德里达试图超越理性结构来把握作为游戏而在其中变动着的书写，书写如同就职演说，它是"危险的，是令人痛苦的。它不知道自己正在向何处去，没有什么知识可以阻止它在实质上仓促指向它所构成的意义"[3]。书写是去中心化的，又是对游戏和差异的确认。在德里达看来，中心是与某种固定的答案、与多种不同答案的缺乏、最后与终结和死亡相联系的。而游戏则是去中心化的，它提供了一种替代的选择：没有中心的世界是无限开放、持续不断与自我反思的世界。德里达认为，我们不用借过去来发现未来，也不应该顺从地等待自己命运的展现。实际上，在我们正在进行的事情中未来已经被发现、被创造出来。我们现在即处于写作未来的过程中，但我们不知道也无法知道未

---

[1] 参见〔法〕德里达《一种疯狂守护着思想——德里达访谈录》，何佩群译，上海：上海人民出版社，1997 年，第 232～233 页。

[2] Black Hawk Hancock and Roberta Garner, Reflections on the Ruins of Athens and Rome: Derrida and Simmel on Temporality, *Life and Death*, *History of the Human Sciences*, Vol. 27, No. 4, 2014, pp. 77–97.

[3] 参见〔美〕乔治·瑞泽尔《后现代社会理论》，谢立中等译，北京：华夏出版社，2003 年，第 173 页。

来会是怎样的[①]。

德里达与齐美尔的很多观点和分析策略都是相似的，如，反对绝对知识或真理，强调符号系统的重要性，关注差异、边缘、冲突等，提倡多元主义视角和多重立场，等等。德里达以其"去中心化"观念，反对西方哲学史上自柏拉图以来的"逻各斯中心主义"传统，认为文本（作品）并没有固定不变的意义，它是延异的，永远在播撒。德里达批判了"在场的形而上学"所鼓吹的言语（声音）优先于文字（书写）的观点，质疑了结构主义语言学的理论。德里达强调文字的作用，主张以"原文字"取代言语的本体性地位。他希望通过挑战所有排斥了能指作为中介的运动，以及把意义与指意目标捆绑在一起的语言交流模式，来终止逻各斯通过被确认是透明的介质（声音）而返还其自身的过程（即逻各斯在言语中自我揭示）[②]。德里达提出从逻各斯所不能认同的立场来重新思考问题，以别样的语言来重新书写逻各斯，这种语言迫使权威承认自身的局限，从而将语言的权威置于危险的境地。这也就是所谓的解构活动。通过将本体性观念"问题化""分裂化""反稳定化"，即将之"解构"，"在场"的言语被消散了，被包含着"在场"的"不在场"取而代之。解构揭示某一本书内包含的相互对立的等级结构并不是天经地义、不可改变的，事实上，总是存在着多种可能性和互换性。德里达所提出的颠倒言语和文字的顺序的观点，揭示了语言永远运动的本质和语词的没有最终超验中心的性质。德里达否定任何意义上的中心的存在，相信存在的只有活动，并且，存在不断被否定，中心不断发生转移。解构具有很强的颠覆性，它对传统的思维模式造成极大的冲击。

德里达对待文本的态度及表述风格与齐美尔也很接近。他认为作品是永远开放的，而读者的阅读则是持续不断的创造过程，换言之，读者对文本的解读总是未完成的、不确定的。可以说，

---

① 参见〔美〕乔治·瑞泽尔《后现代社会理论》，谢立中等译，北京：华夏出版社，2003年，第174页。
② 〔美〕维克多·泰勒、查尔斯·温奎斯特：《后现代主义百科全书》，章燕、李自修等译，长春：吉林人民出版社，2007年，第114页。

阅读决不是寻找作品的原初意义,理解也绝不以作者为中心。为此,德里达生造了一个词"延异"(la différance),它包含差异的延缓或延缓的差异。延异不假设任何超本质的、圆满的存在,它不依赖包括自身在内的任何原则,它产生一种"自由游戏"。延异这个概念揭示了"能指""所指"的区分的任意性,动摇了结构主义理论的基础。"播撒"(la dissemination),是文字的固有能力,意味着潜在的不在场。播撒不断地、必然地瓦解文本,揭露文本的零乱、松散和重复,宣告文本的不完整。德里达还提出了文本与文本间的"互为文本性"(或互文性,L'intertexualité),即构成文本的语言符号的意义,不仅在文本内通过与其他语言符号的对比显现,而且与其他文本中的其他符号关联、显现。作品没有明确界限,文本间相互播撒、消解。由于德里达将一切都文本化了,因而解构式阅读策略当然也适用于社会。德里达强调解构要特别留意容易忽视的边缘、细小的部分,以及存在差异、冲突的地方,要分析不确定的要素与矛盾,揭露被隐藏、被掩盖的环节等,这些与齐美尔的主张十分吻合。而且,和齐美尔对待社会研究方法一样,德里达将解构视为一种实践、一种行动,而不是固定不变的程序。在他看来,只存在各种各样的解构实践,而没有完全统一的解构方法。各种解构策略是依具体情景而变的,而且解构是一个永无完结的过程。和齐美尔一样,德里达也认为可以有多重立场来看待世界,现实很大程度上依赖于语言的建构,而人则被假定具有自律性、社会性、历史性等多重属性。德里达的解构主义式的表述风格,和齐美尔的表述风格非常相似,都具有开放性、未完成性、去中心性、非系统性、不确定性、模糊性、修辞性、个体性等特点。

二 福柯的权力谱系学

米歇尔·福柯(Michel Foucault,1926 – 1984)被誉为20世纪最伟大的思想家之一,对时代精神产生了最持久的影响。他对现代性和人本主义的批判、"人之死亡"的宣言,以及他对社会、知识、话语、权力所发展的新观点,已使他成为后现代主义的主要源泉。福柯思想独特,行为乖张,某种程度上可能与他的同性恋的"边缘"身份以及独特的经历和体验有关。除了传统的知识论以外,他研究的对象主要集中于疯狂、疾病、死亡、犯罪和性等"边缘"领域。他试图通过讨论这些被长期遗忘的边缘现象,让人们换上一种全新的眼光去重新看待疯子、病人、罪犯和性反常者,关注非主流的亚文化,被社会边缘化的"他者"。这些做法与齐美尔有很大的相似性,只不过福柯的抱负更大更激进,他希望借此能颠覆或消解西方文化传统的"中心"。与齐美尔类似的是,福柯也被贴上了许多不同的标签,如"知识考古学家""权力谱系学家""非历史的历史学家""反人本主义的人文科学家""反结构主义的结构主义者""激进的后现代主义者"等,而福柯自己则反对别人给他贴任何标签。福柯追求变化与差异,而不是静止与统一。他的思想渊源比较复杂,对他产生影响的思想家及流派也很多。其中影响较大的两个是:康德的批判哲学传统和尼采的非理性主义主张,而这与齐美尔又是相同的。两人还有一个共同之处,就是在年轻时都接受了良好的心理学的训练。而且,无论是福柯还是齐美尔都对前卫的文学与艺术非常感兴趣,并和相关人士有密切的交往。他们两人都非常关注现代社会中个体的命运,以及在强大的外部压力下保持个性和独立性的问题;他们都热衷于探讨身体、性欲、医学、健康、生命、死亡等议题。[①] 与齐美尔一样,福柯一生发表了大量的著作和文章,其中最主要的著作有:《疯癫与文明》、《临床医学的诞生》、《词与物》(英译本改为《事物的秩序》)、《知识考古学》、《规训与惩罚》、《性史》(三卷),另外还有一些重要的文集如《语言、反记忆和实践》《政治、实践与文化》《自我技术》《伦理学》等。

福柯的考古学(archaeology)不同于通常意义上的古代文明发掘或对史前时期的遗迹、遗物的科学研究,而是指一种"局部话

[①] Daniel A. Menchik, Simmel's Dynamic Social Medicine: New Questions for Studying Medical Institutions? Social Science & Medicine.

语分析的方法学"①,是一种真正的历史研究。他批评一般的历史研究流于表面现象和通行文献,而他的考古学则致力于探究历史上那些对于信息有选择地接受和排斥的深层知识结构,即知识型(认识型,episteme)。知识型就是知识和话语的形态,使话语理性(discursive rationality)得以形成的决定性规则(这些规则隐藏在意识层面或主题内容之下发挥作用,而且并不是永恒不变的),它使得各种学说、信仰和习俗得以显现,可视为一个时代的"文化的最基本符码",决定着一个特定历史时代的经验秩序和社会实践方式②。福柯的知识型与齐美尔所说的每个主要的知识时代都拥有各自的"中心概念"比较接近。齐美尔认为这些中心概念决定了对应时代的最高现实与价值特性③。福柯的考古学特别关注那些被封尘、被遗忘的大量边缘资料,描绘出一种"另类"历史。总之,福柯的知识考古学旨在挖掘知识的"可能性条件",发现各种知识的形式究竟是怎样被作为知识而建立起来的,而将现代编年史工作所看重的知识客观性或真实性问题搁置起来(bracket)④。因此,福柯完全改变了知识探讨的视角、策略和方式。

福柯的知识考古学有两个方面的主题值得注意,并且它们与齐美尔的旨趣比较接近。第一,拒绝将历史解释为进步,即朝向获取一个目标或一种最终状态的各个渐进阶段。福柯乐于承认和研究作为话语历史特征的变化、断裂、非连续性以及突然的再分配⑤。第二,强调非正式知识的重要性。福柯对人们崇尚的精确、严密的科学并不热衷(在他看来,所谓高贵科学也无非是特定历

---

① 〔法〕米歇尔·福柯:《权力的眼睛——福柯访谈录》,上海:上海人民出版社,1997年,第221页。
② 显然,福柯的"知识型"较之库恩专属于科学理论层面的"范式"(paradigm),概念的含义更加广泛。
③ 参见 David Frisby, *Sociological Impressionnism: A Reassessment of Georg Simmel's Social Theory*, Second edition with a new Afterword, London: Routledge, 1992, pp. 27–28。
④ 〔英〕尼格尔·多德:《社会理论与现代性》,北京:社会科学文献出版社,2002年,第102页。
⑤ 〔美〕乔治·瑞泽尔:《后现代社会理论》,北京:华夏出版社,2003年,第58页。

史阶段的偶然建构的产物，根本不存在某种至尊的科学能在整个科学中发号施令，起着普遍裁决、判定和见证这样的作用），而是将目光聚焦于并不严谨的经验知识，认为这些知识在特定的时空中也可以有明确的规则，非形式化的知识的历史本身也拥有一个体系①。福柯相信，通过对不为人们注意的边缘主题的考察，呈现一个相反的历史或一个陌生的世界，正可以改变人们僵死、固化的思维模式，迫使现代人透过与旧有的生活和思想形式的距离来估量其文化认同。

福柯的权力谱系学（genealogy）旨在揭示统治的隐蔽性和权力的运作机制，恢复被总体化叙事所压制的自主话语、知识和声音。他的方法取向在两个方面与齐美尔是一致的：一是将研究指向微观领域，二是注重分析关系网络。福柯提出了所谓的权力的微观物理学，认为权力和理性镶嵌于各种话语和制度性场域之中，微观权力遍布于日常生活各个角落，因而应该采取一种多元化的分析方法，而不是照搬流行的总体化分析方法。他批判了两种用来从理论上阐释现代权力的主流模式：法权模式和经济学模式，指出权力并不仅仅局限于宏观结构或统治者手中，权力也不仅仅是压迫性的，相反，权力是分散的、不确定的、形态多样的、无主体的和生产性的，它构造了个人的躯体和认同②。福柯认为：首先，施加于肉体（身体或人体，body）的权力不应被看作一种所有权，而应被视为一种战略，其支配效应归因于调度、计谋、策略、技术、运作等，并展示出一个永远处于紧张状态和活动之中的关系网络；其次，这种权力在实施时，不仅成为"无权者"的义务或禁锢，它在干预他们时也通过他们得到传播，并且它向他们施加压力与他们的反抗是同步进行的，这意味这些关系深入社会深层：它们不只是固定在国家与公民的关系中或在阶级的分野处，它们也不只是在个人、肉体、行为举止的层面复制出一般的

---

① 〔法〕米歇尔·福柯：《词与物——人文科学考古学》，莫伟民译，上海：上海三联书店，2001年，译者引语第3页。
② 〔法〕米歇尔·福柯：《规训与惩罚》，刘北成、杨远婴译，北京：生活·读书·新知三联书店，1999年，第28~29页。

法律和政府的形式；最后，权力不是单义的，它们确定了无数冲撞点、不稳定中心，每一点都有可能发生冲突、斗争，甚至发生暂时的权力关系的颠倒[①]。简言之，权力实质上是"支配身体的政治技术"，权力关系是无所不在的权力-知识网络。有多少种社会关系，就有多少种权力。每一个集团、每一个人都受制于权力，也都行使着权力。在福柯看来，权力关系是由身体同权力和知识构成的三角关系，而身体是权力关系运作的中心因素。谱系学分析表明，身体既是知识对象，又是权力施展对象。福柯改变了传统的"革命"概念，而把革命行动扩大到日常文化斗争领域，提倡一种无政府主义的文化革命。他主张人应该随时随地进行反抗，但反抗的目的不是建立所谓理想王国（因为这不过是新的"权力关系"网络），而只是"去中心""反规范""反权威"，解放人的潜在意志和欲望[②]。用福柯的话来说，"也许当今的任务不是去揭示我们之所是，而是去拒绝我们之所是"[③]。

和齐美尔一样，福柯强调了生活美学和自我技术的重要意义，积极探索超越、跨界的可能性，以及现代性审美救赎的有效途径。在福柯看来，人的生活不但可以而且应该成为一件艺术品，有必要将人生打造成一项美学工程，而他自己就是这么践行的。自我不是先天给定的，它是通过发明而不是发现创造出来的，"自我实践的形成和发展，其目的是为了把自己培养成自己的生活的美学的工程师"[④]。福柯相信人类具有无限的潜力来塑造自身，可以摆脱主流规训权力的束缚，创造新的欲望和快乐模式来取代现代的主体性模式。和齐美尔相似，福柯也开创了一种新的社会分析的方式，它不局限于相对狭隘的社会学理论传统，而是将历史学、

---

① 〔法〕米歇尔·福柯：《规训与惩罚》，刘北成、杨远樱译，北京：生活·读书·新知三联书店，1999年，第28~29页。
② 刘北成：《福柯思想肖像》，上海：上海人民出版社，2001年，第254页。
③ 参见〔美〕道格拉斯·凯尔纳、斯蒂芬·贝斯特《后现代理论》，张志斌译，北京：中央编译出版社，1999年，第70页。
④ 〔法〕米歇尔·福柯：《权力的眼睛——福柯访谈录》，上海：上海人民出版社，1997年，第141页。

哲学和社会学、心理学等各种学科的洞察力创造性地结合在一起。可以说，在福柯之后，人们已经不可能再用原来的眼光看待知识、真理、权力、理性、非理性等一系列的问题。

三 利奥塔的反元叙事

后现代主义者中另一位重要人物让－弗朗索瓦·利奥塔（Jean-Francois Lyotard，1924－1999），特别坚决地拥护与现代理论彻底决裂，积极地致力于推广和传播后现代替代方案，并已成为猛烈攻击总体化和普遍化的理论与方法，捍卫一切理论领域及话语中的差异性与多元性的一面旗帜。利奥塔曾在巴黎大学攻读哲学和文学，1950 年大学毕业后，长期投身于激进的政治运动，给左派刊物撰写过大量的文章。1971 年以《话语，图形》一书获得巴黎大学的博士学位，随后任巴黎第八大学的哲学教授。他既是一位受欢迎的教师，也是一位多产的作家，1987 年被授予荣誉退职教授。利奥塔的主要著作有：《漂离马克思与弗洛伊德》《力比多经济学》《公正游戏》《后现代状况》《歧异》《多神教的启示》等。利奥塔与齐美尔也有不少相似之处：他们都对尼采的著述很感兴趣并从中深受启发，都是受欢迎的教师和多产的作家，都对美学问题、游戏问题特别关注，都对视觉、图像、绘画艺术抱有浓厚的兴趣，都追求文本的诗意和文学性，而且都明确拒斥元叙事和宏大理论，极力颂扬差异性、多元性、片段性和局部性等。

利奥塔的早期著作显示出同另外两位法国后现代理论家德勒兹（G. Deleuze）与加塔利（F. Guattari）之间深厚的亲缘关系，而且，他们都和齐美尔一样，深受尼采的影响。利奥塔吸收了尼采的力量、强度及情感哲学，并将其发展为一种欲望哲学和欲望政治学。他还深受马克思与弗洛伊德的影响，并且表现出对美学问题的极大关注。他的《力比多经济学》在很大程度上是以马克思来反对弗洛伊德，以弗洛伊德来反对马克思，又以尼采来反对这两者[1]。《话语，图

---

[1] 〔美〕道格拉斯·凯尔纳、斯蒂文·贝斯特：《后现代理论》，张志斌译，北京：中央编译出版社，1999 年，第 201 页。

形》是一部旨在批判结构主义的著作，利奥塔一方面用梅洛－庞蒂（Merleau-Ponty）的现象学去颠覆结构主义，另一方面又用弗洛伊德心理分析去颠覆拉康的心理分析以及现象学的某些方面。在他看来，"话语"与结构主义和书面文本相关，而书面文本和阅读经验又同概念思维相契合；"图形"则与现象学和观看相关，而图形、图像和观看经验又同感性相契合。利奥塔认为西方自柏拉图以来，结构性的、抽象概念性的思维就一直统治着哲学，感性经验则遭到严重的贬低和压抑。而他要做的工作就是挑战这样的传统，捍卫图形和感性经验的尊严[1]。从这里可看出利奥塔与齐美尔的旨趣非常相似。《公正游戏》这本书包含了对启蒙普遍性的以及信仰绝对真理的攻击。在利奥塔看来，"公正"只能是局部的、多元的、暂时的，随着争论对象和具体情境的变化而变化。所有的话语都被看成语言游戏棋局中的不同走法，公正意味着要按规则来玩，并且要维护不同的语言游戏（如理论、伦理、美学等）规则的自主性。利奥塔坚持认为，不存在凌驾于其他一切游戏之上的语言游戏，没有特权话语，也没有普遍性的公正理论可供我们去解决不同语言游戏之间的斗争。在每一种情况下，公正都是一种暂时性的判断，它不承认普遍原则或原则的普遍化[2]。坚信社会世界的多重性、建构性，坚持社会研究的多元视角及方法，这些都是和齐美尔相同的地方。

利奥塔最出名的著作要数《后现代的状况》，它是受加拿大政府的委托而作的，副标题是"关于知识的报告"。该书主要从认识论和知识社会学的角度来把握后现代的脉络，不太关注社会经济等其他层面的状况，这充分体现了利奥塔的思想特色。他对宏大叙事或总体化理论的拒斥也体现出与齐美尔相似的旨趣。在利奥塔看来，元叙事（metanarrative）或（宏）大叙事是现代性的标志，是现代科学为自己合法化的参照点。所谓叙事，简单地说就是讲故事，而元叙

---

[1] 〔法〕让－弗朗索瓦·利奥塔：《话语，图形》，谢晶译，上海：上海人民出版社，2012年。
[2] 〔美〕道格拉斯·凯尔纳、斯蒂芬·贝斯特：《后现代理论》，张志斌译，北京：中央编译出版社，1999年，第201页。

事或宏大叙事则指"具有合法化功能的叙事"①。元叙事或大叙事之所以具有合法化的功能是因为它们把自己的合法性建立在有待实现的未来,也即有待实现的理念上面。这些理念之所以具有合法化的价值,又是因为它们普遍适用,放之四海而皆准。这些理念包括诸如自由、解放、财富的增加、全人类的和平等(所谓的现代性规划)。但历史的发展表明,这些承诺并未兑现,所以利奥塔认为元叙事的合法化的基础存在很大问题②。关于后现代,利奥塔明确指出,"简化到极点,我们可以把对元叙事的怀疑看作是'后现代'"③,它意味着发展一种适应新的知识状况的新认识论。后现代知识是反元叙事和反基础主义的,它回避了宏大的合法化图式,拥护异质性、多元性和不断的革新,拥护在参与者同意的基础上建构起来的切实可行的局部规则和规范,因而拥护微观政治。利奥塔认为现代性寻求普遍化、同质化元律令的做法,违背了他所说的语言游戏的异质性原则,而且寻求共识的做法也违背了异质性原则,试图给异质性的东西强加一个同质性标准和一个虚假的普遍性。在他看来,知识产生于歧见,产生于对现存范式的怀疑和对新范式的发明,而非产生于对普遍真理或共识的赞同④。他强调,在纳粹暴行之后(以奥斯威辛集中营为标志),我们不再有任何借口来宣称人类本是一个整体,宣称普遍性是人类的真实状况。相反,群体的碎裂化和利益的相互竞争才是后现代的真实状况,因而论争(agonistics)将成为当代生活的一个不可避免的特征。

利奥塔指出,"随着社会进入被称为后工业的年代以及文化进入被称为后现代的年代。知识改变了地位"⑤。他自己便致力于对

---

① 〔法〕利奥塔:《后现代性与公正游戏——利奥塔访谈、书信录》,谈瀛洲译,上海:上海人民出版社,1997年,第169页。
② 宋林飞:《西方社会学理论》,南京:南京大学出版社,1997年,第491页。
③ 〔法〕让-弗朗索瓦·利奥塔:《后现代状况》,车槿山译,北京:生活·读书·新知三联书店,1997年,引言第2页。
④ 〔美〕道格拉斯·凯尔纳、斯蒂芬·贝斯特:《后现代理论》,张志斌译,北京:中央编译出版社,1999年,第217页。
⑤ 〔法〕让-弗朗索瓦·利奥塔:《后现代状况》,车槿山译,北京:生活·读书·新知三联书店,1997年,第1页。

后现代知识状况的考察以及对现代知识的批判。在他看来，作为现代性标志的总体化理论，其特征便是元叙事或大叙事，它在某种程度上是还原主义的、简化论的，甚至是"恐怖主义"的大叙事，因为它们为极权主义恐怖行径提供了合法性，并且以一元化图式压制了差异。像福柯一样，利奥塔旨在揭明歧异，让少数话语发言，说出与多数话语相反的原则或观点，努力寻求并容忍差异，倾听那些代表差异的沉默各方的声音，提倡多元理性而非一元理性，发展各种微观叙事或小叙事。普遍性思想的衰退或没落，可以把思想从整体化的强迫观念那里解放出来："责任的多样性和它们的独立性（它们的不兼容性），强迫或将强迫承担起这些大大小小的责任的人变得灵活、宽容、温和。"① 在利奥塔看来，现代与后现代并不是完全对立的关系，可以将后现代主义理解成新生状态的现代主义，而且这一状态反复出现，"一部作品只有首先是后现代的才能是现代的"②。像齐美尔一样，利奥塔试图填平理论作品与文学作品之间的巨大鸿沟，追求富有诗意与文学性的文本③。总之，利奥塔的许多主张与齐美尔具有很多的相似性。

四 布希亚的模拟社会

作为形象最鲜明、最激进的后现代主义者，让·布希亚（Jean Baudrillard, 1929－2007，又译鲍德里亚、波德里亚等）引起了人们极大的争议。拥护者称赞他为唯一能够提出新的后现代性的超级理论家，反对者则视其为"一个社会化不足的、反社会的社会学理论恐怖分子"。让人有点意外的是，布希亚乃是活跃的后现代思想家中，少数几个受过社会学专业训练、拥有社会学教师头衔的人物。他从1966年到1987年，在法国的南特尔大学教授社会

---

① 〔法〕利奥塔：《后现代性与公正游戏——利奥塔访谈、书信录》，谈瀛洲译，上海：上海人民出版社，1997年，第122页。
② 〔法〕利奥塔：《后现代性与公正游戏——利奥塔访谈、书信录》，谈瀛洲译，上海：上海人民出版社，1997年，第138页。
③ 〔法〕利奥塔：《后现代性与公正游戏——利奥塔访谈、书信录》，谈瀛洲译，上海：上海人民出版社，1997年，第12页。

学，但他的思想并不受学科的限制，他明确提出要打破学科的界限，甚至要终结社会学本身。和齐美尔一样，布希亚晋升教授职称的道路很不平坦，而且他对视觉艺术也极感兴趣，退休后他主要从事写作和摄影工作，还举办了个人摄影展并获得很大成功。布希亚的主要著作有：《客体系统》《消费社会》《符号的政治经济学批判》《生产之镜》《象征交换与死亡》《诱惑》《拟像与模拟》《冷记忆》《末日的幻觉》《完美的罪行》《美国》《不可能的交换》《恶的智能》等。

布希亚在以下五个方面与齐美尔非常相像：一是提倡跨学科的视角；二是重视现代社会的交换与消费问题；三是关注文化符号的重要性；四是强调现代社会的碎片性；五是践行自由随意的表述方式。布希亚早期的两部著作《客体系统》和《消费社会》试图将马克思主义与符号学的理论结合起来，批判资本主义社会中日常生活被商品化的状况。在现代社会中，以消费品和服务的爆炸性增长为标志的新型大众消费系统，是一个吸引、诱惑，甚至控制着个人认知、思想和行为的客体世界，它制约和建构了人们的需求、想象和行为。在这样的社会中，广告、包装、展示、时尚、大众传播及文化等的繁荣，推动了符号数量以及符号价值的急剧增长。符号价值成为商品和消费的最重要的价值，物品被消费——"但（被消费的）不是它的物质性，而是它的差异"①。消费品事实上已成为一种符号体系和分类体系，进而对人的行为和群体认同实施符号化和规约化。消费是一种操纵符号的行为，通过消费，体现出人们之间的差异；消费也是一种积极的建立关系的方式，通过消费，消费者获得了认同，不仅与客体，而且与集体、世界建立起关系，这是一种系统性活动的模式②。因此，消费社会绝不仅仅意味着一个"丰裕"的社会，更重要的是一个生

---

① 〔法〕鲍德里亚：《物体系》，林志明译，上海：上海人民出版社，2001年，第223页。
② 〔法〕鲍德里亚：《物体系》，林志明译，上海：上海人民出版社，2001年，第222页。

产"差异"的社会[1]。消费并没有使整个社会更加趋于一致,它甚至加剧了其分化[2]。在一个已经符号化的消费社会里,人们通过消费各种作为符号的物品而获得各自的身份认同,通过这样更加精致与隐蔽的方式,资本主义实现了其社会控制的目的。在其第三部著作《符号政治经济学批判》中,布希亚开始与马克思主义拉开距离,而在接下来的《生产之镜》中,他与马克思主义彻底决裂,并宣称马克思主义政治经济学既不适用于传统社会,也不能为当代社会提供适当的观点。在马克思所区分的使用价值和交换价值之外,布希亚又增加了对符号价值的分析。他认为符号交换提供了一种活动模式,该模式要比马克思主义者所倡导的实践更能彻底地颠覆资本主义的价值和逻辑;他还将符号交换与文化革命的计划结合起来,把反抗的理想寄希望于诸如黑人、妇女和同性恋等边缘群体[3]。毫无疑问,布希亚跨越不同学科的研究视角,致力于对现代社会交换与消费的细致考察,深入分析文化符号的价值与意义,关注边缘群体对现代性的反抗等,所有这些都与齐美尔有很大的相似性。他们还共同对许多另类式选题表现出浓厚兴趣,如死亡、神秘、幻想、命运、算命、招魂术等。

虽然布希亚的早期作品中已包含了不少后现代的主题,但他直到20世纪80年代,才开始正式使用后现代的话语,对媒体、大众、社会性和社会学等提出了虽有些夸张但也发人深省的看法。他认为,由生产所主宰的现代性时期已经终结,代之而来的是由大众媒体、控制模型和驾驭系统、电脑、信息处理、娱乐和知识产业等统治一切的后现代时期。随之而来的是符号的大爆炸,即我们的社会已从一种生产方式(mode of production)主宰的社会,转向一种生产符码(code of production)控制的社会;目标也从剥削和利润,转向了通过符号以及生产符号的系统的统治。在向符

---

[1] 〔法〕鲍德里亚:《消费社会》,刘成富、全志刚译,南京:南京大学出版社,2000年,第38页。
[2] 〔法〕鲍德里亚:《消费社会》,刘成富、全志刚译,南京:南京大学出版社,2000年,第44页。
[3] 〔法〕鲍德里亚:《生产之镜》,仰海峰译,北京:中央编译出版社,2005年。

号制造术（semiurgic）社会转变过程中，符号本身拥有了自己的生命，并建构出了一种由模型、符码和符号组成的新的社会秩序。简言之，后现代时期的基本特征便是：模拟（simulation）、超真实（hyperreal）和内爆（implosion）[1]。

处于后现代时期的人们面对的是各种新式符号或模拟的模拟，符号不再像过去那样可代表某种真实的事物，它仅仅指涉自身和其他符号。符号和真实之间的界限已经消失，诉诸真实已不可能，再现和客体、观念与事物之间的区别也不复存在。此时，模拟不需要原物或实体，而是以模型来产生真实：一种比真实可能还真实的"超真实"。超真实是一个符号的世界，模型取代了真实的状态。例如在布希亚看来，迪斯尼乐园中的美国模型要比社会世界中的真实美国更为真实，就好像是美国正在变得越来越像迪斯尼乐园一样。在这个世界里，模拟模型变得比实际的制度还要真实，不仅模拟与真实之间的区别越来越困难，而且模拟出来的东西成了真实本身的判定准则。借用麦克卢汉（M. Mcluhan）的"内爆"概念，布希亚宣称，在后现代世界中，模拟与真实之间的界限已经内爆，与此相伴随，人们从前对"真实"的那种体验以及真实的基础也告消失。布希亚的内爆理论所描绘的是一种导致各种界限崩溃的社会熵增加过程，包括意义内爆在媒体之中，媒体和社会内爆在大众之中。媒体信息和符号制造术四处撒播，渗透了社会领域，意义在中性化了的信息、娱乐、广告以及政治流中变得平淡无奇。冷漠的大众变成了忧郁而沉默的大多数，一切意义、信息和教唆蛊惑内爆于其中，就好像被黑洞吞噬一样。社会因此消失了，各个阶级之间、各种意识形态之间、各种文化形式之间以及媒体的符号制造术与真实本身之间的各种界限均告内爆。世界似乎没有任何界限，一切事物都处在令人目眩的流动之中，哲学、社会理论以及政治理论之间的一切旧有界限或区别，甚至资本主义社会本身，都内爆为一种毫无差别的幻想流。

---

[1] 〔美〕道格拉斯·凯尔纳、斯蒂文·贝斯特：《后现代理论》，张志斌译，北京：中央编译出版社，1999年，第153~157页。

在布希亚看来,后现代世界里不存在意义,它是一个虚无的世界,在这个世界中,理论漂浮于虚空之中,没有任何可供停泊的安全港湾。因为意义需要深度,一个隐藏的维度,一个看不见的底层,一个稳固的基础,然而在后现代社会中,一切都是"赤裸裸的"、可见的、外显的,并且总是处于变动之中。他宣称:后现代"世界的特点就是不再有其他可能的定义……所有能够做的事情都已被做过了。这些可能性已达到了极限。世界已经毁掉了自身。它解构了它所有的一切,剩下的全都是一些支离破碎的东西。人们所能做的只是玩弄这些碎片。玩弄碎片,这就是后现代"[1]。同样事件的无休止的重复,这就是西方的后现代命运。布希亚指出,社会学只能描绘社会性的扩展及变化,它的生存维系于积极而确定的社会性假设上。而和后现代情景的出现紧密相连的现代事物的失序、各种界限的崩溃以及整个社会的内爆,造成了"社会性的终结"(the end of social),进而使社会学成为多余的[2]。与齐美尔相同,布希亚否认单一的"真实"社会的存在,断定现代社会已经分裂为各种碎片。但布希亚更加激进,他认为碎片化的后现代社会已经无法维系作为现代社会学研究对象的"社会性",因此社会学面临被迫终结的危险,或至少是遭遇到重新定位的严峻挑战。

布希亚的表述风格与齐美尔很接近。和齐美尔一样,虽然长年在大学教书,但总体上并不属于学院派,更像是"学院内的局外人"。布希亚的写作自由随意,后期的文本更是不注考据和参考文献,一些研究成果以日记形式发表,大量运用类比、暗指、隐喻、反讽等修辞手法。对于与他人的瞬间偶遇和一时的感受,布希亚与齐美尔有着相似的记录方式,只不过齐美尔是从内部居民的角度对城市生活进行描述,而布希亚对美国的考察则突出了游

---

[1] 〔美〕道格拉斯·凯尔纳、斯蒂文·贝斯特:《后现代理论》,张志斌译,北京:中央编译出版社,1999年,第165页。
[2] Jean Baudrillard, *In the Shadow of Silent Majorities*, New York: Semiotext (e), 1983, p. 4.

人的凝视[①]。这些看似不规范的文本却散发出极具原创性和冲击力的思想。不难发现，虽然布希亚与齐美尔有不少相似之处，但他却比后者激进得多，许多在齐美尔那里只是以比较温和的方式存在的观点，到了布希亚那里则被夸大、强化，被推到了极端。

综上所述，齐美尔与后现代主义者之间具有非常明显的家族相似性，他们都被视为时代的离经叛道者，被当作异端分子。他们都追求另类独特的研究旨趣，持有反实证主义的建构观，主张怀疑主义的认识论，倡导多元主义的视角与方法，践行自由开放的表述风格。某种意义上讲，齐美尔就像是一个时代的早产儿，他那独特的研究旨趣、理论视角、分析策略、表述方式等不太为同时代人所理解，但在晚近的后现代主义者那里却找到了趣味相投的知音，事实上，完全有理由将齐美尔视为后现代主义的先驱。

---

① 参见〔英〕尼格尔·多德《社会理论与现代性》，陶传进译，北京：社会科学文献出版社，2002年，171页。

第九章 结论与讨论

第一节 基本结论

综合以上的研究,本书得出如下基本结论。

第一,社会研究存在四大范式:实证主义、解释主义、批判主义和后现代主义。虽然,后现代主义可否称得上一个范式存在较大争议,但本书认为,松散的后现代主义在社会研究上具有较大的发展潜力,无论在研究旨趣、理论预设、分析框架、表述风格等方面都呈现不同于其他三大范式的特征,可以在不太严格的意义上,将它视为一种正在逐步形成的社会研究的新范式或"准"范式。很长一段时间,实证主义处于社会学及社会研究的中心位置,解释主义和批判主义处于半边缘状况,而后现代主义则处于完全边缘化状况。自20世纪60年代以来,实证主义的中心地位受到挑战,多中心、诸侯割据的局面出现了,不同范式相互竞争,各有所长。尤其是,后现代主义范式逐渐从完全的边缘状态中摆脱出来,引起了越来越多的关注。后现代主义范式具有很强的颠覆性,它的兴起既反映了当代西方社会研究中认识论和方法论的危机,又提出了许多极具启迪、发人深思、值得严肃探究的观点与问题。

第二,虽然后现代主义本身并不是信仰或假设统一的体系,而是一系列不断发展的可能性,后现代主义者在许多共同的主题上,都表现出巨大的差异和分歧。但本书认为,各式各样的后现代主义还是存在一定的共识,并表现出某些共同的旨趣和相似的特征。概括起来,它们程度不同地具有如下一些特征:①认识旨趣上的另类性，谴责现代性的逻辑及后果，强调解构、审美的取向，注重另类、边缘的议题，提倡尊重差异及另类思维。②本体论上的建构主义，主张社会世界是人们利用符号系统建构出来的，否认存在着独立于研究者符号系统的客观实在。③认识论上的怀疑主义，否认客观真理、批判科技理性、拒绝专家权威，反对宏大叙事与整体观，质疑各种决定论、独断论以及一切被普遍认为"正确"或拥有特权的东西。④方法论上的多元主义，强调任何一种视角，任何一种思维方式和研究方法都有局限性，都只是认识事物的一种途径，并不存在某种可适用于一切研究的万能方法，倡导多元主义的视角及方法。⑤表述方式上的随意性，鼓吹不拘一格、开放多样的表述风格以及新颖独特、自由随意的文本形式，强调话语实践与话语分析的重要性。

第三，齐美尔的研究旨趣不同于其他古典社会理论大家，表现出相当另类独特，开启了一条从内心体验来探讨现代性的社会研究思路，关注个体在现代社会挣扎的命运，探索生命感觉萎缩的出路。在社会研究的选题上，齐美尔非常有特色的地方就是有意拒绝"宏大叙事"或"元叙述"，致力于类似后现代主义理论家利奥塔所倡导的"局部叙事"或"微观叙述"，醉心探索主流社会学不屑一顾的琐碎的、边缘的小问题。齐美尔的社会研究不是整体上的社会分析以及系统的历史分析，不属于那种对社会系统所做的结构性或制度性的探究。他并不从社会整体、社会制度等宏观结构入手开展研究，而是将社会现实所呈现的众多"偶然性碎片"或日常生活的琐细现象作为研究的起点。其所涉及的议题极其宽广和庞杂，大都与日常生活的微观互动有关，如面孔、椅子、把手、食品、气味、贿赂、卖淫、调情、羞耻、感谢等，提供了富有洞识的"微观叙述"或"局部知识"。他着力从个体的内心体验来考察现代性，创造性地分析消费文化的诸多面向，虽然这些现在已成为社会研究的热门，但在当时却是非主流的、遭排斥的。齐美尔在研究选题上的取舍深得后现代主义的青睐。

第四，齐美尔的本体论具有浓厚的建构主义色彩。首先，他试图超越社会唯实论与社会唯名论，提出社会不是定型的或已完成的实体，而是由个人之间相互作用不断复制、重塑和改造的持续生成的关系网络，强调了社会的二重性和过程性。其次，他认为社会世界是社会成员内心世界及其相互作用建构出来的，它具有多维性（或多重性），社会成员是社会事件的创造性解释者，他们通过自己的行动和解释赋予世界以意义。社会事实并不是给定的、完全客观的，它们全都渗透着人们的互动及反应，极大地依赖人们对待它们的态度，具有很强的社会建构成分。这些具有建构主义色彩的观点，在后现代主义那里得到进一步发展。

第五，齐美尔的认识论比较接近怀疑主义的主张。首先，齐美尔认为，并不存在绝对的真理，真理都是相对的，衡量真理的标准也不是一成不变的，它不过是一种功能关系而已。其次，齐美尔指出，科学知识也不是对外部事物的客观反映或真实再现，而是人们借助一定的符号系统建构出来的，是一种心智活动的创造物。社会学的知识当然也不能例外，甚至受社会因素的影响更大。最后，齐美尔对具有明显反映论色彩的历史实在论提出了严肃批评，进而据理驳斥简单化的决定论的思维模式，并大力倡导多因素交互作用的解释原则。齐美尔的认识论带有较多主观主义和怀疑主义的成分，它和后现代主义的主张非常吻合。

第六，齐美尔在社会研究方法论上持有鲜明的多元主义立场。他提倡跨学科的视角，反对排斥其他、唯我独尊的方法，将关系作为重要的分析单位，强调多因素交互作用的实践潜力，并积极探索审美观察与解释在社会研究中的运用。在他看来，主观想象、抽象思辨、理性分析、审美直观、内心体验、深切感受、突然顿悟等，都可以在社会研究中发挥重要作用。他认为社会研究是一项创造性的、不可简单重复的劳动，它绝不该蜕化为程序化的简单操作。并不存在某种万能的方法，只需照搬借用，就可以获得社会研究的丰硕成果。他也无意像他的同龄人涂尔干那样，提出一套系统的社会研究方法论的具体规则。在这点上，齐美尔与鼓吹"怎么都行""反对方法"的后现代主义者费耶阿本德有较强的相似之处。

第七，齐美尔主要运用不拘一格的学术散文的形式展示他的社会研究的发现。总体上看，他的表述自由开放、随心所欲，不太在意规范的格式和严密的逻辑，部分作品甚至带有某种游戏式的、玩世不恭的味道。就是说，在表述方式上齐美尔具有很强的自由主义倾向。他的写作突出了景观角度和"碎片化"的风格，具有一定去总体化、反系统化的特征。他以细腻、跳动的笔触描述最普遍的日常经验，展示前人未予注意的各种社会现象的内在意义，就像印象派绘画试图反映过去被忽略了的明暗变化和光影效果一样。齐美尔运用了类似解构主义的文本策略，其文本具有未完成性、模糊性和不确定性等特征，凸显了差异、裂缝和冲突等方面，致力于将熟悉的事物陌生化，揭示习以为常、理所当然的隐蔽点，采取打破常规、迂回进攻的表现手法，关注表面上次要及边缘性部分。总之，齐美尔的文本突出了开放性、未完成性、去中心性、模糊性、修辞性、个体性等特色，因而与后现代主义的表述风格非常相似。

第八，齐美尔的思想在欧洲社会学界的传承比较曲折，同时代的大家如韦伯、涂尔干等认为齐美尔思想深刻、分析犀利，有启发性，但认为他犯了方向性错误，其研究方法也不可取。当代欧洲学术界对齐美尔思想的继承主要体现在两大不同阵营上：一个主张将齐美尔看作"形式社会学"的创始人，将《社会学》作为其主要代表作，其学术地位被定义成后来"结构社会学"的鼻祖；另一个主张将齐美尔当成时代的诊断者，将《货币哲学》视作其主要代表作，关注他对现代文化的批判，承认他是文化批判和现代性分析的大师。美国社会学界虽然很早就引进了齐美尔的思想，但很长时间主要把他当作微观社会学的经典大师来看待，忽视了齐美尔丰富多彩的其他学术遗产，这种状况晚近才有了较大改善。齐美尔与后现代主义的几位大家德里达、福柯、利奥塔、布希亚等具有比较明显的家族相似性，他的很多思想及主张以一种放大、夸张的方式在后现代主义那里复活了。后现代主义的一些比较重要的特征在齐美尔身上都有较明显的体现，其思想中蕴含着较丰富的后现代元素，因而有理由将他视为社会理论及研究中后现代主义范式的先驱或早期探索者。

第二节　齐美尔社会研究方法的内在逻辑

齐美尔的社会研究方法往往被指责为非系统的、印象主义的、非学科式的、缺乏逻辑的。笔者认为，齐美尔的方法论主张及研究实践其实有着一定的内在逻辑。下面做一简要讨论。

第一，齐美尔的社会研究旨趣聚焦于从个人内心体验来回应现代性问题，探索个体在现代性强制下保持个性与独特性的可能途径。这样的旨趣影响了他对个体、社会及其相互关系的根本看法或本体论的预设，影响了他的个体观和社会观的形成，进而影响了他从事社会研究的具体选题。换言之，齐美尔的建构主义的社会观是与其独特的研究旨趣相关联的，而他的建构主义社会观又在一定程度上激发其选择问题意识独到、创新性及预见性较强、看似非常另类与边缘的研究选题。

第二，在本体论上持有建构主义的立场，这是齐美尔认识论与方法论的基础。他相信社会并不是外在于人的客观系统，而是由个体之间相互作用不断复制、重塑和改造的持续生成的关系网络，社会世界是社会成员内心世界及其相互作用建构出来的，社会成员通过自己的行动和解释赋予世界以意义，因此社会世界具有多重性。进而言之，社会事实、社会问题乃至科学知识很大程度上都可以被看作人们借助一定的符号系统建构出来的产物。依据此观点，社会无非是个体之间相互作用的动态过程，而在此过程中所创造出的"形式"又会约束人们的行动与互动，即人们在自己编织的网络中开展各种活动。同时，所有事物被假定都是相互关联的，而且社会生活中的任一碎片都蕴含着总体的意义。

第三，与本体论的建构主义立场相关，齐美尔在认识论上持有较强的主观主义和怀疑主义的立场。科学知识并不是对外部世界的简单反映与复制，任何知识都依赖一定的符号系统或概念框架。不同的概念体系对世界的解释可能都是有效的。齐美尔提出社会学应该重点研究社会交往的形式，将关系作为主要的分析单位。他认为人与人之间相互作用的纯形式为具体的生活内容提供了认识条件,使零碎、散乱的生活材料有了被普遍理解的前提。另外,由于社会是由无数因素不断地相互作用所形成的复杂的动态过程,因此决定论式的解释模式是不合适的,也不应将复杂的相互作用因素当中的某种具体因素提升到决定其他一切因素的至高无上的位置。社会现象极少存在单因单果的关系,因果关系是可以转化的,受到具体情境的限制。因此,比较可取的分析与解释原则是"多因素交互作用",即考察不同因素之间持续不断的相互影响、相互作用的过程及机制。

第四,既然社会事物都是相互关联的,社会研究可以从该网络的任一点切入,看似碎片化的琐事也能折射社会生活的全貌或社会生活整体的某些特征。社会生活的各个碎片并不存在等级之分,没有哪种社会交往形式比别的交往形式更重要,因而社会研究的选题事实上是非常广泛的,某种意义上任何事物都可以作为社会研究的对象。社会研究应该有助于对社会生活的理解、关注现代人的命运。日常生活世界是最高的现实,与日常生活密切相关的各种琐事都可以成为社会研究的选题。当然,事物之间的关联有直接的或间接的,简单的或复杂的,明确的或模糊的,这些可以通过研究阐释清楚。而且,社会研究的重要任务就是要在看似不相关的事物之间建立起连接的桥梁。

第五,由于社会世界具有多重性,并不存在能够发现事物本质的客观真理,那么,不同的社会研究视角或立场就可能都具有合法性和有效性。并不存在唯一合理有效、唯我独尊的视角与方法,也不存在所谓的"上帝之眼"。换言之,社会现实具有无数的方面和属性,任何单一视角、单一方法都是有局限性的。方法与理论密切相关,应该鼓励探索各种新的方法,而不是盲目崇拜和抱守某种固定不变的方法。总之,社会研究中应该坚持方法论的多元主义。另外,既然社会学应该重点研究社会交往的形式,而形式又是美学的重要对象(艺术是形式的再现),因此,社会研究应该包含审美的维度,审美的观察与解释也可运用于社会研究之中。

第六，与方法论的多元主义相适应，呈现社会研究成果的表述方式也应该是各具特色，不拘一格，能够自由自在的、按照研究课题的独特性质及内在规范来创作。换言之，表述方式也应该反映各种研究的多样化的风格，而不能用单一、刻板的格式限制差异与独特性的展示。手段是为目的服务的，不能过分强调手段本身，全力追求手段的完美和统一，从而忽视了真正的目的。创造性的发现应以一种相对自由的方式表述出来。事实上，采取碎片化的表述方式也是对社会整体压制的一种反抗，而系统化的理论则可能强化社会整体的压制性。由于强调了"多因素交互作用"的分析原则，而这是一个持续不断、永无止境的过程，当然就没有终极性的结论，研究成果的表述也理所当然地处于"未完成状态"。此外，社会研究的成果应该是一件艺术品，应该尝试使用更具美感的文学语言来表达。即是说，研究成果的表述，也应该反映审美的维度，拒绝标准化、统一化的固定格式，凸显独特的感悟、细微的差异、不二的经验、非凡的直觉等。

总之，齐美尔的方法论思想还是具有某种逻辑一致性的。需要指出的是，齐美尔碎片化的理论取向和不成体系的研究方法在现代主义的思维下显得另类出格，但在后现代主义的视野下，他的理论取向及研究方法的合法性就不成问题。

第三节　齐美尔社会理论及方法论的贡献与启示

齐美尔社会理论及方法论的思想与实践是非常丰富的，是一座巨大的宝库。下面结合本书的研究，就其相关的贡献与启示做初步的探讨。

第一，齐美尔开启了从个人内心体验角度来考察现代性的社会研究的新思路，推动了文化社会学的发展。他一以贯之的倡导生命哲学，尊重生命的价值与意义，重视个体的个性和独特性，相信"灵魂拯救是对一切人性方面的包罗万象的普遍要求"[1]。他认为现代社会最深刻的道德问题不是康德所说的"普遍法则",而是"个体法则"——它既对个体行为有效,同时也是社会理念的表达[2]。承袭齐美尔的思路,晚近的一些著名社会理论家(如吉登斯、贝克、鲍曼等)也非常注重从个体化的角度来考察现代性问题,而后现代主义者更是提倡个体抵抗体制压抑、追求个性化自我的各种尝试。事实上,齐美尔十分关注现代人的命运和体验,努力探索摆脱现代性压抑的出路,而审美救赎就是其中一个可以考虑的备选方案。齐美尔提出"社会学美学"的概念,强调在现代生活中,审美不再只是一种专门的活动,而是个体内在生活亦即自我实践的基本要素,并且这种美学实践本身就是一种对抗外部世界之生活逻辑的积极行动:"艺术是生活的另一种东西,它是生活的解脱,通过生活的对立面,生活得到了解脱。"[3] 时至今日,对现代性审美维度的不懈探究仍是学术界的一个重要课题。虽然齐美尔没有提出一套气势恢宏、逻辑严密的理论体系,但他确实为我们更深入地考察自己的生活并做出批判性判断提供了富有启发性的观点。

第二,提出建构主义社会观,为社会研究奠定更有依据、更加可信的哲学基础。他的社会观注重人们之间的互动与交往过程,强调社会世界的多重性和建构性和流动性,凸显个体与社会的互构性,社会关系的突现性(涌现性)及网络性等,反对将社会实体化,拒绝将社会看作整体化、总体化的系统。可以说,齐美尔的社会概念富有较强的启发性、灵活性和解释力。如今,越来越多的社会研究者放弃了朴素的实在论,转而支持某种类似齐美尔主张的弱建构论的观点。而整体社会的概念也受到越来越多的质疑,法国著名社会学家图海纳主张废除社会这个概念,因为如今

---

[1] 〔德〕G. 齐美尔:《桥与门——齐美尔随笔集》,涯鸿、宇声等译,上海:上海三联书店,1991年,第139页。
[2] 陈戎女:《西美尔与现代性》,上海:上海书店出版社,2006年,第276页。
[3] 〔德〕G. 齐美尔:《桥与门——齐美尔随笔集》,涯鸿、宇声等译,上海:上海三联书店,1991年,第141页。

"个体越发被其运动而非其所属决定"。著名社会学家厄里也赞同抛弃"社会"这一概念,他提出社会学应该转而关注对"全球网络与全球流"的分析,因为社会学家所构想的社会已不复存在①。后现代主义的主要代表布希亚更是试图彻底颠覆社会这个概念。不过,笔者认为齐美尔的社会概念还有被挖掘、被改造的潜能,社会学家并不一定要完全抛弃社会这个概念。可以借鉴齐美尔的观点,发展出更加开放灵活、更富启发与敏感性的社会概念,诚如法国当代社会学家迪贝所言,"继'行动者归来'之后,我们也许应该开始思考'社会归来'"。②

第三,强调社会事实、社会问题的建构性,是非常具有洞察力和启发价值的。社会学中不少有创造性的研究就是在类似观点的指导下取得成功的。如托马斯的"情景定义"、库利的"镜中我"、戈夫曼的"污名化"、默顿的"自证式预言"等理论,就是其中比较典型的事例。如今被广泛采用的各种质性研究方法,如参与观察法、民族志法、扎根理论法、行动研究法等,大都接受了建构主义的观点并获益匪浅。事实上,社会建构论在当代人文社会科学领域已经形成一股强劲的思潮,并对社会科学的认识论与方法论产生了较大影响,它旨在摆脱逻辑实证主义和逻辑经验主义关于科学知识的再现论(representationalism)和原子论(atomistism),重新将历史的、文化的和社会的维度纳入社会科学知识的范畴之中,并将认识的重点转向实践和实践中的相互主体性(intersubjectivity)。另外,齐美尔指出科学的相对性、发展性,以及科学知识的社会建构性特征也是很有见地的。当今研究成果表明,齐美尔的科学观还是比较中肯的,即使在今天仍具有较强的启发价值。他认为科学与艺术只有程度上的差异,指出两者许多相通之处,也给人以启发。他的观点对唯科学主义的主张给予了有力的回击。

---

① 参见〔英〕菲利普·梅勒《理解社会》,赵亮员等译,北京:北京大学出版社,2009年,第38页。
② 〔法〕弗朗索瓦·迪贝:《社会学有什么用?》,陈艳译,北京:外语教学与研究出版社,2013年,第86页。

第四，批驳决定论式的解释模式，主张多因素交互作用的分析与解释原则。虽然自然科学中普遍采用具有较强决定论性质的因果解释模式，但齐美尔认为它并不适合社会研究的实践。因为各种社会因素之间存在复杂的持续的相互作用过程，用简单的因果分析方法不能有效地揭示其中复杂微妙的机制，甚至会造成严重的歪曲。齐美尔指出，社会现象鲜有单因单果的情况存在，将任何单一因素提升到绝对重要的地位，用以解释所有其他因素存在与变化的做法是有问题的。在齐美尔看来，社会因素之间的相互影响是持续不断的，因果关系具有对称、循环的性质，甚至可以相互转化，此时的因可以成为彼此的果，反之亦然。主因和次因也不是绝对的，会随着时空的不同而发生改变。齐美尔的观点对于今天的社会研究仍有借鉴价值，它提醒研究者放弃贪图省事的简单粗暴的方法。社会研究旨在更好地理解生活，揭示可能性，而不是盲目追求精确的预言。

第五，提供了社会研究的独特视角与方法。齐美尔认为社会学为社会研究提供了非常有价值的一种视角，即从人们互动与交往的角度来解释社会现象，寻找社会事件背后的社会因素与文化因素。这实际上是一种独特的社会学的想象力，比如考察经济现象的社会因素，将经济行为放入社会关系中进行考察，从而获得富有启发的成果。《货币哲学》中有不少类似的分析。考察科学知识生产过程中的社会因素与文化因素也需要很强的社会学的想象力，科学知识社会学在这方面取得了不少重要成果。齐美尔提出社会学要研究社会交往的形式，他的研究都是从具体事物出发，从中抽象出某些形式并阐释其意义，提出富有新意的洞见。他的研究不是在纯粹概念中打转，也无意建立关于社会整体的高度一般化的理论体系。他认为理论应该是一个富有启发性的抽象工具，而不是一个高度一般化的概括模型，主张用敏感性的概念分析把握变动不居的内容与过程，而不是先入为主地事先建立一套庞大的理论体系，然后将社会现实硬性塞进这个概念框架之中。齐美尔的这些主张对于指导实际中的社会研究还是很有帮助的。事实上，他在研究中提出的许多富有启发性的概念为以后的学者所借用与发展,并不断地激发新的研究产生。齐美尔通过运用某种不同于实证主义原则的本质直观的方法,从而获得了另外一种社会研究的"精确性"。

第六,拓展社会学研究的领域。齐美尔认为所有的事物都是相互联系的,社会生活的任一碎片都可能蕴含社会生活整体的意义,从个别中可以发现一般。而且生活中的各种碎片在本体论意义上是等价的,这意味着社会研究的领域是无限宽广的,与日常生活密切相关的任何琐事都具有研究的重要价值。这极大地开阔了社会研究的视野、思路,那些原先不为主流社会研究所关注的另类、边缘现象,都可以成为值得深入探究的研究对象。事实上,冷门也可以变成热门,齐美尔自己的研究实践(如对游戏、网络、休闲、冒险等社会分析)充分证实了这一点。他成为众多分支社会学的重要先驱,如文化社会学、情感社会学、性别社会学、身体社会学、空间社会学、时尚社会学、消费社会学等。相信所有事物都是相互联系的,由此引出的一个重要的研究思路是:探讨表面上相距甚远、毫不相关的事物之间的相互联系,揭示不为人知的"潜功能",齐美尔在这方面做了不少创造性的工作。受此启发,美国社会学家泽利泽重点考察了货币与情感的关系,她的《为无价的孩子定价:变迁中的儿童社会价值》《亲密关系的购买》等也获得了很大成功。[①]

第七,推动跨学科、交叉学科的发展。齐美尔提倡跨学科的视角、多元化的方法,这有助于打破学科的局限,拓宽研究的视野,开展跨学科的复杂领域的研究,比如当今热门的文化研究,就不是仅仅局限于某一具体学科范围内。齐美尔自己就开启了从个人内心体验的角度来考察现代性的社会研究的新思路,推动了文化社会学的发展。另外,提倡多元方法,反对方法崇拜,反思各种方法的局限,注重理论思考的价值等,这些主张都具有很强

---

① 〔美〕维维安娜·泽利泽:《给无价的孩子定价:变迁中的儿童社会价值》,王水雄、宋静、林虹译,上海:格致出版社,2008年;〔美〕薇薇安娜·泽利泽:《亲密关系的购买》,姚伟、刘永强译,上海:上海人民出版社,2009年。

的现实指导意义。而创造性地提出审美观察与解释的方法,也有进一步探索、尝试的价值。齐美尔强调,社会研究是一项创造性的活动,类似于艺术创作。他的如下研究原则也有启发价值:运用辩证性思维和直观性审美,注重联系与比较的路径,努力将经验观察与理性思考相结合,将分析与综合相结合,将主观主义和客观主义相结合。他还非常中肯地提醒人们注意如下因素在社会研究中所发挥的重要作用:主观想象、抽象思辨、理性分析、审美直观、内心体验、深切感受、突然顿悟等。可以说,齐美尔为推动社会研究的实践转向、感性转向、反思转向等做出了积极贡献。

第八,主张自由、开放的表述风格。标准化、统一化的学术规范格式尽管有其重要的功能,但却不利于某些创造性思想及成果的表达。齐美尔用学术散文或随笔的方式展示他的研究发现,探索运用具有审美取向的文学语言,这些努力都是很有启发价值的。社会研究成果不能远离公共领域,只是在学术圈内部循环。要防止社会研究蜕化为完全是自我指涉的小集团内部的事业,不再与广大公众对话,不再关心公共问题。要发展"公共社会学",表述方式就要考虑公众的接受情况,让多样化的风格有自由表达的渠道,使更多的普通人成为社会研究成果的消费者、受益者,甚至是生产者。

第九,齐美尔的社会研究方法论思想及其实践具有很多后现代主义的特征,可以将他视为后现代社会研究范式的先驱或早期代表。可以说,齐美尔那里后现代主义的元素以萌芽和朦胧的形式存在,并可以有多种的发展选择。比起晚近的后现代主义,齐美尔的后现代主义是一种比较温和的形式,但有较强的发展潜能。后现代主义往往被批评为颠覆有余而建设不足。而在一定程度上,齐美尔的思想正可以弥补激进后现代主义的某些偏执,通过挖掘齐美尔丰富而深刻的思想资源,有利于将后现代主义发展成为更具建设性和指导性的社会研究范式。另需指出的是,与其他西方社会学古典大家相比,齐美尔的思想与方法是和中国传统思想与文化最接近的一位。比如齐美尔对关系网络、互动过程、审美直观、顿悟体验、辩证思维、模糊变通、多因素交互作用等的强调，就比较符合中国传统文化的旨趣。某种意义上可以说，对于齐美尔社会思想及研究方法的挖掘，有利于中国社会科学的本土化。而如何将齐美尔的思想与研究方法创造性地运用到中国的社会研究中去，应该是一件非常有价值的工作。

参考文献

一 中文著作类

〔美〕阿巴斯·塔沙克里、查尔斯·特德莱:《混合方法论:定性方法和定量方法的结合》,唐海华译,重庆:重庆大学出版社,2010年。

〔德〕阿多诺:《否定的辩证法》,张峰译,重庆:重庆出版社,1993年。

〔德〕阿尔布莱希特·维尔默:《论现代和后现代的辩证法——遵循阿多诺的理性批判》,钦文译,北京:商务印书馆,2003年。

〔奥〕阿尔弗雷德·许茨:《社会理论研究》,霍桂恒译,杭州:浙江大学出版社,2011年。

〔奥〕阿尔弗雷德·许茨:《社会实在问题》,霍桂恒译,北京:华夏出版社,2001年。

〔德〕阿克塞尔·霍耐特:《物化:承认理论探析》,罗名珍译,上海:华东师范大学出版社,2018年。

〔法〕阿兰·巴迪欧:《世纪》,蓝江译,南京:南京大学出版社,2011年。

〔法〕阿兰·布罗萨:《福柯:危险的哲学家》,罗惠珍译,桂林:漓江出版社,2014年。

〔法〕阿兰·图海纳:《行动者的归来》,舒诗伟、许甘霖、蔡宜刚译,北京:商务印书馆,2008年。

〔英〕阿诺德·汤因比:《历史研究》(上下卷),郭小凌等译,上海:上海人民出版社,2010年。

〔法〕埃德加·莫兰:《人本政治导言》,陈一壮译,北京:商务印书馆，2010年。

〔法〕埃德加·莫兰：《时代精神》，陈一壮译，北京：北京大学出版社，2011年。

〔法〕埃尔潘：《消费社会学》，孙沛东译，北京：社会科学文献出版社，2005年。

〔瑞士〕埃米尔·瓦尔特－布什：《法兰克福学派史：评判理论与政治》，郭力译，北京：社会科学文献出版社，2014年。

〔美〕艾尔·巴比：《社会研究方法（上）》（第8版），邱泽奇译，北京：华夏出版社，2000年。

〔美〕艾尔伯特·鲍尔格曼：《跨越后现代的分界线》，孟庆时译，北京：商务印书馆，2003年。

〔英〕艾伦·斯温杰伍德：《社会学思想简史》，陈玮、冯克利译，北京：社会科学文献出版社，1988年。

〔以〕S. N. 艾森斯塔特：《反思现代性》，旷新年、王爱松译，北京：生活·读书·新知三联书店，2006年。

〔英〕安·格雷：《文化研究：民族志方法与生活文化》，许梦云译，重庆：重庆大学出版社，2009年。

〔美〕安德烈亚斯·胡伊森：《大分野之后：现代主义、大众文化、后现代主义》，周韵译，南京：南京大学出版社，2010年。

〔英〕安东尼·吉登斯：《历史唯物主义的当代批判：权力、财产与国家》，郭忠华译，上海：上海译文出版社，2010年。

〔英〕安东尼·吉登斯：《全球时代的民族国家：吉登斯讲演录》，郭忠华编，南京：江苏人民出版社，2010年。

〔英〕安东尼·吉登斯：《社会的构成》，李康、李猛译，北京：生活·读书·新知三联书店，1998年。

〔英〕安东尼·吉登斯：《社会理论的核心问题：社会分析中的行动、结构与矛盾》，郭忠华、徐法寅译，上海：上海译文出版社，2015年。

〔英〕安东尼·吉登斯：《社会理论与现代社会学》，文军、赵勇译，北京：社会科学文献出版社，2003年。

〔英〕安东尼·吉登斯：《社会学方法的新规则———一种对解释社

会学的建设性批判》，田佑中、刘江涛译，北京：社会科学文献出版社，2003 年。

〔英〕安东尼·吉登斯：《现代性的后果》，田禾译，南京：译林出版社，2000 年。

〔英〕安东尼·吉登斯：《政治学、社会学与社会理论：经典理论与当代思潮的碰撞》，何雪松、赵方杜译，上海：上海人民出版社，2014 年。

〔英〕安东尼·吉登斯：《资本主义与现代社会理论——对马克思、涂尔干和韦伯著作的分析》，郭忠华、潘华凌译，上海：上海译文出版社，2007 年。

〔英〕安东尼·伍迪维斯：《社会理论中的视觉》，魏典译，北京：北京大学出版社，2009 年。

〔法〕安托万·孔帕尼翁：《理论的幽灵——文学与常识》，吴泓缈、汪捷宇译，南京：南京大学出版社，2011 年。

〔美〕奥斯汀·萨拉特编《布莱克维尔法律与社会指南》，高鸿钧等译，北京：北京大学出版社，2011 年。

〔加〕巴里·艾伦：《知识与文明》，刘梁剑译，杭州：浙江大学出版社，2010 年。

〔英〕巴里·巴恩斯：《科学知识与社会学理论》，鲁旭东译，北京：东方出版社，2001 年。

〔英〕巴特勒：《解读后现代主义》，朱刚、秦海花译，北京：外语教学与研究出版社，2010 年。

包亚明主编《现代性的地平线——哈贝马斯访谈录》，李安东、段怀清译，上海：上海人民出版社，1997 年。

〔美〕保罗·法伊尔阿本德：《反对方法——无政府主义知识论纲要》，周昌忠译，上海：上海译文出版社，1992 年。

〔美〕保罗·费耶阿本德：《经验主义问题》，朱萍、王富银译，南京：江苏人民出版社，2010 年。

〔美〕保罗·费耶阿本德：《实在论、理性主义和科学方法》，朱萍、张发勇译，南京：江苏人民出版社，2010 年。

〔法〕鲍德里亚：《消费社会》，刘成富、全志刚译，南京：南京大学出版社，2000年。

〔英〕鲍曼：《个体化社会》，范祥涛译，上海：上海三联书店，2002年。

〔日〕北川东子：《齐美尔：生存形式》，赵玉婷译，石家庄：河北教育出版社，2002年。

〔美〕贝蒂·弗里丹：《女性的奥秘》，程锡麟、朱徽、王晓路译，广州：广东经济出版社，2005年。

〔德〕本雅明：《发达资本主义时代的抒情诗人》，张旭东等译，北京：生活·读书·新知三联书店，1989年。

〔德〕本雅明：《经验与贫乏》，王炳钧等译，天津：百花文艺出版社，1999年。

〔美〕彼得·伯格、托马斯·卢克曼：《现实的社会建构》，汪涌译，北京：北京大学出版社，2009年。

〔瑞典〕彼得·赫斯特洛姆：《解析社会：分析社会学原理》，陈云松、范晓光、朱彦等译，南京：南京大学出版社，2010年。

〔波〕彼得·什托姆普卡：《默顿学术思想评传》，林聚任等译，北京：北京大学出版社，2009年。

边燕杰主编《关系社会学：理论与研究》，北京：社会科学文献出版社，2011年。

〔法〕波德莱尔：《1846年的沙龙》，郭宏安译，桂林：广西师范大学出版社，2002年。

〔法〕波德莱尔：《波德莱尔美学论文选》第2版，郭宏安译，北京：人民出版社，2008年。

〔美〕波林·罗斯诺：《后现代主义与社会科学》，张国清译，上海：上海译文出版社，1998年。

〔英〕K. R. 波普尔：《科学发现的逻辑》，查汝强、邱仁宗译，北京：科学出版社，1986年。

〔美〕伯纳德·科恩：《自然科学与社会科学的互动》，张卜天译，北京：商务印书馆，2016年。

〔法〕伯努瓦·皮特斯：《德里达传》，魏柯玲译，北京：中国人民大学出版社，2014年。

〔英〕伯特兰·罗素：《人类的知识——其范围与限度》，张金言译，北京：商务印书馆，1983年。

〔法〕布尔迪厄：《实践理性》，谭立德译，北京：生活·读书·新知三联书店，2007年。

〔英〕布赖恩·S.特纳、克里斯·瑞杰克：《社会与文化——稀缺和团结的原则》，吴凯译，北京：北京大学出版社，2009年。

〔英〕布雷德伯里等编《现代主义》，胡家峦等译，上海：上海外语教育出版社，1992年。

〔法〕布罗代尔：《资本主义论丛》，顾良等译，北京：中央编译出版社，1997年。

蔡铮云：《从现象学到后现代》，北京：商务印书馆，2012年。

〔美〕查尔斯·吉尼翁、大卫·希利：《理查德·罗蒂》，朱新民译，上海：复旦大学出版社，2011年。

〔美〕查尔斯·卡米克、菲利普·戈尔斯基、戴维·特鲁贝克编《马克斯·韦伯的〈经济与社会〉：评论指针》，王迪译，上海：上海三联书店，2010年。

〔加〕查尔斯·泰勒：《现代社会想象》，林曼红译，南京：译林出版社，2014年。

〔加〕查尔斯·泰勒：《现代性之隐忧》，程炼译，北京：中央编译出版社，2001年。

陈健：《科学划界——论科学与非科学及伪科学的区分》，北京：东方出版社，1997年。

陈戎女：《西美尔与现代性》，上海：上海书店出版社，2006年。

陈向明：《质的研究方法与社会科学研究》，北京：教育科学出版社，2000年。

成伯清：《格奥尔格·齐美尔：现代性的诊断》，杭州：杭州大学出版社，1999年。

成伯清：《情感、叙事与修辞——社会理论的探索》，北京：中国社会科学出版社，2012年。

成伯清：《走出现代性：当代西方社会学理论的重新定向》，北京：社会科学文献出版社，2006年。

〔日〕初见基:《卢卡奇: 物象化》, 范景武译, 石家庄: 河北教育出版社, 2001年。

〔美〕达德利·夏佩尔:《理由与求知》, 褚平、周文彰译, 上海: 上海译文出版社, 1990年。

〔法〕达尼洛·马尔图切利:《现代性社会学》, 姜志辉译, 南京: 译林出版社, 2007年。

〔英〕大卫·布鲁尔:《知识和社会意象》, 艾彦译, 北京: 东方出版社, 2001年。

〔美〕大卫·格里芬:《后现代科学——科学魅力的再现》, 马季方译, 北京: 中央编译出版社, 1995年。

〔美〕大卫·库尔珀:《纯粹现代性批判——黑格尔、海德格尔及其以后》, 臧佩洪译, 北京: 商务印书馆, 2004年。

〔加〕大卫·莱昂:《后现代性》, 郭为桂译, 长春: 吉林人民出版社, 2004年。

〔美〕大卫·雷·格里芬:《怀特海的另类后现代哲学》, 周邦宪译, 北京: 北京大学出版社, 2013年。

〔美〕大卫·理斯曼:《孤独的人群》, 王崑、朱虹译, 南京: 南京大学出版社, 2002年。

〔美〕大卫·宁等:《当代西方修辞学: 批评模式与方法》, 常昌富等译, 北京: 中国社会科学出版社, 1998年。

〔美〕戴维·R. 肯迪斯、安德烈亚·方坦纳:《后现代主义与社会研究》, 周晓亮、杨深、程志民译, 重庆: 重庆出版社, 2006年。

〔英〕戴维·弗里斯比:《现代性的碎片》, 卢晖临等译, 北京: 商务印书馆, 2003年。

〔英〕戴维·罗宾逊:《尼采与后现代主义》, 程炼译, 北京: 北京大学出版社, 2005年。

〔美〕丹尼尔·贝尔:《资本主义文化矛盾》, 赵一凡、蒲隆、任晓晋译, 北京: 生活·读书·新知三联书店, 1989年。

〔英〕丹尼斯·史密斯:《埃利亚斯与现代社会理论》, 李康译, 北京: 北京大学出版社, 2011年。

〔美〕道格拉斯·凯尔纳:《媒体文化——介于现代与后现代之间

的文化研究、认同性与政治》，丁宁译，北京：商务印书馆，2004 年。
〔美〕道格拉斯·凯尔纳、斯蒂文·贝斯特：《后现代理论——批判性的质疑》，张志斌译，北京：中央编译出版社，1999 年。
〔美〕道格拉斯·科尔纳、斯蒂芬·贝斯特：《后现代转向》，陈刚等译，南京：南京大学出版社，2002 年。
〔法〕德勒兹、加塔利：《资本主义与精神分裂（卷 2）：千高原》，姜宇辉译，上海：上海书店出版社，2010 年。
〔法〕德里达：《论文字学》，汪堂家译，上海：上海译文出版社，1999 年。
〔法〕德里达：《一种疯狂守护着思想——德里达访谈录》，何佩群译，上海：上海人民出版社，1997 年。
〔德〕狄尔泰：《精神科学引论》，童奇志等译，北京：中国城市出版社，2002 年。
〔德〕狄尔泰：《体验与诗》，胡其鼎译，北京：生活·读书·新知三联书店，2003 年。
〔法〕E. 迪尔凯姆：《社会学方法的准则》，狄玉明译，北京：商务印书馆，1995 年。
〔法〕迪尔凯姆：《社会学研究方法论》，胡伟译，北京：华夏出版社，1988 年。
〔英〕迪姆·梅：《社会研究：问题、方法与过程》（第 3 版），李祖德译，北京：北京大学出版社，2009 年。
杜小真、张宁编译《德里达中国讲演录》，北京：中央编译出版社，2002 年。
〔法〕多米尼克·戴泽：《社会科学》，彭郁译，北京：商务印书馆，2015 年。
〔美〕凡勃伦：《有闲阶级论》，蔡受百译，北京：商务印书馆，2002 年。
〔法〕菲利普·柯尔库夫：《新社会学》，钱翰译，北京：社会科学文献出版社，2000 年。
〔英〕菲利普·梅勒：《理解社会》，赵亮员等译，北京：北京大学出版社，2009 年。
〔英〕菲利普·史密斯：《文化理论——导论》，张鲲译，北京：商务印书馆，2008 年。
〔瑞士〕费尔迪南·德·索绪尔：《普通语言学教程》，高名凯译，北京：商务印书馆，2011 年。
〔德〕费尔曼：《生命哲学》，李健鸣译，北京：华夏出版社，2000 年。
风笑天：《社会学研究方法》，北京：中国人民大学出版社，2001 年。
〔美〕弗·卡普拉：《转折点》，冯禹、向世陵、黎云编译，北京：中国人民大学出版社，1989 年。
〔法〕弗朗索瓦·迪贝：《社会学有什么用？》，陈艳译，北京：外语教学与研究出版社，2013 年。
〔美〕弗雷德·布洛克：《后工业社会的可能性——经济学话语批判》，王翼龙译，北京：商务印书馆，2010 年。
〔英〕弗雷德·英格利斯：《文化》，韩启群、张鲁宁、樊淑英译，南京：南京大学出版社，2008 年。
〔德〕弗里德里希·尼采：《权力意志：重估一切价值的尝试》，张念东、凌素心译，北京：中央编译出版社，2000 年。
〔德〕弗罗姆：《占有还是生存》，关山译，北京：生活·读书·新知三联书店，1989 年。
〔法〕福柯：《性经验史》（增订版），佘碧平译，上海：上海人民出版社，2005 年。
〔德〕伽达默尔、〔法〕德里达：《德法之争：伽达默尔与德里达的对话》，孙周兴、孙善春译，北京：商务印书馆，2015 年。
〔德〕盖奥尔格·齐美尔：《社会学——关于社会化形式的研究》，林荣远译，北京：华夏出版社，2002 年。
〔加〕高辛勇：《修辞学与文学阅读》，北京：北京大学出版社，1997 年。
高宣扬：《后现代论》，北京：中国人民大学出版社，2005 年。
〔德〕格奥尔格·西美尔：《宗教社会学》，曹卫东译，上海：上海人民出版社，2003 年。
〔芬兰〕格罗瑙：《趣味社会学》，向建华译，南京：南京大学出版社，2002 年。

桂起权、张掌然：《人与自然的对话——观察与实验》，杭州：浙江科学技术出版社，1990 年。

〔德〕哈贝马斯：《在事实与规范之间：关于法律和民主法治国的商谈理论》，童世骏译，北京：生活·读书·新知三联书店，2003 年。

〔德〕哈尔特穆特·罗萨：《加速：现代社会中时间结构的改变》，董璐译，北京：北京大学出版社，2015 年。

〔英〕M. 哈拉兰博斯：《社会学基础——观点、方法、学说》，孟还、费涓洪、卢汉龙译，上海：上海社会科学院出版社，1986 年。

〔德〕哈特穆特·罗萨：《新异化的诞生》，郑作彧译，上海：上海人民出版社，2018 年。

〔德〕海德格尔：《存在与时间》（第 2 版），陈嘉映等译，北京：生活·读书·新知三联书店，1999 年。

〔德〕海德格尔：《荷尔德林诗的阐释》，孙周兴译，北京：商务印书馆，2000 年。

〔瑞士〕海尔格·诺沃特尼、〔英〕彼得·斯科特、〔英〕迈克尔·吉本斯：《反思科学：不确定性时代的知识与公众》，冷民等译，上海：上海交通大学出版社，2011 年。

〔英〕海默尔：《日常生活与文化理论导论》，王志宏译，北京：商务印书馆，2008 年。

〔美〕汉娜·阿伦特：《极权主义的起源》，林骧华译，北京：生活·读书·新知三联书店，2014 年。

〔英〕赫伯特·斯宾塞：《国家权力与个人自由》，谭小勤等译，北京：华夏出版社，2000 年。

〔英〕赫伯特·斯宾塞：《社会学研究》，张洪晖、胡江波译，北京：华夏出版社，2001 年。

〔奥〕赫尔嘉·诺沃特尼：《时间：现代与后现代经验》，金梦兰、张网成译，北京：北京师范大学出版社，2011 年。

〔英〕赫伊津哈：《游戏的人》，多人译，杭州：中国美术学院出版社，1996 年。

黄进兴：《后现代主义与史学研究》，北京：生活·读书·新知三联书店，2008年。

黄瑞祺：《马克思论方法》，台北：巨流图书公司，1994年。

黄瑞祺：《马学与现代性》，台北：允晨文化实业股份有限公司，2001年。

〔德〕霍夫曼：《现代艺术的激变》（第2版），薛华译，桂林：广西师范大学出版社，2003年。

〔美〕霍华德·S.贝克尔：《艺术界》，陆文超译，南京：译林出版社，2014年。

〔德〕霍克海默：《批判理论》，李小兵等译，重庆出版社，1989年。

〔英〕基思·特斯特：《后现代性下的生命与多重时间》，李康译，北京：北京大学出版社，2010年。

〔英〕吉拉德·德朗蒂：《当代欧洲社会理论指南》，李康译，上海：上海人民出版社，2009年。

〔美〕佳亚特里·斯皮瓦克：《从解构到全球化批判：斯皮瓦克读本》，陈永国、赖立里、郭英剑主编，北京：北京大学出版社，2007年。

〔美〕杰罗姆·凯根：《三种文化：21世纪的自然科学、社会科学和人文学科》，王加丰、宋严萍译，上海：格致出版社、上海人民出版社，2011年。

靳西平等：《十九世纪德国非主流哲学》，北京：北京大学出版社，2004年。

〔法〕居伊·德波：《景观社会评论》，梁虹译，桂林：广西师范大学出版社，2007年。

〔奥〕卡林·诺尔－塞蒂纳：《制造知识——建构主义与科学的与境性》，王善博等译，北京：东方出版社，2001年。

〔意〕卡洛·安东尼：《历史主义》，黄红艳译，上海：上海人民出版社，2010年。

〔美〕卡洛尔：《西方文化的衰落》，叶安宁译，北京：新星出版社，2007年。

〔德〕卡西尔：《人论》，甘阳译，上海：上海译文出版社，2003年。

〔德〕卡西尔：《人文科学的逻辑》，沉晖等译，北京：中国人民大学出版社，2004年。

〔德〕康德：《判断力批判》，邓晓芒译，北京：人民出版社，2002年。

〔德〕康德：《实用人类学》，邓晓芒译，上海：上海人民出版社，2005年。

〔苏〕科恩：《十九世纪至二十世纪初资产阶级社会学史》，梁逸译，上海：上海译文出版社，1982年。

〔英〕R. G. 科林伍德：《历史的观念》，何兆武、张文杰译，北京：中国社会科学出版社，1986年。

〔德〕科斯洛夫斯基：《后现代文化》，毛怡红译，北京：中央编译出版社，1999年。

〔美〕科特金：《全球城市史》，王旭等译，北京：社会科学文献出版社，2006年。

〔英〕克罗塞：《批判美学与后现代主义》，钟国仕等译，桂林：广西师范大学出版社，2005年。

〔美〕肯尼思·J. 格根：《关系性存在：超越自我与共同体》，杨莉萍译，上海：上海教育出版社，2017年。

〔美〕肯尼思·格根：《社会建构的邀请》，许婧译，北京：北京大学出版社，2011年。

〔美〕肯尼斯·J. 格根：《语境中的社会建构》，郭慧玲、张颖、罗涛译，北京：中国人民大学出版社，2010年。

〔美〕肯尼斯·博克等：《当代西方修辞学》，北京：中国社会科学出版社，1998年。

〔英〕库比特：《后现代神秘主义》，王志成等译，北京：中国人民大学出版社，2005年。

〔法〕拉茨米格·科伊希严、热拉尔·布罗内尔：《当代社会理论》，吴绍宜译，北京：中国社会科学出版社，2015年。

〔美〕C. 赖特·米尔斯：《社会学的想象力》，陈强、张永强译，北京：生活·读书·新知三联书店，2001年。

〔美〕兰德尔·柯林斯：《互动仪式链》，林聚任、王鹏、宋丽君译，北京：商务印书馆，2009年。

〔美〕劳伦斯·纽曼：《社会研究方法：定性和定量的取向》（第五版），郝大海译，北京：中国人民大学出版社，2007年。

〔法〕雷蒙·布东：《价值观溯源：信念的哲学与社会学追问》，邵志军译，南京：江苏凤凰教育出版社，2014年。

〔法〕雷蒙·布东：《社会学方法》，黄建华译，上海：上海人民出版社，1987年。

〔法〕雷蒙·布东：《为何知识分子不热衷自由主义》，周晖译，北京：生活·读书·新知三联书店，2012年。

〔德〕李凯尔特：《文化科学和自然科学》，涂纪亮译，北京：商务印书馆，1986年。

〔意〕理查德·贝洛菲尔、罗伯特·芬奇主编《重读马克思——历史考证版之后的新视野》，徐素华译，北京：东方出版社，2010年。

〔美〕理查德·罗蒂：《后哲学文化》，黄勇编译，上海：上海译文出版社，1992年。

〔瑞典〕理查德·斯威德伯格：《马克斯·韦伯与经济社会学思想》，何蓉译，北京：商务印书馆，2007年。

〔法〕利奥塔：《非人》，罗国祥译，北京：商务印书馆，2000年。

〔法〕利奥塔：《后现代性与公正游戏——利奥塔访谈、书信录》，谈瀛洲译，上海：上海人民出版社，1997年。

〔加〕琳达·哈琴：《后现代主义诗学》，李杨、李锋译，南京：南京大学出版社，2009年。

刘北成：《福柯思想肖像》，上海：上海人民出版社，2001年。

刘介民：《西方后现代人文主流——征候群研究》，北京：北京大学出版社，2010年。

刘清平：《时尚美学》，上海：复旦大学出版社，2008年。

刘少杰：《后现代西方社会学理论》，北京：社会科学文献出版社，2002年。

刘小枫：《现代性社会理论绪论》，上海：上海三联书店，1998年。

刘小枫编《人类困境中的审美精神》，上海：知识出版社，1994年。

刘小枫编《现代性中的审美精神》，上海：学林出版社，1997年。

刘小枫等编《中国近现代经济伦理的变迁》，香港：香港中文大学出版社，1998年。

〔美〕刘易斯·A. 科瑟：《社会学思想名家》，石人译，北京：中国社会科学出版社，1990年。

〔匈〕卢卡奇：《理性的毁灭》，王玖兴等译，济南：山东人民出版社，1997年。

〔匈〕卢卡奇：《历史和阶级意识》，张西平译，重庆：重庆出版社，1989年。

〔匈〕卢卡奇：《卢卡奇早期文选》，张亮等译，南京：南京大学出版社，2004年。

〔英〕路易丝·麦克尼：《福柯》，贾湜译，哈尔滨：黑龙江人民出版社，1999年。

〔美〕罗伯特·K. 默顿：《社会理论与社会结构》，唐少杰、齐心等译，南京：译林出版社，2006年。

〔美〕罗伯特·K. 默顿：《社会研究与社会政策》，北京：生活·读书·新知三联书店，2001年。

罗钢等主编《文化研究读本》，北京：中国社会科学出版社，2000年。

〔英〕罗伊·博伊恩：《福柯与德里达：理性的另一面》，贾辰阳译，北京：北京大学出版社，2010年。

〔美〕马茨·艾尔维森、卡伊·舍尔德贝里：《质性研究的理论视角：一种反身性的方法论》，陈仁仁译，重庆：重庆大学出版社，2009年。

〔德〕马尔库塞：《单向度的人》，刘继译，上海：上海译文出版社，2006年。

〔德〕马克思：《1844年经济学哲学手稿》（第3版），北京：人民出版社，2000年。

〔德〕马克思、恩格斯：《共产党宣言》，中共中央马克思、恩格斯、列宁、斯大林著作编译局译，北京：人民出版社，1997年。

〔德〕马克思、恩格斯：《马克思恩格斯全集》（第二十七卷），北京：人民出版社，1972年。

〔德〕马克思、恩格斯：《马克思恩格斯选集》（第1卷），北京：人民出版社，1995年。

〔德〕马克思、恩格斯：《马克思恩格斯选集》（第2卷），北京：人民出版社，1995年。

〔德〕马克斯·舍勒：《知识社会学问题》，艾彦译，南京：译林出版社，2012年。

〔德〕马克斯·韦伯：《经济与社会》（上卷），林荣远译，北京：商务印书馆，1997年。

〔德〕马克斯·韦伯：《经济与社会》（下卷），林荣远译，北京：商务印书馆，1997年。

〔德〕马克斯·韦伯：《罗雪尔与克尼斯：历史经济学的逻辑问题》，李荣山译，上海：上海人民出版社，2009年。

〔德〕马克斯·韦伯：《社会科学方法论》，杨富斌译，北京：华夏出版社，1999年。

〔德〕马克斯·韦伯：《社会学的基本概念》，胡景北译，上海：上海人民出版社，2000年。

〔美〕马泰·卡林内斯库：《现代性的五副面孔》，顾爱彬、李瑞华译，北京：商务印书馆，2002年。

〔美〕马歇尔·伯曼：《一切坚固的东西都烟消云散了——现代性体验》，徐大建、张辑译，北京：商务印书馆，2003年。

〔英〕玛格丽特·A. 罗斯：《后现代与后工业——评论性分析》，张月译，沈阳：辽宁教育出版社，2002年。

〔美〕玛格丽特·马特林：《认知心理学：理论、研究和应用》，李永娜译，北京：机械工业出版社，2016年。

〔美〕迈克·费瑟斯通：《消费文化与后现代主义》，刘精明译，南京：译林出版社，2000年。

〔英〕迈克·费瑟斯通：《消解文化——全球化、后现代主义与认同》，杨渝东译，北京：北京大学出版社，2009年。

〔英〕迈克尔·吉本斯等：《知识生产的新模式：当代社会科学与研究的动力学》，陈洪捷、沈文钦等译，北京：北京大学出版社，2011年。

〔美〕迈克尔·林奇：《科学实践与日常活动——常人方法论与对科学的社会研究》，邢冬梅译，苏州：苏州大学出版社，2010年。

〔英〕迈克尔·马尔凯：《科学与知识社会学》，林聚任译，北京：东方出版社，2001年。

〔瑞典〕麦茨·埃尔弗森：《后现代主义与社会研究》，甘会斌译，上海：上海人民出版社，2011年。

〔美〕麦克洛斯基：《社会科学的措辞》，许宝强等编译，北京：生活·读书·新知三联书店，2000年。

〔德〕曼海姆：《变革时代的人与社会》，刘凝译，台北：久大文化股份有限公司、桂冠图书股份有限公司，1990年。

〔德〕曼海姆：《文化社会学论集》，艾彦等译，沈阳：辽宁教育出版社，2003年。

〔西〕米格尔·卡夫雷拉：《后社会史初探》，〔美〕玛丽·麦克马洪英译，李康中译，北京：北京大学出版社，2008年。

〔法〕米歇尔·福柯：《词与物——人文科学考古学》，莫伟民译，上海：上海三联书店，2001年。

〔法〕米歇尔·福柯：《福柯集》，杜小真编选，上海：上海远东出版社，2003年。

〔法〕米歇尔·福柯：《规训与惩罚》，刘北成、杨远樱译，北京：生活·读书·新知三联书店，1999年。

〔法〕米歇尔·福柯：《权力的眼睛——福柯访谈录》，严锋译，上海：上海人民出版社，1997年。

〔希腊〕米歇尔·瓦卡卢利斯：《后现代资本主义：社会学批判纲要》，贺慧玲、马胜利译，北京：社会科学文献出版社，2012年。

〔德〕尼采：《古修辞学描述》，屠友祥译，上海：上海人民出版社，2001年。

〔英〕尼格尔·多德：《社会理论与现代性》，陶传进译，北京：社会科学文献出版社，2002年。

〔英〕尼克·克罗斯利：《走向关系社会学》，刘军、孙晓娥译，上海：上海人民出版社，2018年。

〔德〕诺贝尔·埃利亚斯:《个体的社会》,翟三江、陆兴华译,南京:译林出版社,2003年。

〔美〕诺曼·K.邓津、伊冯娜·S.林肯主编《定性研究(第1卷):方法论基础》,风笑天主译,重庆:重庆大学出版社,2007年。

〔美〕欧文·戈夫曼:《日常生活中的自我呈现》,黄爱华、冯钢译,杭州:浙江人民出版社,1989年。

〔意〕V.帕累托:《普通社会学纲要》,田时纲译,北京:生活·读书·新知三联书店,2001年。

〔加〕帕米拉·麦考勒姆、谢少波选编《后现代主义质疑历史》,蓝仁哲、韩启群译,北京:中国社会科学出版社,2008年。

〔美〕帕森斯:《社会行动的结构》,张明德等译,南京:译林出版社,2003年。

〔英〕帕特里克·贝尔特:《二十世纪的社会理论》,瞿铁鹏译,上海:上海译文出版社,2002年。

潘智彪:《审美心理研究》,广州:中山大学出版社,2007年。

〔英〕佩里·安德森:《后现代性的起源》,紫辰、合章译,北京:中国社会科学出版社,2008年。

〔法〕彭加勒:《最后的沉思》,李醒民译,北京:商务印书馆,1996年。

〔法〕皮埃尔·布迪厄:《遏止野火》,河清译,桂林:广西师范大学出版社,2007年。

〔法〕皮埃尔·布迪厄、〔美〕华康德:《实践与反思——反思社会学导引》,李猛、李康译,北京:中央编译出版社,1998年。

〔意〕皮耶尔保罗·多纳蒂:《关系社会学:社会科学研究的新范式》,刘军、朱晓文译,上海:上海人民出版社,2018年。

〔德〕皮兹瓦拉:《齐美尔、胡塞尔、舍勒散论》,宋健飞译,载王岳川等编《东西方文化评论》(第4辑),北京:北京大学出版社,1992年。

〔英〕齐格蒙·鲍曼:《后现代性及其缺憾》,郇建立、李静韬译,上海:学林出版社,2002年。

〔英〕齐格蒙特·鲍曼:《被围困的社会》,郇建立译,南京:江苏人民出版社，2005 年。

〔英〕齐格蒙特·鲍曼：《工作、消费、新穷人》，仇子明、李兰译，长春：吉林出版集团有限责任公司，2010 年。

〔英〕齐格蒙特·鲍曼：《流动的现代性》，欧阳景根译，上海：上海三联书店，2002 年。

〔英〕齐格蒙特·鲍曼：《现代性与矛盾性》，邵迎生译，北京：商务印书馆，2003 年。

〔英〕齐格蒙特·鲍曼：《作为实践的文化》，郑莉译，北京：北京大学出版社，2009 年。

〔德〕G. 齐美尔：《桥与门——齐美尔随笔集》，涯鸿、宇声等译，上海：上海三联书店，1991 年。

〔德〕齐美尔：《社会是如何可能的：齐美尔社会学文选》，林荣远编译，桂林：广西师范大学出版社，2002 年。

〔德〕齐美尔：《生命直观》，刁承俊译，北京：生活·读书·新知三联书店，2003 年。

〔美〕乔恩·威特：《社会学的邀请》，林聚任等译，北京：北京大学出版社，2008 年。

〔英〕乔纳森·埃文斯：《怎样做研究——心理学家实用指南》，邵志芳、杜逸旻、施轶译，上海：上海教育出版社，2011 年。

〔美〕乔纳森·卡勒：《论解构》，陆扬译，北京：中国社会科学出版社，1998 年。

〔美〕乔纳森·特纳、简·斯戴兹：《情感社会学》，孙俊才、文军译，上海：上海人民出版社，2007 年。

〔美〕乔纳森·特纳等：《社会学理论的兴起》（第 5 版），侯钧生等译，天津：天津人民出版社，2006 年。

〔美〕乔治·赫伯特·米德：《现在的哲学》，李猛译，上海：上海人民出版社，2003 年。

〔美〕乔治·莱考夫、马克·约翰逊：《我们赖以生存的隐喻》，何文忠译，杭州：浙江大学出版社，2015 年。

〔美〕乔治·瑞泽尔：《后现代社会理论》，谢立中等译，北京：华夏出版社，2003 年。

〔美〕乔治·瑞泽尔主编《布莱克维尔社会理论家指南》，凌琪、刘仲翔、王修晓等译，南京：江苏人民出版社，2009年。

曲跃厚：《过程哲学与建设性后现代主义》，北京：中国社会科学出版社，2017年。

〔法〕让-波德里亚：《象征交换与死亡》，车槿山译，南京：译林出版社，2006年。

〔法〕让-弗朗索瓦·利奥塔：《后现代状况》，车槿山译，北京：生活·读书·新知三联书店，1997年。

〔法〕让-弗朗索瓦·利奥塔：《话语，图形》，谢晶译，上海：上海人民出版社，2012年。

〔法〕让·鲍德里亚：《符号政治经济学批判》，夏莹译，南京：南京大学出版社，2009年。

〔加〕莎蒂亚·德鲁里：《亚历山大·科耶夫：后现代政治的根源》，赵崎译，北京：新星出版社，2007年。

〔法〕尚·布希亚：《物体系》，林志明译，上海：上海人民出版社，2001年。

〔德〕舍勒：《价值的颠覆》，罗悌伦等译，北京：生活·读书·新知三联书店，1997年。

〔德〕舍勒：《资本主义的未来》，罗悌伦等译，北京：生活·读书·新知三联书店，1997年。

〔美〕史蒂芬·科尔：《科学的制造——在自然界与社会之间》，林建成、王毅译，上海：上海人民出版社，2001年。

〔美〕史蒂文·塞德曼：《后现代转向》，吴世雄等译，沈阳：辽宁教育出版社，2001年。

〔美〕史蒂文·塞德曼：《有争议的知识——后现代时代的社会理论》，刘北成等译，北京：中国人民大学出版社，2002年。

〔美〕舒斯特曼：《生活即审美》，彭锋等译，北京：北京大学出版社，2007年。

〔德〕斯宾格勒：《西方的没落》（上、下册），齐世荣等译，北京：商务印书馆，1963年。

〔美〕斯蒂芬·P.特纳、保罗·A.罗斯主编《社会科学哲学》，杨富斌译，北京：中国人民大学出版社，2009年。

〔克罗地亚〕斯尔丹·勒拉斯：《科学与现代性——整体科学理论》，严忠志译，北京：商务印书馆，2011年。

〔英〕斯各特·拉什：《信息批判》，杨德睿译，北京：北京大学出版社，2009年。

孙逊等主编《阅读城市：作为一种生活方式的都市生活》，上海：上海三联书店，2007年。

〔英〕唐·库比特：《后现代宗教哲学》，朱彩虹、王志成译，杭州：浙江大学出版社，2008年。

〔英〕特里·伊格尔顿：《理论之后》，商正译，北京：商务印书馆，2009年。

〔德〕滕尼斯：《新时代的精神》，林荣远译，北京：北京大学出版社，2006年。

〔美〕托马斯·库恩：《必要的张力》，纪树立、范岱年、罗慧生等译，福州：福建人民出版社，1981年。

〔美〕托马斯·库恩：《科学革命的结构》，金吾伦、胡新和译，北京：北京大学出版社，2003年。

〔美〕托尼·朱特：《责任的重负：布鲁姆、加缪、阿隆和法国的20世纪》，章乐天译，北京：新星出版社，2007年。

〔德〕瓦尔特·本雅明：《德国悲剧的起源》，陈永国译，北京：文化艺术出版社，2001年。

〔德〕瓦尔特·本雅明：《机械复制时代的艺术作品》，王才勇译，北京：中国城市出版社，2002年。

〔法〕瓦格纳姆：《日常生活的革命》，张新木等译，南京：南京大学出版社，2008年。

汪民安等主编《城市文化读本》，北京：北京大学出版社，2008年。

王小章：《经典社会理论与现代性》，北京：社会科学文献出版社，2006年。

王岳川：《二十世纪西方哲性诗学》，北京：北京大学出版社，1999年。

王岳川等编《后现代主义文化与美学》，北京：北京大学出版社，

1992年。

王岳川等主编《东西方文化评论》（第四辑），北京：北京大学出版社，1992年。

王治河：《扑朔迷离的游戏——后现代哲学思潮研究》，北京：社会科学文献出版社，1998年。

王治河、樊美筠：《第二次启蒙》，北京：北京大学出版社，2011年。

〔英〕威廉·乌思怀特：《社会的未来》，沈晖、田蓉译，杭州：浙江大学出版社，2011年。

〔英〕威廉姆·奥斯维特：《新社会科学哲学：实在论、解释学和批判理论》，殷杰、张翼峰、蒋鹏慧译，北京：科学出版社，2018年。

〔美〕薇薇安娜·A. 泽利泽：《亲密关系的购买》，姚伟、刘永强译，上海：上海人民出版社，2009年。

〔德〕韦尔海姆·狄尔泰：《人文科学导论》，赵稀方译，北京：华夏出版社，2004年。

〔德〕维尔纳·桑巴特：《奢侈与资本主义》，王燕平、侯小河译，上海：上海人民出版社，2000年。

〔美〕维克多·泰勒、查尔斯·温奎斯特：《后现代主义百科全书》，章燕、李自修等译，长春：吉林人民出版社，2007年。

〔美〕维维安娜·泽利泽：《给无价的孩子定价：变迁中的儿童社会价值》，王水雄、宋静、林虹译，上海：格致出版社、上海人民出版社，2008年。

文军：《承传与创新：现代性、全球化与社会学理论的变革》，上海：华东师范大学出版社，2004年。

〔德〕沃尔夫冈·韦尔施：《我们的后现代的现代》，洪天富译，北京：商务印书馆，2004年。

〔德〕沃尔夫冈·伊瑟尔：《怎样做理论》，朱刚、谷婷婷、潘玉莎译，南京：南京大学出版社，2008年。

〔美〕沃伦·布雷克曼：《马克思、青年黑格尔与激进社会理论的起源》，李佃来译，北京：北京师范大学出版社，2018年。

〔德〕乌尔里希·贝克：《风险社会》，南京：译林出版社，2004年。

〔德〕乌尔里希·贝克、伊里莎白·贝克－格恩斯海姆：《个体化》，李荣山等译，北京：北京大学出版社，2011年。

〔德〕乌塔·格哈特：《帕森斯学术思想评传》，李康译，北京：北京大学出版社，2009年。

〔美〕西奥多·夏兹金、卡琳·诺尔·塞蒂纳、埃克·冯·萨维尼：《当代理论的实践转向》，柯文、石诚译，苏州：苏州大学出版社，2010年。

〔德〕西美尔：《货币哲学》，陈戎女等译，北京：华夏出版社，2002年。

〔德〕西美尔：《金钱、性别、现代生活风格》，刘小枫编，顾仁明译，上海：学林出版社，2000年。

〔德〕西美尔：《历史哲学问题——认识论随笔》，陈志夏译，上海：上海译文出版社，2006年。

〔德〕西美尔：《时尚的哲学》，费勇、吴燕译，北京：文化艺术出版社，2001年。

〔德〕西美尔：《叔本华与尼采——一组演讲》，莫光华译，上海：上海译文出版社，2006年。

〔德〕西美尔：《现代人与宗教》（第二版），曹卫东译，北京：中国人民大学出版社，2003年。

〔德〕席勒：《美育书简》，徐恒醇译，北京：中国文联出版公司，1984年。

夏光：《后结构主义思潮与后现代社会理论》，北京：社会科学文献出版社，2003年。

〔美〕小威廉·E.多尔：《后现代与复杂性教育学》，张光陆译，北京：北京师范大学出版社，2016年。

谢立中、阮新邦主编《现代性、后现代性社会理论：诠释与评论》，北京：北京大学出版社，2004年。

谢立中：《后现代主义方法论——启示与问题》，载《中国社会学年鉴（1995-1998）》，社会科学文献出版社，2000年。

谢立中：《走向多元话语分析：后现代思潮的社会学意涵》，北京：中国人民大学出版社，2009年。

谢宇：《社会学方法与定量研究》，北京：社会科学文献出版社，2006年。

〔法〕雅克·德里达：《多重立场》，佘碧平译，北京：生活·读书·新知三联书店，2006年。

〔德〕雅斯贝斯：《时代的精神状况》，王德峰译，上海：上海译文出版社，2003年。

〔古希腊〕亚里斯多德：《修辞学》，罗念生译，上海：上海人民出版社，2006年。

杨国枢：《中国人的心理与行为：本土化研究》，北京：中国人民大学出版社，2004年。

杨凯麟：《分裂分析福柯：越界、褶曲与布置》，南京：南京大学出版社，2011年。

杨善华、谢立中主编《西方社会学理论》（上卷），北京大学出版社，2005年。

杨向荣：《文化、现代性与审美救赎——齐美尔与法兰克福学派》，北京：中国社会科学出版社，2017年。

杨向荣：《现代性和距离——文化社会学视域中的齐美尔美学》，北京：社会科学文献出版社，2009年。

叶启政：《穿越西方社会理论的省思》，杭州：浙江大学出版社，2019年。

叶启政：《实证的迷思：重估社会科学经验研究》，北京：生活·读书·新知三联书店，2018年。

叶启政：《象征交换与正负情愫交融：一项后现代现象的透析》，台北：远流出版事业股份有限公司，2013年。

叶中强：《从想像到现场——都市文化的社会生态研究》，上海：学林出版社，2005年。

〔美〕伊安·G.巴伯：《科学与宗教》，阮伟等译，成都：四川人民出版社，1993年。

〔英〕伊格尔顿：《后现代主义的幻象》，华明译，北京：商务印书馆，2000年。

〔英〕伊格尔顿：《文化的观念》（第2版），方杰译，南京：南京大学出版社，2006年。

衣俊卿：《现代化与日常生活批判》，北京：人民出版社，2005年。

〔美〕英克尔斯等：《从传统人到现代人——6个发展中国家中的个人变化》，顾昕译，北京：中国人民大学出版社，1992年。

〔德〕尤尔根·哈贝马斯：《包容他者》，曹卫东译，上海：上海人民出版社，2002年。

〔德〕尤尔根·哈贝马斯：《后民族结构》，曹卫东译，上海：上海人民出版社，2002年。

〔德〕尤尔根·哈贝马斯、米夏埃尔·哈勒：《作为未来的过去——与著名哲学家哈贝马斯对话》，章国锋译，杭州：浙江人民出版社，2001年。

〔德〕于·哈贝马斯：《交往行动理论·第二卷——论功能主义理性批判》，洪佩郁、蔺青译，重庆：重庆出版社，1994年。

〔德〕于·哈贝马斯：《交往行动理论·第一卷——行动的合理性和社会合理化》，洪佩郁、蔺青译，重庆：重庆出版社，1994年。

〔德〕于尔根·哈贝马斯：《后形而上学思想》，曹卫东、付德根译，南京：译林出版社，2001年。

〔德〕于尔根·哈贝马斯：《现代性的哲学话语》，曹卫东等译，南京：译林出版社，2004年。

〔美〕约翰·波洛克、乔·克拉兹：《当代知识论》，陈真译，上海：复旦大学出版社，2008年。

〔美〕约翰·洛夫兰德等：《分析社会情境：质性观察与分析方法》，林小英译，重庆：重庆大学出版社，2009年。

〔美〕约翰·齐曼：《可靠的知识——对科学信仰中的原因的探索》，赵振江译，北京：商务印书馆，2003年。

〔美〕约翰·齐曼：《真科学》，曾国屏、匡辉、张成岗译，上海：上海科技教育出版社，2002年。

〔英〕约翰·斯图尔特·密尔：《精神科学的逻辑》，李涤非译，杭州：浙江大学出版社，2009年。

〔英〕约翰·汤普森：《意识形态与现代文化》，高铦等译，南京：

译林出版社，2005 年。

〔美〕约瑟夫·A. 马克斯威尔：《质的研究设计：一种互动的取向》，朱光明译，重庆：重庆大学出版社，2007 年。

〔美〕约瑟夫·劳斯：《涉入科学——如何从哲学上理解科学实践》，戴建平译，苏州：苏州大学出版社，2010 年。

〔美〕约瑟夫·劳斯：《知识与权力——走向科学的政治哲学》，盛晓明、邱慧、孟强译，北京：北京大学出版社，2004 年。

〔美〕约瑟夫·纳托利：《后现代性导论》，潘非、耿红、聂昌宁译，南京：江苏人民出版社，2004 年。

〔美〕詹明信：《晚期资本主义的文化逻辑》，张旭东编，陈清侨等译，北京：生活·读书·新知三联书店，1997 年。

〔美〕詹姆斯·皮科克：《人类学透镜》（第 2 版），汪丽华译，北京：北京大学出版社，2009 年。

〔意〕詹尼·瓦蒂莫：《现代性的终结》，李建盛译，北京：商务印书馆，2013 年。

张丹：《齐美尔艺术思想的多重面貌：从艺术哲学到艺术社会学》，北京：中国社会科学出版社，2019 年。

张宁著译：《解构之旅·中国印记：德里达专集》，南京：南京大学出版社，2009 年。

张雄等主编《中国经济哲学评论·货币哲学专辑》，北京：社会科学文献出版社，2005 年。

张一兵：《反鲍德里亚：一个后现代学术神话的祛序》，北京：商务印书馆，2009 年。

张一兵等主编《社会理论论丛》，南京：南京大学出版社，2001 年。

赵岚：《西美尔审美现代性思想研究》，北京：社会科学文献出版社，2015 年。

赵庆伟：《中国社会时尚流变》，武汉：湖北教育出版社，1999 年。

赵一凡：《从胡塞尔到德里达——西方文论讲稿》，北京：生活·读书·新知三联书店，2007 年。

赵一凡：《从卢卡奇到萨义德——西方文论讲稿续编》，北京：生活·读书·新知三联书店，2009 年。

郑杭生:《中国特色社会学理论的探索》,中国人民大学出版社,2005年。

郑杭生、杨敏:《社会互构论:世界眼光下的中国特色社会学理论的新探索——当代中国"个人与社会关系研究"》,北京:中国人民大学出版社,2010年。

郑震:《另类视野——论西方建构主义社会学》,北京:中国社会科学出版社,2014年。

周宪:《中国当代审美文化研究》,北京:北京大学出版社,1997年。

周晓虹:《西方社会学历史与体系》第一卷,上海:上海人民出版社,2002年。

〔法〕朱迪特·勒维尔:《福柯思想辞典》,潘培庆译,重庆:重庆大学出版社,2015年。

〔美〕朱丽·汤普森·克莱恩:《跨越边界——知识 学科 学科互涉》,姜智芹译,南京:南京大学出版社,2005年。

二 中文期刊及其他

成伯清:《另一种精确——齐美尔社会学方法论札记》,载张一兵、周晓虹、周宪主编《社会理论论丛》(第一辑),南京:南京大学出版社,2001年。

陈戎女:《西美尔文化——现代性理论述评》,《学术研究》2000年第2期。

〔美〕丹尼尔·贝尔:《现代性与现代主义的矛盾之解决》,王治河译,《国外社会学》1991年第2期。

〔德〕U. 狄塞:《齐美尔的艺术哲学》,薛云梅、薛华译,《哲学译丛》1987年第6期。

樊宝英:《论齐美尔的审美文化思想》,《西北师大学报》(社会科学版)2007年第5期。

〔英〕M. 费瑟斯顿:《格奥尔格·齐美尔专辑评介》,何义译,《国外社会科学》1992年第2期。

〔德〕哈贝马斯:《现代的时代意识及其自我确证的要求》,曹卫东译,《国外社会学》1997 年第 3 期。
吉砚茹:《现代生命的"社会化"图景》,《社会》2018 年第 5 期。
金惠敏:《两种"距离",两种"审美现代性"——以布洛和齐美尔为例》,《天津社会科学》2007 年第 4 期。
李继宏:《城乡心理和生活世界》,《人文杂志》2003 年第 4 期。
李凌静:《齐美尔〈货币哲学〉的价值论基础》,《学术交流》2016 年第 12 期。
李银河:《齐美尔社会学思想评介》,《国外社会学》1988 年第 6 期。
刘少杰:《社会学的现代性、后现代性和前现代性》,《天津社会科学》2005 年第 2 期。
刘小枫:《金钱·性别·生活感觉——纪念西美尔〈货币哲学〉问世一百周年》,《开放时代》2000 年第 5 期。
刘悦笛:《在"批判启蒙"与"审美批判"之间——构建"全面的现代性"》,《学术月刊》2006 年第 9 期。
苗春凤:《作为文化现象的货币——西美尔的〈货币哲学〉》,《文化学刊》2008 年第 4 期。
欧阳彬:《社会是一件艺术品——西美尔的"社会学美学"思想探析》,《天津社会科学》2005 年第 2 期。
尚方健、林之源:《辩证法:从早年卢卡奇、本雅明到阿多诺》,《学术界》2009 年第 6 期。
苏亮:《走出思想史阴影的齐美尔》,《社会》2003 年第 4 期。
王佳鹏:《羞耻、自我与现代社会——从齐美尔到埃利亚斯、戈夫曼》,《社会学研究》2017 年第 4 期。
王礼平:《西美尔与马克思宗教社会观比较》,《复旦学报》(社会科学版)2002 年第 1 期。
王利平、陈嘉涛:《齐美尔论个性》,《社会》2018 年第 6 期。
王小章:《齐美尔的现代性:现代文化形态下的心性体验》,《浙江学刊》2005 年第 4 期。
王小章:《齐美尔论现代性体验》,《社会》2003 年第 4 期。
王小章:《现代性自我如何可能:齐美尔与韦伯的比较》,《社会学研究》2004 年第 5 期。

王小章：《厌烦与现代人的自我实践》，《河北学刊》2019 年第 1 期。

王晓渔：《西美尔：都市里的探险家》，《中国图书评论》2006 年第 12 期。

王园波：《国内齐美尔研究九十年》，《西南石油大学学报》（社会科学版），2013 年第 6 期。

文军：《走出"现代"之门：后现代社会学的兴起及其影响》，《华东师范大学学报》2003 年第 3 期。

吴勇立、冯潇：《阿多诺"论说文主义"的思想来源与风格特征》，《马克思主义美学研究》2008 年第 1 期。

萧俊明：《理论的贫乏与方法的翻新：关于后现代主义的再思考》，《国外社会科学》2002 年第 5 期。

杨向荣：《审美印象主义与现代性碎片——齐美尔论现代性体验》，《湘潭大学学报》（哲学社会科学版）2009 年第 1 期。

杨向荣：《现代生存的越境与个体的自我救赎——西美尔论现代性体验中的"冒险"》，《湖北社会科学》2004 年第 10 期。

杨向荣、刘永利：《文化社会学视域中的齐美尔与西方马克思主义》，《马克思主义美学研究》2009 年第 7 期。

于明晖：《现代性视域中的齐美尔文化美学》，江西师范大学硕士论文，2007 年。

袁敦卫：《社交形式的变迁——论齐美尔的社会美学及其当代意义》，中山大学博士论文，2009 年。

岳天明：《试论齐美尔的社会学研究视角及其学科启示》，《西北师大学报》（社会科学版）2012 年第 6 期。

张广利：《后现代主义与社会学研究方法》，《社会科学研究》2001 年第 4 期。

张亮：《走出思想史阴影的齐美尔——兼评〈格奥尔格·齐美尔：现代性的诊断〉》，《社会》2003 年第 4 期。

张巍卓：《滕尼斯与齐美尔：社会伦理同文化伦理的分流》，《社会》2019 年第 2 期。

张小山：《论现代性的四层含义》，《理论探讨》2005 年第 6 期。

张小山：《齐美尔社会研究方法论中的后现代主义特征》，《华中科技大学学报》(社会科学版) 2012 年第 3 期。

张小山:《谁是后现代社会理论家》,《中国社会科学报》2014 年 2 月 28 日。

郑杭生:《论建设性反思批判精神》,《华中师范大学学报》(人文社会科学版) 2008 年第 1 期。

郑杭生、杨敏:《社会互构论的提出——对社会学学术传统的审视和快速转型期经验现实的反思》,《中国人民大学学报》2003 年第 4 期。

郑杭生、杨敏:《社会学方法与社会学元理论》,《河北学刊》2003 年第 6 期。

郑作彧:《齐美尔的自由理论——以关系主义为主轴的诠释》,《社会学研究》2015 年第 3 期。

郑作彧:《齐美尔社会学理论中的突现论意涵》,《广东社会科学》2019 年第 6 期。

周来顺:《齐美尔论现代性危机及其消解》,《重庆社会科学》2005 年第 7 期。

三 外文著作类

Alvin W. Gouldner, *The Coming Crisis of Western Sociology*, New York: Basic Books, Inc., 1970.

Anthony Elliott (edited), *The Routledge Companion to Social Theory*, London: Routledge, 2010.

Arthur Mitzman, *Sociology and Estrangement: Three Sociologists of Imperial Germany*, New Brunswick and Oxford: Transaction Books, 1973.

A. Clarke, *Situational Analysis: Grounded Theory After the Postmodern Turn*, Sage Publications, Inc., 2005.

Bryan S. Green, *Literary Methods and Sociological Theory, Case studies of Simmel and Webber*, Chicago & London: University of Chicago Press, 1988.

B. Turner (ed.), *Theories of Modernity and Postmodernity*, London:

Sage, 1990.

Congdon Lee, *The Young Lukács*, Chapel Hill: University of North Carolina Press, 1983.

Craig R. Humphrey, Tammy L. Lewis and Frederick H. Buttel, *Environment, Energy and Society: A New Synthesis*, Belmont: Wadsworth, 2002.

Dabney Townsend (ed.), *Aesthetics, Classic Readings from the Western Tradition*, Belmont: Wadsworth, 2001.

David Ashley and David Michael, *Sociological Theory: Classical Statements*, Boston: Allyn and Bacon, 1990.

David Frisby and Mike Featherstone (ed.), *Simmel on Culture, Selected Writings*, London: Thousand Oaks; New Delhi: Sage Publications, 1997.

David Frisby (ed.), *Georg Simmel: Critical Assessments, Volume Ⅰ, Ⅱ, Ⅲ*, London and New York: Routledge, 1994.

David Frisby (trans.), *The Philosophy of Money, by Georg Simmel*, Beijing: China Social Sciences Publishing House, 1999.

David Frisby, *Cityscapes of Modernity: Critical Explorations*, Cambridge; Malden, MA: Polity Press in association with Blackwell, 2001.

David Frisby, *Fragments of Modernity, Theories of Modernity in the work of Simmel, Kracauer and Benjamin*, Cambridge: Polity Press, 1985.

David Frisby, *Georg Simmel, Revised Edition*, London and New York: Routledge, 2002.

David Frisby, *Simmel and Since: Essays on Georg Simmel's Social Theory*, London: Routledge, 1992.

David Frisby, *Sociological Impressionism: A Reassessment of Georg Simmel's Social Theory*, London: Heinemann, 1981.

David Frisby, *Sociological Impressionism: A Reassessment of Georg Simmel's Social Theory*, London: Routledge, 1992.

David Frisby, *The Alienated Mind: The Sociology of Knowledge in Germany, 1918 – 1933*, London: Heinemann Educational Books; New Jersey: Humanities Press, 1983.

Deena Weinstein and Michael A. Weinstein, *Postmodern (ized) Simmel*, London: Routledge, 1993.

D. N. Levine (ed.), *On Individuality and Social Forms*, University of Chicago Press, 1971.

Fritz K. Ringer, *The Decline of the German Mandarins: The German Academic Community, 1890 – 1933*, Cambridge: Harvard University Press, 1969.

Gary Jaworski, *Georg Simmel and the American Prospect*, New York: State University of New York Press, 1997.

Georg Simmel, *Conflict and the Web of Group-Affiliations*, New York and London: Free Press, 1955.

Georg Simmel, *Essays on Religion*, Edited and translated by Horst Jürgen Helle in collaboration with Ludwig Nieder, New Haven, Yale University Press, 1997.

Georg Simmel, *Kant and Goethe, On the History of the Modern Weltanschauung*, Translated by Joseph Bleicher, In Theory, Culture & Society, 2007, 24 (6): pp. 159 – 191.

Georg Simmel, *On Women, Sexuality, and Love*. Translated with an introduction by Guy Oakes. New Haven, Yale University Press, 1984.

Georg Simmel, *Rembrandt: An Essay in the Philosophy of Art*, Alan Scott and Helmut Staubmann (trans. & ed.), New York and London: Routledge, 2005.

Georg Simmel, *Schopenhauer and Nietzsche*, The University of Massachusetts Press, 1986.

Georg Simmel, *The Sociology of Georg Simmel*, ed. and trans. by K. H. Wolff, New York: The Free Press, 1950.

George Ritzer and Douglas J. Goodman, *Classical Sociological Theory*,

Fourth Edition, Beijing: Peking University Press, 2004.

George Ritzer, *Classical Sociological Theory. 2d ed*, New York: The McGraw-Hill Companies, Inc., 1996.

Gianfranco Poggi, *Money and the Modern Mind*, *Georg Simmel's Philosophy of Money*, Berkeley, Los Angeles and London: University of California Press, 1993.

Guy Oakes (ed. & trans.), *Essays on Interpretation in Social Science*, Manchester University Press, 1980.

Guy Oakes (trans.), *Georg Simmel: On Women, Sexuality and Love*, New Haven and London: Yale University Press, 1984.

G. Ritzer (ed), *Metacheorizing*, Sage Publications, 1992.

Henry Schemer & David Jarry, *Form and Dialectic in Georg Simmel's Sociology: A New Interpretation*, Basingstoke and New York: Palgrave Macmillan, 2013.

Horst J. Helle, *Messages from Georg Simmel*, Leiden, Brill, 2013.

Horst J. Helle, *The Social Thought of Georg Simmel*, London: Sage, 2015.

H. Kincaid, *Philosophical Foundations of the Social Sciences: Analyzing Controversies in Social Research*, New York: Cambridge University Press, 1996.

H. S. Becker, *Art Worlds*, Berkeley: University of California Press, 1984.

James Scheurich, *Research Method in the Postmodern*, Routledge, 1997.

Jean Baudrillard, *In the Shadow of Silent Majorities*, New York: Semiotext (e), 1983.

Jeffrey C. Alexander, *Theoretical Logic in Sociology*, 4 Vols, Berkeley: University of California Press, 1982 – 1983.

Jukka Gronow, *The Sociology of Taste*, London: Routledge, 1997.

Jurgen Habermas, "Modernity—An Incomplete Project", in Wook-Dong Kim (ed.), *Postmodernism: An International Anthology*,

Seoul: Hanshin, 1991.

J. Cheek, *Postmodern and Poststructural Approaches to Nursing Research*, Sage Publications, Inc., 2000.

J. W. Creswell, *Research Design: Qualitative, and Mixed Methods Approaches*, Sage Publications, Inc., 2003.

Kaern Michael, Bernard S. Phillips and Robert S. Cohen (ed.), *Georg Simmel and Contemporary Sociology*, Dordrecht: Kluwer Academic Publishers, 1990.

Karl-Otto Apel, *Towards a Transformation of Philosophy*, trans. by Glyn Ddey andDavid Frisby, London, Boston and Henley: Routledge & Kegan Paul, 1980.

Kauko Pietilä, *Reason of Sociology: George Simmel and Beyond*, London: Sage, 2011.

Kurt H. Wolff, *Georg Simmel, 1858–1918*, Columbus: The Ohio State University Press, 1959.

K. H. Wolff (ed.), *Essays in Sociology, Philosophy and Aesthetics*, New York: Harper Torchbooks, 1959.

K. H. Wolff (ed. and trans.), *The Sociology of Georg Simmel*, New York: Fress Press, 1950.

K. P. Etzkorn (trans.), *The Conflict in Modern Culture and Other Essays*, New York: Columbia University Press, 1968.

Larry Ray (ed.), *Formal Sociology: The Sociology of Georg Simmel*, USA: Edward Elgar Pub. Ltd., 1991.

L. Coser (eds), *Georg Simmel*, Englewood Cliffs, New Jersey: Prentice-Hall, Inc., 1965.

L. Coser, *Masters of Sociological Thought*, New York: Harcourt Brace and Jovanovich, 1971.

L. Coser, *The Functions of Social Conflict*, London: Routledge, 1956.

L. Kolakowski, *Modernity on Endless Trial*, Chicago: University of Chicago Press, 1990.

Mats Alvesson, *Postmodernism and Social Research*, Open University

Press, 2002.
Michael E. Sobel, *Lifestyle and Social Structure: Concepts, Definitions, Analyses*, New York: Academic Press, 1981.
Michael Kaern, Bernard S. Phillips, & Robert S. Cohen (eds.), *Georg Simmel and Contemporary Sociology*, Dordrecht: Kluwer Academic Publishers, 1990.
M. Featherstone, *Consumer Culture and Postmodernism*, London: Sage, 1991.
Nagl-Docekal Herta and Klinger Cornelia (ed.), *Continental Philosophy in Feminist Perspective: Re-reading the Canon in German*, Pennsylvania: Pennsylvania State University Press, 2000.
Natalia Canto Mila, *A Sociological Theory of Value: Georg Simmel's Sociological Relationism*, Bielefeld: Transcript, 2005.
Nicholas John Spykman, *The Social Theory of Georg Simmel*, with a new introduction by David Frisby, New Jersey: Transaction Publishers, 2004.
Nigel Dodd, *The Social Life of Money*, Princeton: Princeton University Press, 2014.
Nàtalia Cantó Milà, *A Sociological Theory of Value: Georg Simmel's Sociological Relationalism*, Transcript Verlag (distributed by Transaction Publishers), 2005.
N. K Denzin, *The Research Act: A Theoretical Introduction to Sociological Methods*, 3rd ed., Englewood Cliffs, NJ: Prentice-Hall, 1989.
Olli Pyyhtinen, *Simmel and "the social"*, New York: Palgrave Macmillan, 2010.
Olli Pyyhtinen, *The Simmelian Legacy*, A Science of Relations, London: Palgrave Macmillan, 2017.
Pitirim Sorokin, *Contemporary Sociological Theories: Through the First Quarter of the 20th Century*, New York: Marper & Row, 1964.
P. T. Clough, *The end (s) of Ethnography: From Realism to Social Criticism* (2nd ed.), New York: Peter Lang, 1998.

Ralph M. Leck, *Georg Simmel and Avant-Garde Sociology*: *The Birth of Modernity, 1880 – 1920*, New York: Humanity Books, 2000.

Robert Nisbet, *The Sociological Tradition*, New York: Basic Books, Inc. , 1966.

Rudolph H. Weingartner (ed.), *Experience and Culture, the Philosophy of Georg Simmel*, Connecticut: Wesleyan University Press, 1962.

Rudolph H. Weingartner, *Experience and Culture*: *The Philosophy of Georg Simmel*, Middletown, Connecticut: Wesleyan University Press, 1960.

T. J. Scheff, *Emotions, the Social Bond, and Human Reality*, Cambridge: Cambridge University Press, 1997.

Zygmunt Bauman, *Intimations of Postmodernity*, London and New York: Routledg, 1992.

四　外文期刊及其他

Aleksandra Alund, Alterity in modernity, *Acta Sociologica*, Vol. 38, No. 4 (1995), pp. 311 – 22.

Amos Morris-Reich, Georg Simmel's Logic of the Future: "The Stranger", Zionism, and "Bounded Contingency", *Theory, Culture & Society*, Vol. 36, No. 5 (2019), pp. 71 – 94.

Anne Witz, The Quality of Manhood: Masculinity and Embodiment in the Sociological Tradition, *The Sociological Review*, Vol. 51, No. 3 (Aug. 2003), pp. 339 – 56.

Austin Harrington, Introduction to Georg Simmel's Essay "On Art Exhibitions", *Theory, Culture & Society*, Vol. 32, No. 1 (2015), pp. 83 – 85.

Barry Sandywell, Crisis or renewal? On Using the Legacy of Sociological Theory, *Sociology*, Vol. 32, No. 3 (Aug. 1998), pp. 607 – 12.

Barry Schwartz, How is history possible? Georg Simmel on empathy and realism, *Journal of Classical Sociology*, Vol. 17, No. 3 (2017), pp. 213 – 237.

Bernice A. Pescosolido, Beth A. Rubin, The Web of Group Affiliations Revisited: Social Life, Postmodernism, and Sociology, *American Sociological Review*, Vol. 65, No. 1 (Feb. 2000), pp. 52 – 76.

Black Hawk Hancock and Roberta Garner, Reflections on the ruins of Athens and Rome: Derrida and Simmel on Temporality, Life and Death, *History of the Human Sciences*, Vol. 27, No. 4 (2014), pp. 77 – 97.

Bryan S. Turner, Simmel, Rationalisation and the Sociology of Money, *The Sociological Review*, Vol. 34 (Feb. 1986), pp. 93 – 114.

B. Toni & L. Susan, Postmodern Challenges: Recognizing Multiple Standards for Social Science Research, *Journal of Sport & Social Issues*, 1994.

Carlos Frade & Olli Pyyhtinen, Weber and Simmel's philosophical and political stances: A dialogue in three acts, *Journal of Classical Sociology*, Vol. 17, No. 2 (2017), pp. 87 – 100.

Charles Turner, Weber, Simmel and Culture: A Reply to Lawrence Scaff, *The Sociological Review*, Vol. 37 (Aug. 1989), pp. 518 – 29.

Chris Shilling, Embodiment, Experience and Theory: In Defence of the Sociological Tradition, *The Sociological Review*, Vol. 49, No. 3 (Aug. 2001), pp. 327 – 44.

Christian Papilloud, Three Conditions of Human Relations: Marcel Mauss and Georg Simmel, *Philosophy and Social Criticism*, Vol. 30, No. 4 (2004), pp. 431 – 444.

Christopher Buckman, Levinas, Simmel, and the Ethical Significance of Money, Religions—Open Access Journal, Received: 30 November 2018; Accepted: 20 December 2018; Published: 22 December 2018.

C. David Gartrell and John W. Gartrell, Positivism in Sociology Research: USA and UK (1966 – 1990), *British Journal of Sociology*, Vol. 53, No. 4 (December 2002), pp. 639 – 654.

Daniel A. Menchik, Simmel's dynamic social medicine: New questions for studying medical institutions? *Social Science & Medicine*, Vol. 107 (2014), 100 – 104.

Daniel Sullivan, Sheridan A. Stewart, Joseph Diefendorf, Simmel's Time-space Theory: Implications for Experience of Modernization and Place, *Journal of Environmental Psychology*, Vol. 41 (2015), pp. 45 – 57.

Deborah V. Holman, The Relational Bent of Community Participation: the Challenge Social Network Analysis and Simmel Offer to Top-down Prescriptions of "Community", *Community Development Journal*, Vol. 50, No. 3 (2015), pp. 418 – 432.

Deena Weinstein and Michael A. Weinstein, Simmel and the Dialectic of the Double Boundary: The Case of the Metropolis and Mental Life, *Sociological Inquiry*, Vol. 59 (Winter. 1989), pp. 48 – 59.

Devin Singh, Speculating the Subject of Money: Georg Simmel on Human Value, Religions—Open Access Journal, Received: 17 April 2016; Accepted: 14 June 2016; Published: 23 June 2016.

Dieter Bogenhold, Social Inequality and the Sociology of Life Style: Material and Cultural Aspects of Social Stratification, *The American Journal of Economics and Sociology*, Vol. 60, No. 4 (Oct. 2001), pp. 829 – 47.

Dietmar Jazbinsek, The Metropolis and the Mental Life of Georg Simmel: on the History of an Antipathy, *Sage Urban Studies Abstracts*, Vol. 32, No. 1 (2004).

Donald N. Levine, Simmel and Parsons Reconsidered, *American Journal of Sociology*, Vol. 96 (Mar. 1991), pp. 1097 – 116.

Duane Truex, Richard Baskerville, Julie Travis, A Methodical Systems Development: The Deferred Meaning of Systems Development Methods, *Accounting, Management and Information Technologies* (1) 2000.

Efraim Podoksik, Neo-Kantianism and Georg simmel's Interpretation of Kant, *Modern Intellectual History*, Vol. 13, No. 3 (2016), pp. 597 - 622.

E. Skidelsky, From Epistemology to Cultural Criticism: Georg Simmel and Ernst Cassirer, *History of European Ideas*, Vol. 29, No. 3 (2003), pp. 365 - 382.

Gangas Spiros, Axiological and Normative Dimensions in Georg Simmel's Philosophy and Sociology: A Dialectical Interpretation, *History of the Human Sciences*, Vol. 17, No. 4197 (Nov. 2004), pp. 17 - 44.

Giulianotti Richard, The Sociability of Sport: Scotland Football Supporters as Interpreted through the Sociology of Georg Simmel, *International Review for the Sociology of Sport*, Vol. 40, No. 3 (2005), pp. 289 - 306.

Graham Cassano, Reification, Resistance, and Ironic Empiricism in Georg Simmel's Philosophy of Money, *Rethinking Marxism*, Vol. 17, No. 4 (2005), pp. 571 - 590.

Gregor Fitzi, Dialogue. Divergence. Veiled Reception. Criticism: Georg Simmel's relationship with Émile Durkheim. *Journal of Classical Sociology*, Vol. 17, No. 4 (2017), pp. 293 - 308.

G. William, Leadership and Postmodernism: On Voice and the Qualitative Method, *The Leadership Quarterly* (3) 1996.

James Burgey, Georg Simmel Metropolis: Anticipating the Postmodern, *Telos-New York*, No. 129 (2004), pp. 139 - 150.

Jim Faught, Neglected Affinities: Max Weber and Georg Simmel, *The British Journal of Sociology*, Vol. 36 (June 1985), pp. 155 - 74.

John E. Jalbert, Time, Death, and History in Simmel and Heidegger, *Human Studies* 26: 259 - 283, 2003.

John Murphy, Making Sense of Postmodern Sociology, *British Journal of Sociology* (12), 1988.

Jorge Capetillo-Ponce, Deciphering the Labyrinth: The Influence of Georg Simmel on the Sociology of Octavio Paz, *Theory Culture and Society*, Vol. 22, No. 6 (2005), pp. 95 - 122.

Josef Bleicher, From Kant to Goethe: Georg Simmel on the Way to Leben, *Theory Culture and Society*, Vol. 24, No. 6 (2007), pp. 139 – 158.

Judith R. Blau, Kent Redding, and Walter R. Davis, Spatial Processes and the Duality of Church and Faith: A Simmelian Perspective on U. S. Denominational Growth, 1900 – 1930, *Sociological Perspectives*, Vol. 40, No. 4 (1997), pp. 557 – 80.

Jukka Gronow, Taste and Fashion: The Social Function of Fashion and Style, *Acta Sociologica*, Vol. 36, No. 2 (1993), pp. 89 – 100.

Jürgen Habermas, Georg Simmel on Philosophy and Culture, Mathieu Deflem (trans.), *Critical Inquiry*, 1996 (Spring).

J. T. Siegel, Georg Simmel Reappears: "The Aesthetic Significance of the Face", *DIACRITICS*, Vol. 29 (1999), pp. 100 – 113.

Kris Jeter, "And Baby Makes Three": An Examination and Application of Georg Simmel's "Socialization of the Spirit" Theory, *Marriage & Family Review*, Vol. 12, No. 3 – 4 (1988), pp. 377 – 96.

Lash Scott, Lebenssoziologie: Georg Simmel in the Information Age, *Theory, Culture & Society*, Vol. 22, No. 3 (Jun. 2005), pp. 1 – 23. 199.

Lawrence A. Scaff, Weber, Simmel, and the Sociology of Culture, *The Sociological Review*, Vol. 36 (Feb. 1988), pp. 1 – 30.

Leonidas Donskis, Lewis Mumford: Mapping the Idea of the City, *Journal of Interdisciplinary Studies*, Vol. 8, No. 1 – 2 (1996), pp. 49 – 68.

Mari J. Molseed, The Problem of Temporality in the Work of Georg Simmel, *The Sociological Quarterly*, Vol. 28 (Fall 1987), pp. 357 – 66.

Matthias Gross, Sociologists of the Unexpected: Edward A. Ross and Georg Simmel on the Unintended Consequences of Modernity, *American Sociologist*, Vol. 34, No. 4 (2003), pp. 40 – 58.

Matthias Gross, Technology Development as Innovative Crisis: Georg Simmel's Reflections on Modern Science and Technology, *Perspec-*

tives on *Global Development and Technology*, Vol. 4, No. 1 (2005), pp. 45 – 62.

Max Kramer, From Georg Simmel to Stefan George: Sexology, Male Bonding, and Homosexuality, *German Studies Review*, Vol. 41, No. 2 (2018), pp. 275 – 295.

Nader Saiedi, Simmel's Epistemic Road to Multidimensionality, *The Social Science Journal*, Vol. 24, No. 2 (1987), pp. 181 – 93.

Neil Gerlach and Sheryl N. Hamilton, Preserving Self in the City of the Imagination: Georg Simmel and Dark City, *Canadian Review of American Studies*, Vol. 34, No. 2 (2004), pp. 115 – 134.

Nigel Dodd, Redeeming Simmel's money, *Journal of Ethnographic Theory*, Vol. 5, No. 2 (2015), pp. 435 – 441.

Olli Pyyhtinen, David Beer, Georg Simmel's Traces: An Interview with Olli Pyyhtinen, *Theory, Culture & Society*, 2018, Vol. 35 (7 – 8), pp. 271 – 280.

Patrick Watier, Simmel and the Image of Individuality, *Current Sociology*, Vol. 41 (Autumn. 1993), pp. 69 – 75.

P. Giacomoni, Georg Simmel between Goethe and Kant on "Life" and "Force", *ANALECTA HUSSERLIANA*, Vol. 74 (2002), pp. 51 – 70.

Raffaele A. Federici, Kandinsky Perspective, Dissertation on the Social Aesthetics of Georg Simmel, *International Review of Sociology*, Vol. 15, No. 2 (July, 2005), pp. 277 – 289.

Roberta Sassatelli, From Value to Consumption: A Social-theoretical Perspective on Simmel's Philosophie des Geldes, *Acta Sociologica*, Vol. 43, No. 3 (2000), pp. 207 – 18.

Rudi Laermans, The Ambivalence of Religiosity and Religion: A Reading of Georg Simmel, *Social Compass*, Vol. 53, No. 4 (2006), pp. 479 – 490.

Stanley Aronowitz, The Simmel revival: A Challenge to American Social Science, *The Sociological Quarterly*, Vol. 35 (Aug. 1994), pp. 397 – 414.

后 记

　　本书的基础是多年前的旧稿，我原打算多花点时间，努力扩充材料、认真打磨完善，以呈送让自己满意的本子。哪知事与愿违，懒散随性的我一直沉浸于各种琐事杂务之中不能自拔。院里领导委婉地提醒了几次，终于让我明白无限期搁置不是解决问题的办法，于是鼓起勇气，花了两个多月的时间将原稿做了一番调整和修补后提交给出版社了。拙著的出版，事实上要感谢的人很多，其中不少是我非常敬重的师长和朋友，他们大都是学界的精英或大咖。考虑到这不过是本不足挂齿的小书，如果把他们的名字全列出来，一是会占用太长的篇幅，可能损害读者的耐心，二是会有狐假虎威的嫌疑，且有辱师友的声誉，权衡之后决定不列这份名单。但我内心充满着无穷感激，若不是他们给予我的关心、鼓励和帮助，本书大概率不会出版。需要特别感谢的是成伯清兄，承蒙他不弃，在百忙中为不尽如人意的拙著作序，并写下了不少溢美之词。在感到暖心的同时，我诚惶诚恐，生怕辜负了他的一番美意。感谢我所在院系同事们对我的友善和宽容，他们给予了我很多支持与帮助，尤为难得的是经常和其中一些乒乓球、羽毛球爱好者一起活动，共同度过了许多美好快乐的时光。感谢我所有的学生，他们大都成了我的朋友，和他们的交流使我获益匪浅。感谢责任编辑任晓霞的辛勤付出，她让拙著增色不少。最后，感谢我的家人对我的包容、理解。当然，必须声明的是文责自负，书中各种问题的责任在我，敬请读者批评指正。

另需说明的是,当初选择研读齐美尔,只是觉得比较有趣,现在将自己的研读心得分享出来,不过是希望能和大家一样,在现代性的压抑下面,尽力做一个多少能自我实现的有趣的人。

张小山

2020 年 6 月 28 日

图书在版编目(CIP)数据

齐美尔与后现代社会理论/张小山著. -- 北京：社会科学文献出版社，2020.9
（华中科技大学社会学文库）
ISBN 978-7-5201-7224-0

Ⅰ.①齐… Ⅱ.①张… Ⅲ.①齐美尔（Simmel,Georg 1858-1918）-社会学-研究 Ⅳ.①B516.59

中国版本图书馆 CIP 数据核字（2020）第 163714 号

华中科技大学社会学文库
齐美尔与后现代社会理论

著　者／张小山

出 版 人／谢寿光
责任编辑／任晓霞

出　　版／社会科学文献出版社·群学出版分社（010）59366453
　　　　　地址：北京市北三环中路甲29号院华龙大厦　邮编：100029
　　　　　网址：www.ssap.com.cn
发　　行／市场营销中心（010）59367081　59367083
印　　装／三河市尚艺印装有限公司

规　　格／开　本：787mm×1092mm　1/16
　　　　　印　张：22.25　字　数：317千字
版　　次／2020年9月第1版　2020年9月第1次印刷
书　　号／ISBN 978-7-5201-7224-0
定　　价／128.00元

本书如有印装质量问题，请与读者服务中心（010-59367028）联系

▲ 版权所有 翻印必究